徽学文库
主编 卞利
副主编 胡中生

明清徽州历史人物碑传研究

胡益民 王鹏 著

北京师范大学出版集团
BEIJING NORMAL UNIVERSITY PUBLISHING GROUP
安徽大学出版社

图书在版编目(CIP)数据

明清徽州历史人物碑传研究/胡益民，王鹏著. —合肥：安徽大学出版社，2016.11

(徽学文库/卞利主编)

ISBN 978-7-5664-1252-2

Ⅰ.①明… Ⅱ.①胡… ②王… Ⅲ.①历史人物－人物研究－徽州地区－明清时代 Ⅳ.①K820.854

中国版本图书馆CIP数据核字(2016)第274969号

明清徽州历史人物碑传研究
Mingqing Huizhou Lishi Renwu Beizhuan Yanjiu

胡益民　王鹏　著

出版发行：北京师范大学出版集团
　　　　　安 徽 大 学 出 版 社
　　　　　(安徽省合肥市肥西路3号 邮编230039)
　　　　　www.bnupg.com.cn
　　　　　www.ahupress.com.cn

印　　刷：	合肥远东印务有限责任公司
经　　销：	全国新华书店
开　　本：	170mm×240mm
印　　张：	33.75
字　　数：	490千字
版　　次：	2016年11月第1版
印　　次：	2016年11月第1次印刷
印　　数：	2000册
定　　价：	65.00元

ISBN 978-7-5664-1252-2

策划编辑：饶　涛　鲍家全　张　锐　　装帧设计：张　浩　李　军
责任编辑：苏　昕　李加凯　　　　　　　美术编辑：李　军
责任印制：陈　如

版权所有　侵权必究

反盗版、侵权举报电话：0551－65106311
外埠邮购电话：0551－65107716
本书如有印装质量问题，请与印制管理部联系调换。
印制管理部电话：0551－65106311

总　序

尽管"徽学"一词出现的时间较早,但是,作为一门新兴的学术和学科研究领域,"徽学"则仅有不到百年的历史。1932年,徽州乡贤、近代山水画的一代宗师黄宾虹在致徽州乡土历史文化研究学者许承尧的一封信函中第一次提出了具有学术意义上的"徽学"概念。[①]

客观地说,黄宾虹所说的"徽学"及其研究对象,实际上还仅仅指的是徽州的地方史研究,与我们今天所称的"徽学",在学术内涵上还有一定的差别。此后,随着富有典型特征的徽州庄仆制、徽商和徽州宗族与族谱研究的不断深入,具有真正现代学术和学科意义上的"徽学"才逐渐进入人们的视野。

正如徽学的开创者和奠基人、中国社会经济史学派创始者傅衣凌先生在总结自己20世纪三四十年代对徽州庄仆制和徽商的研究时所指出的那样,他对徽州的研究并不是立足于对徽州地方史的探讨,而是通过对徽州伴当和世仆的研究,探索中国的奴隶制度史;对徽商的研究,则是基于为中国经济史研究开辟一个新天地。也就是说,徽学的研究对中国历史的意义体现为,其在充实和完善中国奴隶制度史、中国经济史以及中国社会史等领域,已经远远突破了徽州地方史的界限,而成为整体中国史研究的一部分。傅衣凌先生

[①] 卢辅圣、曹锦炎主编:《黄宾虹文集·书信编·与许承尧》,上海:上海书画出版社,1999年。

敏锐地预见到,"徽州研究正形成为一种专门的学问,活跃在我国的史学论坛之上"①。

然而,作为一个严格意义上的学术和学科专门研究领域,徽学的形成、发展与繁荣,主要还是借助于近百万件自宋至民国时期徽州原始契约文书的发现和广泛研究。徽州的契约文书自 1946 年 4 月在南京首次被学者发现以来,至今已逾半个世纪。随着徽州 20 世纪 50 年代土地改革运动的展开以及 1978 年以来改革开放政策的实行,深藏于歙县、休宁、婺源、祁门、黟县和绩溪等原徽州(府)六县民间的各类原始契约文书开始被大规模地发现。据不完全统计,迄今为止,徽州原始契约文书包括卖身契、土地买卖与租佃契约、分家阄书、鱼鳞图册、赋役黄册、诉讼案卷、科举教育文书、置产簿、誊契簿、徽商账簿和日记杂钞等类型,且上起南宋,下迄民国,时间跨度近千年之久,总量约有 100 万件(册)之巨。

同祖国其他地域相继发现的原始契约文书相比,徽州契约文书具有真实性、连续性、具体性、典型性、启发性和民间性等诸多特征,而且内容丰富,类型广泛,蕴含着大量的历史信息,为我们进行宋元明清时期各种制度运行特别是明清时期历史社会实态的研究提供了丰富的资料。我们知道,敦煌文书的时间下限在北宋,徽州契约文书的上限则在南宋,正好与敦煌文书相连。如果我们把敦煌文书和徽州文书中的动产与不动产买卖和租佃文书联系起来进行考察,一部中国古代动产和不动产买卖与租佃制度及其运行史便可以完整地复原和再现出来。

正是由于徽州契约文书蕴含着如此珍贵的历史信息和丰厚的学术内涵,它的发现引起了国内外学术界的高度重视。1978 年以后,海内外学者纷纷到北京和安徽,查阅徽州契约文书,深入契约文书的发现地——徽州,进行田野调查。英国著名学者约瑟夫·麦克德谟特在对徽州原始契约文书进行全面调查后,撰文指出,徽州契约文书等原始资料是"研究中华帝国后期社会与

---

① 刘淼辑译:《徽州社会经济史研究译文集·傅衣凌序》,合肥:黄山书社,1988 年。

经济史的关键","对中华帝国后期特别是明代社会经济史的远景描述,将在很大程度上依赖于徽州的原始资料"①。日本著名学者鹤见尚弘则认为,徽州契约文书的发现,"其意义可与曾给中国古代史带来飞速发展的殷墟出土文物和发现敦煌文书新资料相媲美,它一定会给今后中国的中世和近代史研究带来一大转折"②。白井佐知子也强调,"包括徽州文书在内的庞大的资料的存在,使得对以往分别研究的各种课题做综合性研究成为可能……延至民国时期的连续性的资料,给我们考察前近代社会和近代社会连续不断的中国社会的特性及其变化的重要线索"③。

有学者认为,徽州文书是继甲骨文、简帛、敦煌文书和明清故宫档案之后20世纪中国历史文化的第五大发现。④ 正如甲骨文、简帛、敦煌文书和明清故宫档案的发现与研究催生了甲骨学、简帛学、敦煌学和明清档案学等学科一样,徽州文书的发现和研究,也直接促成了徽学的诞生。徽学是利用徽州契约文书,并结合其他相关文献资料进行研究的专门的学术研究领域。它以徽州社会经济史、特别是明清徽州社会经济史为研究主体,综合研究整体徽州历史文化以及徽州人的活动(含徽州本土和域外)。在历经半个多世纪的发展之后,徽学终于在20世纪80年代中期最终形成,正逐步走向成熟与繁荣。傅衣凌关于徽商、徽州庄仆制和土地买卖契约的研究,叶显恩的《明清徽州农村社会与佃仆制》,章有义的《明代徽州土地关系研究》和《近代徽州租佃关系案例研究》,张海鹏主编的《徽商研究》等著作,都是利用契约文书进行研究所取得的成果中的佼佼之作。

国学大师王国维曾经说过,"古来新学问起,大都由于新发见。有孔子壁中书出,而后有汉以来古文家之学;有赵宋古器出,而后有宋以来古器物、古文

---

① [美]约瑟夫·麦克德谟特:《徽州原始资料——研究中华帝国后期社会与经济的关键》,载《徽学通讯》,1990年第1期。
② [日]鹤见尚弘:《中国社会科学院历史研究所收藏整理徽州千年契约文书》,载《中国史研究动态》,1995年第4期。
③ [日]森正夫等编:《明清时代史的基本问题》,北京:商务印书馆,2013年。
④ 周绍泉:《从甲骨文说到雍正朱批》,载《北京日报》,1999年3月24日。

字之学"。他紧接着论及了殷墟甲骨文、敦煌及西域各地之简牍、敦煌千佛洞之六朝及唐人写本卷轴、内阁大库之书籍档案和中国境内之古外族遗文等五项发现,认为:"此等发现物,合世界学者之全力研究之",当会产生新的学科。①如今,甲骨学、敦煌学、简牍学和明清档案学早已创立了各自的学科研究体系,并为学术界所广泛接受和认可。而徽学作为一门新兴学科则形成较晚,它的创立,首先得力于20世纪40年代后期以来徽州近100万件(册)原始契约文书的大规模发现;包括徽州族谱在内的9 000余种徽州典籍文献与文书契约互相参证;现存1万余处徽州地面文化遗存,更是明清以来至民国时期徽州人生产与生活的真实见证。所有这些,都构成了徽学这座大厦坚实的学术支撑。因此,以徽州社会经济史特别是明清徽州社会经济史研究为中心,整体研究徽州历史文化和徽州人在外地活动的徽学,正是建立在包括徽州契约文书在内的大量新资料发现这一基础之上的。通过对徽州文书、其他相关文献和地面文化遗存等资料的整理和分析,研究者得以综合研究明清社会实态,重新检视中国封建社会后期社会经济与文化的演变历程和发展轨迹,进而从整体上把握中国封建社会发展特征和规律。这正是徽学的学术价值之所在。

进入21世纪以来,随着教育部人文社会科学重点研究基地——安徽大学徽学研究中心的批准设立,徽学研究开始进入一个崭新的发展阶段。作为徽学基础研究、资料整理、人才培养、咨询服务的唯一一所教育部人文社会科学重点研究基地,安徽大学徽学研究中心一向重视徽学前沿领域的探讨和研究,致力于徽州文书和文献的整理与出版,致力于徽学学科的建设和人才队伍培养,致力于海内外徽学研究的交流与合作。徽州契约文书和文献的系统整理、研究与出版的全面展开,徽学理论与学科建设的有序进行,徽学专题研究成果的次第推出,特别是具有宝贵文献价值的20卷本《徽州文化全书》的整体出版,以及徽学研究国际交流与合作的繁荣,都为徽学研究向纵深领域

---

① 王国维:《王国维遗书》第五册《静庵文集续编·最近二三十年中国新发现之学问》,上海:上海古籍出版社,1983年。

拓展奠定了坚实的基础。在《徽学研究资料辑刊》《徽州文书》和《海外徽学研究丛书》等系列成果的基础上，此次隆重推出《徽学文库》，显示出了该研究机构开阔的学术视野和深远的学术见识。

本次推出的《徽学文库》，精选近年来徽学研究的最新成果。本丛书既有国家社会科学基金等国家级项目结项成果，也有教育部人文社会科学重点研究基地重大项目的最终鉴定结项成果，还有中国台湾学者的研究——它为祖国大陆的徽学研究提供了不同的视角和必要的补充。这些成果内容涵盖了徽学理论探讨和学科体系建设的成果、徽学专题研究，以及徽州文化遗存调查、保护与研究。因此，无论是就选题内容的广度和深度、作者队伍的结构与层次，还是就成果的质量及水平而言，本丛书都堪称目前徽学研究前沿领域的精品，集中代表和反映了徽学研究的现状与未来发展趋势。

徽学是20世纪一门新兴的学科和一块专门的研究领域，徽学所研究的徽州整体历史文化既是区域历史文化，又是中国传统文化的杰出代表，是"小徽州"和"大徽州"的有机结合。徽学的学科建设，不仅关系徽学的可持续发展问题，也直接涉及中国地域文化研究理论和范式的创新问题，是徽学融入全球化视野，与国际接轨、开展国际交流合作和构建徽学学科平台的重要基石。

因此，我们有理由相信，随着《徽学文库》的出版，徽学一定会在整体史和区域史研究中发挥积极作用，徽学的学科建设也势必在更加广阔的天地中得到进一步发展和提升。

是为序。

卞 利

2016年3月10日于

安徽大学徽学研究中心

目 录 MULU

前 言 ……………………………………………………………… 1

第一章 碑传述略 ……………………………………………… 1
  第一节 碑传释名 …………………………………………… 1
  第二节 碑传文的演变和发展 ……………………………… 5
  第三节 碑传的体裁形式 …………………………………… 7
  第四节 碑传文的结集 ……………………………………… 11

第二章 碑传文的特点及价值 ………………………………… 13
  第一节 碑传文的特点 ……………………………………… 13
  第二节 碑传的价值 ………………………………………… 17

第三章 徽州碑传 ……………………………………………… 22
  第一节 徽州碑传的文献载体 ……………………………… 24
  第二节 徽州碑传的分类 …………………………………… 34

第四章 程敏政与徽州碑传 ········· 43

第一节 有关程敏政的碑传及相关问题考辨 ········· 44
第二节 程敏政与《新安文献志》 ········· 61
第三节 程敏政的碑传创作 ········· 67
第四节 程敏政碑传的艺术特色及影响 ········· 110

第五章 汪道昆与徽州碑传 ········· 118

第一节 汪道昆生平、著作概述 ········· 119
第二节 有关汪道昆的碑传及其地位 ········· 125
第三节 《太函集》中的徽州碑传 ········· 136
第四节 程敏政、汪道昆碑传之比较 ········· 192

第六章 吴子玉与徽州碑传 ········· 196

第一节 吴子玉的家世与生平 ········· 196
第二节 《大鄣山人集》中碑传文 ········· 201
第三节 程朱理学的卫道士 ········· 254
第四节 吴子玉碑传的价值和特点 ········· 262

第七章 清初徽州抗清烈士和明遗民的碑传 ········· 265

第一节 概述 ········· 265
第二节 抗清烈士 ········· 277
第三节 逃禅和隐于书画者 ········· 289
第四节 许楚及其他 ········· 306
第五节 隐于学的黄生 ········· 314
第六节 隐者的生活窘境 ········· 321

第八章　清代徽州朴学家的碑传 ………………………………… 328

第一节　汪绂 ……………………………………………………… 338
第二节　江永与戴震 ……………………………………………… 344
第三节　程瑶田与凌廷堪 ………………………………………… 360
第四节　胡培翚和胡承珙 ………………………………………… 369
第五节　汪莱 ……………………………………………………… 382
第六节　俞正燮 …………………………………………………… 387

第九章　许承尧与徽州碑传 ……………………………………… 395

第一节　许承尧与徽州 …………………………………………… 395
第二节　《歙事闲谭》及其所录徽州碑传 ……………………… 398

结　语 ……………………………………………………………… 415

附　录 ……………………………………………………………… 417

参考文献 …………………………………………………………… 511

前　言

一、选题缘起和意义

本书所论述的徽州，首先是一个历史的概念，指的是从南宋徽宗宣和三年(1121年)直到20世纪初叶的古代徽州，而非目前行政区划上的徽州。其次是一个地理的概念，在数百年的历史进程中，所处皖东南一角的徽州区域基本是统辖歙、黟、休宁、祁门、绩溪、婺源六县，即所谓的"一府六县"，成为相对稳定的行政版畴。在这片古称"新安""新都""歙州"的神奇土地上，经过历代的积累和发展，徽州人创造了令人瞩目的特殊文化传统。

故而，徽州又是一个大文化的概念。文化是物质文明和精神文明的总和，徽州文化则涵盖众多领域，在商业、哲学、医学、朴学、文学艺术、教育以及文献学等方面均出现了卓有建树的名家，产生了重要的影响。改革开放以来，徽学研究深入发展，成为有影响的地方学之一。

"人们自己创造自己的历史"[①]。历史是人创造的，徽州文化源于古歙，是古徽州人留给后人的宝贵财富。因此，在徽学研究中，关于徽州历史人物的研究应该占据重要地位。近年来，一些著名徽州人物如朱熹、方岳、赵汸、胡炳文、程敏政、汪机、胡宗宪、汪道昆、方于鲁、程大位、金声、江永、戴震、王

---

① [德]马克思:《路易·波拿巴的雾月十八日》,《马克思恩格斯全集》第8卷,北京:人民出版社,1961年,第121页。

茂荫、许承尧等被研究者集中关注，从哲学、历史、文学、文字、经济、医学、军事等学科入手，探讨了这些徽州人物的历史贡献和地位。显然，这些人物只是万千古徽州人中的极少数，还有众多的古徽州人，他们或以其显赫政绩列入正史，或以其优美的诗文作品光耀文学长河，或以其抗暴不屈的精神而名垂千古，或以其医术之精湛为后人津津乐道……

本书试图对古代徽州人物的群体作一综合研究，选取的是徽州人物的"碑传"①这一特定对象。选择这个题目，大致基于这几点考虑：

其一，碑传是历史人物研究中最直接的第一手资料，通过徽州人物碑传的搜集和研究，可以为徽学研究者提供重要资料和参考。

碑传一般被认为是与官方的史传相对应的私修传记，其形式多样，既包括刻于碑石上的墓志铭、墓版文等，又包括记录于书册的传记、行状、事略等。碑传在中国的应用较早，大约在先秦时就已出现，至唐宋后数量和质量均有大的提升，形成了一些颇有特色的碑传文②。至明清两代，碑传的使用达到了空前的广度，上至达官贵人，下至野老村妇，特别是商贾都有碑传文流传。碑传的结集则始于宋代杜大珪的《名臣碑传琬琰集》，它"上集神道碑，中集志铭、行状，下集别传为多。多采诸家别集，而亦间及于实录、国史"③，为中国的碑传集开启了范例。后至清代钱仪吉所辑《碑传集》，以及续作之《续碑传集》《碑传集补》《碑传集三编》《广清碑传集》等，使清代碑传合集得以完善，但总体上仍沿袭杜氏体例。

碑传在中国有着悠久的传统，但碑传"私"的特性决定了其在记载人物事

---

① "碑传"的内涵与外延历来有所不同，本书所论述的主要包括碑志文、传状文和哀祭文三类，而又以叙事和纪实性较强的前两类为主。

② 仅墓志的汇辑著作就有《六朝墓志检要》（王壮弘、马成名编纂，上海：上海书画出版社，1985年）、《汉魏南北朝墓志集释》（赵万里编，北京：科学出版社，1956年，桂林：广西师范大学出版社，2008年重版）、《汉魏南北朝墓志汇编》（赵超著，天津：天津古籍出版社，1992年）、《唐代墓志汇编》（全二册，周绍良主编，上海：上海古籍出版社，1992年）、《唐代墓志汇编续集》（周绍良、赵超主编，上海：上海古籍出版社，2001年）等。

③ （清）纪昀等撰：《四库全书总目》卷57，北京：中华书局，1965年，第520页。

迹或品评人物时不可避免地存在避重就轻、避实就虚的"谀墓"现象,这在历代典籍中也多有体现。如汉代大学者蔡邕就承认"吾为碑铭多矣,皆有惭德"①。

然而,这并不影响碑传本身的重要意义。作为关于人物生平事迹的第一手材料,碑传一般由与传主较为亲近的亲友师生完成,故而在生卒年、里籍、仕履等方面有较高的可信度,并且这些材料往往涉及时代思潮尤其是乡邦习俗,虽因人而异,但总体上具有较高的价值。徽州前贤已然认识到了这一点,明人程敏政的《新安文献志》里面收录了大量徽州人物的各种碑传材料,这些材料来源广泛并间附有程氏的补充考辨,实为明中叶之前徽州碑传之渊薮。

徽州传世文献浩如烟海,各种传记资料也十分丰富,却没有一部徽州人物的碑传专集,尤其是明中叶之后大量的徽州碑传只能散见于一些文集、方志、族谱等中,尽管有一些传记索引可资利用,但查找使用起来十分费力。本书即尝试对徽州碑传作一搜集的基础性的工作。

其二,碑传的地域性极强,通过徽州人物的群体碑传可以窥见徽文化的地域特色和历史传承。

徽州文化博大精深,有着深刻的徽州地域的烙印。如徽州商业的产生和兴盛,源于徽州的山多地瘠,徽人食粮不能自给,而利用本地的资源优势,进行对外交换,进而触角延及其他领域和地区,在外地发展商业,至有"无徽不成镇"的现象产生;又如新安理学,实源于徽州人二程和朱熹,宋元以降,徽州学者奉朱子思想为圭臬,明代程曈的《新安学系录》则以"学案"的形式对理学在徽州的传承做了较为系统的总结。在徽州,理学禁锢了人们尤其是妇女们的思想,徽州地域的封闭性又使得理学在徽州得以被严格执行和极力强化。同时,徽州文学中有徽州的大好山水和文风独盛,徽州建筑中体现着这一地域的民风民俗,如此等等,不一而足。

总体而言,徽州碑传除体例上的大致类同外,内容方面则因传主身份的

---

① (南朝宋)范晔:《后汉书》卷68《郭太传》,北京:中华书局,1965年,第2227页。

不同而有明显差异。作为传记材料，碑传多述传主一生经历，这些徽州人或生或长在徽州，包括一些常年仕宦在外的徽州人，他们都与徽州本土有着密切的联系，这些在其碑传中都有显著的体现，徽商研究重要史料集《明清徽商资料选编》中仅收录明代汪道昆《太函集》中的商人碑传文就逾九十条，碑传文的重要史料价值可见一斑。

对徽州碑传的综合考察，既可以让我们窥见徽州文化的地域色彩，也可以让我们在不同县域的碑传中得出更加具体的细微差异，更可从不同时代的碑传中总结出徽州历史发展演变的规律。

其三，碑传研究是文学研究的组成部分。徽州碑传研究亦是徽州文学的重要组成部分。碑传文是散文的一种（部分结尾含有韵文），其写作的方式和体例演变是中国古代散文史的重要组成部分。如郭预衡先生《中国散文史》等文学史研究著作，均专设"碑传文"这一类别。徽州碑传，尤其是出自名家之手的碑传文，不仅纪实性强，而且富于文采、生动感人，做到了"史"和"文"的高度统一。

其四，徽州亦有不少的文学艺术名家，以他们为传主的碑传文对文学史、学术史研究不无裨益，这些碑传可以廓清作家生卒年、交游、年表等文学史、学术史研究中许多基础性的问题，甚至保存了一些完整的文学作品，或可成为一代文化史料之补充。

其五，通过对同一人物的不同碑传的比较研究，有助于研究者更加全面和客观地接近人物原貌。在徽州碑传文中，有许多是同一人物的不同类型的传记形式，如一些重要历史人物，既有行状，又有传，还有墓志铭、碑版文、墓表、祭文等，这些传记都以同一人物为中心，承担了不同的使命，从写作方式、叙述手法、评价角度等方面均有较大的差异性，且撰者的身份差异、学识多寡、与传主相知的深浅等决定了在某些史实的记述和评判上会出现差异。区分和辨别这些差异性，可以帮助研究者去伪存真，更客观地对历史人物作出评价。

基于以上的考虑，我们认为徽州碑传文的研究是很有意义的。并且，徽州碑传文的系统研究还处于空白阶段。早在明代中叶，歙县人程敏政《新安文献志》就有意搜集保存乡先贤的碑传资料，体现了一个文献学家的独到眼光，尤其是增加了一些考订，更显难得。至清末，许承尧《歙事闲谭》中不少条目开始对徽州碑传作专门的考证，材料较为详实，可以说，开了近代徽学研究之先河，但其系统性不强，过于琐屑。当代徽学研究方兴未艾，对徽州重要历史人物的研究渐多，对徽州碑传的利用更繁，徽州人物的年谱、生卒年考、交游考等研究成果丰富，但对徽州碑传的系统研究尚未见。本书意在将整个徽州碑传纳入研究视野，既有宏观的把握和总结，又有微观的考察和评价，既注重其历史传承性，又注重个案的代表性和特质。

本书意在达到如下几个目的：

第一，探讨碑传的发展沿革和价值意义。

从碑传的释名入手，梳理中国人物传记发展的大致脉络，分析传记文的文体文类，以及传记文在各个不同历史时期的表现和特征。同时关注碑传文的史料价值以及其中的纪实与虚美的关系。

第二，揭示徽州现存各种碑传的大致风貌。

充分利用徽州文献如《新安文献志》《太函集》《新安学系录》、方志、家谱以及《清碑传合集》《广清碑传集》《明代传记丛刊》《清代传记丛刊》《清代碑传文通检》等，搜集整理徽州历史人物的碑传，制成《明清徽州历史人物碑传索引》，包含传主名、传名、出处等，附为下编，为徽学研究提供便利。在此基础上，进行分类统计、归纳，得出徽州现存碑传的大致数量、类别及主要特征等大致风貌。

第三，以记录徽州碑传较多的文献为点，按朝代线索，总结徽州碑传的演变过程及其特点。

徽州碑传发展的历史过程中，程敏政《新安文献志》、汪道昆《太函集》、许承尧《歙事闲谭》是最为突出的三部著作。程氏是最早自觉搜集徽州碑传的第一人，并且在《篁墩文集》中留下了不少自作的碑传文，在保存徽州碑传文献上其功甚伟。汪道昆是明代著名的文学家，与王世贞齐名，其文"简而有法",他在《太函集》中创作的大量徽州碑传文涉及社会各个阶层,尤以徽商最为突出,是徽学研究的重要史料。同时,汪氏碑传文呈现出明显的"文"的倾向,且表现出强烈的封建理学色彩,这对我们认识和理解明中后期的徽州社会政治、经济,特别是意识形态各领域也有很大帮助。《歙事闲谭》是比较"另类"的徽州碑传集合,既有史实,又有考据,体现出对徽州碑传的初步的综合研究。

徽州乃文献之邦,各种文集、方志、谱牒难以穷计,在研究过程中,可资利用的文献如《新安名族志》《新安学系录》《紫阳书院志》等,不一一列举。

第四,阐释徽州碑传与徽文化的关系及对于徽学研究的重要意义。

重点分析徽州碑传的地域文化内涵,即从徽州人物群体的碑传中发现著名人物产生的社会、教育、文化诸多方面交互影响的一些带有普遍规律性的东西,发掘徽州社会发展的有价值的历史轨迹,总结徽州碑传的地域特征。万斯年先生在《略论碑传之史料价值》中概括说:"一·移民的史迹;二·社会制度的记述;三·姓氏的变更;四·习俗的记载;五·文献的著录。"[①]徽州碑传同样具有这样的史料价值,它对徽学研究应该是全方位的充实和细化。

第五,力图通过徽州碑传的个案分析,比较得出对于历史人物的综合评价。

在校勘的基础上,对同一人物的不同传记进行比较研究,考察人物评价的不同视角,还原真实的多位一体的历史人物,进而对某些人物个案进行深入研究。

总之,本书期望能开拓徽州人物研究的新领域,为徽州商业、文学、史学、经学、医学等研究,尤其是著名历史人物的生平资料考察提供依据和参考。

---

① 万斯年:《略论碑传之史料价值》,见方树梅纂辑:《滇南碑传集》序,昆明:云南民族出版社,2003年,第9页。

二、本书基本论述架构

本书主要分为三大部分：一是徽州主要历史人物碑传资料的搜集整理。利用各种途径，尽可能多地收集材料，然后进行材料的比勘，选取每位人物一至两篇最有价值的传记材料汇集成表，并且将其他传记目录作为下编。囿于精力，对各类人物将做精心择取，主要搜集在徽州或中国历史上产生重大影响的商贾、官员、学者、文学艺术家等的传记资料。这些传记数据将成为研究的直接对象和本书写作的基础，并采取传统文献学的方法对此进行整理和校勘。这部分看起来只是一个表列，实际上费工极大。

第二部分是本书的主体部分。主要内容包括：

导论部分：概括选题的目的、研究现状及价值，阐释碑传研究的重要意义。

第一章是碑传述略。这一部分讲述了碑传的含义，揭示"碑"和"传"的不同内涵和文化意蕴。理清碑传文的发展线索。

第二章主要讲述碑传文的特点及价值。阐述碑传文既有纪实性同时也有讹误的特点。发掘碑传及碑传集的价值和意义：它们不仅仅是记录传主生平事迹的一人之传，更是我们了解一个地区、一个时代、不同领域历史和文化的重要载体。

第三章主要揭示徽州现存碑传文的总体风貌。首先对徽州的历史文化背景即徽州历史人物生存的物质条件和精神世界作大致考察，因为这是徽州人物和徽州碑传产生的土壤。其次是对徽州碑传的文献载体进行分析。徽州碑传的文献载体包括正史、方志、家乘、文集、碑传集、金石材料、徽州地域文献等。对其中收录徽州碑传较多者作初步评介。如《新安文献志》收录明中叶之前徽州碑传较为完备，传主以官员和学者为主。而《太函集》《太函副墨》主要收录明中叶之后的徽商资料为多。它们同是了解明代徽州人物最重要的资料，都具有很高的文献价值。徽州碑传的作者既有馆阁史臣，也有徽州的知名学者、方志纂修者，还有各时代其他地区的有影响的人物,选择最有代表性的如刘大櫆、袁枚、阮元、魏禧等进行考察,从中可以考见他们与徽州人的交游史。

再次是运用统计学的方法对徽州碑传作分类统计和研究,根据朝代、县域、人物身份等进行不同分类和统计,通过表格和对比给人以直观印象,为研究者提供相对准确的数据。

第四章至第九章是徽州碑传研究的个案研究,立足于徽州碑传文本身,选取有代表性的著者、著作以及传主群体进行全面考察。

第四章选取程敏政及其著作为个案研究对象。程氏于徽州碑传贡献重大。首先对有关程氏本人碑传进行搜理,进而对其生平、思想中的一些问题进行述评和考释,然后将重点放在程敏政笔下的碑传,分别从《新安文献志》和《篁墩文集》入手,分为编纂和撰写两类,探讨各自的特点和价值。

第五章对汪道昆的《太函集》《太函副墨》进行个案研究,关注碑传文体至明中叶之后的发展变化,突出其文学意识的增强;通过碑传文对《太函集》中有代表意义的人物如商人、官员、妇女的生存状况作细致考究,以期从独特视角观照历史人物。

第六章对吴子玉及其碑传进行研究,试图考察身处社会下层的吴子玉笔下的碑传。

第七章是对有关清初徽州抗清烈士特别是遗民的碑传的研究。徽州遗民是一个很大的文化群体,通过相关碑传,我们可以窥见这个群体的价值取向及文化追求。

第八章是对清代徽州朴学家碑传的研究。徽州朴学在新安学术史乃至中国学术史上都有极为重要的地位。对徽州朴学家碑传进行归类研究,除了碑传研究本身的价值外,我们还可以从中进一步考察徽州朴学的学术传承和发展、变化情况。

第九章选取清末《歙事闲谭》这一近代著作进行个案分析。许承尧是徽州知名学者,关心乡邦文献,《歙事闲谭》一书实际上对徽州碑传进行了初步研究和总结。本书总结该书在碑传研究上的特点和意义的同时,也指出其不足。

第三部分是附编"明清徽州历史人物碑传索引",希望对进一步研究徽州历史人物碑传起到工具书的作用。

三、方法与问题

本书的写作,力图在历史唯物主义指导下,在传统文献学的基础上充分利用现代科学方法和技术手段,广泛搜集,既要对徽州碑传文有总体性的把握,又要对重要人物的不同碑传作细致的校勘比对,做到宏观和微观的统一,将点面研究结合起来,充分认识碑传文的价值,同时在研究过程中分析其虚美的成分,对历史人物碑传的选择力求公允平实。

第一,传统文献检索方法和现代检索技术相结合的方法。在搜集徽州碑传的过程中,既利用传统的碑传集和传记数据索引,又采用计算机对大型丛书如《四库全书》《四部丛刊》等数据进行检索,适当运用计算机的分类统计技术对一些数据进行综合整理,提高效率和准确度。

第二,传统文献学知识与史学、文学、语言学、文化学、统计学等知识的交叉运用。在原始资料的搜集整理过程中,运用传统的目录学、版本学和校勘学的知识,在具体研究过程中,则要综合运用多学科的知识,融会贯通。

第三,宏观和微观的统一,点面研究的结合。碑传研究既有具体的某个人物传记资料的考察分析,又有徽州碑传的通盘考虑;既要考虑徽州地域的历史文化背景,又要将其置于全中国的背景之中;既要考虑徽州碑传在某一时期或朝代的特点,又要综合考虑其在整个封建社会的发展长河中的意义。

第四,比较的方法。碑传文体的演变、徽州碑传的发展都是一个动态的过程,某一传主的不同碑传也存在各种方法、评价上或多或少的差异,这些都需要运用比较的方法。比较法可从多角度看问题,有助于结论的公允。

第五,时、地、人关联比勘。知人论世是人物研究的重要法则,具体到某一地人物的研究就需要同时关注、比较人物与其生活的地域、时代的关系,即所谓时、地、人关联比堪的方法。这一方法能将人物还原于精确的时空定位,有助于对人物的全面把握。

这几种研究方法将交叉使用,贯穿整本书写作的始终。

徽州碑传的综合研究是一个新的课题,也必然存在新的问题。比如历史人物的籍贯问题。徽州人物多有迁居他乡而颇有成就者,他们或占籍,或寄籍,或是祖辈寄籍,自己占籍,许多人物亦难以详考。本书写作大体上以学术界公认的标准为准,个别情况酌情处理。

第一章　碑传述略

第一节　碑传释名

何谓"碑传"？

要真正探清其发展演变过程及文体属性，还须分别从"碑"和"传"的本义出发来加以考察。

关于"碑"，《说文解字》释为："碑，竖石也。从石，卑声。"①碑本为一种竖石。关于其功用，在《仪礼》等先秦典籍及其注中有一些记载：

> 《仪礼·聘礼》："上当碑南陈。"疏：宫必有碑，所以识日景，引阴阳也。……凡碑，引物者，宗庙则丽牲焉，以取毛血者云。……其材，宫庙以石，窆用木者。②
>
> 《礼记·祭义》："祭之日，君牵牲，穆答君，卿大夫序从。既入庙门，丽于碑。"注：丽，犹系也。③

---

① （汉）许慎撰，（清）段玉裁注：《说文解字注》，上海：上海古籍出版社，1988年，第450页。
② （清）阮元校刻：《十三经注疏》校刻本，北京：中华书局，1980年，第1059页。
③ （清）阮元校刻：《十三经注疏》校刻本，北京：中华书局，1980年，第1954页。

《礼记·檀弓下》:"公室视丰碑,三家视桓楹。"注:丰碑,斫大木为之,形如石碑,于椁前后四角树之,穿中于间为鹿卢,下棺以绋绕。①

从"三《礼》"的记载可以看出,碑的用途大致有三:一是识日影,二是系牲畜,三则用于下棺②。其材质则有石和木二种,用于识日景、系牲畜用石,用于下棺则先是用木。碑与墓最早联系起来,是由于碑充当了墓葬时下棺的辅助工具,这种工具大概是因为"事毕因闭圹中③",木材易腐,后来遂由最初的形如石碑的"大木"改为石质。显然,这些充当工具的竖石上是没有文字的。

石材因其价廉、易刻的特点,成为了最早的文献载体之一,亦有金石之谓。试列举一二:

　　《周礼·秋官司寇》:"凡国有大故,而用金石,则掌其令。"④
　　《墨子·兼爱下》:"以其所书于竹帛,镂于金石,琢于盘盂,传遗后世子孙者知之。"⑤
　　《吕氏春秋·求人》:"'功绩铭乎金石,著于盘盂。'高注:'金,钟鼎也;石,丰碑也。'"⑥

先秦时期,石刻文已广泛出现,但石刻的作用主要是记事和勒功,如著名的《石鼓文》即多记游猎之事。大规模的刻石则始于秦王嬴政时。秦《琅琊台刻石》有"古之帝者,地不过千里,诸侯各守其封域,或朝或否,相侵暴乱,残伐不

---

① (清)阮元校刻:《十三经注疏》校刻本,北京:中华书局,1980年,第1310页。
② 参见(清)王筠:集:《说文句读》第三册卷18:"古碑有三用:宫中之碑,识日景也;庙中之碑,以丽牲也;墓所之碑,以下棺也。秦之纪功德也,曰立石,曰刻石;其言碑者,汉以后之语也。"北京:中国书店,1983年,第143页。
③ (唐)封演撰,赵贞信校注:《封氏闻见记校注》卷6,北京:中华书局,2005年,第57页。
④ (清)阮元校刻:《十三经注疏》校刻本,北京:中华书局,1980年,第882页。
⑤ 吴毓江撰,孙启治点校:《墨子校注》新编诸子集成本,北京:中华书局,1993年,第175页。
⑥ 许维遹撰,梁运华整理:《吕氏春秋集释(全二册)》新编诸子集成本,北京:中华书局,2009年,第615页。

止,犹刻金石,以自为纪""群臣相与诵皇帝功德,刻于金石,以为表经"等诸多记载。鲁迅先生在《汉文学史纲要》中说:"始皇始东巡郡县,群臣乃相与诵其功德,刻于金石,以垂后世。"①

先秦的刻石之风及至秦汉,由于碑的概念已经泛化,把石刻铭文也称为碑了②。但从文献著录及实物保存来看,西汉的碑刻数量有限,规模较小。欧阳修说"至后汉以后,始有碑文,欲求前汉时碑碣,卒不可得"③,而南宋陈槱《负暄野录》"前汉无碑"条引尤袤语,认为"新莽恶称汉德,凡所在有石刻,皆令仆而磨之。仍严其禁,不容略留。至于秦碑,乃更加营护,遂得不毁,故至今尚有存者"④。

东汉时期,碑刻得到较大发展。究其原因,既有国家政治稳定、经济繁荣的物质领域因素,又有儒家思想得到极大强化的精神领域因素。儒家的孝道以及"慎终追远"的思想,培育助长了厚葬之风,为亲人立碑,以达到纪念、颂扬和流传永久的目的。同时,谶纬神学的盛行,又使得各种祭祀人神、礼拜天地的碑刻广泛流行,进而形成体制,大量的墓碑、功德碑、寺观碑乃至摩崖、石经等,都为后世碑刻开启范式。

本书要研究的作为传记的碑,则主要是传述人物的墓碑。从无字的助葬竖石到镌刻赞颂之词的墓葬石刻,墓碑当经历了一个较长的发展过程。到了东汉,墓碑被广泛地使用,各种墓碑文就应运而生了,又因其传主身份、埋立位置、刻写方式等的不同,而各自有着不同的名称。

关于"传",《说文解字》:"遽也。从人,专声。"⑤其义历经辗转演变,乃有

---

① 鲁迅:《汉文学史纲要》,见《鲁迅全集》第9卷,北京:人民文学出版社,2005年,第395页。
② 参见(明)吴讷:《文章辨体序说·碑》"秦汉以来,始谓刻石曰碑,其盖始于李斯峄山之刻耳",北京:人民文学出版社,1962年,第52页。
③ (宋)欧阳修:《集古录·宋文帝神道碑》,见《景印文渊阁四库全书》第681册,台北:台湾商务印书馆,1986年第60页。
④ (宋)陈槱:《负暄野录》卷上,见《知不足斋丛书》第二十六集。
⑤ (汉)许慎撰,(清)段玉裁注:《说文解字注》,上海:上海古籍出版社,1988年第2版,第377页。

传记之传,成为记载人物事迹的专有文字。人物传记始于司马迁之人物列传,其写作权在史官,因而所传人物数量和范围有限。因此,不少有别于正史的碑、志、状应运而生。正如顾炎武《日知录》"古人不为人立传"条所说:"列传之名始于太史公,盖史体也。不当作史之职,无为人立传者,故有碑、有志、有状而无传。……自宋以后,乃有为人立传者,侵史官之职矣。"①

吴讷在《文章辨体序说》中也有详细陈述:"太史公创《史记》列传,盖以载一人之事,而为体亦多不同。迨前后两《汉书》、三国、晋、唐诸史,则第相祖袭而已。厥后世之学士大夫,或值忠孝才德之事,虑其湮没弗白;或事迹虽微而卓然可为法戒者,因为立传,以垂于世:此小传、家传、外传之例也。"②

显然,传这一文体的内容包容量较大。传以传载人物事迹为目的,因传主地位或显或微,体式及文字长短也相应不同。简而言之,从传记创作的作者与动机来看,传可分为史传和家传。前者载于正史,多出自史家之笔,系官方立言,形式单一、篇幅短小是它的主要特征,司马迁《史记》以下,多名之"列传",几成定制;后者多出自传主亲友或故交之手,为传主之师长、弟子和子孙立言,形式多样、体制富于变化。我们的研究对象碑传,则应属于后者。然而,这种公私的划分并不是绝对的,不少有价值的私家之文,尤其是出自名家之手者也被采入正史或官方史料。

碑传,则是一种碑体与传体的结合。其较广泛的使用应始于汉魏,但"碑""传"二字的连用,较早如唐朝沈佺期诗《秦州薛都督挽词》:

十里绛山幽,千年汾水流。碑传门客建,剑是故人留。
陇树烟含夕,山门月对秋。古来钟鼎盛,共尽一蒿丘。③

冯尔康先生认为,碑传"可以理解为碑文传记和书文传记的合称",其中碑文传记"是刻写在石碑上的人物传记""是用墓志铭一类的文体",而碑传也

---

① (清)顾炎武著,黄汝成集释,栾保群、吕宗力校点:《日知录集释》卷19,上海:上海古籍出版社,2006年,第1106页。
② (明)吴讷:《文章辨体序说》,北京:人民文学出版社,1962年,第49页。
③ 彭定求等编:《全唐诗》卷96,北京:中华书局,1960年,第1040页。

可以仅狭义理解为碑传传记,即"树碑立传"的传记文。墓碑文、墓碣文、墓表、墓志铭(墓版文、圹志、权厝志铭、葬志铭)、传状文(传、行状)、圹志(圹记、墓记)、葬志、神道碑文,甚至包括像赞、哀辞、祭文等,都可以叫碑传文。

碑传集的出现,其发轫者为宋杜大珪的《名臣碑传琬琰集》,收录"上集神道碑,中集志铭、行状,下集别传",而至清钱仪吉《碑传集》则"采集诸先正碑、版、状记之文,旁及地志杂传"。可见,碑传是一种较为特殊的传记文体,人们对它的理解较为一致,但表述各异。

总而言之,碑传是与"碑"密切相关的一种人物传记形式,它往往是传主逝后(少数在生前)所形成的私史性的传记文字,它的作用更多是纪念性的。

碑传的流传主要是通过两种方式,一种是实物的碑刻文献,如勒石的墓志、碑碣、碑版文等;一种是纸质的文献材料,即记载了碑传文的文集、方志、族谱等。碑传,是中国古代最常见的一种传记形式。本论文主要以后者为研究对象。

第二节 碑传文的演变和发展

碑传随着东汉开始的树碑之风而逐渐盛行起来。在早期的碑传创作中,著名作者首推蔡邕。《文心雕龙》云:"自后汉以来,碑碣云起,才锋所断,莫高蔡邕。"仅《全上古三代秦汉三国六朝文》中收录蔡邕著碑、灵表、诔文等碑传文章就超过50篇。刘勰对其碑传的文学价值也给予了高度评价:"其叙事也该而要,其缀采也雅而泽;清词转而不穷,巧义出而卓立;察其为才,自然而至。"①

但以蔡邕为代表的汉魏碑传创作,至六朝时期,都呈现出了形式主义的倾向,《后汉书·郭太传》就记有蔡邕所说"吾为碑铭多矣,皆有惭德,唯郭有

---

① (南朝梁)刘勰著,周振甫注:《文心雕龙注释》,北京:人民文学出版社,1981年,第128页。

道无愧色耳"①。所谓的"惭德",主要是碑传中夹入了不实的浮夸之辞。这种风气后虽迫于强权而渐削弱②,但"谀墓"风气在碑传文中成了一种"传统"。以数量论,仅赵万里《汉魏南北朝墓志集释》收录墓志就逾 600 种,赵超《汉魏南北朝墓志汇编》所收也逾 580 种,鲁迅先生也有大量收藏。这些从汉至隋的墓志或据馆藏拓片,或据出土实物,数量还是很可观的,可以窥见这一时期碑传的盛行。

唐宋时期,碑传文得到长足发展,最突出的表现是更多卓有成就的文学家参与了碑传文的写作,他们开始将笔端真正触及单个的下层人物,创作了大量的传记名篇。又因他们的文采,使得呆板沉闷的碑传文章开始成为文学作品。如唐宋八大家之韩愈、柳宗元、欧阳修、王安石等人,都有大量的墓志铭、小传、祭文等碑传作品,其中虽有部分仍不乏谀墓之嫌,但往往却能以情动人,大大提高了碑传文的质量。

明清时期,碑传文数量剧增,文人大多有过碑传写作经历。但这一时期,碑传在承担传述人物这一自身使命的同时,往往又担负了宣扬封建伦理道德的重任,唐宋诸大家的清新动人之风则逐渐消弭。忠臣、烈女、孝子贤孙等更多地成为碑传的主角。明清两代,封建说教气息更加浓厚,钱谦益、吴梅村、归有光、全祖望、方苞、姚鼐等都是著名的碑传作家;其中全祖望为史学名家,其《鲒埼亭集》中大量的抗清志士的传记、神道碑、碑版文等,都有很高的史学价值。

简而言之,中国古代碑传文发端于先秦,成型于汉魏六朝,至唐宋而臻鼎盛,明清则体备而滥。

---

① （南朝梁）范晔:《后汉书》卷 68《郭太传》,北京:中华书局,1965 年,第 2227 页。
② 参见（南朝梁）沈约撰:《宋书·礼志二》载"建安十年,魏武帝以天下凋弊,下令不得厚葬,又禁立碑",北京:中华书局,1974 年,第 407 页。

第三节 碑传的体裁形式

具体哪些文体可以列为"碑传"一类,历来没有统一的体例。影响最大的《碑传集》中有收录正史之传的,亦有收录文集序跋之文的,文体亦有多样,粗略统计如下(见表1-1):

表1-1 《碑传集》中的碑传文体情况

文体	类别
传(875)行状(80)小传(48)记(48)书后(2)行表(1)别传(8)行记(1)传略(6)行实(1)行实辑略(1)书事(25)贺序(1)事略(11)记略(1)事状(10)记语(1)遗事(9)纪闻(1)记事(6)家状(1)逸事(6)录(1)行略(4)论略(1)纪事(4)略(1)书(4)略记(1)传后(3)略状(1)行述(3)年谱(1)佚事(3)年谱附录(1)传后序(2)年谱序(1)细略(2)谱(1)书后(2)始末(1)述(2)事(1)送序(2)疏(1)遗事述(2)述训(1)跋(1)说(1)本末(1)私记(1)传跋(1)外传(1)传后记(1)序(1)序后(1)序赞(1)遗言(1)赠序(1)折子(1)志实(1)状(1)自序(1)	传状类
(481)墓表(130)神道碑(50)碑(26)神道碑铭(22)碑记(19)墓碑(9)祠碑(6)墓碣(6)墓碣铭(6)志铭(6)墓志(5)碑铭(4)神道碑文(4)神道表(2)生圹志(2)版文(1)碑阴记(1)窆石文(1)祠碑记(1)教思碑(1)圹铭(1)墓碑铭(1)墓碑阴(1)墓表铭(1)神道碑后记(1)神道碑序(1)神道第二碑铭(1)石记(1)题墓石(1)	碑志类
祠记(4)哀辞(2)祠堂记(2)像赞(2)赞(2)	哀祭类

碑传分类向来不一(见表1-2)。体例庞杂,界定不明,是古代碑传文的重要特征。陈乃乾先生《清代碑传文通检》的界定则是"以碑传文为主,其他若哀辞、祭文、记、序等可供参考者,亦一并收入"。总的说来,分类代有演进,而以清人姚鼐《古文辞类纂》中的分类,即将碑传文可分为传状、碑志、哀祭三个大类较有概括性。

表1-2 碑传类文体分类情况

著作①	碑传类文体
1. 文心雕龙(梁·刘勰)	诔、碑、哀、吊
2. 文选(梁·萧统)	碑文 墓志 行状 吊文 祭文
3. 文苑英华(宋·李昉)	诔、碑、志、墓表、行状、祭文
4. 唐文粹(宋·姚铉)	碑、铭

---

① 为排版需要,著作中不使用书名号。

续表

著作	碑传类文体
5.明文衡(明·程敏政)	传、行状、碑、神道碑、墓碑、墓志、墓表、哀诔、祭文
6.文章辨体(明·吴讷)	传、行状、碑、墓碑(墓碣)、墓表、墓志、墓记、埋铭)、诔辞(哀辞)、祭文
7.文体明辨(明·徐师曾)	行状、述、墓志铭、墓碑文、墓碣文、墓表(阡表、殡表、灵表)、传、哀辞、诔、祭文、吊文
8.古文辞类纂(清·姚鼐)	传状、碑志、哀祭

一、传状文

"传状类者,虽原于史氏,而义不同。刘先生云:'古之为达官名人传者,史官职之。文士作传,凡为圬者、种树之流而已。其人既稍显,即不当为之传,为之行状,上史氏而已。'余谓先生之言是也。"①传状文多形诸纸面,由子孙保存或上达史官,与碑志需要刻石是不同的。传状文又可具体分为传类文和行状类文:

传类。"传"自司马迁始,历代史官多以"列传"为达官显者所作。后代文人作传,延及社会下层,如韩愈《圬者王承福传》、柳宗元《种树郭橐驼传》等皆为"卑微者"之传,虽被顾炎武指为"侵史官之职",但无疑丰富了古代人物史料,推动了传记文体的发展。

传类文章多为传主逝后由子孙向名家乞文以传永久。清代陈鹏年对此有详细论述:

> 传者,传也。其体昉于史迁,所以连缀其人之行实而传之后世也。否则无传,传亦不愿,然孝子之心莫不欲论撰其先世之论,而明著之后世,又不欲以自为也,必求有道而能文者,以致其中焉。盖古之乞铭、乞传者泪如此,然有道而能文者,代不数人有之则或矜慎其

---

① (清)姚鼐编,周青萍注:《标点评注古文辞类纂·序目》,上海:上海广益书局,1936年,第15页。

言。而不轻作,作者又或非其人而传之,不足以传信于天下也久矣。①

碑传类传体还有小传、别传、家传、外传、传略等之谓,它们都是传体的延伸和补充。小传和传略内容简略;别传"别于史家",是正传之外的补充;家传强调家族统系及迁播;外传多记奇闻轶事。

行状类,刘勰有云:"状者,貌也。体貌本原,取其事实。先贤表谥,并有行状,状之大者也"②,是"门生故旧状死者行业上史官,或求铭志于作者之辞也"③,汉丞相仓曹傅胡干作《杨原伯行状》,《文选》即有《竟陵王行状》。行状体也是由官方写作转为一般文人写作,其详细叙述传主一生事迹,"具死者世系、名字、爵里、行治、寿年之详",侧重叙事,略于议论,也没有固定体例,目的在于为正史传记和墓志碑表类的写作提供可资利用的行实资料。"或牒考功太常使议谥,或牒史馆请编录,或上作者乞墓志碑表之类皆用之",行状之文多出于门生、故吏、亲旧之手,"以谓非此辈不能知也"。

顾炎武对此也有论述:"志状在文章家为史之流,上之史官,传之后人,为史之本",故"志状不可妄作",要根据传主身份,要"读其人一生所著之文",或"悉一朝之大事",或"悉一司之掌故",或"悉一方之地形土俗"④。这当然是顾氏理想中的行状写作,实际上"妄作"者颇多,使得史家往往因之"抵牾不合"。

行状类碑传文又有状、述、行略、行实、事略、事状、逸事状等,多为记事详略上的区分,或为行状之别称。

---

① (清)陈鹏年:《休宁杨文学传》,见《道荣堂文集》卷五,《四库存目丛书》集部 260 册,第 106 页。
② (南朝梁)刘勰著,周振甫注:《文心雕龙注释》,北京:人民文学出版社,1981 年,第 280 页。
③ (明)吴讷:《文章辨体序说》,北京:人民文学出版社,1962 年,第 50 页。
④ (清)顾炎武著,黄汝成集释,栾保群、吕宗力校点:《日知录集释》卷十九"志状不可妄作"条,上海:上海古籍出版社,2006 年,第 1107 页。

二、碑志文

"碑志类者,其体本于《诗》,歌功颂德,其用施于金石。周之时,有石鼓刻文,秦刻石于巡狩所经过,汉人作碑文又加以序。序之体,盖秦刻琅邪具之矣。……志者,识也。或立石墓上,或埋之圹中,古人皆曰志。为之铭者,所以识之之辞也。然恐人观之不详,故又为序。世人或以石立墓上,曰碑曰表;埋,乃曰志。及分志铭二,独呼前序曰志者,皆失其义。盖自欧阳公不能辨矣。"①

碑志文以碑为体,因碑而生。这里说的碑不是泛指的刻文之石,而是特指墓葬之碑。墓碑及墓志文形成之初,当主要是为了防止陵谷变迁,后来随着墓葬仪式的日益繁琐,又出现了不少类别的承载着不同文化意义的墓志之文。碑志文包含了不少种类,如墓志铭、墓版文、圹志、葬志、墓碑文、碑阴文、墓表、墓碣文、权厝志、塔铭、神道碑等。这些是典型的碑传文体,其碑在使用过程中,有的立于地上,如墓表、墓碣、神道碑等;有的则埋于地下,如墓志铭、葬志、圹志等。又可根据传主身份来区分,如唐以后五品以上立碑,七品以上立碣,而塔铭则为老释氏之碑文。而志与铭,又有写法上的不同,前者以散文叙述,后者以韵文抒情。

碑志文还有一些特殊形式,如合葬墓志,往往记载夫妇二人生平事;又如自撰墓志铭,为传主生前自写,虽不循常法,但亦可资利用。

如此种种,碑志文类别颇夥,究其本质,乃是其子孙为寄托哀思,借名人以自重或使传永久。

三、哀祭文

哀祭文,"哀祭类者,诗有颂,风有黄鸟、二子乘舟,皆其原也。"②是哀悼

---

① (清)姚鼐编,周青萍注:《标点评注古文辞类纂·序目》,上海:上海广益书局,1936年,第16页。

② (清)姚鼐编,周青萍注:《标点评注古文辞类纂·序目》,上海:上海广益书局,1936年,第25页。

死者的文章,主要为抒情性文字,如贾谊、韩愈、袁枚等皆有名篇。哀祭类文体重于抒情,疏于叙事,其文也颇多使用韵语,但其哀辞之所据,往往能交代传主生平,故可划入碑传文之中。哀祭文有哀辞、祭文、诔文、吊文等。

当然,这三种类型是碑传文的主体,广义的碑传文应该还不止这三者。笔者认为,凡非官方的传记性材料,大都可视为碑传文。实际上,宋代之后的碑传集、地方传记文献资料往往也是这样收录的,大量的序、跋、书、言、略亦列其中,这也是"碑传"之文体范围难以定论的原因。

第四节 碑传文的结集

碑传的出现很早,散篇的碑传数量也很多,但有意识地搜集碑传并为之合集则始于宋代。自南宋杜大珪《名臣碑传琬琰集》以下,历代碑传集层出不穷,尽管有些并不名曰"碑传"。至清代碑传集系列的出现,对综合性碑传文的汇编形成了延续性和系统性,前所未有地体现了学者对于碑传文的重视。现对具有开山之功的《名臣碑传琬琰集》作一介绍。

《名臣碑传琬琰集》,作者杜大珪,眉州人,其仕履不可考,南宋光宗时人。此书"上集凡二十七卷,中集凡五十五卷,下集凡二十五卷。起自建隆、乾德,迄于建炎、绍兴。大约随得随编,不甚拘时代体制。要其梗概,则上集神道碑,中集志铭、行状,下集别传为多。多采诸家别集,而亦间及于实录、国史。一代巨公之始末,亦约略具是矣"①。对于其所收碑传之细类和作者,《琬琰集删存·序》中有明确说明:"其书所录碑传之文,总为二百五十四篇,被传者都计二百二十一人。就文之性质言,以墓志铭之八十九篇为最多,次为神道碑五十篇,次为摘自《隆平集》之传四十三篇,次为采自《实录》之传二十七篇,次为行状二十二篇;余若随记、碑阴、序跋、谥议之类,或五六篇,或三四篇,或一二篇,不等。就文之作者言,则以《隆平集》文之四十三篇为最多,次为欧阳

---

① (清)纪昀等撰:《四库全书总目》卷57,北京:中华书局,1965年,第520页。

修文三十六篇,次为《实录》文二十七篇,次为王珪文十四篇,次为范仲淹、范镇、王安石文各十一篇,次为宋祁文十篇;他如司马光、苏轼等四十二人之文,多者不过八篇,少仅一篇而已。"

杜氏书不以时间为序,而以文体类编,保存了不少宋代名臣碑传,具有很高的史料价值,更为后代碑传集的编纂起到了示范作用。如,元苏天爵《元朝名臣事略》、明徐纮《明名臣琬琰录》及至清钱仪吉《碑传集》等均仿其例。

《名臣碑传琬琰集》除四库全书本外,传本甚少,其书在人物择取上历来颇有非议,且"若序跋、论议、赐谥、指挥等文,多属浮泛之辞,亦杂置于碑传之中",近人洪业先生等据宋刊本"择录其所载宋《实录》及已失佚于宋集诸文,共八十篇,汇为一书,依其编次,厘为三卷,名之曰《琬琰集删存》,以为留心有宋一朝史事者之参考。且附以引得,用便检查。更录载其原序、原目,俾阅者得稍窥其庐面。"①

《名臣碑传琬琰集》以下,如明焦竑《献征录》、清钱仪吉《碑传集》、李桓《国朝耆献类征》等皆为碑传集之名著。尤以钱氏书影响最大,并与仿其例而成的《续碑传集》《碑传集补》《碑传集三编》一起构成了整个清代碑传的合集,功莫大焉。冯尔康先生《清代人物传记史料研究》一书中单列"碑传体传记专著"一章已作详细介绍,兹不赘述。

碑传集的出现,标志着学者对碑传文价值的广泛认同,碑传文被普遍地研究、利用也成为可能。总的说来,碑传文的结集,意义首先在于保存了碑传文。由于文字狱及兵燹等诸多原因,许多碑传文的原作已难以复见,实体碑刻也由于年代久远难觅踪迹,这就使得碑传集的收录显得可贵,有的甚至成为研究历史人物的孤证。其次在于按类编排,便于后人查询和检索。如《碑传集》"以其时,以其爵、以其事,比而厌之,为若干卷",省却了读者的搜检之劳。特别是合几集为一体的《清代碑传全集》,备有了索引,为使用者提供了极大的便利。

---

① (宋)杜大珪撰,洪业等编纂:《琬琰集删存·序》,上海:上海古籍出版社,1990年。

第二章 碑传文的特点及价值

如上所述,碑传文经历了一个漫长的不断完备的发展过程,也形成了自身的文体特点。同时,碑传文多关乎人物生平事迹的记述以及"盖棺"性的评价,作为一种独特的文献形式,对于我们今天的历史和人物研究,意义重大。本章拟从形式和内容两方面简要概括碑传文的特点,并初步探讨碑传文的文献价值。

第一节 碑传文的特点

碑传文作为私撰之文,其写作目的、撰者、风格、流传方式等均不同于史传文。首先,从形式上看,碑传文大多有着相对固定的模式;但由于作者群的广泛性及体例的差异性,不少碑传文又具有自己的独特性,绝非八股文那样刻板。不少碑传文写得灵活生动,令人印象深刻。其次,从内容上看,由于写作者占有相对详实的传主基本生平事迹,故能做到记载尽可能详尽,评价也相对公允。但也有不少请托之文以一味的赞颂为主,不可避免地存在着"谀墓"倾向;有的撰者则显然不具备史家的"实录"精神和态度,或所据材料有误,导致文内错讹不少。另外,从流传形式看,碑传文保存和流传的方式多样,广泛分布于文集、方志、谱牒、碑刻之中,显得数量多而分布散。但自宋代之后,不少碑传集出现,将碑传集中地整理以利流传,保存了文献,为后来者提供了便利。

碑传文的特点,不是三言两语所能概括。这里只能以碑传文的常见形式——墓志铭为准,略作归纳。

一、体式固定而相对灵活

碑传文因其体例、规模、方式的不同,呈现给后人以不同的面貌。但从总体上来说,它的体式一般相对固定。如赵超先生认为:"正式的墓志,应该符合以下几个条件:一、有固定的形制。二、有惯用文体或行文格式。三、埋在墓中,起到标志墓主身份及家世的作用。"[①]第二条强调的即是体式的固定。黄宗羲也云:"余观近来名公巨卿之碑版,千篇一律,其所书者不过升迁履历,浓宠叠眷而已。"[②]一般说来,碑传文尤其是碑志文体制相对短小,这是由于碑刻的容量有限,篇幅不能过长。碑传的构成要素无非包含几个大的部分:首先是介绍写作缘由,往往交代作者与传主的关系,再而述因某某介绍请求,自己"不敢辞"而作此文;其次为叙述传主之生卒年、世系、一生主要事迹、著述等,往往按照时间顺序,择要而录;再次是评价,即议论部分,对传主的贡献、功绩、影响作总体概括,多为赞颂,绝少批评;最后是哀悼,为抒情部分,主要是表达对逝者的哀思、惋惜和怀念之情,多用铭文。四部分分法虽未必能概括所有的碑传文,但大体上是中国古代碑传文的创作模式。

中国古代碑传文,虽形式有固定模式者为多,但不拘常法,自成特色的碑传也有不少。如唐代王绩《自撰墓志铭》,于平实中见奇崛,谐谑中露记事,出感伤;韩愈《祭十二郎文》、袁枚《祭妹文》则以情动人,感人至深;还如王阳明《徐昌国墓志》重点写自己与徐氏的一次谈话,犹如一篇回忆散文,徐昌国形象自现。张岱的《自为墓志铭》更是从自己的交游、思想进而论及自己性格中

[①] 赵超:《汉魏南北朝墓志汇编·前言》,天津:天津古籍出版社,1992年,第2页。
[②] (清)黄宗羲:《汪硕公墓表》,见《黄宗羲全集》第10册,杭州:浙江古籍出版社,1985年,第275页。

的"七不可解",文中充满了故国黍离之悲,被人称为"东方的《忏悔录》",是碑传中的奇文。这些碑传文写法多样,体式灵活,匠心独具,体现了中国古代碑传文的独特魅力。

二、记载详尽而常见错讹

碑传文的纪实性特点决定其要将主要的笔墨放在人物事迹的记述上,特别是传状类碑传,篇幅较长,面面俱到,几近年谱,这种详尽的记载为我们了解人物生平、知晓事件真相、客观评价人物提供了便利。如汪道昆《世医吴洋吴桥传》[①]为歙县名医吴洋、吴桥作传,在述吴氏家世之余,重点记录了吴氏的医案,共计60余条。长达整卷的篇幅,且出自"文简而有法"的汪道昆之手,令人瞠目,使人对吴氏的高明医术留下了深刻印象。全祖望《明故权兵部尚书兼翰林学士鄞张公神道碑铭》约6000字,详记明末抗清将领张煌言的抗清业绩,材料详备,条理清晰。

古代碑传多为第一手资料,一般说来,材料翔实,可信度较高。但也常见错讹之处。在同一人物的不同碑传中,相互抵牾者有之,甚至在同一碑传中,前后矛盾者亦有之。究其原因,可能是所据材料有误,也可能是作者失察,抑或存疑不究。归根到底,还是碑传"私修"的性质影响了写作者的严谨态度,这就需要后人的仔细辨别。如清代歙县人王曰旦(1756—1809),字学愚,随父王震业礛寓武进,"以孝友任侠名重郡邑",与毛燧传、赵怀玉、张惠言、恽敬、钱泰吉、吴德旋、李兆洛等名家皆友善,其卒后,子国栋"集名人所赠传、志、碑铭之文为一卷,曰《征名录》"[②]。现从经眼的九篇碑传文来看,与王氏有交往的友人皆作其字为"学愚",唯有桐城方东树在其《王君学儒墓表》中误"愚"为"儒",疑为音近所致,细读方氏文,可知《墓表》为一时应景之文。姓名

---

① (明)汪道昆:《世医吴洋吴桥传》,《太函集》卷31,见《续修四库全书》1347册第161页。
② (清)张惟骧撰,蒋维乔等补:《清代毗陵名人小传稿》卷五,见周骏富辑:《清代传记丛刊》197册,台北:明文书局,1985年,第143页。

字号尚且犯错,其他的许多记载之讹可想而知。

三、评价往往失于谀墓

对于人物的评价是碑传文的一个重要组成部分。一般来说,作者会根据传主的身份地位以及自己与传主的关系做出相应的评价,有的还以备国史采用,是能够做到相对客观的。但是,碑传文不具备"不虚美,不隐恶"的精神,往往仅有赞颂,缺少批评,或在叙述中专正面而避负面,不能做到完全公正,并且存在严重的"谀墓"倾向。

前述蔡邕作碑传,常常感到惭愧。顾炎武在《日知录》"作文润笔"条有云:"蔡伯喈集中,为时贵碑诔之作甚多,如胡广、陈寔各三碑,桥玄、杨赐、胡硕各二碑。至于袁满来年十五、胡根年七岁,皆为之作碑,自非利其润笔,不至为此。史传以其名重,隐而不言耳。文人受赇,岂独韩退之'谀墓金'哉!"又引王楙《野客丛书》、杜甫《八哀诗》《新唐书》的《韦贯之传》《司空图传》等,力证"作文润笔"为自古常见之事。①

碑传的写作源于两类,一是不待请而写,如亲友故交,情动于中,有感而发;另一则是因请托而写。亡故者子孙千里携金而来,往往又有人绍介,则据状而就。前一类中,赞颂多源于情感,故而所流露的情感是真实情感;而在后一类中,一方面是经济利益,另一方面考虑乞文者的感受和求文目的,碑传文多溢美之词,"善善而不复及于恶恶"亦不难理解。明代休宁人金瑶就曾有"余性喜作文,然不喜为人作状传,惧犯谀墓中人之戒"②的感慨。考虑到碑传文的作者之非史职,且此类文只需承担"扬善"而无需"惩恶"的功能,我们对于碑传文的"谀墓"只需能辨识而不必过多苛责。

---

① (清)顾炎武著,黄汝成集释,栾保群、吕宗力校点:《日知录集释》卷十九,上海:上海古籍出版社,2006年,第1108页。
② (明)金瑶:《范母吴氏行状》,见《金粟斋先生文集》卷8见《续修四库全书》1342册,第606页。

四、分布广泛而多有结集

从碑传文的流传来看,其分布于各种文献载体和形式中。从实体来看,有各种碑刻、碑拓;从纸质文献来看,碑传广泛存在于各种别集、总集、方志、谱牒之中,数量多而分布相当分散。这既充分体现了古代碑传文的运用之广和影响之大,也给我们的研究和利用带来了很大困难。

从宋代开始,就有人重视碑传文的结集工作。从宋杜大珪《名臣琬琰碑传集》到清代钱仪吉《碑传集》、缪荃孙《续碑传集》、闵尔昌《碑传集补》、汪兆镛《碑传集三编》,再到当代的卞孝萱、唐文权先生《辛亥人物碑传集》《民国人物碑传集》以及钱仲联先生《广清碑传集》等,所收碑传范围逐渐扩大,体例不断完善,有着很高的利用价值。

另外,还出现了不少的碑传索引,也为研究者提供了帮助。如哈佛燕京学社引得编纂处所编的引得系列《明(清)传记丛刊索引》《明人传记资料索引》以及陈乃干先生的《清代碑传文通检》等,都是碑传利用的重要工具书。

第二节 碑传的价值

一、文献价值

碑传文是记述人物言行事迹的私撰文体,它既可以传述人物,又可给亲人作纪念,亦可以为正史作参考,价值相当大。碑传文献也具有重要的当代意义,成为我们研究历史和人物的基本参考资料。本书将碑传文的文献价值粗略概括为几点:

(一)记载历史人物和事件

碑传的主要使命是记录人的历史,因此与人物相关的历史事件,尤其是重要事件,是要被详细叙述的。关于人物的世系、生卒年、字号、籍里等,碑传文中往往有详细交代。如盛唐著名诗人王之涣,因文献匮乏,其生平事迹长期以来知之甚少。清末出土了署为"宣义郎行河南府永宁县尉□河靳能撰"的王之涣墓志《唐故文安郡文安县太原王府君墓志铭并序》，据此可知其名、字、世系、仕履、生卒年及主要事迹等，为王之涣研究提供了精确的资料，并可纠正历代沿袭之误①。再如在徽州碑传中，著姓程、汪往往会把世系上溯至新安太守程元谭和唐越国公汪华，几成定式。一些重要历史事件，如历代徽州兵燹在徽州碑传中也多有记录，汪道昆所传碑传中也多记载抗倭的事件。在《碑传集》的《后序》中，钱仪吉就记载了通过李绂撰《郎温勤公墓志》知漕运津贴事，并进而"辑诸家碑传，搜罗旧闻，谓其有裨于实用也"。《碑传集》卷117所收戚学标《辨正许公鸿儒殉难事》，则专门对柳州罗城知县许鸿儒在顺治年间的抗贼殉难事作了辨证。

（二）呈现地域风俗与文化特征

碑传具有很强的地域性，记录了许多颇有特色的地域风俗和文化现象。如徽州的地瘠民贫，山多地少，是徽商出现和发达的原动力，这在徽州碑传中多有记录，如"新安在万山之中，少土田，非服贾于外，则无以为生。故程君年二十，即奉其父命，理盐策于豫章"②。徽州的不少习俗、制度也可在碑传中发现，如《太函集》中有"夫以文献概吾乡，其著者称岩镇。岩镇盖万家之市，其著者称诸方"③，即可知明代徽州方氏的文化影响力。从碑传中，亦可见一地的精神信仰，如徽州碑传中的大量烈女节妇，既是封建时代的产物，也与徽州地域的封闭性和宗法制度极强的禁锢性有很大关系。再如包世臣所作《余九传》言及传主余观德之名："名之曰'狗儿'，江、淮间每名子曰'猫'曰'狗'，取其易长育也。歙人呼'狗'，与'九'通，遂为余九。"④既可知江淮风俗，又可晓歙县方言，又可通其名之来历。

方树梅先生纂辑的《滇南碑传集》即是一部云南地域的碑传集，其中的碑

---

① 傅璇琮：主编《唐才子传校笺》第一册，北京：中华书局，1987年，第446页。
② （清）刘大櫆：《赠通奉大夫程君传》，见《刘大櫆集》，上海：上海古籍出版社，1990年，第175页。
③ （明）汪道昆：《太函集》卷32《方在宥传》，见《续修四库全书》1347册，第183页。
④ 包世臣：《余九传》《艺舟双楫》附录二，见《续修四库全书》1082册，第741册。

传多有浓郁的云南地域文化特色。

(三) 著录历史、文学文献

碑传常常记录传主的著述,起到了个人"艺文志"的作用。特别是一些学者、文学家,他们的著作一般都会悉数收录,因为这是他们的事业所在。如刘师培在作《汪绂传》时对汪氏著作 29 种,一一列出,不厌其烦。这在客观上为我们的文献目录学作出了贡献。另外,在别集尚未出现的时代,史传是收录文章的重要渠道,碑传也往往有这样的作用。梁启超先生在谈到为文学家作传的时候就提到两点:第一,要转录他本人的代表作品。第二,若是不登本人著作,则可转载旁人对于他的批评。① 限于碑传的篇幅,长篇累牍者照录的不多,但一些简短诗文则比比皆是,碑传文保存文献的作用是比较大的。

举例来说,魏禧作《明右佥都御史江公传》,详细记录了江东之几次所上之《疏》,王筑夫评点曰"详载本人原疏,而作传者特于提掇前后处见法,班、史多此体",闵宾连则评为"中丞疏为人窜冒,故详载之,尤切事要"。② 这里的疏文,既是作传行文之需要,更是保存了重要的文献史料。汪道昆的碑传文章也很重视这一点。

(四) 补正其他史料之缺失

碑传一般较为详实。只要我们加以辨别,忠于史实的碑文价值,往往超过了正史的传记文字。它既可以补充正史材料之不足,亦可晓正史之错讹。

正史简略,对于人物世系、家族、字号、仕履等多概而要之,碑传无疑可弥补这一缺憾。《四库全书总目·名臣碑传琬琰集》即云:"张晏注《史记》,据墓碑知伏生名胜。司马贞作《史记索隐》,据班固《泗上亭长碑》知昭灵夫人姓温。裴松之注《三国志》,亦多引别传。其遗文佚事,往往补正史所不及,故讲史学者恒资考证焉。由唐及宋,撰述弥繁。虽其间韩愈载笔,不乏谀言,李翱摘词,亦多诬说。而其议论之同异,迁转之次序,拜罢之岁月,则较史家为得

---

① 参见梁启超:《中国历史研究法》,上海:上海古籍出版社,1998 年,第 196 页。
② (明)魏禧著,胡守仁等校点:《魏叔子文集》,北京:中华书局,2003 年,第 784 页。

真。故李焘作《续通鉴长编》,李心传作《系年要录》,往往采用,盖以此也。"①

史料中的错讹之处,往往也可参照碑传以决疑。如方士庶是清代画家,歙县人,定居扬州。《清史稿》卷五〇四有其传:"方士庶,字循远,号小师道人,安徽歙县人,家于扬州。鼎弟子早有出蓝之目。年甫逾四十卒。论者惜之。"方氏的年龄在《清史稿》中被定为四十出头。李斗在《扬州画舫录》中,记为"年未五十而死"。而《国朝画征续录》卷下则引其友闵华的话:"观循远少作,似不得有近日之造诣,其精进在四十以后也。"比较三者的记载,似有些许出入。再看闵华所作《洵远方君传》:"疾五日而殁,时乾隆十六年四月六日也,得年六十。"闵华所作碑传系家属请托,自然不会把卒年弄错,其可靠性和精确性要远甚前述"年甫逾四十""年未五十"的说法。

再考方士庶之弟在纪念厉鹗(1692－1752)的挽诗中注道:"(鹗)与先兄环山同齿,两年来先后下世。"②同母弟的记载当不会错,方士庶与厉鹗同岁,且早卒一年,故生于1692年,卒于1751年,年六十,与闵华所传完全吻合,可证《清史稿》《扬州画舫录》错讹无疑。

总而言之,历代碑传文都有着重要的文献价值,尽管其中有着不少的糟粕,但瑕不掩瑜。只要我们明辨是非,就一定能够使之成为我们各种研究的重要资料,为我们的研究工作提供有力的帮助。

二、文学价值

作为散文的一个门类,碑传文本身就是文学文献,许多名家之作即为散文的典范。不少碑传文色彩斑斓,描写人物性格方法独到,对于散文创作的发展也有某种推动作用。而传主若本身是文学家,其碑传则又为我们进行文学研究提供了大量的文学史料。如范传正所撰《李白新墓碑》里所记李白的材料,多得自李白孙女之口,是李白研究弥为珍贵的史

---

① (清)纪昀等撰:《四库全书总目》卷57,北京:中华书局,1965年,第520页。
② (清)厉鹗著,董兆熊注,陈九思标校:《樊榭山房集》附录二,上海:上海古籍出版社,1992年,第1736页。

料。韩愈的《柳子厚墓志铭》更是千古传诵的名文。以本书的研究重点而论,程敏政、汪道昆都是在散文史上有名的大作家,像程敏政的一些碑传,写得很有特色,被后代文学总集收录的相当多(详见《程敏政与徽州碑传》章);汪道昆的文名当时就传到了朝鲜,是明代最有代表性的作家之一,他笔下的碑传,受《史记》的影响,有相当一部分写得颇有特色。影响特别大的如全祖望撰写的大量有关明遗民和抗清烈士的墓志铭和神道碑,记事详瞻,声调急越,有很强的文学感染力。据谢国桢先生自述,他多年养成一个习惯,就是每天早上高声朗诵全祖望的文章(见《全祖望全集汇注汇校》序)。

  碑传文的文学价值与文献价值从总体上说是相辅相成的,因为如果没有一定的文学性,只一味堆砌材料,这样的文章很难流传下来。得不到传播,文献价值也无从谈起。实质上,随着陵谷变迁或各种建筑工程,石碑能保存到今天的毕竟只是少数,大部分碑传的流传还是主要通过文人的文集。以徽州而论,出土的碑传虽还保存了一些,但与通过文人文集保存下来的相比,已千不存一。而文人文集之流传,就与其文学性密切相关。

第三章 徽州碑传

史传属于国史,碑传则属家史。家史的性质决定了某一人物的碑传与其家乡的关系密切。中国人素有乡土情结,无论是身处庙堂之上,或是居于江湖之中,故乡始终是其灵魂深处最温馨的家园。漂泊在外的游子,即使是显达富贵,最终也希望"叶落归根",因而其碑传文不可避免地打上故乡的深深烙印。

中国的地域广袤,文化也有东西之隔,南北之异。地域文化的差异性是客观存在的。碑传作为人的一生总结性的传记资料,显然也因为传主籍贯的不同而带有较强的地域性色彩。

徽州碑传,指的当然是以徽州人为传主的碑传资料。"徽州"之称始于北宋末年,但我们这里指的徽州人,应该包括之前在这一地域生活的新安、新都、古歙人。从目前掌握的材料来看,它应该上自汉代。这些碑传来源广泛,体例多样,记录了徽州人物和徽州的林林总总,对于我们了解徽州地域的历史演进和民风民俗、徽州历史人物的家族变迁等都具有重要意义。

徽州碑传的具体数量,尚无法精确统计;即使只算流传至今的,数量也必定非常可观。在封建时代,子孙们孜孜以求的碑传文章,承担了太多的使命,形成了独特的"碑传文化"。历史上的徽州,经历了较长时期的文化和经济上的繁荣,在这一区域,碑传的数量、质量以及影响都超过了全国的许多其他区域。具体原因,大致有如下几点:

首先,徽州地域封闭,封建宗法制度根深蒂固。徽州处万山之中,经历了各朝代的大迁徙之后,不少中原移民来此聚族而居,滋生繁衍。独特的地理环境使得徽州地域相对封闭,徽人多困居乡土而恪守族规,重视祭祀和整修家谱,慎终追远。即使是明中叶徽商大规模的走向全国各地,他们念念不忘的也仍然是返乡建房筑墓,外来的各种新思想实难对徽州的宗法制度产生颠覆性的影响。碑传文要刻入墓碑、要列入家乘谱牒、甚至要被采入地方志或者国史,这也是使逝者"不朽"的方式。大量的碑传正是徽州人严守宗法制度的重要标志。

其次,徽州作为朱熹的故乡,受程朱理学的影响十分深远。宋元以后,徽州人以朱子之乡而自豪,同时也以此严格要求自己。徽州的历代理学家都不遗余力地信奉和宣传程朱的仁义礼智信,对乡间的种种优秀人物和事迹大加表彰,也因此造就了徽州大量的孝子、烈女和贞妇的碑传。这些碑传往往不是"有所请"的,而是所谓"乡贤"们的自发行为,他们对许多符合封建伦理规范(我们今天看来大多是人性扭曲的)的人物的文字记载,实际是用文字在徽州人心中竖起一座座牌坊。

再次,徽州人重视教育,文风昌盛,人才辈出,文献纷呈。仅明清时期,徽州的文武进士总数就超过一千人。据业师胡益民先生《徽州文献综录》一书统计,徽州历代有文献著录者达到了4987人,文献数逾万10000余种。这些人物不少在各自的领域都取得了成就,为他们树碑立传,往往又变成了一种社会自觉行为。

最后,徽商强大的经济实力使得碑传写作成为一种需要和可能。通过检阅徽州碑传会发现,明代之前的碑传作者多为本地学者,且行文质朴。而明代中叶之后,徽州碑传的作者范围扩大,不少外籍名家都参与了徽州人碑传的写作。究其原因,自然与徽州走出的官员、学者数量增多,影响扩大有关,但最根本的原因应该还是徽商的出现和发展。一是徽州商人足迹几乎遍布全国,交游的广度和社会影响力非他们的同乡前辈可比;二是徽州商人有足够的"润笔"费,是令许多名家慨然接受请托的重要保证。这一点从大量徽州商人(碑传中通常称之为"处士")的碑传即可看出。

总之,徽州碑传承载了徽州的历史和徽州人的期望,也是我们了解徽州历史和徽州人的极好通道。

第一节 徽州碑传的文献载体

今天的徽州碑传,当以两种方式留存。第一类是实体的碑志。在现在的安徽省黄山市,尚存一些墓碑和墓志,保存了如汪由敦、汪洪度的墓志铭。再如江西省的婺源县陆续发现的一些墓志,如1976年出土的明代孙校所作汪鋐(1466—1536)的圹志《明少保吏部尚书谥荣和汪公圹志》、1981年出土的宋代万如石撰书的汪路(1048—1118)的《宋承议郎赐绯鱼袋汪公埋文》,二碑石均藏于婺源县博物馆。安徽省博物馆、黄山市博物馆也有一些石刻或石刻拓片。这些墓志碑刻最真实地记录了碑传的原貌,历经风雨,有的已经字迹漫漶,但多可与纸质文献相印证,是可以直接应用的第一手材料。碑志的数量很多,但是由于时间久远,往往湮埋地下,尚待发掘。所以目前对徽州实体碑志的利用还不是很多。

第二类则是纸质的碑传资料。纸质文献刻写方便,易于保存和流传,成为今天所见碑传资料的主体。徽州碑传广泛存在于各种文集、徽州地方文献、家族文献以及其他的各种史料之中。本节试对徽州碑传的纸质文献的载体作初步分析。

一、文集

文集有总集和别集之分。在一些总集如《全唐文》《全元文》《全宋文》《明文衡》《清文海》中,保存了大量的碑传文。这些总集搜采浩博,且多有人物考证,集中保存了一些碑传史料。但在碑传文的收录和使用上,其不足也很明显:首先,数量上难以穷尽。各类文献不断地被发掘,新的文章难以及时地补充进去,尤其是一些不知名的平民碑传往往会被忽略。其次,由于总集的编纂工程浩繁,多成于众家之手,错讹较多。再次,各种碑传文的搜集罗列过于孤立,往往不便与同作者的其他诗文进行前后的比较。

如《全元文》收录徽籍近 50 人约 1800 篇文章,这些文章多来自《新安文献志》、别集及方志等,其中不少人收文颇多,如方回 362 篇,胡炳文 98 篇,陈栎 283 篇,唐元 117 篇,郑玉 122 篇,唐桂芳 111 篇,舒頔 155 篇,赵汸 132 篇,但他们所撰碑传文收录不多,最多的是方回的碑传文,也只有 31 篇。《全元文》中所有徽人碑传总数不到 200 篇。碑传文的大量出现在明、清两代。

文人别集中收录了同一作者的诗文作品,且一般按类编排,易于检阅。文人别集是我们今天查检徽州碑传的最重要工具,其中绝大多数是出自徽州籍文人学者之手。我们将这些收录徽州碑传较多的别集分为徽人别集与非徽人别集两类,进行统计和介绍。

(一)徽人别集

徽州文人辈出,文献浩繁。据统计,包括《四库全书》《续修四库全书》《四库全书存目丛书》《四库禁毁书丛刊》在内的四库系列丛书以及《四库未收书辑刊》。这些著作中就收录了徽州籍作者近 340 人约 640 种 8780 余卷的各种文献,其中集部数量最多,超过 3200 卷。这些文献还只是徽州优秀典籍的极少数代表者,存世的徽州文献也有大量未收入这些大型丛书中(如北京大学图书馆所藏的大量手稿中就有不少徽州人的著作)。徽州碑传主要存于这些徽人集部文献中,现列举收录徽州碑传较多的诗文集,制为表格如下(见表 3-1):

表 3-1 收录徽州碑传较多的诗文集

书名①	作者	徽州人物碑传篇数	所据版本②
篁墩文集	(明)程敏政	共 62 篇 行(事)状 2 墓志铭 30 墓碑铭 2 墓碣铭 2 墓表 9 圹(志)铭 3 墓祠碑 2 传 12	四库全书本

---

① 为排版需要,书名中不使用书名号。
② 为排版需要,所据版本不使用书名号。

续表

书名	作者	徽州人物碑传篇数	所据版本
太函集	(明)汪道昆	共159篇 传59 行状25 墓志铭64 墓表8 墓碑3	黄山书社校点本
素园存稿	(明)方弘静	共29篇 行状7 述1 墓志铭6 墓表1 墓碣铭2 传12	明万历刻本(四库全书存目丛书本)
方初庵先生集	(明)方扬	共38篇 行状5 传2 墓(圹)志铭6 祭文25	四库全书存目丛书本
许文穆公集	(明)许国	共7篇 墓志铭2 墓表1 行状1 祭文3	四库禁毁书丛刊本
汪仁峰先生文集	(明)汪循	共19篇 墓表5 传1 行状5 事实2 墓志铭6	四库全书存目丛书本
瑞芝山房集	(明)鲍应鳌	共74篇 行状30 传7 墓志铭2 像赞3 祭文32	四库禁毁书丛刊本
荪堂集	(明)吴文奎	共20篇 墓志铭2 墓碣1 传3 行状7 逸事1 诔1 祭文5	四库全书存目丛书本
梅岩小稿	(明)张旭	共18篇 传2 赞8 祭文3 行状4 墓表1	四库全书存目丛书本
方邹邺复初集	(明)方承训	共92篇 墓碑3 墓碣1 墓志铭8 状43 传37	四库全书存目丛书本
金栗斋先生文集	(明)金瑶	共45篇 传22 行状16 墓志铭5 墓表1 事略1	续修四库全书本
青岩集	(明)许楚	共10篇 传4 外传3 行状1 诔1 塔铭1	四库未收书辑刊

续表

书名	作者	徽州人物碑传篇数	所据版本
江止庵遗集	(明)江天一	共 13 篇 传 9 别传 1 传略 1 小传 2	四库未收书辑刊
双池文集	(清)汪绂	共 8 篇 传 4 行状 1 墓志铭 2 墓表 1	续修四库全书本
修辞余钞	(清)程瑶田	共 6 篇 传 2 记 1 事略 3	安徽丛书本
有正味斋骈文	(清)吴锡麟	共 8 篇 传 1 诔 2 墓志铭 4 墓表 1	续修四库全书本
香雪文钞	(清)曹学诗	共 77 篇 传 35 祭文 42	清乾隆刻本(四库未收书辑刊本)
有恒心斋文	(清)程鸿诏	共 45 篇 传 30 像赞 11 墓志铭 2 行状 1	近代中国史料丛刊本(清刻本)
紫石泉山房文集	(清)吴定	共 43 篇 传 14 墓志铭 10 权厝志 3 行略 6 圹志 1 祭文 9	光绪丁亥年(1887年)黟县李宗煝重刊本

　　文集能够更加集中地展现人物碑传,且可窥众多人物之间的联系,其史料价值更高。徽人文集收录徽州碑传较知名的有:

　　《太函集》,汪道昆著。

　　汪道昆(1525—1593),明歙县人。字伯玉,号太函、南明、南溟等,嘉靖丁未(1547)进士,历任义乌县令、襄阳知府、福建副使、兵部左侍郎等职。工诗文,擅戏曲,与王世贞并称"两司马",为一时文坛领袖。著有《太函集》120卷、《太函副墨》22卷、《大雅堂杂剧》五种等。《太函集》是其最重要的诗文集,收文 106 卷,诗 14 卷,1500 余首。

　　《太函集》自卷 27 至卷 60,共收碑传文 236 篇,其中传主为徽州的有 159 篇,所占比例近七成。从体例看,墓志铭 64 篇,传 59 篇,行状 25 篇,墓表 8

篇,墓碑3篇。汪道昆乡居时间逾20年,组织参与地方活动,与乡人交往甚多,所撰碑传的对象涉及社会的各个领域,既有官员、文士、乡绅,亦有侠客、庖丁、烈妇,而其中数量最多、价值最高者,当为徽州商人,这些徽商碑传是徽学研究的重要资料①。

《大鄣山人集》,吴子玉著。

吴子玉(1520—1589②),明休宁人。字瑞谷。幼家贫好学,晚年以岁贡授应天府训导。以诗古文词推重于世,曾修纂《白岳志》,编有《金陵人物志》《中立四子集》《茗洲吴氏家记》等,另著有《瑞谷诗文集》。今有四库全书存目丛书本《大鄣山人集》五十三卷,为万历十六年(1588年)黄正蒙刻本。

《大鄣山人集》凡五十三卷,"其文规摹李攀龙。集中分体二十,皆以某部为题"③,文中碑传主要集中在卷33至37的"传部"52篇、卷38至42的"行状部"47篇、卷43的"行略部"5篇、卷44至47的"志铭部"42篇、卷48的"墓表部"10篇以及卷53的"哀文部"12篇。集中碑传文的分类还是细致可取的,从这个意义上讲,四库馆臣所谓的"臆造"或可理解为吴氏的独特创造。

文集共收碑传文168篇,除4篇外,传主皆为徽州人。由于吴氏一生偃蹇,其传多为下层人物所作,多集中于休、歙之著姓如吴、汪、黄、金等,其中女性碑传有43篇。

《瑞芝山房集》,鲍应鳌著。

---

① 参见如日本学者藤井宏:《新安商人的研究》一书"就是以《太函集》提供的大量珍贵史料作为本书的骨架"(作者自序)(见《徽商研究论文集》,合肥:安徽人民出版社,1985年,132页),另外张海鹏、王廷元主编:《明清徽商资料选编》(合肥:黄山书社,1985年)采用《太函集》(含《太函副墨》)材料达87条,其中碑传资料69条。

② 关于吴子玉的生卒年,诸多资料语之不详,如谭正璧《中国文学家大辞典》记为"约公元1544年前后在世"(1113页)。而据吴子玉《先君竹溪先生事略》(《大鄣山人集卷四十三》)"先君殁年瑗年八岁(注,吴瑗,字子玉,以字行。)""先君生弘治己酉正月十日,殁嘉靖丁亥六月十三日,享年……三十九"的记载来判断,1527年吴子玉8岁,其生年当为1520年。又据《列朝诗集小传》"(子玉)以岁贡授天府训导,年七十。六月盛暑,……坐劳瘁卒"等语,可知吴子玉享年七十,其生卒年当为1520—1589。

③ (清)纪昀等撰:《四库全书总目》卷178,北京:中华书局,1965年,第1604页。

鲍应鳌,明歙县人,字山甫。万历乙未年(1595年)进士,授户部主事,有清操。历任礼部郎中,终太常少卿。康熙《徽州府志》卷一三《风节》有传。著有《明臣谥汇考》二卷,其书"载明代文、武诸臣赠谥,与钦定《明史》各传具相符合""其于一代易名之典,可云精核矣"①,另有文集《瑞芝山房集》十四卷。

《瑞芝山房集》今存崇祯间刻本,收入《四库禁毁书丛刊》集部141册。是集首有刘一燝序,体例明晰,前九卷以序文、杂著居多,碑传文集中在卷10、11的"行状"、卷12的"行状、传、墓志、像赞"、卷14的"祭文"。共有碑传文74篇,除2篇外传主均为徽州人物,计行状30篇、传7篇、墓志2篇、像赞3篇、祭文32篇,其中女性碑传26篇。

《紫石泉山房文集》,吴定著。

吴定(1744—1809),清歙县人。字殿麟,号淡泉。受古文法于刘大櫆,与姚鼐、王灼、任大椿游。家贫,屡试不售,嘉庆初举孝廉方正,晚年专力经学。著有《周易集注》《紫石泉山房诗文集》等。

《紫石泉山房文集》十二卷,上海图书馆藏嘉庆十五年(1810年)门人鲍桂星刻本,国图藏光绪十三年(1887年)黟县李宗煝重刻本。是集卷首附王先谦《序》、国史《文苑传》、姚鼐作《吴殿麟传》、王灼《保举孝廉方正吴君墓志铭》、及门诸子作《淡泉先生事实》以及休宁陈兆麒作《跋》,保存了吴定个人的传记资料。文集依体编次,其中碑传文有卷9的传15篇,卷10墓志铭11篇、墓表1篇,卷11权厝志3篇、行略6篇、圹志2篇,卷12祭文10篇,共计48篇,其中徽人碑传43篇。

(二)非徽人别集

还有一些非徽籍的文人,他们或为官徽州,或与徽人交往,在他们的文集中留下大量徽州人的碑传,同样具有很高的价值。数量较多者如(见表3-2):

---

① (清)纪昀等撰:《四库全书总目》卷82,北京:中华书局,1965年,第704页。

表 3-2　非徽籍文人文集中的徽州碑传举例表

书名①	作者	徽州碑传篇数	版本
大泌山房集	(明)李维桢	共 115 篇 传 46 墓志铭 56 墓表 6 墓碑 4 行状 3	四库全书存目丛书本
刘大櫆集	(清)刘大櫆	共 32 篇 传 16 墓表 3 墓志铭 13	《刘大櫆集》,上海古籍出版社
戴名世集	(清)戴名世	共 9 篇 传 8 墓志铭 1	《戴名世集》,中华书局
学余堂文集	(清)施闰章	共 8 篇 传 4 墓志铭 3 墓表 1	四库全书本
魏叔子文集	(清)魏禧	共 11 篇 传 8 墓表 2 墓志铭 1	续修四库全书本
景紫堂文集	(清)夏炘	共 6 篇 传 3 别传 1 墓志铭 1 记事 1	丛书集成本
惜抱轩文集	(清)姚鼐	共 12 篇 墓志铭 6 传 2 家传 4	续修四库全书本
小仓山房文集	(清)袁枚	共 12 篇 传 5 墓志铭 6 墓表 1	续修四库全书本

《大泌山房集》,李维桢著。

李维桢(1547—1626),明湖广京山人,字本宁。隆庆戊辰年(1568 年)进士,由庶吉士授编修,后外放,浮沉外僚几三十年,官至南京礼部尚书,事迹具《明史·文苑传》。著有《史通评释》《大泌山房集》等。

《大泌山房集》录诗 6 卷,文 128 卷。"而一百二十八卷之中,世家、传志、碑表、行状、金石之文独居六十卷,记载之富,无逾于是。"李维桢所撰碑传文数量巨大,其中徽州碑传占 115 篇,计传 46 篇,墓志铭 56 篇,墓表 6 篇,墓碑 4 篇,行状 3 篇。

李维桢所撰徽州碑传,传主多为一普通人物,其文应酬的痕迹颇重。如

---

① 为排版需要,书名中不使用书名号。

大量的"家传"均为代言之作,作者与传主并无直接交往。如徽商祁门人程神保,李维桢既为他作传,又作墓铭,还替其妻作墓铭。

《刘大櫆集》,刘大櫆著。

刘大櫆(1698—1779①),清桐城人,字才甫,一字耕南,号海峰。贡生以终,逾六十任黟县教谕,又数年,归乡不复出。工文章,桐城派古文之代表。著有《海峰文集》《海峰诗集》。

今人吴孟复先生点校本《刘大櫆集》系"中国古典文学丛书"之一,是目前刘大櫆诗文集的较好通行本。该集卷五至卷八收录传、墓表、墓志铭等碑传文,在卷十中亦有部分祭文。其中收录徽人传16篇、墓表3篇、墓志铭13篇。

由于刘大櫆晚年曾任黟县教谕,且一度讲学于歙县问政书院,既有民风教化之责,又喜与徽州文人学者如程瑶田、方根矩、金榜、郑牧等相交游唱和。据其自述:"黟、歙邻近,歙尤多英贤,敦行谊,重交游,一时之名隽多依余以相为劘切。或抗论今时之务,注念生人之欣戚,慨然太息,相对而歌。盖余生平之乐无以加于此矣。"②近十年的徽州亲身经历使得刘大櫆有机会接触徽州的各个阶层,在徽州碑传的写作上,既有追记大儒江永的《江先生传》,又有传载徽商的《封大夫方(祈宣)君传》《赠通奉大夫程(之鸿)君传》,更有表彰杀身成仁的《郑之文传》等。

刘大櫆作为古文大家,才高笔峻,其作《徽州碑传》亦简而有法,言之有物,是了解徽州社会的重要材料,然其"教谕"身份使得其文理学教化色彩过浓,也是值得我们注意的。

---

① 吴孟复先生《刘大櫆集·前言》定刘大櫆卒年为1780年,然据吴定作《海峰先生墓志铭》(《紫石泉山房文集》卷十):"其卒也,以乾隆四十四年十月初八日,年八十有二。"另《清史列传》卷71《文苑传·刘大櫆》亦作"乾隆四十四年卒"。吴定师事刘大櫆,与姚鼐同为其弟子中诗文成就突出者。吴文关于刘氏卒年之记载,言之凿凿,殊为可信,据公历推算,当为1779年11月15日。吴孟复先生所撰前言之卒年有误。

② (清)刘大櫆:《刘大櫆集》卷二《程易田诗序》,上海:上海古籍出版社,1990年,第58页。

上列非徽籍文人所作徽人碑传,虽有不免因人请托而失之谀墓之倾向,但大多数人都与徽州人有较密切的交往,如刘大櫆、夏炘都有在徽州做官的经历,其碑传文往往能以"局外人"的角度来看待徽州社会和徽州人,更为客观和真实。

二、地方文献集

徽州素有文献之邦的美誉,除有大量的诗文集之外,徽州学人也有意识地搜集整理徽州地域文献,内容涉及徽州人物、诗文集、姓氏、书院等多方面,其中有大量可资利用的徽州碑传。

徽州地方文献,材料最繁富者,首推明代程敏政所编的《新安文献志》。程敏政(1446—1499),明歙县人,字克勤,号篁墩。南京兵部尚书程信之子,少聪颖,有神童之誉。成化丙戌年(1466年)中一甲二名进士,授翰林院编修。历官左谕德,以学问该博著称,官终礼部右侍郎兼侍读学士。后涉徐经、唐寅科场案被诬鬻题而下狱。出狱后,愤恚发痈而卒,赠礼部尚书。编著有《明文衡》《篁墩文集》《宋遗民录》《新安文献志》等。

《新安文献志》一百卷记载徽州史料相当完备,"于南北朝以后文章事迹凡有关于新安者,悉采录之"。前六十卷"为甲集,皆其乡先达诗文,略依真德秀《文章正宗》之例,分类辑录。"后四十卷"则皆先达行实,不必尽出郡人所论撰,分神迹、道原、忠孝、儒硕、勋贤、风节、才望、吏治、遗逸、世德、寓公、文苑、材武、烈女、方技十五目。"故该书所录碑传集中于后四十卷之中,编者以"抚先正之嘉言懿行""发高山景行之思"为宗旨,对所录材料皆有所参校考证,并加以附注,体现了严谨的学风。其中虽间有"抵牾不能自保"处,但因"是书卷帙繁重,不能以稍有揖漏,遂掩其搜辑之功也"。

《新安文献志》共收各类碑传360篇,传主达391人,其中非徽籍(如二程及其他已明确占籍他邑者)41人。其中传139篇,墓志铭89篇,墓表19篇,行状43篇。从所录碑传的作者、来源来看,既有正史、家乘所记,也有文人私著,这些文人中,既有徽籍之外的,更有大量徽州文人如朱熹、罗愿、程珌、方回、曹泾、洪焱祖、汪幼凤、汪克宽、郑玉、朱升、赵汸等的作品，算得上是真正的"广搜博集"。另外，该书在卷首的《先贤事略上》中汇集了326位徽州人物的简略传记，并间附考证，体例明晰，也保存了大量有价值的史料。

程敏政《新安文献志》在徽州历史上第一次有意识地收录徽州先贤的诗文、行实，尤其是后者，对徽州人物研究和历史研究，有着重要的意义，同时积极于徽州乡邦文献的搜集，对徽州后代学者起到了积极的影响。

《新安学系录》，明程曈撰。其《序》云："窃惟诵其诗、读其书而不知其人、论其世，其善学者乎？乃不自揆，疏授受之序，采事行之实，萃为一编，目曰《新安学系录》。"其征引旧文，以示有据。遵循的原则是"与朱子合者存，背者去"。四库馆臣评其"夫圣贤之学，天下所公也，必限以方隅，拘以宗派，是门户之私矣""夸饰风土而坐，不为阐明学脉而作也"。

全书共载徽州111人（含卷一、二的程颢、程颐），其中卷十六"门人无记述文字者"44人，记载较为简略。卷三至十五中，除"行实阙"及程曈作简介的17人外，其他48人均有较详细的原始传记材料，其中收神道碑2篇、墓志铭11篇、行状9篇、传16篇，遗事较多，共达到127条，另有墓表、事述、圹记、祭文、挽诗、赞等。

《新安文粹》，明金德玹撰，苏大订正。共收碑传5篇，其中行状2篇，碑志3篇。此书成于景泰、天顺间，且其补遗之内亦有程敏政之名，而《新安文献志》又载此书之目于事略。可知两书所作时间相隔不远，相互补充。《文粹》所录之文，虽不及《文献志》之博，而多有《文献志》所不载者。

另外还有徽州历代的方志，如《新安志》、弘治《徽州府志》、民国《歙县志》，包括徽州的乡镇志如《橙阳散志》《岩镇志草》《西干志》等，皆收录繁富。还有徽州的书院志，如《紫阳书院志》《还古书院志》等多载儒林人物；许承尧《歙事闲谭》则多补徽州人物佚事。徽州的一些家族文献，如家谱、族谱也多收人物碑传。

三、传记资料汇编

一些传记资料汇编中也多含徽州人物，如《碑传集》《续碑传集》《碑传集补》《碑传集三编》《广清碑传集》等共收录徽人碑传170篇,是我们今天检阅徽人碑传的重要工具书。另外,一些专业人物传记,如《列朝诗集小传》《印人传》《畴人传》等也都收录徽州人物。

在徽州碑传的检索运用上,历代传记资料索引是最为便捷的。如《元人传记资料索引》收徽人368人,《明人传记资料索引》收徽州184人。在检索清代徽州人物碑传时,最通用的工具书是陈乃干先生编纂的《清代碑传文通检》。但笔者使用时发现,其中有不少徽州人物的资料存在错讹,读者可慎重使用。

总之,徽州碑传广泛存在于各种文献史料之中,需要我们去整理和发现。目前,徽学研究领域尚未能出现像《滇南碑传集》那样的区域碑传集,这是很遗憾的事情。

第二节 徽州碑传的分类

碑传文具有共通的特性,写作上也多有一定的程式,虽历时久远,却变化不大,但我们往往还是能够发现碑传文的行文特点,亦即人物身份决定了碑传的写作特点和价值取向。碑传多是第一手材料,其纪实性质决定了它会因为传主身份的差异而呈现不同的特点。从写作者的创作手法、记事的侧重到传主的评价、碑传的价值等诸多方面,不同类型的碑传是大为不同的。

在碑传的写作中,显然也因人而异,同时,根据传主身份来对碑传进行分类很有必要。在中国史籍的人物传中,历来就有根据人物身份进行归类的传统,国史和方志概不例外。这一规则也常常应用于碑传集的编纂程中,如钱仪吉《碑传集》的分卷就根据人物身份从宗室、王公以至方术、列女,涵盖了社会的各个阶层。

当然,人是一种多重社会角色的综合体,根据职业、身份分类也不是绝对的。某些人物同时担当了官员、学者、文学家,甚至慈父、孝子等多重角色,这些角色的社会属性往往都会在碑传文中表现出来。

徽州历史上产生了众多达官权贵、学术泰斗、文苑巨擘、艺林精英等著名人物,他们名震一时,碑传使之久远。而不少的普通人物如商人、方士、列女等,他们也通过各种碑传在历史上留下自己的印迹。本章将徽州碑传人物分为宦绩、儒林、文苑、商贾及其他如方技、列女等类别进行分类探讨,试图找出这些类别碑传不同的特点与意义。

一、宦绩

中国古代的知识分子,大部分都是走着读书求仕的老路,其中一部分成功者步入仕途,开始其光辉的抑或惨淡的官宦生涯。徽州士子当然也是如此,在儒风盛行、重视教育的大环境中,通过科举而做官者在数量上往往超过了其他地区,而徽州籍的进士则是徽州官宦的代表者。关于徽州历史上的进士群体,由于统计方法和标准的不同(主要是籍贯的归属问题),不少学者得出了相异的统计数据[①]。要言之,徽州历史上的进士无论是从绝对数量还是相对总人口的比例来说都是相当高的,徽州籍的"内而赞襄献纳,黼黻皇猷,外而建节分符,四方宣力"[②]的"宦绩"人物,或位极人臣,或沉沦下僚,在不同的范围内产生了不同影响。这在徽州历代方志中均有简要记载,如罗愿《新安志》卷八收入"进士题名"的有 278 人,《道光徽州府志》卷十一《人物志》的"宦业"类中共收录 683 人,其中明代最多,为 334 人,清代其次,为 208 人,宋代 105 人,元代 28 人,汉、宋、齐各 1 人。而《民国歙县志》卷六《人物志》的"宦绩"类收歙县历代官宦就达到 359 人。这些数字应该还不能概括全部,除

---

① 如叶显恩先生统计徽州明代进士 392 名,清代进士 226 名(见其《明清徽州农村社会与佃仆制》一书,安徽人民出版社 1983 年版),而李琳琦先生统计徽州明代进士 508 名(含武进士 56 名)、清代进士 795 名(含武进士 111 名)(见其《明清徽州进士数量、分布特点及其原因分析》一文,《安徽师范大学学报》(人文社会科学版),2001 年第 1 期),而唐力行统计徽州明代进士 405 名,清代进士 247 名(见其《苏州与徽州——16—20 世纪两地互动与社会变迁的比较研究》一书,北京:商务印书馆,2007 年)。

② 民国《歙县志》卷 6《人物志·官绩》,见《中国地方志集成·安徽府县志辑 51》,南京:江苏古籍出版社,1998 年,第 211 页。

了方志的少量漏记之外，还有不少的官员因为其他领域的成就而被划分到其他类别。这些官员多经由县学、府学和各级科举考试，其人数之巨，亦可见古代徽州的教育和文化事业的发达。

现所见徽州碑传，官宦碑传的数量是最多的。在笔者所统计的近2000名人物碑传中，可单纯列入"宦绩"类的占五分之一，而除妇女、处士、方技类的少数人无为官经历外，包括儒林、文苑类的人物亦或多或少有过官宦生涯。从这个意义上说，绝大多数徽州碑传记载的都是官员的生平资料。

官员的级别有高低之分，其影响亦有大小之别。徽州历史上的高官名宦很多，从被志书列为"勋烈"类的梁忠壮公程灵洗（514—568）和唐越国公汪华（586—649）开始，历代名官显宦为数众多，如宋代胡舜陟（1083—1143）、程大昌（1123—1195）、吕午（1179—1256）、程元凤（1200—1269），明代的朱升（1299—1370）、汪鋐（1466—1536）、潘潢（？—1555）、胡宗宪（1512—1565）、殷正茂（1513—1592）、许国（1527—1596）以及清代的汪由敦（1692—1758）、曹文埴（1735—1798）、王茂荫（1798—1865）等，他们或为文官，或为武将，皆为一时朝廷重臣，有着较大的影响。另外还有地方官员如应天府尹方良曙（1515—1585）、杭州守方扬（1540—1583）、益都令吴宗尧（1551—1603），清代汀州府知府吴宽（？—1772）、栾城令朱承澧（？—1821）、金匮县知县齐彦槐（1774—1841）等，他们勤于政事，为政以德，获得百姓拥戴。有的官员则一生恪尽职守，清廉为官，贫病而终。如明代休宁人福州通判陈庆勉（1183—1261），"崎岖州县之职垂二十年，非无功，非无过，而仕止于是。使假我数年，福倅之任，家事亦讵止是。家素单寒，公谨畏自持，终始冰蘗。没之日，田亩不盈百，人多以老且贫为公惜！"①徽州官员中，既有抗衡权贵的黄葆光（1069—1126）、金安节（1094—1170）、吕午、吴中明（？—1617）、洪文衡（1560—1621）、毕懋良（1562—1644）。更有以死殉国的金声（1598—1645）、江天一（1602—1645）、郑为虹（1622—1646），还有位高权重的水利专家胡宝瑔（1694

---

① （元）陈栎：《通守陈公传》，见《定宇文集》卷9，见景印文渊阁四库全书1205册，第208页。

—1763)、锐意改革的财政学家王茂荫(1798—1865),等等。宋代以降的中国政坛,活跃着大量的徽州人,他们报效国家,又心怀桑梓,成为创造徽州古代文化的最主要力量。

这些官员的事迹记载流传下来,除了正史列传之外,尚有其他的一些不见于正史的零星史料,可补官修史料之不足,这正是碑传文的长处所在,它以其广泛性和多样性涵盖了绝大多数的官员生平资料。在写作上,徽州官宦的碑传文除去一般性的生卒年、家族沿革等之外,重点往往在于详述其仕履、政绩和美声三个方面。

首先是述其仕履,即对传主仕履的叙述。仕履是官员升降的明证,是其身份的直接体现,对官员来说十分重要。仕履的叙述可以是概括的,也可以是按照时间来顺叙的。如严嵩所作《明故兵部尚书兼都察院右都御史赠太子太保谥襄毅潘公神道碑》①,集中叙述了婺源潘鉴的历官经过:"既领应天乡荐,登正德戊辰进士,授南京大理评事,历寺副、正,福建按察佥事。丁内艰,复除四川,改浙江佥事,升贵州按察副使。丁外艰,复除河南信阳兵备,升四川按察使,改山西,升江西右布政使、四川左使,都察院右副都御史。巡抚四川,遂改工部右侍郎,督木,以至今官。"无一字拖泥带水,使人对潘氏的官宦生涯有一个明晰的了解。再如明代苏大所作《通议大夫都察院右副都御史程公富行状》,则以时间和官职为主线,详细叙述程富的生平。

其次是详其政绩,即对传主为官事迹的正面叙述。政绩是官员为官的成绩,是最值得记录和夸耀的,在碑传文中是要大书特书的,如李维桢所作《吴益都家传》②,全文约四千字,详细叙述了益都知县休宁人吴宗尧反对以矿欺民,上疏入狱的事件。后至天启间,吴氏被追赠赐祭,而该文较之《明史》更为赅备,是重要的史料。再如,袁枚为休宁人九江府同知汪沂作传,言其善于吏事:"当时,奉新、安义两县民争洲,前吏不能决,积牒山齐,大夫檄君办治。君甫往勘,奸民虎而冠者纠集前任,阗然蜂拥,冀以胁君。君曰:'近日往勘,未

---

① (明)严嵩:《钤山堂集》卷37,见《续修四库全书》1336册,第315页。
② (明)李维桢:《大泌山房文集》卷64,见《四库全书存目丛书》集部152册,第102页。

分曲直,汝等俯张欲为乱耶?'命健役缚其魁,荷校以徇。众阴喝不能声,登时解散。"①叙写细致,颇有文学色彩。

最后是美其政声,通过间接的征引或作者的直接议论来赞美传主的品性政绩。"传者,传也,述逝者之美以传之后世者也",碑传文的职责是赞美而非贬斥,对于官员的赞美,莫过于其政治名声。官员重声誉,看重的首先是来自朝廷的褒扬和赏赐,其次是老百姓的口碑。这些都是碑传文中所要提及的。一方面是天子的赏赐。如逝后被赐谥,既是对传主最大的肯定,也是子孙莫大的安慰和荣耀。另一方面是老百姓的民意表现。如潘珍"三任山东,施泽既久,人心信爱,称为'潘青天'"②。

值得注意的是,不少的官吏同时兼有官员、学者、文豪或者其他的身份,这就要求在其碑传中兼及其他。如清代汪莱既是学官,又是著名的经学家和数学家、学者。焦循所作《石埭儒学教谕汪君莱别传》中对汪莱作为教谕之职官事仅以"公事依例独行"六字概括,而用了大量笔墨论及徽州及当世的学术以及汪氏著作。汪莱其人,名在学而不在官,可自见矣。

官宦的碑传还有其自身特点,如碑传体式的多样性。一般来说,功名和官职是读书人所向往的,官员的影响相对于其他人要大,且其碑传有被史官采集之可能,故其所传碑传文往往兼有墓志、行状、传等,样式较布衣者要多。另外,碑传对官员的评价方式也异于正史,碑传往往是子、孙写成节略,由著名文人执笔,故为尊者、逝者讳,甚至谀墓的几率都较大;而正史则常由后朝所修,以那个时代的标准,持论较为平正公允。在徽州历史人物中,也常有有争议的人物,如罗汝楫附秦桧、诬岳飞,殷正茂"性贪,岁受属吏金万计"③、程敏政"鬻题"等,在正史中虽被提及,但碑传中是没有片言只语的,这些公案则需要后人去分辨和研究。

---

① (清)袁枚:《小仓山房续文集》卷34,《小仓山房诗文集》,上海:上海古籍出版社,1988年,1901页。

② (清)韩邦奇:《通议大夫兵部左侍郎赠都察院右都御史潘公墓志铭》,《苑洛集》卷5,见景印文渊阁库全书1269册,第401页。

③ (清)张廷玉等撰:《明史》卷222,北京:中华书局,1974年,第5860页。

通过徽州的官员碑传,亦能发现一些徽州特色。徽州因其以大姓为主的宗族制特点,所产生官员往往呈现出同宗同族的特点。如宋代罗汝楫父子,明代婺源桃溪潘氏的"一门九进士,六部四尚书""父子进士"黄镗和黄应坤,清代的曹文埴父子等。他们相互激励、相互提携,成就了历史佳话,也谱写了古徽州的辉煌。另外,由于长时期地受朱子思想的浸润,徽州重视教育和人才,大量士子通过科场相对集中地迈入官场,乡党观念在官员中普遍存在,如差不多同处明正德至万历时期的殷正茂、汪道昆、程嗣功、程金、许国等人,皆权重一时,为乡贤典范,他们皆有同学之情和同乡之谊,共同构建徽州地域尤其是徽商的政治屏障,尤其前三者,更是"犹鼎足也"[①]。

二、学术

中国学术史,经历了先秦诸子之学、两汉经学、魏晋玄学、隋唐佛学、宋明理学和清代朴学几个阶段。而在徽州,自南宋以降,其地域的学术发展就紧密地和中国学术发展联系起来。

宋明理学的代表人物朱熹即为徽州婺源人,清代乾嘉朴学中的皖派代表人物也出自徽州,再加上元末明初一些专心学术的名家大儒,构成了徽州学术发展的三个高峰时期。

徽州学术人物数量众多,其中既有高官学者,亦有草根文人,前者掌学术牛耳,后者重修身育人。代表人物如朱熹、程大昌、朱升、赵汸、胡云峰、陈栎、郑玉、江永、戴震、金榜等。明程曈撰《新安学系录》实可视为一部"新安理学"的"学案",收录宋至明前期学术人物112人,有很高的价值。清代江藩编《国朝汉学师承记》《宋学渊源记》既理清了学术源流,又为学术人物作传;支伟成《清代朴学大师列传》中的《皖派经学大师列传》中的不少人物都是徽州人。道光《徽州府志》收录道光以前徽州学术文化人物达到208人。

可见,历史上的徽州学术经历过繁荣,人物辈出。他们的各种碑传数量

---

① (明)汪道昆:《明故通议大夫南京户部右侍郎程公行状》,见(明)汪道昆撰,胡道民、余国庆点校:《太函集》卷43,合肥:黄山书社,2004年,第910页。

也很多。学术人物的碑传,往往以叙述学术成就为主,包括他们的主要学术观点以及著作等。还有的将学术人物合传,如《黟两先生传》(程鸿诏撰,两先生指俞正燮、汪文台)、《黟三先生传》(朱师辙撰,三先生指汪文台、汤球、汪日宣三人)等,既可展示各自的学术成就,又可体现学术的渊源关系。

我们通过学术人物的碑传,既可以了解徽州人物的学术风气、学术成就,也可以了解理学家影响下的徽州社会以及理学家笔下的道德规范。

如徽州朴学的代表人物戴震,其碑传就有王昶洪榜《戴先生行状》《戴东原先生墓志铭》、余廷灿《戴东原事略》、段玉裁《戴东原先生年谱》、程瑶田《五友记》、凌廷堪《戴东原先生事略状》、钱大昕《戴先生震传》、金天翮《戴震传》、刘师培《戴震传》以及收入《汉学师承记》《国朝耆献类征初编》的《戴震传》等,这些碑传在内容上虽互有重复,但各有侧重,能够展现一代大师的全貌,我们也可从中了解乾嘉时期的徽州学术。

三、艺文

艺文类人物传记在正史中主要收于文苑传。文苑传起于《后汉书》,是文学从经学、史学的附庸中摆脱出来的标志之一。徽州历史上的文人众多,有著述传世的也有不少。据笔者统计,谭正璧先生在《中国文学家大辞典》明确标注徽州籍的有128人,加上寄籍者则近200人。胡可先先生仅在《两宋徽籍诗人考》[①]中就收录徽籍人物118人。徽州文风之盛,可见一斑。

徽州文苑一般自唐代吴少微、张志和始,再如五代至宋时的舒雅、汪藻、胡仔、吴儆、罗愿、方岳、程元凤、许月卿、方回,至元代的汪梦斗、唐元、唐桂芳、赵汸等,明代的程敏政、汪循、汪道昆、吴子玉、方弘静、潘之恒,清代的张潮、吴苑、汪由敦、吴定等,不胜枚举。文苑人物往往精通诗文,又长于学术,有的还为官员,多重身份交叠。

文苑人物碑传的写作以介绍其著作为主,涉及其文风和影响。这一类人

---

① 胡可先:《两宋徽籍诗人考》,见《徽学》2000年卷,合肥:安徽大学出版社,2001年。

物的碑传常常留下丰富的文学作品,又可对文学史料作补充。

四、货殖

货殖(即从事经济活动者)列传,始于司马迁。《史记》首列《货殖列传》,体现了太史公的独到眼光。"货殖"是指谋求"滋生资货财利"以致富,即商业。早期的商业活动,范围狭窄,因为一些经济命脉如盐、铁、酒等全掌握在官府手中。况且,中国固有的农耕文明对商业有着极大的歧视,商人地位不高。

但是随着生产力的提高和商品交换活动的繁荣,商人逐渐走上社会的前台。徽州地区特有的地理条件决定了商业活动很早就在此已经开展。一般认为,到明代正德末年,徽州商人就逐步繁荣起来,商业活动遍布全国,几至"无徽(商)不成镇",一直活跃了几百年,直到清中期以后才逐渐走向没落。

徽州商人的传记在明中叶的各种徽州文献中比比可见。最突出的要数汪道昆的《太函集》及其《副墨》;王世贞的《弇州山人四部稿》、吴子玉的《大鄣山人集》、方좼郕《复初集》等,也收录了大量的徽商碑传文字。透过这些集子的大量商人碑传,我们可以了解徽州商人的发展轨迹以及其经营方式、经营法则。为今天的徽商研究提供了极好的史料。

五、其他

碑传人物涉及社会各个阶层,除上述几类外,尚有以下几类:
如列女类,这一类又包括命妇、烈女、贞妇以及才女等。
这些不同身份的妇女的命运是不一样的。命妇们常常以夫、子而荣,在他们身上体现出贤良、慈爱的特征。受程朱理学的影响,徽州的烈女和贞妇则特别强调守节,常常以生命和大好的青春为代价;才女们往往落得独守空房,孤芳自赏的下场。

由于受徽州的地域封闭性和程朱理学的极端摧残,徽州的烈女贞妇较其他地区更多,民国《歙县志》收录几千烈女,光绪《祁门县志》收烈女仅清代即有 6000 余人,徽州的才女亦多,她们往往有较高的文学修养,仅《历代妇女著作考》就收录徽州女性 86 人。

通过妇女碑传,我们可以感受徽州风俗,了解不同女性的命运。让人印象深刻的是封建礼教对于年轻女性的压制和摧残,她们必须从一而终,甚至要为夫殉死。在徽州高大阴森的贞节牌坊之下,埋藏了无数徽州少女少妇们的嶙嶙白骨。

还有如方技类,他们是徽州的能工巧匠,是徽州物质文化的直接创造者。其中有医生、有画家、园林艺术家乃至名厨。他们的传记往往更加生动,人物更加鲜活,富有生活气息。还有一些孝子,宣扬的是儒学的忠孝思想;僧道的碑传则主要表现他们的淡泊情怀。

总之,徽州社会的各种人物构成了整个徽州世界。这些人物的碑传各有特点,无论是史料价值还是文学价值,都有可取之处,是我们了解古代徽州社会的重要渠道,也是最基本的渠道。

第四章 程敏政与徽州碑传

在徽州历史上,出现过许多有影响的重要人物,他们对于徽州文化的形成、发展以及传承都起到了积极的作用,程敏政就是这样的人物之一。

程敏政为名宦之子,少以神童荐于英宗,官至吏部右侍郎,然"中遭忌嫉,晚罹奇祸,经济之用不能尽白于世,其所自见不过进讲经幄,及于储宫,校正《纲目》、预修《续编》之类而已"①。终其一生,政治上的成就不高,但其学问赅博,著述丰硕,在文献学、哲学、文学等诸多领域都有较大贡献,产生了颇高的学术影响,被《明史》收入《文苑传》。

程敏政与徽州的关系,又颇具传奇色彩。据其自述,其高祖社寿"洪武末被诖误谪河间"②,所因何事则未言明。程敏政出生于河间,参加了顺天府乡试,又始终以徽州人自居;其高祖至祖父,都安葬于河间,敏政也多次归河间扫先人墓,但其父程信却又在致仕后"既贵复还休宁"③,毅然返回原籍徽州,

---

① (明)李东阳:《篁墩文集序》,见(明)程敏政:《篁墩文集》,景印文渊阁四库全书本,1252册。

② 《篁墩文集》卷四一《资德大夫正治上卿南京兵部尚书兼大理寺卿赠太子少保谥襄毅程公事状》。

③ (明)雷礼纂辑:《国朝列卿纪》卷一五《程敏政传》,见周骏富辑:《明代传记丛刊》第33册,台北:台湾明文书局,1991年,第132页。

"日与乡人耆旧徜徉山水间,饮燕为乐"①,并终老徽州;程敏政自云忠壮公之后,并考"篁墩"名之所由,发起纂修徽州程氏的统宗世谱。程敏政父子对徽州地域和程氏家族的认同,体现了封建制度下乡土中国最本色的特征。与乃父相比,程敏政更是深层次地融进了徽州地域,他因省亲、守制、被劾诸事乡居徽州多年;他搜集整理徽州乡邦文献,足迹遍布徽州的名山大川,又能奖掖同郡后辈,为乡老者序寿,甚至以徽州风俗告知赴任徽州的官员,无一不体现了其深深的徽州情怀。

正是基于这种精神上的归属,程敏政对于徽州文化的贡献是多方面的。而论及徽州碑传,程敏政更是重要人物之一。首先,作为徽州休宁人,他为不少郡人、邑人撰写了碑传,其中包括其本人的亲人、族人,也包括徽州走出的名人或一生都未离开徽州的普通人物,这些碑传多收录在其文集《篁墩文集》之中,这些碑传既传述人物,也展现了徽州地域文化;其次,其所辑撰的《新安文献志》,"三十年始克成",是徽州地方文献的最杰出代表作。其中卷首的"先贤事略"和后四十卷的"行实"尤为后人所重,考校精审,为我们研究徽州历史人物提供了十分重要的参考资料。《新安文献志》收录广博,"汇萃极为赅备",是我们了解徽州人物和历史的重要资料。

本章着重探讨程敏政对于徽州碑传的贡献:拟先据程氏传记资料对其生平、事迹、著述等作初步考论,然后重点就其撰写及所辑书所载之碑传展开论述。

第一节 有关程敏政的碑传及相关问题考辨

一、程敏政的生平与著述概述

程敏政(1445—1499),字克勤,襄毅公程信之子,休宁篁墩人。生而早

---

① 《篁墩文集》卷四十一《资德大夫正治上卿南京兵部尚书兼大理寺卿赠太子少保谥襄毅程公事状》。

慧,幼以神童荐英宗,诏诣翰林读书。李文达以女妻之。成化丙戌(1466年)进士及第,授编修。乙未年(1475年)廷试读卷。丙午年(1486年)主考应天乡试。孝宗登极(1488年),升少詹事兼侍讲学士。弘治元年(1488年)因上言得罪名教类应黜祀,御史魏璋以暧昧中伤之,致仕归。后郎中陆容、给事中杨廉辩其冤,弘治五年(1492年)冬复召还,擢太常卿。乙卯年(1495年)充副总裁官转詹事兼学士,寻升礼部右侍郎,掌詹事府事侍皇太子讲读。己未年(1499年)主考礼闱,给事中华昶劾之,敏政不服廷辩,华昶语塞。出狱四日,痈病不治而卒,赠礼部尚书。

其父程信,卒成化己亥年(1479年)九月二十七日,弟敏德卒成化丁未年(1487年)四月九日,弟敏行卒成化戊戌七月六日(1478年)。次子程坁卒成化辛丑年(1481年)八月二十五日,幼女月仙卒弘治年(1489年)己酉十一月廿二日。

程氏著述,据《国朝列卿记》《皇明名臣言行录新编》《皇明泳化类编》《明分省人物考》等载记类史书记载,较完备的有:

1.《篁墩文集》,含《篁墩稿》《续稿》《三稿》《新稿》共百二十卷;有明正德刊本和清刊本;

2.《新安文献志》一百卷;

3.《皇明文衡》一百卷(辑录);

5.《道一编》六卷;

6.《宋纪受终考》三卷;

7.《宋逸民录》十五卷;

8.修订《程氏统宗谱》四十卷,《陪郭支补》三卷;

9.《程氏贻范集》四十卷;

10.《附注真文忠公心经》三卷,《大学重定本》。①

另据《四库全书总目》,程氏还辑有《瀛贤奏对录》若干卷、《行素》一卷、

---

① 见《国朝列卿记》,另《皇明名臣言行录新编》《皇明泳化类编》《明分省人物考》等记载相类。

《咏史集解》七卷、《唐氏三先生集》二十八卷、附录三卷及《休宁县志》。

程氏著以篁墩名集,又分为诗、文二种。其"数与西涯酬和,集中存诗数千,究乏警策"①。《明诗纪事》评为:"《篁墩集》存诗甚夥,撷其精华,不愧一时作者。特以芜蔓不翦,为世訾议,亦可为存诗太多之诫云。"②程敏政存诗数量多而显芜杂,质量良莠不齐。《篁墩文集》93卷,因其"学问淹通,著作具有根柢,非游谈无根者比",虽《奏考正祀典》《苏氏梼杌》等常为人诟病,"然明之中叶,士大夫侈谈性命,其病日流于空疏。敏政独以雄才博学,挺出一时。集中征引故实,恃其淹博,不加详检,舛误者固多。其考证精当者,亦时有可取。要为一时之硕学,未可尽以芜杂废也"③。四库馆臣的评价还是相对公允的。

另外,所辑《明文衡》收明成化前之文、《新安文献志》则专收徽州乡邦碑传文献,"甄综有法",对明代前期的文学研究和徽州地方文献研究都有相当重要的价值;其《宋纪受终考》考宋太祖崩前与太宗密谈之事,"皆有功史学";其《道一编》证朱、陆"始异而终同",对明代理学发展产生过重要影响。程氏所纂修《新安程氏统宗世谱》考新安程氏谱系,编《唐氏三先生集》辑唐元、唐桂芳、唐文凤三代诗文集,对于徽学研究皆功莫大焉。

值得注意的是《宋遗民录》一书,是他除《新安文献志》外特别留意碑传的又一表证。该书收有十一位宋代遗民的传记、遗文以及后世传述、纪念他们的诗文集。全书共为十五卷,正编前六卷主要是记载王炎午、谢翱、唐珏三人事迹,第七卷至第十四卷分别附录张宏毅、方凤、吴思齐、龚开、汪元量、梁栋、郑思肖、林德旸八人;第十五卷记元顺帝为宋裔的遗事。

从体例上看,该书仍以人物碑传为主,录于各卷前列。其体裁包括传、墓碣铭、遗事、祭文、哀辞、挽诗、书、记等。如卷二中任士林、胡翰、宋濂三人所作的《谢翱传》即是重要的谢翱传记,可以补正史之不足;另外杨维桢等人的

---

① (清)朱彝尊:《静志居诗话》卷8,北京:人民文学出版社,1990年,第211页。
② (清)陈田:《明诗纪事》丙签卷5,上海:上海古籍出版社,1993年,第1001页。
③ (清)纪昀等撰:《四库全书总目》卷171,北京:中华书局,1965年,第1492页。

吊文、张丁等的跋文、刘基的恸哭诗等都可见遗民精神对后世的影响。

程氏纂辑此书的原因,正是有感于这些历史人物,"名不载于史",且其"平生著述,兵燹以来,又多沦丧",故于"斋居之暇,因裒辑以传,而附以一时意气与之人"。这些历史人物尤其是"三子"在程敏政看来,正是"纲常"的代言者,是"天理民彝"的捍卫者,所以要搜集他们的事迹、诗文传以永久;即使是后人唱和、称述之作,也是有积极意义的,"矧夫一时相与者,又皆慷慨悲歌之士,或唱和焉,或称述焉,皆足以起人心之忠义,振末世之萎靡"。所以,在精神上延续、继承的发扬"遗民"之志,是程氏辑书的第一要义①。

实际上,《宋遗民录》的重要作用还在于保存文献。该书收录的遗民诗文,被后世采用者较多,如《四库全书总目》有:"近时鲍廷博因复采《宋遗民录》,补入(刘)辰翁原序,合《水云集》刻之②"、《方韶卿集》"前半卷全采《宋遗民录》③"等。其书收录的宋代遗民、元明文人的许多作品为其他史籍所不载,亦可补一代文章之总集,有学者就据该书补《全元文》之缺④。

《宋遗民录》今存有收入四库存目丛书的明嘉靖程威刻本、知不足斋丛书本等。另外,《四库全书总目》还两次收录了同名的一卷本《宋遗民录》《宋遗民录》,其提要分别云:

> 不著撰人名氏。乃洪武中钞本,毛晋刻之,附于《忠义集》之后。或元人所作,或明初人所作,均未可知。后程敏政亦有《宋遗民录》,殆未见此本,故其名相复欤?⑤

> 此卷皆宋遗民诗词杂文,未知谁所编录。宋之故老,入元后多怀故国之思,作诗者众矣。此本所录,仅谢翱、方凤、纳新、李吟山、王学文、梁栋、林德旸、王炎午、黄潜、吴师道十人之作,已多挂漏。

---

① (明)程敏政:《宋遗民录》序,见《四库全书存目丛书》史部88册,第437页。
② (清)纪昀等撰:《四库全书总目》卷165,北京:中华书局,1965年,第1413页。
③ (清)纪昀等撰:《四库全书总目》卷174,北京:中华书局,1965年,第1544页。
④ 如崔志伟、李超:《〈全元文〉补遗十篇——翻检〈宋遗民录〉偶得》,载《古籍整理研究学刊》,2010年第6期。
⑤ (清)纪昀等撰:《四库全书总目》卷61,北京:中华书局,1965年,第548页。

又潜及师道皆元臣,而纳新为郭啰洛氏,为元色目人,与宋尤邈不相涉。概曰遗民,殊不可解。殆书肆贾竖伪托之以售欺也。①

钱仲联先生也据提要以为一卷本成书在程氏十五卷本之前②。毛氏汲古阁一卷本《宋遗民录》今有上海师范大学图书馆藏本,并收入《四库全书存目丛书》史部第 87 册。该书正如集部提要所言,所录皆为宋元人的诗词作品,其中并未收任何"传记",四库馆臣入其为史部传记类,不知何据。另将一卷本与十五卷本作比较,发现一卷本所录内容在程氏书中皆可见,汲古阁一卷本在前而程氏十五卷本在后的说法实难成立。有学者在详考后得出结论:"从文字内容和刻印版式来看,(汲古阁一卷本《宋遗民录》)乃从嘉靖初刊刻程敏政编十五卷本《宋遗氏录》胡乱摘割接凑而来,纯系伪书,并非明初何人所撰,考察历史上一代遗氏事迹撰录之始,不能以此为据。"③实廓清了关于《宋遗民录》版本、体式及演变的重大问题。

综上所述,程敏政辑十五卷本《宋遗民录》为人物碑传及诗文的合集,程氏通过该书的编辑宣扬忠贞和爱国思想,对于振作危亡之际的民族精神作用尤大;该书同时又保存了文献,并开启了"遗民录"体的编纂体例,在文献学史上有着重要意义。

二、碑传记载中的程敏政及相关问题考辨

程敏政为明成化、弘治时期的名臣,在政治方面建树不大,但在史学、哲学、文学等领域有较高成就,其传记资料散见于各种官方史料和私人著述。在现存有关程氏碑传中,《弘治徽州府志·文苑·程敏政传》较详:

> 程敏政,字克勤,休宁陪郭人。尚书襄毅公信之子,生而早慧,

---

① (清)纪昀等撰:《四库全书总目》卷 191,北京:中华书局,1965 年,第 1736 页。
② 钱仲联:《明遗民录汇辑序》,见谢正光、范金民编:《明遗民录汇辑》,南京:南京大学出版社,1995 年。
③ 吴艳玲:《汲古阁一卷本〈宋遗民录〉伪书考》,载《绍兴文理学院学报》,2004 年第 2 期。

人方之孔文举、李长源。十岁随信参政四川方镇,大臣以神童荐。诏试圣节及瑞雪诗并经义各一篇,援笔立就。诏读书翰林院,官给廪饩。时大学士南阳李文达公妻以女。逾冠举成化丙戌进士第第一甲第二人,授翰林院编修,同修《英宗实录》。己丑春同考礼部贡举,时欲刊布《大明一统志》《洪武正韵》《资治通鉴纲目》皆同校勘。寻同修《续资治通鉴纲目》,书成,迁左春坊左谕德。且以宋艺祖太宗授受大事,当时史臣不能详记,遂起千古之疑。乃取宋李焘《宋史尝编》,元史臣欧阳玄等《宋史本纪》为正而考订。发挥之深,黜陈桱、胡一桂之谬,著《宋纪受终考》三卷。乙未春,廷试进士,克受卷官。俄诏侍讲经筵,寻兼侍皇太子讲读。

未几,丁父忧,服阕入朝。丙午秋,主考应天府乡试。丁未迁詹事府少詹事兼翰林院侍讲学士。弘治戊申同修《宪宗实录》。二月,诸王出阁,诏敏政率属,于右顺门侍雍王讲读三日。初开经筵,诏敏政侍讲,仍日侍文华殿讲读。特赐织金绯袍一袭,金带冠履各一。时有学官进《治安备览》,诏敏政看详,敏政摘其中多窃宋赵善璙《自警编》、元张养浩《牧民忠告》,或袭用其标目,或全剽其语言。然此之猥不及彼之精况,以"治安"为名,而不及君德心学,谓秦商鞅有见于孔门立信之说,则踵王安石之故智。其息异端等说,亦非拔本塞源之论。诏以学官狂妄,置不问责,还其书。时诏廷臣会议从祀孔子庙庭诸贤,敏政上书欲大正祀点,考据精详,议论切当,时虽未行其言,士论韪之。先是台臣论奏,请退奸进贤,且各有所指,敏政在所进中,由是有忌之者。俄有御史以暧昧之言中之,诏致仕。有劝其自辩者,敏政答书谓欧阳公、朱文公当时各遭逸谤,时欧阳公在执政,故力可辨;文公在庶僚,故不可辨。恐友遭锻炼,故耳。况上有老母,下有弱子邪。

既归,读书休宁南山中。郎中陆容、给事中杨廉、进士夏昹、锦衣千户叶通先后上书讼之。上悟,诏还。有以书止其勿起者,敏政又答书以为：古之圣贤固不以不仕为高，亦不以苟就为得。固虽伊川之严重刚毅，至于复官之际，无所辞焉。若君实远臣，不得不辞；晦叔世臣，不得不起，岂非当时亦有轻重与两公者，而伊川以义断之若此乎？至于文公被召，必逊南轩，被诏而必行者，亦皆远臣与世臣之义不同也。虽不敢上拟申公南轩，然世受国恩，宜无不同者。

既至，职任如故。命教庶吉士于翰林院，寻迁太常卿仍兼翰林院侍讲学士，掌院事，兼修玉牒。时有上书请以宋儒杨时从祀孔庙者，诏下廷臣会议，敏政上书谓以龟山跻于从祀，列于东庑司马光之下，胡安国之上宜矣。从之。寻丁母忧，修《大明会典》，召为副总裁。敏政上书乞终丧制，许之。服阕入朝，未至，转詹事府詹事兼翰林院学士。陛见后迁礼部右侍郎，《会典》副总裁余如故，仍掌詹事府事，侍皇太子讲读。己未春，主考礼部贡举，未揭榜，给事中有劾敏政鬻题卖士者，诏狱核之。敏政累书以致仕，且引咎自责乞释之以全谏臣。既而同列言官再有劾者，敏政乃请与廷辩，事方释，仍因前请诏致仕，而尽斥言者未行。卒年五十五，赠礼部尚书，赐葬祭。

敏政秀眉长髯，风神清茂，于书无不读，文章为一代宗匠。尝考合朱陆二家始之以异，终之所以同者为《道一编》六卷。喜接士大夫所以升其堂者，属谈不厌，叩之者不能测其涯。虽遭多言至于逮击，言动如平日，且著行素稿。中年号篁墩，所编著有《皇朝文衡》《苏氏梼杌》《瀛贤奏对》《新安文献志》《咏史诗》《宋遗民录》《真西山心经附注》《程氏统谱》《程氏贻范集》并《宋纪受终考》《道一编》诸书，篁墩诸稿若干卷，及《行素稿》《仪礼逸经》，其于《大学》有重订本。子壎，见武功下。

《明史》亦有程敏政传：

程敏政，字克勤，休宁人，南京兵部尚书信子也。十岁侍父官四川，巡抚罗绮以神童荐。英宗召试，悦之，诏读书翰林院，给廪馔。学士李贤、彭时咸爱重之，贤以女妻焉。成化二年进士及第，授编修,历左谕德,直讲东宫。翰林中,学问该博称敏政,文章古雅称李东阳,性行真纯称陈音,各为一时冠。孝宗嗣位,以宫僚恩擢少詹事兼侍讲学者,直经筵。

程敏政,名臣子,才高负文学,常俯视侪偶,颇为人所疾。弘治元年冬,御史王嵩等以雨宰劾敏政,因勤致仕。五年起官,寻改太常卿兼侍读学士,掌院事。进礼部右侍郎,专典内阁诰敕。十二年与李东阳主会试,举人徐经、唐寅预作文,与试题合。给事中华昶劾敏政鬻题,时榜未发,诏敏政毋阅卷,其所录者令东阳会同考官覆校。寅尝从敏政乞文,黜为吏,敏政致仕,而昶以言事不实调南太仆主簿。敏政出狱愤恚,发痈卒。后赠礼部尚书。或言敏政之狱,傅翰欲夺其位,令昶奏之,事秘,莫能明也。

除此而外,片段的传记资料还有:

一、(清)朱彝尊 程敏政传(《静志居诗话》卷八、《明诗综》卷二四)

二、(清)钱谦益 程敏政小传(《列朝诗集小传》丙集)

三、(清)陈田 程敏政小传(《明诗纪事》丙签卷五)

四、(明)王兆云 程敏政传(《皇明词林人物考》卷三)

五、(明)廖道南 程敏政传(《殿阁词林记》卷六)

六、(明)张弘道 张凝道 程敏政传(《皇明三元考》卷七)

七、(清)阎湘蕙 程敏政传(《明鼎甲征信录》卷一)

八、(清)彭定求 程敏政传(《明贤蒙正录》卷上)

九、(明)李绍文 程敏政传(《皇明世说新语》卷六、卷八)

十、(明)雷礼 程敏政传(《国朝列卿记》卷一五、二〇)

十一、(明)刘孟雷 程敏政传(《圣朝名世考》卷一〇)

十二、(明)沈应魁 程敏政传(《皇明名臣言行录》卷三二)

十三、(明)汪国楠 程敏政传(《皇明名臣言行录新编》卷三二)

十四、(清)徐开任 程敏政传(《明名臣言行录》卷三五)

十五、(明)邓球 程敏政传(《皇明泳化类编》人物卷五二)

十六、(明)尹守衡 程敏政传(《明史窃》卷五二)

十七、(清)查继佐 程敏政传(《罪惟录》卷一一上、三二)

十八、(清)王鸿绪 程敏政传(《明史稿列传》卷一六二文苑二)

十九、(明)唐枢 程敏政传(《国琛集》卷下)

二十、(明)过庭训 程敏政传(《明分省人物考》卷三六)

二十一、(明)张嘉和 程敏政传(《皇明通纪直解》卷八)

二十二、(明)凌迪知 程敏政传(《国朝名世类苑》卷三、五、六、八、一九、三三、三八)

二十三、(清)曹溶 程敏政传(《明人小传》)

二十四、(清)傅维鳞 程敏政传(《明书》卷一二六)

二十五、(明)郑晓 程敏政传(《吾学编》卷三八)

二十六、程敏政传(嘉靖河间府志卷二四儒林)

二十七、程敏政传(嘉靖南畿志卷五五)

二十八、程敏政传(嘉靖徽州府志卷一六名贤)

二十九、程敏政传(万历休宁县志卷六)

三十、(明)彭华 篁墩记(《彭文思公文集》卷四)

三十一、(明)周经 程公画像记(《篁墩程先生文粹》卷首)

三十二、(明)汎东之 程学士传(《篁墩程先生文粹》卷首)

三十三、(明)汪循 祭篁墩先生文(汪仁峰先生文集卷二〇)

三十四、(明)张旭 祭篁墩程先生文(《梅岩小稿》卷二七)

三十五、(明)李东阳 篁墩文集序

三十六、程篁墩年谱一卷①

有关程敏政的传记资料,以史传居多,而如完整的墓志铭、墓表等碑传今已不见,确实是很可惜的。程敏政是明成化、弘治时期的名臣,又在学术领域多有

---

① 谢巍编撰:《中国历代人物年谱考录》,北京:中华书局,1992年,第263页。

建树,因此其传记也各有侧重。这些传记尤其是代官方立言的,重复材料较多,但也有一些评价存在着较大差异,由此可知程敏政是个较有争议的历史人物。现就在其传记资料中出现较多的一些焦点问题作简单考辨。

(一)关于程敏政生卒年问题

因程敏政详实碑传文的缺失,关于其具体的生卒年历来为史料所不载,而今人所记其生卒年亦有较大差异。如《明人传记资料索引》《中国散文史》均记为"1445—?";《中国文学家大辞典》记为"公元1445年左右—1500年左右";《全明词》小传记为"约生于明正统十一年(1446年),约卒于弘治十三年(1500年)";《中国历代人名大辞典》《安徽人物大辞典》记为"1445—1499"年;而1990年版《休宁县志》则记为"1444—1499"年。程氏的生卒年问题,一向众说纷纭,莫衷一是。

程氏的生卒年可以从其诗文集中找到一些具体线索。如《篁墩文集》卷六一诗题中有"成化癸巳腊月十日,予生盖三十年矣",明确说明程敏政在成化癸巳(1473年)为30岁,根据古人虚岁记龄的方法,上推29年,其出生当为正统九年(1444年),而正统九年的腊月十日,换为公历则为1445年1月17日。另《篁墩文集》卷八一诗题中有"小女以乙巳岁腊月八日生,与予生辰隔一日,人以为奇",可为程敏政生于腊月初十日之佐证。

《明史》谓程敏政"十岁侍父官四川,巡抚罗绮以神童荐",考程信改官四川的时间为景泰丙子(1456年),此时程敏政为十三岁,《明史》当是取其整数,以显其灵异。《国朝列卿记》记为"十余岁随襄毅公参政蜀藩",就要更加准确。

至于程氏卒年,传记资料多记为弘治己未(1499年)"鬻题案"的当年。如《国朝列卿记》《皇明名臣言行录新编》等均言"敏政致仕,未行,卒,年五十五",《明史》记为"敏政出狱愤恚,发痈卒"。但《皇明词林人物考》等记为"逾年,忧悸卒"。焦竑编《献征录》所录《礼部右侍郎兼翰林院学士程敏政传》详细记为:"诏许致仕,时六月,方盛暑,甫出狱四日,以痈毒不治而卒,赠礼部尚书。"另外《孝宗实录》卷一五一、《国榷》卷四四均在"弘治十二年六月"有相似记载,而后者更是明确说"壬辰,前礼部右侍郎兼翰林学士程敏政卒"。

综上所述,程敏政的出生时间当为正统九年的腊月十日,换为公历,为1445年1月17日。其去世时间为弘治十二年六月壬辰(初四),换为公历,为1499年7月11日。故其生卒年当如本章开头公历标注的1445—1499年,细化其准确的生卒年月日,则为1445年1月17日至1499年7月17日。

(二)关于程敏政请正文庙祀典

程敏政于弘治元年(1488年)八月上疏论考正祀典,其时孝宗即位,程氏进詹少詹士兼翰林院侍讲学士,且在一个月前,孝宗特赐其金绯靴帽并谓其"辛苦",(《篁墩文集》卷八一记有:"七月二十日,文华殿后讲毕,上顾中官,赐讲臣冠带靴袍。臣敏政预赐织金云雁绯袍一,有副金带一,乌纱帽及皂靴。面谢讫,上顾谓曰:'先生辛苦。'其对曰:'此皆职分所当为。'顿首而退"),程敏政以"经生职分寻常事,消得君王念苦辛"诗记之。得新帝恩宠的程敏政,上疏请正文庙祀典,奏疏先强调了祀典的重要性,"圣王治天下,以祀典为重,故有功德于一时者,一时祀之,更代则已;有功德于一方者,一方祀之,逾境则已。况孔子功德在万世,必文与行兼、名兴实副者,乃可以从祀。"然后总结了唐宋以来文庙从祀的情况,并提出了自己的主张:请黜者如戴圣、刘向、马融、何休、王肃、王弼、杜预以及部分不载于《家语》的孔门弟子等,请进祀者如后苍、王通、胡瑗、程珦、朱松等,并以颜无繇、曾点、孔鲤等配享。

文庙祭祀始于唐代,"贞观二年,诏停以周公为先圣,始立孔子庙堂于国学,稽式旧典,以仲尼为先圣,颜子为先师,而笾豆干戚之容,始备于兹矣"①。配享与从祀的人选与位次,在封建社会既是文教活动又是政治活动,是儒生们的精神指向。程敏政的疏文,尚本实,参法理,表明了其经学、史学观点,能尊重历史和儒家经义,尚程朱之学,在当时无疑起到了"正祀典"的作用,至

---

① (唐)吴兢编:《贞观政要》卷七《崇儒学》,见张燕婴等译注:《贞观政要》,北京:中华书局,2012年,第230页。

"嘉靖中议礼考文,敏政言多采行"①。

然祀典毕竟事关大体,敏政所请涉人过多,历来也遭受非议,如清朱彝尊就说:"议孔庙祀典,而屏郑康成不与,未免过于刻薄。"②《奏考正祀典》作为程敏政重要的政治论文,在当时引起较大影响,但不久程氏即遭到监察御史魏璋"久阴不雨"的弹劾③,诏令致仕。

(三)所谓"鬻题案"问题

程敏政的成就主要在文献和文学方面,政治上建树并不大。他身为"名臣子,才高负文学,常俯视侪偶,颇为人所疾"(《明史》卷286《文苑传·程敏政》)。恃才自负使他仕途不顺,以至如李东阳所说:"中遭忌疾,晚罪奇祸,经济之用不能尽白于世。其所见不过是进讲经幄,及于储宫,校正《纲目》、预修《续编》之类而已。"(李东阳《篁墩文集原序》)其一生受到的最致命的一击则是所谓"鬻题案"。

据《明史》本传的记述,弘治十二年己未(1499年)春,时任礼部右侍郎兼翰林学士的程敏政受命与李东阳同主考会试。举人徐经、唐寅预作文同试题合,给事中华昶参劾敏政"鬻题"。当时,考榜未发,帝遂诏敏政毋再阅卷,已录者则令李东阳会同考官复校。结果徐、唐二人考卷均不在程敏政所取之中。李东阳据实奏报了弘治帝。既然重查卷子徐经、唐寅根本就没有录取,何以反而升级到下狱呢?程敏政本来就因仕途一帆风顺,常遭妒忌。《明史》本传说:"敏政,名臣子,才高负文学,常俯视侪偶,颇为人所疾。"因自负才华曾被迫致仕一次,这次不过是上次致仕的重演。据《徽州府志·程敏政传》所记,案发后,"敏政(援例)累书以致仕,且引咎自责乞释之以全艰谏臣。既而同列言官再有劾者,敏政乃请与廷辩,事方释,仍因前请诏致仕,而尽斥言者

---

① (明)刘孟雷:《圣朝名世考》卷一〇《程敏政》,见周骏富:《明代传记丛刊》第41册,台北:台湾明文书局,1991年,第847页。
② (清)朱彝尊:《静志居诗话》卷八,北京:人民文学出版社,1990年,第21有页。
③ (明)廖道南:《殿阁词林记》卷六、(明)雷礼《国朝列卿记》卷一五、(明)尹守衡《明史窃》卷五二皆言"会御史魏璋以暧昧中伤之,致仕归"。《孝宗实录》卷一九记为"监察御史王嵩"。

未行。"同时同考试官工科都给事中林廷玉上奏,要求释放言官华昶和举人唐寅、徐经,将敏政罢官。并说:"臣于敏政非无一日之雅,但朝廷公道所在,既知之,不敢不言。且谏官得风闻言事,昶言虽不当,不为身家计也。今所劾之官晏然如故,而身先就狱;后若有事,谁肯复言? 莫若将言官、举人释而不问,敏政罢归田里。如此处之,似为包荒,但业以举行,又难中止。若曰朋比回护,颠倒是非,则圣明之世,理所必无也。"即是说,"开弓没有回头箭",只好做和稀泥的处理。但给事中尚衡、监察御使王绥再次上疏,仍"皆请释昶而逮敏政"。于是程敏政被诏逮下狱。① 而身陷囹圄的徐经、唐寅,受尽折磨,"卒吏如虎,举头抢地,涕泗横集"。② 在严刑拷打下,徐经被迫服诬认罪,供称程敏政曾受其金币。

程敏政当然无法接受对他的无端指控,提出"以昶所指二人皆不在中列,而复校所黜可疑十三卷亦不尽经校阅,乞召同考试官及礼部掌号籍者面证"。弘治帝未允其请,只同意敏政与徐、唐二人"午门前置对"。置对时,徐经说:"来京之时,慕敏政学问,以币求从学。间讲及三场题可出者,经因与唐寅拟作文字致扬于外。会敏政主试,所出题有尝所言及者,故人疑其买题,而昶遂指之,实未尝赂敏政。前惧拷治,故自诬服。"(同上)徐经承认因经不起拷打而自诬。到此为止,历时四月,终于弄清了事实真相。

既然徐经"未尝赂敏政",按理,敏政即无"鬻题"之事,应为程敏政白冤平反。但弘治帝仍以程敏政"不避嫌疑,有玷文衡"为理由,勒令致仕;复以徐经、唐寅有"夤缘求进之罪",令"黜充吏役";至于华昶,虽以"言事不察实",而其下场要好得多,只降职为南京太仆寺主簿。

这个案件实际并不复杂,但由于皇帝采取"各打五十大板"的处理方法,才使得事情复杂化。我们只要略加思索,就不难看出这本是莫名其妙的冤案。

其一,据黄景昉《国史唯疑》所记:"程敏政会闱发题,用刘静修《退斋记》

---

① 《明孝宗实录》卷一四九。
② 唐演:《唐伯虎全集》卷五《与文徵明书》,北京:中国书店,1985年。

为问,时罕知者。徐经、唐寅坐是得祸。《记》具载刘因集中。科场尚正大明白,不炫奇僻;程此问,原措大气。"(卷四)程敏政所出"会试策问"题就保存在《篁墩文集》卷十中,题曰:

> 问:学者于前贤之所造诣,非问之审、辨之明,则无所据以得师而归宿之地矣。试举其大者言之:有讲道于西,与程子相望而兴者,或谓其似伯夷;有载道而南,得程子相传之的者,或谓其似展季;有致力于存心养性,专师孟子,或疑其出于禅;有从事于《小学》《大学》,私淑朱子者,或疑其出于老。夫此四公,皆所谓豪杰之士,旷世而见者。其造道之地乃不一如此,后学亦徒因古人之成说,谓其尔然。真知其似伯夷、似展季、疑于禅、疑于老者,果何在耶?请亟论之,以观平日之所当究心者。

题中被称为旷世而见的四位"豪杰之士",指宋元理学家张载、杨时、陆九渊和许衡,明初官修《性理大全》中收他们的语录甚多。其中涉及许衡的话,即"有从事于《小学》《大学》,私淑朱子者,或疑其出于老",典出元儒刘因《退斋记》,系刘因对许衡自请罢中书执政而就国子之举不满而作,略谓:"世有挟老子之术以往者,以一身之利害,节量天下之休戚,而终必至于误国而害民。然而特立于万物之表,而不受其责。而彼方以孔孟之时义、程朱之名理自居不疑,而人亦莫之夺之,是乃以术欺世,而即以术自免。"(见《静修文集》卷二)。程敏政以之为据,出题试士,意在"观平日之所当究心者",因为他认为学者只有对"前贤之所造诣""问之审辨之明",才能"据以得师而归宿之地"(《篁墩文集》卷十),许衡、刘因都是元代名儒,对写过《道一编》的程敏政来说,这道题实不偏僻,但对以揣摩为事的习八股的考生来说,这样的试题就属于"奇僻"了。如果说程敏政有错,就在于他高估了考生的水平,或是确有炫博的心理。平心而论,黄景昉《国史唯疑》中"程此问,原措大气"的批评是有道理的。

其二,官修《明史》的说法实际上很说明问题。清廷每每借科场案打击汉族知识分子,如果真有"鬻题"之事,代表官方立场的明史馆定会发挥一通,而

《明史·程敏政传》的叙述是："给事中华昶劾敏政鬻题,时榜未发,诏敏政毋阅卷,其所录者令东阳会同考官复校。寅尝从敏政乞文,黜为吏,敏政致仕,而昶以言事不实调南太仆主簿。敏政出狱愤恚,发痈卒。后赠礼部尚书。或言敏政之狱,傅瀚欲夺其位,令昶奏之,事秘,莫能明也。"采取的是《明实录》的说法。而且用了"或言敏政之狱,傅瀚欲夺其位,令昶奏之"的说法作为补充,很显然是排除了"鬻题"说的。

从现有的资料看,弘治皇帝对这个案子的真实情况不是不知道,但他坚持这"各打五十大板"的处理。之所以如此,也很好理解:这个案子本来就是朝廷内部派系斗争的产物。公开为程敏政平反,就要牵涉到一大批朝廷重臣,会使矛盾更加复杂化,这是作为皇帝所不愿看到的。待程敏政死后,又来一个"赠礼部尚书"的暗中平反,很能反映出弘治本人的矛盾心理。

因为处理含糊,历代史家对于这场明代历史上有名的公案,观点不一,现从程敏政的传记资料来看,大致持以下几种看法:第一种是认为程氏横遭诬陷,对其表示同情。以廖道南、雷礼、尹守衡等为代表:

廖道南曰:予为儿时,窃观《篁墩文集》,浩乎其莫御,及予谪居徽上,登齐云,望紫阳,访其庐,吊其墓,想见其为人,盖一代之豪也。而卒被诬以死,当国者宁不有遗憾耶?①

(雷礼)赞曰:君子修身以俟命,身修矣,而祸患毁辱之来有不可御者,岂非命与?若张钦夫之不寿,吕伯恭之痼疾,蔡季通之窜死,朱元晦之追夺,岂自取之邪?况失铁妄意于邻叟,盗金见诬于同舍,自昔然矣。噫,克勤而罹此,悲夫!②

(尹守衡)论曰:余考程敏政平日所论著,有功于吾道不小,是可以觇其识矣。谓上日甘自污蔑以士为市,何不自好甚乎。余必谓其

---

① (明)廖道南:《殿阁词林记》卷六《詹士兼学士程敏政》,见周骏富:《明代传记丛刊》第18册,台北:台湾明文书局,1991年,第442页。
② (明)雷礼:《国朝列卿记》卷二〇《程敏政》,见周骏富:《明代传记丛刊》第33册,台北:台湾明文书局,1991年,第146页。

不然。余初试于礼部试,目先有传闻,余诧之,而卒不爽。再试,相闻亦如之,岂皆鬻题者耶?此《大易》所以"迭严于不密"之训也。敏政饮恨死,唐伯虎竟锢于圣世,惜哉!①

廖、雷、尹三氏均详述了这场冤案的缘由,给予程敏政较高评价,且言辞恳切,无虚美之辞。另外如《皇明词林人物考》《皇明三元考》等均用"谤""遭谗忌"等记述该事件,在这一事件中站在程敏政一边的占到多数。

第二种观点则认为程敏政鬻题之事真实存在,对程氏持讥讽和批评的态度,以查继佐《罪惟录》为代表。

> 寻结中官李广等,复起。会边帅以七千金,托敏政上广,广别得罪自杀,干没,为债帅所困,遂有贿题徐经之事,为给事华昶所发。上意不欲竟,阁拟"该衙门知道"。敏政恃内阁援,所改拟"勘了来说"。于是并逮经与唐寅,乃密谕法司稍假。不意经直承,寅亦不能异。法司盛称狂生妄言,华给事风闻不的。寅既出口,必不能异。法司云:"倘御问而若此,吾辈且坐枉法,将如何?"遂奏情辞不一,岂敕午门亲勘。昶虑反案,引证同乡举子方学。学受经贿,对簿:"臣实不知,昶妄引臣曲证之。"于是敏政得致仕,寅、经充都吏,昶以发敏政受金不实,谪南太仆典簿。敏政惭,服金屑死。
>
> 自赞云:"生洛党之宗,居伪学之里。"敏政生徽,实非两夫子之族,且伪学何指?其后降乩诗云:"斯文今古一堪哀,道学真传已作灰。"又云:"迅雷不启金滕惑,紫电谁怜武库才。"盖犹然自居洛党,且以贿题为冤也。按贿题,系第三问,例应程拟,"许鲁斋"一段,出刘静修《退斋记》,通场莫解,独经与寅合式,属敏政消息无疑。②

---

① (明)尹守衡:《明史窃》卷五二《程敏政》见周骏富:《明代传记丛刊》第83册,台北:台湾明文书局,1991年,第20页。
② (清)查继佐:《罪惟录》列传卷三二《程敏政》,见周骏富:《明代传记丛刊》第86册,台北:台湾明文书局,1991年,第846页。

查氏以为程敏政鬻题是因为欠债,并且私改阁拟,实不知所据。至于说程敏政因惭愧,"服金屑死",则与各家记载完全不同,实属妄言。其言这场科场案"属敏政消息无疑"也过于武断。

第三种态度则只对事件作客观叙述,认为事件真伪难以分辨,无过多评价。如《明史》卷二八六"或言敏政之狱,傅瀚欲夺其位,令昶奏之。事秘,莫能明也"。因其正史性质决定其行文谨慎,不作过多品评。其他如《明分省人物考·程敏政》等亦只叙不评。

第四种态度既肯定"鬻题案"之不实,又分析了程敏政的为人之不足。如:

> 敏政以少年擅文名,以文学跻侍从,自是以往,名位将不求,而自至乃外附权贵,内结奥援,急于进取之心,恒汲汲然,士大夫多有议之者。但言官劾其主考任私之事,实未尝有。盖当时有谋代其位者,嗾给事中华昶言之,遂成大狱,以致愤恨而死。有知者至今多冤惜之。①

> 公聪明过人,于书亦无所不读,及为文亦自成一家。第犹汩没声华富贵中,不克振拔,竟饮没汙诬,可不谓命欤?撰公传者拟于张钦夫之不寿、吕伯恭之痼疾、蔡季通之窜死、朱元晦之追夺,而谓克勤罹祸同之,则未足信矣。汪循《日录》云:程篁墩若摆脱得"势利"二字,当为我朝第一人物,惜其不能。可叹。②

收入焦竑所编《国朝献征录》的《礼部右侍郎兼翰林院学士程敏政传》不署撰者,但却是为数不多的相对完整的程敏政传记,其虽对于程敏政的为人颇有微词,但肯定舞弊案"实未尝有",并推测为政治斗争所致。邓球虽给予程氏较高评价,表示惋惜,但又认为某些评价太过,并引程氏同乡汪循语暗示程敏

---

① (明)焦竑:《国朝献征录》卷三五《礼部右侍郎兼翰林院学士程敏政传》,见周骏富:《明代传记丛刊》第110册,台北:台湾明文书局,1991年,第599页。
② (明)邓球:《皇明泳化类编》人物卷之五二,见周骏富:《明代传记丛刊》第81册,台北:台湾明文书局,1991年,第207页。

政之"势利"①。

综上可知,不同的传记资料可以为我们了解程敏政其人其事提供全面的视角。弘治十二年发生的"鬻题案",实为言官挑起,又难以自圆其说的一场政治闹剧,而程敏政则不幸成为这一斗争的牺牲品,我们决不能以此来抹杀他的学术贡献。同时,正如《明史》所言"敏政,名臣子,才高负文学,常俯视侪偶,颇为人所疾"②。其为人为官的策略上当有可商榷之处,才招致非议和祸患,汪循就曾将与自己都有交往的程敏政与李东阳作比较:"二公在翰林时齐名并驱,其后职位相去甚远,予窃评之:程文优于李,李诗赋长于程,大抵问学李不及程,器局程不及李,以故名同而实异也。"③汪氏的评价是准确和合适的。

与其政治上的建树相比,程敏政的学术影响和贡献更大,这集中体现在他颇为丰裕的各类著述上。

第二节 程敏政与《新安文献志》

程敏政学问赅博,著述丰硕,为徽州文献的整理和辑录作出了积极的贡献。除自撰碑传外,在徽州历史人物碑传的辑录、考证上的成就也十分突出,既保存了珍贵的人物史料,又能正本清源、廓清史实,是明中期之前徽州政治、经济、宗法、商业等研究的最重要的依据。程敏政所撰碑传集中于《篁墩文集》中④,而其所辑碑传集中于《新安文献志》中。

---

① (明)汪循:《汪仁峰先生文集》,见《四库全书存目丛书》集部47册,第463页。
② (清)张廷玉等:《明史》卷286,北京:中华书局,1974年,第7343页。
③ (明)汪循:《汪仁峰先生文集》卷一《日录》,见《四库全书存目丛书》集部47册,第463页。
④ 如上节所述,程敏政所著诗文别集有《篁墩诗集》《篁墩文集》《篁墩先生文粹》《篁墩程先生文集》《篁墩集》等诸多名称和版本。本节引文出自四库全书本《篁墩文集》,参以明正德丁卯(1507)何歆跋刊本《篁墩程先生文集》93卷拾遗1卷本。

一、《新安文献志》中的徽州碑传

《新安文献志》是徽州古代最重要的地域文献集之一。《四库全书总目》这样评析：

> 是书于南北朝以后文章事迹，凡有关于新安者，悉采录之。六十卷以前为甲集，皆其乡先达诗文，略依真德秀《文章正宗》之例，分类辑录。其六十一卷以后，则皆先达行实，不必尽出郡人所论撰，分神迹、道原、忠孝、儒硕、勋贤、风节、才望、吏治、遗逸、世德、寓公、文苑、材武、烈女、方技十五目。其中有应行考订者，敏政复间以己意参核，而附注之，征引繁博，条理淹贯。凡徽州一郡之典故，汇萃极为赅备。遗文轶事，咸得借以考见大凡。故自明以来，推为巨制。其中小小舛驳者，如凡例称朱子诗文录其涉于新安者，而《通判泰州江君墓铭》竟尔见遗。又朱子所作其父松行状、松所作其父森行状，既已并收，而松《韦斋集》中有录曾祖父诗后序一篇，又复不录，皆不免于脱略。然司马光《资治通鉴》已称抵牾不能自保。是书卷帙繁重，不能以稍有挂漏，遂掩其搜辑之功也。①

四库馆臣对于《新安文献志》的内容、体例作了介绍，并对其优缺点作了较为合理的评价。

程敏政辑《新安文献志》，实有感于新安历代人文荟萃，"名公硕儒，与夫节孝、材武、遗老、贞媛之属，文焕乎简编，行播乎州里"，但"纪载之书，散出无统"，虽历代有识之士作了一些稽古的工作，但因"自秘而失于兵燹，或据所见而为之详略，读者不能无憾也"。他于"斋居之暇，窃不自揆，发先世之所藏，搜别集之所录"。唯因文献繁多，"参伍相乘"，所以又作了一些"诠择考订"的工作②。

通过程敏政的自序，可以看出其以一个文献学家的独到眼光觉察到徽州

---

① （清）纪昀等撰：《四库全书总目》卷189，北京：中华书局，1965年，第1715页。
② （明）程敏政撰，何庆善等点校：《新安文献志序》，合肥：黄山书社，2004年。

文献的重要价值和流传的缺失，同时又能以新安后辈学者的身份自觉承担起辑录考订徽州文献的重任。

《新安文献志》的编订是艰难的工作，程氏"盖积之三十年始克成也"①。同样，其刊刻也是极其艰辛的，程敏政作于弘治十年(1497年)夏五月十六日的跋文记录了该书的刊刻经过：

> 初予编《新安文献志》成，今少宰郓城侣公适以谪来知郡事，许为刊布。既而公被征入朝，不久复受诏巡抚南畿，遂下令于郡，俾置文梓以俟，而缮写未竟，不及付刊也。乙卯冬，予以忧还里。嗣岁春，始复葺旧书，而侣公所置文梓故无恙。因言于同守浏阳彭君哲，航至休宁置南山僧舍，召工从事，而工巨役繁，费无从出。会太守山阴祁君司员至，乃与彭君各捐俸金为倡；且用儒学生汪祚等言，求助于先贤之有后者。既而侍御三山李君烨以谪来知休宁事，益用作兴，务底于成。②

据此可知，《新安文献志》的刊行，既得益于政府官员，也有赖于徽州先贤之后。弘治十年(1497年)刻本目录后录有"缮写校对者"26人，书后附有"先贤之后尚义之家乐助工食人姓名"，共231人。

《新安文献志》共100卷，前60卷载言，后40卷列行。从广义的碑传来说，除后40卷人物行实之外，还包括前60卷中的祭文、赞、哀辞等哀祭性文字。为便于统计和尊重编者原意，本章所言碑传以后40卷所录行实类碑志、传状文为主。

《新安文献志》从卷61至卷100下共收录各种传记360篇，因为有些人是合传，而有些人则是一人多传，故共包含传主391人。从体例上看，传最多，共139篇；墓志铭其次，89篇；行状43篇；墓表19篇。

值得注意的是，《新安文献志》收录古今新安人士，其中又有不少人非徽州籍，或寄籍他乡，有的甚至占籍数代。如程氏自大辨子、忠壮公六世孙程文

---

① (明)程敏政《新安文献志序》。
② (明)程敏政《新安文献志跋》。

英迁至广宗,辗转至河南程颢、程颐二夫子,皆收录;再如江西鄱阳的杨本、程端蒙,饶州的汪藻、程时登,京山的程翔卿、程巨夫父子,鄞县的程端礼、程端学兄弟等,一共达到了40人。对这些历史人物,正史都置于他籍,而《新安文献志》皆作为徽人收入。首先,程敏政一般都作考订,证其与徽州的渊源;其次,有些人物离开徽州时代不远,仅父祖辈离开徽州,对徽州尚怀依恋;再次,有些人物虽世系久远,但其影响巨大,程敏政显然有借名人以彰显其书学术价值的意图。总而言之,《新安文献志》所录外籍人物,皆源出新安,而且在不同领域成为一时的典范人物,程敏政将之纳入徽州的范畴,虽因标准不一而招致一定的非议①,但体现了他的史学和宗族思想。

《新安文献志》收录徽人行实,以类相从,分以细部,发凡起例,为后代碑传资料之范式;既搜集整理了徽州历史人物碑传,保存了文献,又能详加考订,信而有征,体现了一代学者之淹博与严谨,同时又能通过是书之编辑,起到教化乡邦、垂范后世的作用。《新安文献志》不愧为明中世以前徽州碑传文献之渊薮,是徽学研究的重要资料。

在体例上,《新安文献志》前60卷收徽人所撰文章,后40卷收徽人各类碑传,互为补充,做到"文"与"献"的统一。在人物碑传上,凡事迹简略者录入卷。首先,贤事略上部分(共收录徽郡人物326人,其中齐、梁、南唐各1人,唐11人,宋144人,元88人,明98人),而主体部分则"不分行状、碑铭、志传,止云'行实'。以朝代先后为次,乃遵西山《续文章正宗》例,分道原等类以便观览"②。《新安文献志》以时代为序,细分为神迹、道原等16类,所收人物又有所甄别,或略加删节,或详加考订,实为古代地域人物传记集的创造。

二、《新安文献志》的价值

《新安文献志》体例上的创新及对于地域文献汇集上的贡献,历来为人所

---

① 参见许承尧言及《新安文献志》所收"本为歙人而他徙或寄籍者""惟当详定义例,设一标准,不可以意为去取耳",见《歙事闲谭》卷24,合肥:黄山书社,2001年第859页。
② (明)程敏政《新安文献志·凡例》。

称道,影响至远。如一百多年后吴云作《新安文献续志》①,对《全蜀艺文志》《海州文献录》等书的编订有着直接的影响②。

《新安文献志》最直接的贡献是保存了徽州文献。这里所说的徽州文献既指该书所录的碑传文献本身,也指程氏引证、考辨过程中运用到的大量徽州文献。

作为徽州历代先贤的碑传荟萃,《新安文献志》广泛搜集,按类编排,省却了使用者的搜检之劳,又保存了文献,使之流传久远。该书碑传的撰者多为名士,既有徽籍作者,也有外郡名人,他们的文集有的尚流传至今,但也有些作者文集今已不传,因而,《新安文献志》的收录就显得尤为重要了。如元代婺源人汪幼凤,《先贤事略上》有"汪路教幼凤,婺源符村人。伯会先生之子。至正元年乡贡进士,授衢州学正,转采石长,仕终州照磨。著《星源续志》"。伯会先生是指汪会(1280—1348),《新安文献志》卷八九有程文作《伯会先生汪君会行述》,据此文仅知汪幼凤为汪会次子,至正七年(1347年)为采石书院山长。考历代史志,《弘治徽州府志》卷八有传:

> 汪幼凤,字子翼,婺源符村人,宋处士会之子。精敏过人,接诣豪宕,不事边幅。作诗闲靖平易,以《诗经》请,至正辛巳乡试下第,除衢州学正,转采石长,后为州照磨。尝著《星源续志》。

然今所见汪幼凤的生平史料不多,其所著仅为《星源续志》,而此志今又不传。但《新安文献志》中却收录汪氏所撰包括王侗、胡炳文、程文、程洵、程复心、滕璛、胡方平(附胡一桂)、汪绍、汪介然、汪良臣等15人传记,其中不少都是负有盛名的大学者,他们的传记幸赖《新安文献志》的著录。

另外,《新安文献志》还收录了不少作者的多篇碑传,较多者如罗愿(25篇)、洪焱祖(14篇)、方回(12篇)、程文(10篇)、李以申(7篇)、赵汸(6篇)、

---

① 参见(明)李维桢:《新安文献续志叙》,见《明文海》卷225,北京:中华书局,1987年,第2308页。

② 分别参见(明)杨慎:《全蜀艺文志序》、(清)刘毓崧:《海州文献录序》《通义堂文集》卷五。

曹泾(6篇)、杨本(5篇)等，我们也可以通过《新安文献志》收录之文补充、参校其本人著作，亦可补新编总集如《全宋文》《全元文》等之漏收。

《新安文献志》除碑传本身的文献价值之外，程敏政所考订补充之文，亦保存了大量文献，而其中有的也已不传，其在今天的参考价值更大。"有纪载弗详，史传他文可以互见者，或附书，或增入"①。这些文献既有正史，也有方志谱牒、文人别集乃至书信、序跋、杂记等，不一而足。如《汪常簿复传》文后附了马廷鸾给汪复的书信，《曹主簿泾传》之后亦附马廷鸾作《送曹清甫序》。马廷鸾是南宋重臣，其文既可见与徽人交往，又具有史料价值；揭傒斯作《张隐君桂墓志铭》后补程文的识文、敏政之祖程晟的墓碑铭之后附《程氏义田记》、李以申作《江石室致一传》后附胡隆成所作《万松书隐记》、王垫翁的墓志铭后附汪幼凤《续志》之传等，实为碑传的补充。

《新安文献志》于徽州碑传的价值还体现在编者对人物碑传的考辨上。

程敏政不仅仅对碑传作分类罗列，还有许多详细的考辨。如对于一些籍贯有争议的人物，程敏政都会根据史料加以辨析，令人信服。如考六安汪立信与徽州的关系：

> 按，《宋史》云："立信，澈从孙也。曾大父智，从澈宣谕湖北道六安，爱其山水，因居焉。"考汪氏谱，澈出越公第四子广，立信出越公第七子爽，与婺源大畈实同所出，疑当称族孙，而史误以为从孙也。又按《宋史》及《金陵志》云："立信病笃告老，授光禄大夫致仕，死年七十五，时高邮尚未归附。遗表奏赠少傅。立信先居建康兴政坊，至元丁丑归葬溧水都堂山，子麟早卒。侄天麒，为撰年谱云。"②

程敏政不仅考证了汪立信源出徽州，更指出正史之讹误。再如，胡升在《胡制机阒休传》中称胡阒休为婺源人，但《宋史》记为开封人，令人莫衷一是。根据程敏政按语，后人即可知"盖阒休本居婺源，而籍开封。如近世富户迁民之

---

① 《新安文献志·凡例》。
② 《新安文献志》卷65，第1603页。

类,在宋若吕溱称扬州,汪介然称开封,皆然。"① 又如引欧阳修所撰《许公父司封行状》指出许元"世家歙州",而云宣州,"盖许氏本居歙,而有别业在宣境,子孙迭居之,欧公制作,每欲互见,以示其文之简,故云尔也"。② 程说虽有臆测之嫌,但于理可通,不失为一种较好的思路。

《新安文献志》的价值还体现在,它自觉承担起徽州地方的思想导向。正如其甲集的选录标准"凡先达时文,务取其平正醇粹有关世教者,否虽脍炙人口不在录也"一样,其乙集人物的选录也务必以明教化、淳风俗为本,以期"抚先正之嘉言懿行""发高山景行之思"。其远至神迹、道原,近至当代的列女、遗逸,均能成乡邦的典范,起到引导社会风气的作用。该书在徽州的影响极大③,是与它的这种导向性分不开的。

第三节　程敏政的碑传创作

一、程敏政碑传文一览表

程敏政少年时春风得意,仕途亦坦荡光明,但好景不长,十余年后便接连面对至亲之人的亡故。至弘治元年(1488年)被黜遭遇人生最大变故,还乡后还要面对幼女的死讯。原本正值壮年却无法施展才华,因此程敏政的心性与思想开始发生变化,对于程朱理学开始有了自己独立而全面的思考。而对于程敏政碑传研究来说,这两个时间点也是至关重要的。做官之后程敏政才开始大量写作碑传,而被黜之后,其碑传写作的数量更多,同时为之写碑传的人物身份也更多样(见表4-1)。

---

① 《新安文献志》卷78,第1919页。
② 《新安文献志》卷81,第1968页。
③ 如许楚就"尝欲与汪溥续《新安文献志》,未成"(《歙事闲谭》卷一,第5页),而许承尧"求之十年,始得一见。无力重印,颇以为恨"(《歙事闲谭》卷二四,合肥:黄山书社,2001年,第843页)。

表 4-1 程敏政碑传文一览表

传主	字号	籍贯	生卒年	篇名①	卷次	身份	备注
汤胤绩	字公让	濠梁		汤胤绩传	四十九	官员/武将	出守孤山堡，不敌而死。
乐均用	字国宝	山东益都	(1233—1312)	慕青余民传	四十九	处士	宋遗民。
祝仲宁		四明		橘泉翁传	四十九	医家	从学戴原礼，肆力于丹溪诸遗书及《太素脉诀》。
金氏		休宁		谢节妇传	四十九	烈女	时年七十五。
石钟	字以声	九江		石钟传	四十九	神仙	学长生吐纳之术以终。
韩士琦	字景琏，自号滹源耕叟	繁峙滹水		滹源先生传	四十九	官员	寿八十二。
林玙	字景玉	河间	(1415—?)	安东县簿林君传	四十九	官员	1480年得病而求文。
程通	字彦亨	绩溪坊市		长史程公传	四十九	官员	有稿百余卷悉毁于官。
王士能		言州	(1364—?)	书济宁王翁事	四十九	处士	年百有二十岁。
蔡诚	字彦实，别号信庵	北京	(1429—1471)	兵马副指挥蔡公传	四十九	官员	长子震选尚淳安长公主为驸马都尉，公以恩例受封东城兵马副指挥。
郑晋	字孟端	歙县西贞白里双桥		冰蘖老人传	四十九	处士	时年七十，著有《药稿》若干卷。

---

① 为排版需要，篇名中不使用书号。

续表

传主	字号	籍贯	生卒年	篇名	卷次	身份	备注
杨范	字九畴,号栖芸	鄞之镜川里		栖芸先生传	四十九	处士	七十有八而卒,卒前一岁自为墓志。所著述有《四书直说》《道统》《言行录》《栖芸稿》若干卷。
汪思义	字得宜	休宁		孝义汪处士传	四十九	处士	时年七十有四。
孙春殷	字士和	休宁雷溪	(1407—1485)	孙处士春殷传	四十九	处士	知所隐而隐。
唐明达	字邦达	歙县槐塘	(1413—?)	唐君传	四十九	官员	受敕封文林郎监察御史,时年八十。
程淑端				程贞妇传	四十九	烈女	兖山汪伯高之仲女,嫁率溪程永得,为士真甫之介妇。孀居几五十年,时年七十有八。
郑恒	字存良	歙县双桥		郑君传	四十九	处士	尝为货殖业,时年六十。
杨守陈	字维新	浙江鄞县	(1425—1489)	杨文懿公传	五十	官员	有《五经考证》《大易私征》《春秋私比》等书,皆未脱稿。杂著诗文有《晋斋稿》《镜川稿》《东观稿》《桂坊稿》《金坡稿》《铨部稿》又数百卷。

续表

传主	字号	籍贯	生卒年	篇名	卷次	身份	备注
杨太荣	字崇仁	鄞都	(1421—1494)	金宪杨君传	五十	官员	刑官,进退以之亦求不失其本心。
徐德贤	字孟明	苏州常熟	(1343—1416)	徐处士传	五十	处士	弘治甲寅以恪上绩恩制赠处士通议大夫都察院右副都御史。
洪宽	字有约	歙县永杨里	(1425—1487)	前郑州守洪公传	五十	官员	治两州,有惠政。
陈鼎徽		祁门	(1409—？)	汪节妇传	五十	烈女	其父伟人,聘为仕政子轸妻。时年八十四。
邹氏		锡山		邹氏传	五十	列女	
华正	字守正,以字行。晚号爱菊翁。	铅山鹅湖	(1415—1494)	华处士传	五十	处士	喜读书,尤好胡氏春秋及历代史。
钱中	字用之	松江华亭		蔺州同知封翰林修撰钱君传	五十	官员	虽居贫无违礼。
陆容	字文量	苏州昆山	(1435—1494)	参政陆公传	五十	官员	所著诗文曰《式斋稿》《浙藩稿》《归田稿》;奏议在朝曰《式斋笔记》,在浙曰《封事录》,记事之书曰《菽园杂记》《式斋迩察》《太仓志》;别有《兵署录》《水利集》《问官录》总若干卷。

续表

传主	字号	籍贯	生卒年	篇名	卷次	身份	备注
仝寅	字景明	山西安邑		仝景明先生传	五十	卜筮	时年八十有六岁。
汪中和	字贵民	休宁	(1390—1449)	汪义士传	五十	处士	御贵州苗寇失利而被害。
邹佑之		无锡	(1430—1498)	邹佑之传	五十	处士	尝以岁饥输粟例得官,然非其志也。
王宗吉	字天佑	苏州吴江	(1424—1497)	封监察御史王公传	五十	官员	以子贵敕封文林郎江西道监察御史。
汪秉祥	不详	绩溪	(1489—1448)	歙处士汪君墓碣铭	卷四十二	处士	孝友。
程孟	字文实	歙县	(1396—1465)	槐濒先生程君墓碑铭	四十二	处士	为《程氏诸谱会通》五十卷《外谱》二卷,辑《世忠事实源流录》十卷、明良庆会录三卷,著有黄山小录诸书,有新安总志(未脱稿),著有槐濒集若干卷。
黄维天	字景高	休宁	(1394—1463)	处士黄君景高墓志铭	四十二	处士	高洁。
李贤	字原德	河南	(1408—1467)	光禄大夫柱国少保吏部尚书兼华盖殿大学士赠特进光禄大夫左柱国太师谥文达李公行状	四十	官宦	敏政岳父。

续表

传主	字号	籍贯	生卒年	篇名	卷次	身份	备注
李海	字仲容	邹平	李君(1399—1428);邢氏(1398—1469)	赠怀远将军同知武成后卫指挥使司事李府君太淑人邢氏合葬墓志铭	四十四	官宦	合葬墓铭。
唐茂本	邦立	歙县	(1430—1469)	唐处士茂本墓铭	四十二	处士	
孙忠	克诚	长洲	(1398—1470)	赠武畧将军锦衣卫副千户孙公墓志铭	四十二	官宦	
林春	字孟阳	宁海	(1411—1471)	承德郎应天府通判林君墓表	四十二	官宦	
徐文	字彦章	新建	(1407—1471)	孝友徐君墓志铭	四十二		孝友。
陈颙	字允甫	汴州	(1396—1471)	黄岩陈处士墓志铭	四十三	处士	婺源儒学教谕。
黄琮	字进贤	休宁	(1404—1473)	明威将军神策卫指挥佥事致仕黄公墓志铭	四十二	官宦	
黄祯祺	字仲禧	歙县	(1404—1473)	潭渡处士黄君行状	四十	方技	儒医,有遗文藏于家。
赵杰	字子奇	寿州	(1397—1474)	封奉政大夫通政使司右参议赵公行状	四十	官宦	

续表

传主	字号	籍贯	生卒年	篇名	卷次	身份	备注
孙迪方	字符吉	祁门	(1418—1474)	崇府审理正孙君墓志铭	四十二	官宦	
张钦	字克敬	都城	(1405—1475)	荣禄大夫同知中军都督府事赠左都督张公神道碑	四十二	官宦	
金璧	不详	长洲	(1432—1477)	文思院副使金君墓志铭	四十二	官宦	
孙琏	字国用	邹平	(1412—1477)	昭勇将军锦衣卫指挥使孙公墓志铭	四十二	官宦	
程熙	字克和	歙县	(1424—1477)	奉议大夫同知汀州府事程君墓表	四十二	官宦	
马经	字用常	河间	马君(1412—1450)；徐氏七(1411—1477)	湖广宜章知县赠文林郎马君封太孺人徐氏合塋墓铭	四十三	官宦	合葬墓铭。
程万	字亿孙	歙县	(1405—1478)	槐塘程府君墓表	四十三	处士	清忠昭光儒硕。
程敏行	字克寛	徽州	(1452—1478)	亡弟克寛圹志铭	四十二	亲属	亡弟。
程信	字彦实	休宁	(1417—1479)	资德大夫正治上卿南京兵部尚书兼大理寺卿赠太子少保谥襄毅程公事状	四十一	官宦	敏政父，有《容轩稿》《尹东稿》《南征录》《晴洲集》《康宁窝藁》若干卷藏于家。

续表

传主	字号	籍贯	生卒年	篇名	卷次	身份	备注
顾俊	字时雍	长洲	（1402—1479）	医顾翁墓表	四十三	方技	医。
滕昭	字自明	汝州	（1423—1480）	正议大夫资治尹兵部左侍郎滕公墓志铭	四十三	官宦	
金玹	字宗敬	休宁	（1404—1481）	义官金君墓志铭	四十三	官宦	
程用元		歙县	（1422—1481）	通奉大夫河南左布政使程公墓碑铭	四十三	官宦	
程圻	字祖保	徽州	（1477—1481）	圻子圹志	四十三	亲属	次子。
张文	字存简	泰州人	（1426—1482）	中顺大夫浙江按察司副使张公墓志铭	四十三	官宦	
吴珍	字以兴，别号养恬		（1417—1483）	养恬处士吴君墓志铭	四十四	处士	才德。
周瑄	字廷玉	阳曲	（1407—1484）	资德大夫正治上卿南京刑部尚书致仕赠太子少保谥庄懿周公行状	四十	官宦	
董宽	字世宏	怀宁	（1415—1484）	骠骑将军左军都督府都督佥事董公行状	四十	官宦	

续表

传主	字号	籍贯	生卒年	篇名	卷次	身份	备注
段慎	字思之	禹城	段公(1407—1472);杨氏(1414—1484)	朝列大夫湖广布政司右参议段公宜人杨氏合窆墓志铭	四十四	官宦	合葬墓铭。
阎宇	字大方	南阳	(1422—1485)	承德郎东城兵马指挥阎君墓志铭	四十四	官宦	
华兰	字楚芳	无锡	(1416—1485)	承事郎华君墓碣铭	四十四	官宦	孝友。
王友森	字文林	歙县	(1428—1481)	泽富王处士墓志铭	四十四	货殖	挟赀以出,赈饥济贫。妻余氏卒成化乙巳年(1485年)五月十九日,年五十九。
蒋琬	字重器	京都	(1437—1486)	太保兼太子太傅掌左军都督府事定西侯追封凉国公谥敏毅蒋公墓志铭	四十四	官宦	著《筠清轩集》十卷,奏议二卷,杂文一卷。
吕赞	字廷扬	上饶	(1427—1486)	承德郎户部山西清吏司主事吕君墓志铭	四十四	官宦	
岑琼	字廷玉	福建	(1411—1486)	义官岑君墓表	四十七	官宦	出粟二千石助有司赈饥,用恩例授义官。
闵兆胜	字彦益,又字万亿	休宁	(1409—1470)	孝义处士闵君墓志铭	四十四	处士	孝义,后十七年为此铭。

续表

传主	字号	籍贯	生卒年	篇名	卷次	身份	备注
胡虎	字士仪,自号翠环居士	歙县	(1422—1487)	翠环处士胡君墓志铭	卷四十六	处士	义行。
程原泰	字子亨	歙县	(1276—1457)	曾叔祖尤溪府君墓表	四十五	亲属	曾叔祖,后三十年作此。
程佲	字彦彰	休宁	(1429—1488)	明威将军沈阳中屯卫指挥金事程公墓志铭	四十四	官宦	
高翔	字鹏翼	献县	(1401—1488)	处士高公墓志铭	四十四	处士	义行。
傅谨	字克修	崇明	(1426—1488)	傅君克修墓表	四十五	处士	义行。
汪顺童	字永德	歙县	(1399—1486)	一乐汪君墓表铭	四十七		弘治戊申请为此铭。
钱宝	字文善	汴州	(1411—1488)	复斋钱君墓志铭	四十四	方技	手校古今图史,朱墨如法,而订古医书俾缺者完讹。著《复斋集》四卷,《运气说》二卷,医案四卷。
吴育源		休宁	(1414—1468)	吴氏亲茔表	四十八	其他	叙吴育源氏族始末,后二十年为此表。
吴孟高		休宁	吴君(1406—1469);谢氏(1407—1489)	处士吴君孺人谢氏合葬墓志铭	四十五	处士	合葬墓铭。嗜学、明理、孝友。
程充	字用光	休宁	(1433—1489)	程用光墓志铭	四十五	处士	儒医。重订《丹溪心法》一百篇。

续表

传主	字号	籍贯	生卒年	篇名	卷次	身份	备注
程月仙		歙县	(1485—1489)	女月仙圹铭	四十五	亲属	作者幼女。
刘观孚			刘公(1462—1489);王氏(1423—1464)	刘氏二亲墓表	四十七	官宦	义举,并用恩例为义官。
程萧	用坚	休宁	(1438—1490)	程君用坚墓志铭	四十五	处士	茸忠壮行祠。续程氏谱,哀辑先世遗文为闻见录以藏。又率其子修复宋元以来祖域之被侵者。倡复柏山寺先祠。
程敏德	克俭	歙县	生正统戊辰六月十七日,卒成化丁未四月九日,年四十(1448—1487)葬弘治庚戌十二月九日	亡弟从仕郎故詹事主簿判蕲州事程君墓志铭	四十五	亲属	亡弟。
于聪	公达	徐州	于公卒成化甲辰九月十八日,年八十二(?—1484)。叶氏卒弘治辛亥八月十八日,年八十六(?—1491)	武畧将军新安卫千户于公宜人叶氏合葬墓志铭	四十五	官宦	合葬墓铭。

续表

传主	字号	籍贯	生卒年	篇名	卷次	身份	备注
涂寿	永年	丰城	生宣德己酉二月十四日,卒弘治辛亥九月十七日,年六十三(1429—1491)	丰城涂孝子墓志铭	四十五		孝子。
洪宽	有约	歙县	卒成化丁未十一月二十六日,年六十二(?—1492)	前奉训大夫郑州知州洪公墓志铭	四十五	官宦	
李泰	景和,敬轩	新城	卒弘治壬子四月二十五日,年七十九(?—1492)	故奉政大夫常德府同知致仕李公墓表	四十六	官宦	
凌锦	日章,无默子	句容	卒弘治壬子二月二十四日,年七十九(?—1492)	怀远将军忠义前卫指挥同知凌公墓志铭	四十六	官宦	放游江东西淮海间,自豪于贾人十余乃还。
李灿	景瞻,壶天居士	祁门	李处士卒弘治辛亥八月十七日,年六十八(?—1491)。方氏卒弘治壬子正月二十五日,年六十九(?—1492)	李处士景瞻及其配方孺人墓志铭	四十五	处士	孝义。

续表

传主	字号	籍贯	生卒年	篇名	卷次	身份	备注
汪泰护	本亨	歙县	生宣德己酉九月四日,卒弘治壬子七月十二日,年六十三(1429—1492)	汪君本亨墓志铭	四十五		礼义。
孙存德	彦正	休宁	孙处士生永乐壬辰九月十一日,卒天顺辛巳六月十六日,年五十(1421—1461)。吴氏生永乐癸巳五月十八日,卒弘治壬子四月十四日,年八十(1413—1492)	溪东孙处士及其配吴孺人墓志铭	四十六	处士	合葬墓铭。重然诺,惇行义。
汪庆宗	宗裕	歙县	卒弘治壬子冬十一月十四日,年八十一(?—1492)	沙溪处士汪君墓志铭	四十六	处士	哀辑崇孝编以纪先世之文献。
张文质	允中	永平	卒弘治癸丑夏四月二十六日,年七十三(?—1493)	资德大夫正治上卿掌通政使司事太子少保礼部尚书致仕张公墓志铭	四十六	官宦	

续表

传主	字号	籍贯	生卒年	篇名	卷次	身份	备注
李昶	明远	西宁	卒弘治癸丑夏五月十五日,年六十四(?—1493)	骠骑将军右军都督府都督佥事李公墓志铭	四十六	官宦	
魏启	景初	睢宁	卒弘治癸丑闰五月十五日,年五十七(?—1493)	指挥魏君墓志铭	四十六	官宦	
郭岩	景瞻	南郑	卒弘治癸丑三月二十五日,年八十七(?—1493)	中奉大夫宗人府仪宾郭公墓志铭	四十六	官宦	
张谦	益之	定州	卒弘治六年八月十四日,年五十二(?—1493)	大中大夫资治少尹南京太仆卿张公神道碑铭	四十七	官宦	
程载兴	孔隆	祁门	生洪武乙亥闰九月廿二日,卒成化戊子五月一日,年七十四(1395—1468)	善和程处士墓表	四十五	处士	义行,葬距今廿四年。

续表

传主	字号	籍贯	生卒年	篇名	卷次	身份	备注
程耀	公昭	休宁	生正统戊辰四月六日,卒成化乙巳闰四月十三日,年三十八(1448—1485)	休宁儒学生程公昭墓志铭	四十六	亲属	侄,亡后八载作此。
周真	仲成	阜城	周君生永乐庚寅十月十三日,卒天顺甲申三月二日,年五十五(1410—1464)。张氏生永乐辛卯六月二日,卒弘治甲寅七月二十七日(1411—1494)	赠文林郎云南道监察御史周君暨封太孺人张氏墓志铭	四十六	官宦	隐君子,因子受敕。
李铭	自新	邹平	卒弘治甲寅夏六月二十有一日,年七十二(?—1494)	骠骑将军后军都督府都督佥事李公墓志铭	四十七	官宦	

续表

传主	字号	籍贯	生卒年	篇名	卷次	身份	备注
高爵	汝修	宛平	生正统癸亥三月二十二日,卒弘治甲寅六月四日,年五十二(1443—1494)	义官高君墓志铭	四十七	官宦	从事贸易,走川陆余三十年。
秦旭	景旸,贞靖先生	无锡	卒弘治七年冬十一月十六日,年八十五(?—1494)	贞靖先生秦君墓志铭	四十七	官宦	用子贵受封承德郎兵部主事中宪大夫武昌知府。
吴琢	文器,石丘子	山阴	卒弘治甲寅九月十七日,年四十六(?—1494)	石丘处士吴君墓碑铭	四十六	处士	孝子。
陆简	廉伯、敬行	武进	卒弘治乙卯正月八日,年五十四(?—1495年)	故嘉议大夫詹事府詹事兼翰林院侍读学士赠礼部右侍郎陆公行状	四十一	官宦	著《治斋集》数百卷。
程骧	师孟、季龙	歙县	卒元太宗己丑,年七十三(?—1229)	故宋中书舍人程公墓祠碑	四十五	官宦	有《松轩集》若干卷。弘治乙卯建祠(1495年)。

续表

传主	字号	籍贯	生卒年	篇名	卷次	身份	备注
周端仪	士瞻、廷表	洛阳	生永乐甲午十月二十五日,卒弘治乙卯三月二十日,年八十一(1414—1495)	迪功郎陕西狄道县丞周君墓碣铭	四十七	官宦	号其稿曰归田录,凡数千篇。
徐贵	汝良	抚宁	生永乐丁亥七月丁卯,卒成化辛卯六月壬寅,年六十五(1407—1471)	大同中屯卫百户徐君墓志铭	四十七	官宦	二十四年后为此铭。
吴纲	廷振	歙县	吴君卒成化丙午六月二日,年六十五(?—1486)。汪氏卒天顺壬午三月六日,年三十二(?—1462)	赠文林郎监察御史吴君孺人汪氏合葬墓志铭	四十七	官宦	合葬墓铭。
黄纶	廷经	乌门	卒成化甲午四月望日,得年若干(?—1474)	顺德府儒学教授黄先生墓志铭	四十七	官宦	唐侍御史滔之裔,后二十一年为此铭。

续表

传主	字号	籍贯	生卒年	篇名	卷次	身份	备注
谭瑛	彦华	滁州	生宣德七年七月六日,卒弘治八年三月一日,年六十二(1432—1495)	承事郎谭君墓志铭	四十七	官宦	
秦夔	廷韶	其先自淮海迁锡山	卒弘治乙卯冬十二月十二日,年六十三(?—1495)	中奉大夫江西等处承宣布政使司右布政使致仕秦公神道碑铭	四十八	官宦	著中斋集若干卷。
于兴	永昌,逸庵处士	其先在宁海	于公卒弘治戊申十二月十三日,年六十二(?—1488)。孙氏卒弘治乙卯五月二十二日,年六十四(?—1495)	赠文林郎监察御史于公封太孺人孙氏墓表	四十八	官宦	二亲墓表。
谢宏	仲宽	金州	生永乐甲辰二月十五日,卒成化乙未正月二十一日,年五十二(1424—1475)	赠中宪大夫河间知府谢公墓表	四十八	官宦	后二十年作此墓表。

续表

传主	字号	籍贯	生卒年	篇名	卷次	身份	备注
李鉴	克明	真定	生永乐戊子九月二十五日,卒弘治乙卯十一月九日,年八十八(1408－1495)	处士李公墓志铭	四十六	处士	以孝友著。
黄芮		歙县	生上元庚子三月七日,卒太和辛亥十月十三日,年七十二(760－831)	故唐孝子黄府君祠堂碑铭	四十六	处士	孝子,成化乙酉后三十年作此铭。
郑贤	字显才	永丰	生宣德戊申九月一日,组弘治乙卯正月二十日,年六十八(1428－1495)	默斋先生郑君墓志铭	四十七	处士	硕节高谊,著有默斋集若干卷。
黄祯祥	仲述	歙县	黄处士卒成化甲辰八月九日,年七十六(?－1484)。徐氏卒弘治甲寅十二月二十七日(?－1495)	歙黄处士徐孺人合葬墓志铭	四十七	处士	合葬墓铭。合族人为黄氏谱传焉。

续表

传主	字号	籍贯	生卒年	篇名	卷次	身份	备注
程实（一名诗）	以道	歙县	(1395—1495)	百岁程君墓表	四十七	处士	
汪祚	承之	歙县	(1451—1496)	汪承之墓志铭	四十六	处士	佐予编刻新安文献志,刻予所编心经附注以传。著宝经堂稿若干卷,又辑其先世遗文为崇孝编若干卷。
孙存仁	以宽	休宁	(1431—1472)	孙君以宽墓志铭	四十六	处士	家政之善者。卒后二十四年作此铭。
刘英	邦彦,宾山	杭州	(1426—1497)	宾山刘君墓志铭	四十八	处士	隐逸。著宾山集,蕉雪稿,竹东小稿,湖山咏录,及手编两浙歌风读书纂要若干卷。
陈应	顺元	莆田	(1433—1497)	朴庵陈君墓志铭	四十八	处士	孝子。
张祥	廷祯	汝州	(1421—1474)	河间卫正千户赠明威将军金指挥使司事张公墓碑铭	四十八	官宦	后二十四年为此铭。
方旻	仲高	歙县	(1439—1498)	义官方君墓志铭	四十八	官宦	弘治中岁祲君应诏输粟以济饥得授义官。

续表

传主	字号	籍贯	生卒	篇名	卷次	身份	备注
高济其	楫之	江都	(1455—1498)	明故奉训大夫工部屯田员外郎高君墓志铭	四十八	官宦	
郑纲	文纪	任邱	(1423—1498)	明封征仕郎户科给事中郑公墓表	四十八	官宦	乃更从事贸易法，操奇赢，节浮费，不数年产拓用饶业以大兴。
程德	永和，敬恕处士	新安	(1415—1494)	敬恕处士程君墓志铭	四十八	处士	隐逸，后四年作。
毕玉君	舜修，恬退老人	淮人	(1425—?)	恬退老人毕君墓表	四十八	官宦	零都知县，著侗庵稿，恬退稿。预作墓表。
查拱之	未详	休宁	宋尚书职方郎中兼权中书舍人查公墓表		四十六	官宦	
汪敦庆	文厚，号处安翁	歙县	(1403—1482)	处安汪翁墓志铭	四十六	处士	好义，将入朝，辞之，固请而作。
程贵	天爵	歙县	(1437—1486)	临淄县儒学训导程天爵墓碣铭	篁墩文集拾遗	官宦	后几年作此。

二、程敏政自撰碑传的内容

(一)总述

《篁墩文集》是程敏政的诗文合集。当为程氏所自订之全集，但在其生前并未刊行，至正德二年(1507年)，方由徽州知府何歆、休宁知县张九逵等，于其子锦衣千户程埁处得程敏政自编全集而加以梓刻，于正德五年(1510年)

刊程100卷。

《篁墩文集》内容宏富，体例多样。现统计如下：

卷1~5，青宫直讲；卷6~8，经筵日讲；卷9，制策；卷10，奏、议、表、策；卷12，辨；卷13~20，记；卷21~35，序；卷36~39，题跋；卷40~41，行状卷42~48，碑、志、表、碣；卷49~50，传；卷51~52，祭告文；卷53~54，书简；卷55，书；卷56，箴、铭、赞；卷57，疏、致语、启札、障语；卷58~59，杂著；卷60，赋、词、诔；卷61，颂、歌曲、古乐府、诗；卷62~93，诗；拾遗卷，考、序、记、墓志铭、跋、赞。《篁墩文集》共收碑传文156篇，其中徽州人物碑传文约近半数①。从人物身份来看，程敏政自撰亲人碑传有9篇，处士20篇、女性10篇、前代人物2篇；从碑传文体来分，墓志铭32篇，传11篇，墓表10篇，墓碑（碣）铭5篇，行（事）状3篇，圹铭3篇，阡表1篇，墓祠碑1篇、祠堂碑铭1篇、茔表1篇。按实际写作年代来计算，在其30余年的仕官生涯中，程敏政为官前22年共写作墓志铭等57篇，而其后11年则写作墓志铭等65篇。

虽然并非准确的写作年代，但从数据中我们可以看出程敏政墓志铭中以官员最多，有才德的处士次之，列女再次之。而官员的墓志铭所占比重在罢官之后有所下降，其中很大原因应是家居期间乡族人的请求。

程敏政的碑传写作缘由，具体说来，一是受人所托（同朝官员、乡族亲属）。如《歙处士汪君墓碣铭》中言："予生不及识处士，将何恃而铭。既谢不敏。而尚恳请之，不置。又遣其子曦，托其友黄进士宗器胥促其成。予终不敢辱命，则以处士之大凡扣宗器，宗器之言如圹铭。予不觉慨然太息为序，而铭之以诏其后人。"辗转托付多人始得程敏政承应，而传主生平多出于其友宗器的描述，亦可见当时风俗都以请名人为碑文为荣。二是因为与死者是故交，主动写的。如《故嘉议大夫詹事府詹事兼翰林院侍读学士赠礼部右侍郎

---

① 此处仅统计卷40至50的碑志文和传记文，如祭告文、赞、诔等哀祭文因其篇幅较小，重抒情而少叙事，略去不作统计和讨论。另，四库全书本《篁墩文集》和正德刊本《篁墩程先生文集》所录略有不同，后者所录卷41《故妣夫人林氏行状》，卷43《先高祖征士府君阡表》《祁门处士汪君墓表》《寻乐处士程君墓表》《筠轩处士程君墓志铭》等5篇为前者所不载。统计数字由正德本得出。

陆公行状》篇末中言:"予与公交,承之雅谊同骨肉,每一执笔哽咽难胜。而公发引有期,义不容已,乃掇拾如左以授。含章俾请铭,于当代立言君子。谨状。"因与陆公的交情,故而其亡故后情不自禁、义不容辞故而为之;"谨状"二字以显示自己庄重其事。第三种情况是欣赏传主的德才,这一类碑传一般来说也是主动写的。如《养恬处士吴君墓志铭》中言:"予窃慨夫一郡一邑之间有饬而才如吴君或少也。此予所以铭君之墓而无愧辞者也。"程敏政与吴珍虽无深交,但欣赏其才华,故而主动为他写墓志铭,以寄托哀思,且使其名显于后世。

(二)程敏政徽州人物碑传的文献价值

程敏政家族自其曾祖离开徽州,又于其父致仕后返回徽州,感情上有着一种还乡归宗的愉悦。程敏政本人乡居徽州多年[①],自觉地搜集乡邦文献,撰修宗族谱牒,对于徽州,其乡情眷眷可见一斑。《篁墩文集》所录徽人碑传占到其总碑传的43.6%,对于一个长期宦游在外的饱学之士来说,这个数据说明其在徽人碑传中常说的"不敢辞"并非完全是托辞;在徽人碑传中,处士传更是达到20篇,超过其他类型人物,也可说明程敏政愿意与徽州的普通人交往,为他们树碑立传。而对于徽州乡民来说,能得程氏之文,又足可告慰地下先人了。从徽州地域的角度看,程氏所传徽州人物碑传文则能够体现明前期的徽州地域风貌,于徽州历史、人物研究有着重要的意义。

程敏政碑传的文献价值第一表现在其碑传文中或多或少保留了一些明成化、弘治年间徽州社会的特点。

首先是明成化、弘治年间,理学思想在社会上占主导地位。这在程敏政的碑传里主要表现在三个方面,一是论述丧葬制度时程敏政屡次在碑传文中强调传主用"朱氏礼"而非"浮屠法";二是程敏政对于精研且身体力行儒家学说及修葺程朱之祠的人大加赞扬;三是程敏政的碑传中多反映了明成化、弘治年间乡约的推行情况。

---

① 据笔者统计,程敏政乡居徽州时间共约9年。

对丧葬制度用"朱氏礼"可以从以下几个例子看出:《潭渡处士黄君行状》(卷四十)中说到黄祯祺"居丧奉祀一用朱氏礼。或劝其少从俗者,君正色曰:'吾生朱氏之乡而用其礼,何从违之'"。又如《资德大夫正治上卿南京兵部尚书兼大理寺卿赠太子少保谥襄毅程公事状》(卷四十一)中提到"丙寅二月,以父忧去。六月继有祖父之忧,丧祭尽礼,不用浮屠法"。可以见得程敏政有这样的看法是有家学渊源的。再如《孝友徐君墓志铭》(卷四十二)中有"母卒,哀毁骨立。治丧一用朱氏礼",《程用光墓志铭》(卷四十四)中有"及有所庆吊必本朱氏礼"等,在此不一一列出。程敏政之所以如此强调丧葬的礼节并不仅仅只是站在理学的立场反对佛道,而是有其现实意义的。正如其在《翠环处士胡君墓志铭》(卷四十六)开头指出的"新安旧俗,有得于先正之遗风,故好礼尚约,无慕于豪侈之习,四方以为难。数十年来,渐以销致,而莫甚于亲丧饰。殡仪崇佛事,僭仪逾越,所费不赀。附身与棺者甚略,而述德诔行昭远垂后之作无闻焉。间有之,则亦取具示观听尔,非用其情也"。

程敏政反对佛老丧葬之礼实际上是反对铺张浪费的丧葬之风,徒具虚表而无实情。程敏政之所以在此时提出这样的观点,是因为与成化、弘治年间的经济状况有很大联系的,随着工商业的发展,成化、弘治年间社会上渐渐流行起了一股"奢靡之风",在丧葬上则表现为"观丧葬之家,凡有吊祭送殡,盛张筵席,口作杂剧,高歌选唱,穷乐极欢,吊者无慰生伤死之情,丧家负忘哀作乐之咎,不仁不孝,莫盛于此"(刑部尚书陆瑜上书丘弘语)。程敏政睹此情此景,自然也会生发起世风日下之感。而在他看来,改变的方法即是崇奉古礼,一切又固定规制则不生攀比之风而勤俭可得。但我们也应当看到,明成化、弘治年间之所以会有此种"奢靡之风"不但是受佛老的影响,而且是政治上常年的安定使人失去了忧患意识、法律在地方上不能公正执行、流民的作乱以及工商业的发展等社会原因共同造成的。程敏政之所以把矛头指向佛老,一方面是其程朱理学拥趸的立场决定的,还有一方面也是因为其时明皇室对佛教的崇奉过盛。明宪宗供养大批藏僧,建庙造塔,甚至违规给于印章土地,程敏政官至礼部侍郎,直接面对宗教事务,因而对这一点感触尤深。至于他本人思想上受佛教影响是另一回事。他所反对的是奢靡之风。

不论是朱熹的理学还是陆九渊的心学，归根结底都是以人为中心，强调人在现世的自我修养，因此程敏政对于克己的道德品格也就尤为赞扬。故传主对儒家学说尊崇的例子更是不胜枚举：《潭渡处士黄君行状》（卷四十）中有这样一段话："平生操履，一毫不苟。乡人或病其太执，弗顾也。然事有越理者，即相戒曰，毋令潭渡处士知。其为人严惮如此。"在一般人看来太过迂腐的行为恰恰是程朱理学指导下士人的基本行为准则，只有做到尽可能克己尚约才有可能更接近于天理，亦即心中之道。这样的例子在程敏政的《篁墩文集》中不止一处，《处士黄君景高墓志》卷四十二中提到黄维天"居简重，不妄出入。竟日危坐，无惰容。至与人之际，则内外一致，无机巇之设，慎许可。题其燕居之所曰：'向明'，以寓崇善抑恶之意。"又如《复斋钱君墓志》（卷四十四）中提到钱宝在年满八十之际被赠官，有好事者讽刺他妄改生年以求取官职，而钱宝则说"吾年七十余未始有欺人者，乃敢以此欺朝廷耶？"程敏政感叹"其守礼病疫不苟类如此"。可以看出程朱理学已成为其时士人学者的人生理想，在某种程度上甚至带了宗教的意味，但这种道德上的自觉显然比宗教有更高的自觉。这也是程朱理学给明前中期士人及社会带来的积极影响的一个体现。

自明成祖朱棣大兴科举，并组织编纂《五经大全》《四书大全》《性理大全》三本类书之后，以理学为本的政治文化方略也随之确定，欲学以进仕者无需对程朱理学有深入的研究，这也就在社会范围内形成了崇奉理学大家的氛围。身为程门后人，又生长在程朱阙里的程敏政自然也不例外，他在碑传文中也表达了对致力于经学者的尊重。《封奉政大夫通政使司右参议赵公行状》卷四十中提到赵杰"性淳朴，无所事事，独喜究经史大义。每从诸老生求进，往往有得。遂益以简册自娱，虽稗官小说亦复置意，务中肯綮乃止。"明中期的士人习惯于以理学来解释批判一切文学社会现象，走向了死板和僵化，这是思想上推行一统的弊病之一。《故嘉议大夫詹事府詹事兼翰林院侍读学士赠礼部右侍郎陆公行状》卷四十一中也有"公每致力于诸经手自校勘，至疾革犹朱墨不离左右。充其所得，直将以畏天命、悲人穷，而位不足以究所施，功不足以罄所蕴,其所就者,言论述作而已。"陆简与程敏政有同门之谊,且时常受到他的教诲与指导,故而对他的离世也感触尤深。

程敏政对于程朱祠庙的修葺也极为看重,认为有引导风气的作用。《通奉大夫河南布政使程公墓碑铭》卷四十三中程用元曾于闲暇时修缮"二程夫子阙里祠宇",对于程氏来说二程的祠宇不仅是先贤亦是家庙,故而程敏政对这方面的看重是有家学渊源的。而《武略将军新安卫千户于公宜人叶氏合葬墓志铭》卷四十五中于聪也翻新了歙学圣贤像及紫阳朱子祠,于聪为武将,在理学方面并无建树,但受到大环境的影响,对性理之学亦颇为推崇,且行为上也遵守理学的规范,可见整个徽州都形成了以理学为宗的风气。

明初宋濂提出了"化同姓之亲以美天下之俗的族治思想,具体落实为举行族会教化族人、建祠祭祖以管摄人心、修谱崇本以维持世教等方面",而成祖朱棣将《家礼》《蓝田吕氏乡约》收入《性理大全》则在全国范围内推行了这种基层社会的教化方法。程敏政碑传文中多有关于"乡饮酒礼"的记载:

  有司乡饮辄礼之为宾,盖翁之大可书者如此。(《医顾翁墓表》)
  如君乡饮行必礼为大宾,里不平者多就决其是非。(《处士高公墓志铭》)
  每乡饮必礼为大宾,君多辞不至。(《百岁程君墓表》)
  举乡饮必礼致公,公以齿德弗逮力辞。(《赠文林郎监察御史于公封太孺人孙氏墓表》)
  初安成欧阳君旦知休宁廉处士之贤,每乡饮则礼之为宾,且题其堂曰孝义。(《孝义汪处士传》)
  ……

所谓"乡饮酒礼"是每年正月、十月"有司与学官率士大夫之老者,行之于学校。……里社以百家为一会,粮长或里长主之,百人内以年最长者为正宾,余以序齿坐,每季行之于里中,大率皆本与正齿位之说。……若读律令,则以刑部所编申明戒谕书兼读之。"可以看出"乡饮酒礼"是强调人伦教化的一种礼仪,尤其强调长者对于幼者的绝对权威,并且给予了老人管理乡里司法的权利。但通过以上几条我们可以看出,一方面徽州地区乡约已经推广实行地较为普及,但另一方面随着社会的变化,各项礼仪的规范也没有被严格遵守了。一般以年纪最长者为正宾,但实际上还会兼考该人的品行及社会影响。且此时乡饮酒礼这样的活动也并非人人都要参加,也有推辞不至的,如《赠文林郎监察御史于公封太孺人孙氏墓表》中,于兴便以自己年纪德行尚不足为原因推辞了。这固然是程敏政为了凸显传主谦虚不慕功名的品德而写的,但另一方面我们也可以略窥出明成化、弘治年间,乡约制度约束力的下降,这正是社会结构开始变得松散的一个小小标志之一。

文献价值的第二方面是对生卒年和著述的详细记载。

其碑文都关于生卒的记载分为两类,一是生卒及年龄都有记载,一是只记载了卒年与年龄,但根据后者我们也能推算出传主的生年。除此以外程敏政对于传主的科举年、重要官职升迁的年份等也会加以记载,这对于考据传主的生平活动无疑是非常有利的。以《通奉大夫河南左布政使程公墓碑铭》为例,文章开头以其父丧之年点名时间同时引出程用元死于官之事,而在之后介绍其生平时则有这样一段:

> 岁丁卯,领南畿乡荐,登景泰甲戌进士第,观政户部。乙亥,奉命犒师,宣府总帅厚馈,悉却之。都宪叶文庄公方督边饷,与语大悦。天顺改元,授户部江西司主事。己卯犒师陕西,时尚书年恭定公待部属严甚,独礼用元。三载以绩最闻,赐敕命督饷淮安一年。代还,上书乞归省,分禄养亲,从之。癸未会试,用荐充同考试官,仪曹奉内币踵门,用元力辞免。礼部尚书姚文敏公叹曰:"超出流辈远矣!"未几,进福建司员外郎,督负征于天津诸处。成化改元,进郎中,三载复以绩最闻,赐诰命。是岁用兵辽东,遣用元给军实,师赖以济。庚寅遣视山东灾,上书言四事曰:存漕运以防民饥,整兵备以卫民生,减养马以安民心,增接递以纾民力。事多举行。比还,擢广西右参政,安南以地界不定数近边,用元冒险往定之乃己。理梦修坠,政渐以成。壬辰以齐宜人忧归,而长史公继卒,丧葬一以礼。拓

先祠以谨时祀,辑先德为《世芳集》以传。服阕改河南右参政,奉玺书专理国储,定转输远近,适均法以便民,又以其暇时,葺二程夫子阙里祠宇,以风其士人。戊戌进右布政使,明年进左布政使。律己守法,以倡僚属,一方晏然欲自引章具,未上而疾作矣。所部黯然,闻者愕眙,以为善人之不幸。距生永乐辛丑正月一日享年六十。以壬寅春二月二十日葬里之宅里坞。

从领乡荐开始每一次官职的变化都有时间上的提示,最后又说明了程用元出生的时间及下葬的时间,构成了一条完整的生平线索。

对传主有所著述或编纂的,程敏政也不吝笔墨在碑传文中一一记载,如《程用光墓志铭》中就记载程用光的著述及编纂若干种:"所著诗文有《管天稿》若干卷;所编次有《云溪程氏族谱》十二卷,《程氏文翰》七卷,《重订丹溪心法》一百篇。"有时还会对这些著述及编纂加以简单的评点,如对程用光则认为他"正误、芟繁、拾遗、举要,尤有益于学者"。又如《医顾翁墓表》当中"其所著《湿热相火》诸论,虽圣医复起,亦当不易其言,而世之学医者往往忽之,不惟忽之而又非之,可慨也"。顾俊这样一本有价值的医书不为当世之人所看重,程敏政表达了自己的感慨,其中"不惟忽之而又非之"一句,实令读之者亦为泪下。再如《太保兼太子太傅掌左军都督府事定西侯追封凉国公谥敏毅蒋公墓志铭》中"所著《筠清轩集》十卷,《奏议》二卷,《杂文》一卷。窃尝观之,列圣念疆场之臣所以恩煦,而玉成其子孙盖无所不尽。然能体德意而嗣其祖烈,崛然有声一时,庶几古儒将之风,若公者岂多见哉!惜其典六师位三公上之,倚注方切而公遽捐馆,味属纩之言则其心之所以许国者殆未艾也"。这一段话里,程敏政已经把文章与人格结合在了一起,从而突出了蒋琬儒将的特点,又惋惜了他在文章上的才华,更凸显了他去世的遗憾。又如谓(程孟之著述)"以诸程自唐以来谱牒山委,莫能相通,乃远者走书,近者亲会,尽发我宗人之藏,手自披校,穷二十余年,为《程氏诸谱会通》五十卷、《外谱》二卷;忠诚、太守、忠壮三祖遗迹及褒典,经元季之乱荡无存焉,先生又搜辑而类次之,为《世忠事实源流录》十卷;文清公手泽及理宗御书多沦于异姓,先生不惜重购之,以归为《明良庆会录》三卷。于是新安之程凡数百年文献之传赖以弗坠。……其纂述别有《黄山小录》诸书,而《新安总志》尚未脱稿,所自著有《槐濒集》若干卷"[1]。程孟著作今虽多已不存,但我们可以据此了解程氏著述的概貌,尤其是其对于辑录家族文献的贡献。

另外,碑志的目的是人物之生平,防陵谷之变迁,故传主的生卒年尤为重要。程氏作碑志文,每一篇都能详细记载人物的生年、卒年及年岁,无一例外,这在徽州碑传文中是少见的,而在其所作传记文中,则并非每一篇都是详记,这也见程敏政对碑志文意义及碑、传之别的深刻认识。生卒年的标注情况,已见表列,这里不再展开论述。

概言之,详注传主著作及生卒年,反映出程敏政作为一位文献学家对文献真实性的自觉认识。

第三是在碑传中详叙传主的家世谱系,及妻、子情况。

程敏政碑传的最大特点便是对谱牒极为重视。如果传主有详细家世可考,则予以详叙。以他为父亲程信所作事状《资德大夫正治上卿南京兵部尚书兼大理寺卿赠太子少保谥襄毅程公事状》卷四十一为例,先说明篁墩程氏的来源是有先人程元谭,为东晋时新安太守,因有惠政而"为民所请留"并"赐第郡,之篁墩",然后"子孙家焉"。之后又因南朝程灵洗起兵御侯景之乱,屡立战功而赠镇西将军开府仪同三司,从而得以"庙食于徽"。之后程灵洗十四世孙程沄及其子程南节一脉即是程信所"自出"的分支。在说明程信总体的家世源流之后,程敏政又详叙了程灵洗以下,程氏的迁徙变化。从"五世孙大辨唐六合,令北徙中山博野,再迁河南";九世孙则有程琳、程珦二人,程珦生程颐、程颢,且"靖康末,子孙俱从南渡",其中居池州的一支为程祉。而程祉弟程秀元生文贵,文贵生社,社生二子,长吉辅即程信之曾祖。至此程信的家世已明,而程敏政又详叙了程社次子程国胜(《松溪辨说》以为其原名元辅)的功业,为程氏一族装点。这样的谱系看似详备,却在可靠性上令人质疑,故而

---

[1] 《篁墩文集》卷四二《槐濒先生程君墓碑铭》。

明中后期便有人提出程敏政"冒祖附族"的说法。这种质疑有其合理的部分，但程敏政的构建与考证之功却仍因被牢记，且因程敏政对谱系重视的态度，也在一定程度上推动了徽州地区对谱系的架构与保护。

当遇到确欲无谱系可考者，程敏政亦会予以说明，而后再叙可靠部分。如《封奉政大夫通政使司右参议赵公行状》卷四十中有"元季谱逸于兵燹"，《孺人吕氏墓志铭》卷四十一中有"孺人与焦（孟阳）皆邑人，谱毁其世，无所于考"，《朝列大夫湖广布政司右参议段公宜人杨氏合葬墓志铭》卷四十四中有"谱毁于兵燹"，《赠怀远将军同知武成后卫指挥使司事李府君太淑人邢氏合葬墓志铭》卷四十四中有"先世谱牒毁于兵燹，莫知所从起"等。

作为一个对史学有深厚造诣而又重视宗族观念的学者，程敏政表现出对世系的特别关注。他本人编修梓刻了《新安程氏统宗世谱》，对徽州程氏源流作了精心考证，这在其所撰碑传文中也有突出体现。如言休宁陪郭之程："其先有讳元谭者，东晋时为新安太守。有惠政，受代为民所请留，因赐第郡之篁墩，子孙家焉。其后有讳灵洗者，尝起兵御侯景之乱，梁陈间屡立战功，赠镇西将军、开府仪同三司，谥忠壮，庙食于徽。灵洗十四世孙沄，唐御史中丞、歙州都知兵马使。子南节，居休宁陪郭，公所自出也。初，忠壮五世孙大辨，唐六合令。北徙中山博野，再迁河南。九世曰琳，宋太师、中书令，谥文简；曰珦，太中大夫，是生明道、伊川两夫子。靖康末，子孙俱从南渡，居池州，曰祉，仕为休宁尉，遂与陪郭同居且相择继。"

指出陪郭之程氏虽同属忠壮公之裔，但其又为二分支之合流。另外，新安程氏尚有休宁汊口之程、率口之程、歙县槐塘之程、祁门善和之程等诸多支派，关于其分流的具体情况，程敏政在不同人物的碑传中都详加说明，虽然碑传写作多据状而成，但这无疑也与程敏政为徽州人，熟悉世谱，关注宗族有较大的关系。另外，徽州的汪、黄、洪等大姓的流布，程氏所作碑传对其都有详细的辨析。

程敏政对谱牒的重视还表现在对有利于谱系保存及流传的行为上，如《槐濒先生程君墓碑铭》卷四十二中传主程孟便"手自披校二十余年，为《程氏诸谱会通》五十卷、《外谱》二卷",程敏政盛赞其"猗乎先生,其弗死兮。维古程国,之肖子兮。笃我宗谊,而弗之圮兮。阐我先猷,而实是纪兮。"而《歙处士汪君墓碣铭》卷四十二中则记载了汪秉祥家中遭遇走火,而汪秉祥至家产于不顾反而"仓卒入先祠,奉神主宗谱及《秋江渔隐诗卷》以出"的事迹,对于宗谱的重视,在程敏政看来也是子孙贤孝的重要表现。《程用光墓志铭》卷四十四中则有"与族兄处士逸民会修本宗谱",使得"宗风为之一振",可见宗谱之作用。《程君用坚墓志铭》卷四十四中也提到程用坚"续程氏谱"之事。《宋尚书职方郎中兼权中书舍人查公墓表》卷四十六中则有一段议论"而吾乡巨家往往能守其丘垄谱牒,远者数十世,近亦十数世,松楸郁然,昭穆不紊。合族之礼,扫墓之节,著于定法,比于官府,有先正巨公之所不可致者,岂吾乡僻居东南山中,无兵燹之祸,而其人得以申敬宗收族之义欤?然则生其地者,安可不自幸而敦本力善,以为其上世之光欤!"可见对谱牒的重视徽州向来是有其传统的,程敏政认为这得益于徽州得天独厚的地理条件,故而生于其地之人更应倍感珍惜,将这一传统保持下去:

  呜呼。祖宗之所以望其子孙者,祠墓而已。为子孙者孝乎,则以祖宗为有知,而于祠墓谨焉;不孝乎,则以祖宗为无知,而于祠墓忽焉。二者甚可畏也。虽然,独不反诸心乎。今日之祖宗,前日之子孙也。今日之子孙,后日之祖宗也。即是思之而不动,心则其远于禽兽也者几希。

  惟我程氏自东晋新安太守府君暨陈将军忠壮公、唐御史中丞都使公以下,有墓焉,有祠焉,以子孙之分处而难下经理也。则或立为庙户隶有司,为后人者无容虑矣。自中丞次子兵马先锋府君讳南节始镇休宁定居,陪郭凡祠墓之可见者十有九世。先五世叔祖讳岘处士当元盛时,倡族人作永思亭,为烝尝之所;捐赡茔田供拜扫之用。节目之详有图有录,传之一宗,俾世守之。

  今考其书,则其事废于至正丁酉戊戌之间,距成化壬寅盖二百年矣。敏政始得而读之。观其所以贻谋者甚远。中遇兵兴,继遭家难,族众散处于大江之南北。盖自给不暇矣。虽有孝子慈孙欲持麦饭一盂以浇坟土,岂可得哉。

　　国家承平既久,荷列圣之恩休养生息日甚一日。业坠而复振,族散而复完,顾无一人倡言修复以还其旧,则不觉始焉以悲中焉,以幸而终之慨然以叹不能已也。惟先尚书襄毅公以疾赐归故里,不久遂捐馆舍。以是诸务未遑,祠墓之责在敏政,不得而辞焉。因与诸族人定议取处士旧规而裁酌之,稍寓宗法为合族之本,兼用乡例通随俗之宜,举坠典以广孝思,庶几祖宗之所以望其子孙与子孙之所以报其祖宗者两得之也。反是则为不孝之归,获罪于名教,贻羞于乡评,见削于宗谱。生无以会族众于先祠,殁无以拜祖宗于地下,可不慎欤?凡我族人勉之戒之。

由此可以看出程敏政对祠墓的重视程度,以不敬祠墓者为禽兽,当然这也是因为儒家不祭鬼神而祭祖先所致,以明人伦教化。且可以看出程敏政重视祠墓是有家学渊源的,继承父志亦是儒家所强调的作为子孙应遵守的规则。

《程用光墓志铭》中有:"与族兄处士逸民会修本宗谱,增饬忠壮行祠,升侑忠壮之子威悼公。岁率族人为昌胤永和之会,又考祖墓之远者,自十世以下伐石识之。由是汉口宗风为之一振。"《槐濒先生程君墓碑铭》中有:"以诸程自唐以来谱牒山委莫能相通,乃远者走书,近者亲会,尽发我宗人之藏。手自披校,穷二十余年,为《程氏诸谱会通》五十卷、《外谱》二卷。……于是新安之程凡数百年文献之传赖以弗坠。"《歙处士汪君墓碣铭》中有:"岁丙寅,家弗戒于火,处士仓卒入先祠,奉神主宗谱及秋江渔隐诗卷以出,家赀不一顾。"

由是可见重视宗亲族谱并非程敏政一人如此,而是整个徽州都形成了此种风尚。

总之,程敏政所撰碑传文,无一不带着浓厚的徽州地域色彩,打下明代成化、弘治时期的徽州烙印。与其他人所作徽人碑传相比,程氏之文特别注意徽州的历史和风俗,对徽学研究的价值更大。

《篁墩文集》所撰徽州碑传虽多集中为家族人物和普通人物,但就研究历史来说同样具有较高的史料价值。这些碑传真实地展现了明中前期社会的状况,具有浓厚的乡土气息。

《篁墩文集》中收录徽人碑传是我们了解明代前期徽州社会的一个重要途径,无论是从数量还是从人物的广度,抑或从记载之详略、真伪来说,都是其他史料所不及的。自撰徽人碑传是程敏政对徽州碑传最直接的贡献。

(三)《篁墩文集》中几类主要人物

1. 官员

程敏政的官员碑传写于不同时期。成化二年(1466年)进士授编修,程民政同修《英宗实录》。成化五年(1469年),同考礼部贡举。成化十一年(1475年),廷试进士,为受卷官。成化二十二年(1486年),主考应天府乡试。成化二十三年(1487年),迁詹事府少詹事兼翰林院试讲学士。弘治元年(1488年),同修《宪宗实录》兼文华殿讲读,同年被诬归。弘治五年冬(1492年),昭雪复官。弘治七年(1494年),升太常寺卿。弘治十一年(1498年),擢礼部右侍郎,任《大明会典》副总裁。弘治十二年春(1499年),与李东阳主考礼部会试,被诬,同年亡故。

因程敏政为京官,故而其为官员所作碑传中传主籍贯各异,但包含其父程信及恩赐义官在内的徽州官宦仍占有约四分之一的篇幅。

从其弘治元年被贬黜至弘治五年被召还五年间,其为官员所作的墓志铭仅有《刘氏二亲墓表》与《武略将军新安卫千户于公宜人叶氏合葬墓志铭》两篇。而刘观孚仅是用恩例为义官;而于聪亡故已久,因其为新安卫,且其妻叶氏为歙处士贵之女,故而"致政侍郎康公永韶及歙学训导周成先生二状乞予铭。予尝获拜公于堂,知其享福有自,而明方以文武干署有闻一时。与予友,勒铭传后,谊不可辞"。

官至礼部侍郎的程敏政一直秉持着儒家"穷则独善其身,达则兼济天下"的信念,故而在其为官员所作的碑传中,我们可以看到程敏政理想中的官员形象,并且他终其一生都在为达到这个理想而努力着。最能概括程敏政理想中官员形象的应是他为其父程信所撰事状《资德大夫正治上卿南京兵部尚书兼大理寺卿赠太子少保谥襄毅程公事状》(卷四十一)中的一段:"呜呼!若公易直之行,确实之学,刚介之操,明决之才,折冲御侮之功,爱君忧国之志,始终不渝,可为一代之人豪矣!"程敏政从行为操守、才干志向等方面对理想的官员形象做了要求,宦绩固然是为官有方的要求,但心性的澄明更是理想官员的必备条件。

总览程敏政为官员所写的碑传,我们不难得到这样一个印象:比起文治,程敏政更爱写官员的武功。且不论为其岳父李贤与其父程信所撰行状,《骠骑将军左军都督府都督佥事董公行状》《赠武畧将军锦衣卫副千户孙公墓志铭》《明威将军神策卫指挥佥事致仕黄公墓志铭》《荣禄大夫同知中军都督府事赠左都督张公神道碑》等仅从官职即可看出传主的身份及功绩。这一点主要是因为其生年与土木堡之变相去不远,而其岳父李贤及其父程信更是土木堡之变的直接目击者,因而对于这个影响大明帝国发展进程的重大事件应有详细的了解,故而也对抵御外寇,扬我中华国威有更强烈的欲望。正如他在《故宋中书舍人程公墓祠碑》(卷四十五)中所说程骧"独喜问学,通诸经。见时偏安,恒切忧愤,思有以雪国耻,乃更读兵书,肄武事",这也可以看作程敏政的心声。且在其所作的墓志中也常常提及对明朝有重要影响的人物——于谦,而于谦之死又是对明成化以后士人心态有重要影响的事件,故而可以从这一点出发,来探寻程敏政的心理轨迹。

程敏政成化二年(1466年)进士授编修,同修《英宗实录》。成化二十三年(1487年),迁詹事府少詹事兼翰林院试讲学士。弘治元年(1488年),同修《宪宗实录》兼文华殿讲读,同年被诬归。弘治五年冬(1492年),昭雪复官。弘治十一年(1498年),擢礼部右侍郎,任《大明会典》副总裁。弘治十二年春(1499年),与李东阳主考礼部会试,被诬,同年亡故。联系程敏政的生平,再反观李贤与程信的墓志,我们可以发现程敏政的价值观在很大程度上都受到了这两人的影响,尤其是他罢官复起的经历与其父几乎如出一辙。在李贤的行状中程敏政提到"上疏言国家建都北京以来,所废弛者莫甚于太学,所创新者莫多于佛寺,举措如是可谓舛矣。若重修太学,虽极壮丽,不过一佛寺之费,请及时修举,以致养贤及民之效"。上文我们已经可以看出程敏政对佛老奢靡之不满,但与李贤相比,程敏政显然要更耿介一些,而不似李贤说话留有余地较为融通。这也是为何程敏政为官两次罹祸,而李贤却既有清廉正直之名又得以受皇帝重用而善终的原因所在。而程敏政为其父程信所作事状中则提到其父被污下狱以致外调滁州之事,在外调之后程信并没有闷闷不乐,而是"公日与滁人游琅琊诸山,寻王元之欧阳公遗迹吟啸其间,若将终身"。程敏政在被劾罢官归乡之后亦是讲学治经,不以为意。当其因程信染疾而以孝为先回乡照料时,程信却对他说"吾不能报国厚恩,汝当勉力,勿恋恋于此"。这不由得又让人想到《弘治徽州府志·文苑·程敏政传》中在记载程敏政罢官又复官时写到:"既归,读书休宁南山中。郎中陆容、给事中杨廉、进士夏昹、锦衣千户叶通先后上书讼之。上悟,诏还。有以书止其勿起者,敏政又答书以为,古之圣贤固不以不仕为高,亦不以苟就为得。固虽伊川之严重刚毅,至于复官之际,无所辞焉。若君实远臣,不得不辞,晦叔世臣,不得不起,岂非当时亦有轻重与两公者,而伊川以义断之若此乎?至于文公被召,必逊南轩,被诏而必行者,亦皆远臣与世臣之义不同也。虽不敢上拟申公南轩,然世受国恩,宜无不同者。"

明成祖定理学为国家的指导思想并以之取士以后,士人学习理学的动机由一开始的纯粹而变为杂有功利的目的。他们仅以理学为晋身取士的途径,缺乏一种高尚的道德主义情怀。而于谦被杀以后,明士人又或多或少产生了一种避世远祸的心理,而白沙心学的兴起又加剧了士人隐逸的想法。在这样一种情况下,程敏政却执中守正,一方面保有了儒家的道德理想,另一方面又以经世为务,以不畏之心实践着"为天地立心,为生民立命,为往圣继绝学,为万世开太平"的信仰,与后世林则徐"苟利国家生死以,岂因祸福避趋之"之言遥相辉映。故而程敏政对于坚守儒家理想道德品格的士人也极为推崇,这一点在他的传文中体现得极为明显。程敏政的传文仿《史记》体例,在篇末都有一段论赞,从其中我们可以看出程敏政之所以为其人立传的原因。如"其风节之孤峻,较诸当时背宋窃富贵者,虽得志一朝,至其子孙,或羞道之矣。然则士岂可以夷狄患难而易其所守哉"(《慕青余民传》卷四十九),"女之不可更其夫,犹臣之不可二其君也。予承乏太史氏,且于节妇同邑,知其事也详,故特为立传,以警夫世之为人臣妾者"(《谢节妇传》卷四十九),"道丧风靡,士自晦则笑以为无所取材而摈之;稍露一二则又恐其得誉,望有进用之,渐必诬之使去,则以为快足。岂独后世哉!若摈于一时,而显于既没;诬于小人,而白于君子,固天定也,士独求其无愧而已"(《参政陆公传》卷五十)等,不一而足。

2.处士与商人

虽然程敏政以经国济世为务,但他对那些因为种种原因未能做官,但仍坚守儒家操行的士人也给予了极大的关注。在程敏政看来,能够做官的读书人毕竟是少数,因此屡试不第或无心仕途的读书人如何自处,其实是关乎整个社会风气的重要方面。程敏政在《歙处士汪君墓碣铭》(卷四十二)中认为"出处两途"的士人有不同的处事方法,出则尽忠,处则尽孝,两者相同之处乃在于"不苟"。故而纵观程敏政为处士所著的碑传,多以孝为先,且多为先代孝子立碑做传,如《丰城涂孝子墓志铭》(卷四十五)、《故唐孝子黄府君祠堂碑铭》(卷四十六)等。除了孝以外,程敏政最看重的便是处士的操守,能够安贫乐道,不汲汲于功名才算是达到了更高的境界。程敏政看到当时大的社会风气是"世之人惟不以清苦自励,故汲汲然,自殖以为富,自逸以为乐,至于颠顿委踬而莫之返也"(《冰蘖老人传》卷四十九),因为商品经济的发展,商人能够获得更多的社会财富,这使一些本来想通过做官牟取利益的人转向商途,整个社会秩序开始动荡,士农工商四个阶层之间的原本分明的等级开始崩坏。一方面是社会上商业对传统道德的冲击,另一方面是由于吏治败坏,庙堂之上的中伤诋毁使得很多有识之士无法实现自己的政治理想,故而程敏政在其碑传文中也表达了对怀才不遇者的深切同情和对世风日下的批判与感伤。

最让人读之慨然的莫过于程敏政为汪祚所撰的《汪承之墓志铭》。汪祚与程敏政一是有同乡师生之谊,二是有相似的身世之感,故而此篇墓志在言语之外是更为沉痛的哀思:

承之佐予编刻《新安文献志》于南山堂,役巨而弗克就绪也。上书郡侯言是不宜独劳,郡侯韪其言,即日下属县协力竣事,而承之躬校雠、访遗阙,虽抱疾,或往反冒雨雪,不自惜。一日请归,言动安好,不知其有疾也。又数日,以疾革告予,大骇,亟命埙子往视,而承之说后事亹亹不乱,已,乃泣下曰:"吾不能副先生之教矣。"竟不起。时弘治丙辰十二月廿七日,年甫四十尔。呜呼!悲夫!承之讳祚,歙沙溪汪也。新安诸汪皆祖唐越公,而沙溪有宋司农少卿叔詹及其子直秘阁若海,族益显。承之距若海十二世,详见予所铭其祖墓云。承之少失母吴氏,壮失父隆孙。君虽羸多疾而英豪材敏,负大志,必有以自见。入郡庠治小戴记,从学方太守进,又之越从学毛金事宪为经义,丰蔚可观。而旁治诸经史子传,参究博极,至废寝食,积书万卷,犹不以自足。前后经四提学御史,每试必进之。岁乙卯试,郡庠第一上南畿,有娼之者中以飞语,竟不获荐。承之从予游将十年,其为人动必慕古,居亲丧过哀至呕血成痼疾,奉继母如生己者,抚继出弟妹极友爱,事叔父崇礼。君甚谨,事必咨而行。长子冠用朱氏礼以倡俗,又刻予所编《心经附注》以传,曰:"此圣学之基也。"承之娶方氏,生二子,恂、恪;三女,岩音、兆音、魁音。治命以其季归予族侄曾之子从进,曰吾与曾友善,毋食吾言。承之所著诗文有《宝经堂稿》若干卷,又辑其先世遗文为《崇孝编》若干卷。恂以其从叔儒学生鲁之状来乞铭。噫!承之已矣,予尚忍为之铭墓也哉!铭曰:

天胡降材,弗成而灾。士立孔卓,乃毁于璞。繄命则然,孰夭孰年。全归若子,亦曰不死。

碑传文一般先写籍贯、姓名、字号,然后叙其家世谱系,再写其学识性格,最后是其生卒、妻儿及奉葬情况。而《汪承之墓志铭》则不同,一反先叙家世的常态,程敏政先写汪祚为帮助他编刻《新安文献志》所费之功,"虽抱疾或往反冒雨雪不自惜",一旦有疾,与其子说后事时仍忧心"吾不能副先生之教矣"。通过"躬校雠、访遗阙"及"往反冒雨雪,不自惜"两个侧面反映汪祚认真的态度,然后自然引出汪祚的卒年,同时又营造出了一种措手不及的悲痛之感。之后再切入一般碑传的写作体例中去,从姓名、谱系说起,再到汪祚自身的经历。文章虽短,但其中却全面展现了汪祚的一生,虽被污不荐但仍守礼倡俗,后又写汪祚对于经史刻苦钻研"至废寝食,积书万卷犹不以自足",但这样一位有才又勤勉的士子却无法获得公正的待遇——"乙卯试郡庠第一上南畿,有媢之者中以飞语,竟不获荐。"再联系程敏政作此篇碑传时刚被复召为官的背景,自己虽然被贬但毕竟终得昭雪,而他却已是没有机会了。程敏政最后铭曰:"天胡降材,弗成而灾。士立孔卓,乃毁于璞。繄命则然,孰夭孰年。全归若子,亦曰不死。"这样一个知书达理的下层知识分子,就这样抱憾而亡,令人唏嘘。

在程敏政所处时代,徽商尚未形成规模,但商业活动已然出现。《篁墩文集》中的碑传还收录了不少颇有价值的明成化、弘治时期徽商史料,如卷四六《孙君以宽墓志铭》:

> ……(孙存仁)君从之游,而亲年高,有弟七人,阖门男女百口,日给孔艰。君慨然曰:"学不可终,遂矣。"与诸弟谋干蛊,曰某之吴、某之粤,协乃心力,无敢异议。居数岁,家果益兴如亲言。君既致大阜,思所以维之者。乃立条约:不私畜,不析产;婚丧祭燕,泉布出纳,比间间;庆吊还往,周恤假贷,悉按古礼,度可行者为之节,且延师儒训子姓,躬督教之。
>
> 每挟赀以出,辄重有所息乃返。然积之愈多,而善用之贫,负其所贩者罢不与校,济饥拯危如恐弗及。又佐其长者捐田赡茔,编谱刊梓,一族嘉赖之。处士……抚成其遗孤如已子,则教之独严,尤重然诺①。

上述文字中,孙存仁家族经商,是迫于生计问题,不得不放弃儒学。其商业活动范围广泛,已经达到了吴、粤,且家族成员统一领导,分工协作,还快就

---

① 《篁墩文集》卷四四《泽富王处士墓志铭》。

取得成功。富裕起来的徽商,能够订立自律条约,遵循古礼,并且延师训子。

早期的徽商正是有着这样的生计需要走出大山,并且能够勤俭持家,以仁义为尚,扶危济困,编修谱牒,教育后代,才能逐渐兴盛强大起来,成为有影响的一代商帮。

从总体上说,程敏政不但不主张经商,而且在很多墓志中表达了对布衣不以货殖为务表示欣赏。如《处士李公墓志铭》(卷四十六)中就提到李鉴"时当家难之后,或邀之为贾人,走四方以自殖者,处士谢曰:'商务华,农务实,吾宁甘畎亩以贻后之安尔。'由是竭力服田,以奉母。生尽养,没尽哀。又抚其弟铭,为之娶。节绪浮费,家用渐饶。"儒家崇尚务实而经商则失之浮华,且从这个例子我们可以看出固然务农清苦但并非绝路,李鉴还是以务农侍奉母亲,抚恤幼弟而丝毫与儒道无违。而这一行为得到了程敏政的赞美。

不过,尽管程敏政认为商品经济的发展造成了世道的沦丧,但他并未因此就全盘否定商人,究其原因,一方面徽商有儒商的传统,另一方面徽商在获利之后也为乡里的发展贡献了自己的力量。程敏政碑传中专职从事商业活动的人很少,且往往在获利以后即以资金为自己捐得一官半职以提升身价。同时,这些从事商业活动的人并没有把所得的利润转化为商业资本,继续扩大经营,而是用以在乡里修祠堂、修家谱、兴学、赈济,等等。如《处士吴君孺人谢氏合葬墓志铭》(卷四十五)"有路濒溪,恒溃于水,捐巨费辇石甃衢以利往来。辟族之荒山,莳木易田以赡茔"。但即使如此,吴孟高也并不以经商而自豪,生意正旺时反而"中岁以耕商非居",遣其子吴芳为儒学生,"资给甚至"。可见在当时虽然徽州商品经济有了一定程度的发展,但是人们的思想观念仍没有得到改变。正如前面提到有力田以养双亲的,程敏政的碑传文中也有人从事贸易来赡养父母的。如《明封征仕郎户科给事中郑公墓表》(卷四十八)"公亦闳硕达颖,不与凡子伍。年十三四,侍父官湖湘间。习举业,业渐以成,顾无他兄弟以养,乃弃去,曰:'事父母致力亦自是学,岂在占毕营禄哉!'乃更从事贸易法,操奇赢,节浮费,不数年产拓用饶,业以大兴。而副使君方致仕,与陈夫人乐公之养曰:'禄食弗及也。'"郑文纪之父为大同仓副使,生于官家然不得以为货殖业,故而虽然在商业上有所小成,但仍觉得真正的人生价值不应在此,认为这种赡养不过是"口体养",他当以"志养"为务。于是延师教子,于乡里多有义举,终以子贵受封,以证"非其志所为汲汲者,在厚其亲仁、其族与乡,而佐其子也"。想这样因为家境原因而从商的例子不止一处,《义官高君墓志铭》(卷四十七)的传主高爵,即通过经商"百需具足,家用有成,由是金宪得毕力于公家,参议得一心儒业,皆君之功"。但程敏政碑传中,并非所有从事商业活动的人皆是为情势所迫,也有个别情况是主动为之的。如《怀远将军忠义前卫指挥同知凌公墓志铭》(卷四十六)的传主凌锦,原本即是有御敌之公的官员,但因仕途不得意加之年岁渐长而辞官为商,所获利润也并非全部用于自己享乐,而是"买西山田三千亩以济饥,捐地以瘗贫死者千计"。虽然"筑大第,作土室,垒山种树,日坐卧其中",但"所食无珍味,所服不过唐巾氅衣",自诩为仙人,虽被讥笑而不以为意,这种武将的情怀和胸襟不得不使人叹服。

程敏政碑传文中提及传主经商经历的不多,且侧重点多放在其义行方面。以《泽富王处士墓志铭》为例,全文如下:

> 歙南三十里曰王村,王氏世居之,相传为唐江东西道观察使仲舒后。今考其谱,仲舒诸孙避黄巢之乱,曰希羽,始居歙王村;曰翔,始居婺源武口。王村者,据渐源水上游,而王氏世以产雄其乡,故又号王村曰泽富云。
>
> 予尝过之,闻有处士文林者,长身伟髯,乐书史。号有心计,每挟赀以出,辄重有所息乃返。然积之愈多,而善用之贫,负其所贩者罢不与校,济饥拯危如恐弗及。又佐其长者捐田赡茔,编谱刊梓,一族嘉赖之。处士以早失母,不及养,养父备至。父卒,号恸绝而复苏。弟友标客死,躬往归其柩,抚成其遗孤如己子,则教之独严。尤重然诺,计其得中寿,行业所成殆不止此。惜其年五十有四,病卒于姑苏。濒卒不乱,第戒其次子仁和曰:"汝兄弟当勿坠吾志!"呜呼,是可谓王氏之杰然者夫!

予不及见处士,而识仁和。仁和间以其塾师王宗植之状来休宁南山乞铭,且数辱过予,其急于显亲,诚异凡子。而宗植则武口之族中徙歙者,其状实而不靡。予以是益讯处士之贤铭,不获辞也。

处士讳友森,字文林。十一世祖安孝,宋迪功郎、歙县丞,尝起义捍方腊。八世祖希旦,宋绍定省元。七世伯祖天麟,始聘曹弘斋先生于家塾,王氏之望益著。高伯祖福,元末与院判汪同各起义拒红巾。曾祖彦清,祖仲本,父景容,三世益韬能不施。母程氏。处士卒成化辛丑六月二十五日。配余岸。余氏,歙名族文德之女,佐处士分内外之政,姻党称其贤。卒成化乙巳五月十九日,亦年止五十有九。子男二,长仁泰与仁和,俱励行克家用,成处士之志识者,策王氏之兴未艾。女二,长适岩溪项恭,次适溪南吴大恭。孙男四女三。仁泰等以弘治己酉十二月一日奉处士葬择坑之原以余祔。铭曰:

泽富之山,高与族峙。泽富之川,流庆曷止。孰媿之德,而啬其齿。后必嗣兴,尚妥于此。

这篇墓志对王友森的生平事迹写得很简略,关于其经营情况只一句提及经商"号有心计,每挟赀以出,辄重有所息乃返"。而写到其所经营所得则较细,一是用于慈善事业,"济饥拯危如恐弗及";二是"佐其长者捐田赡茔,编谱刊梓",这种用于自家或帮助别人买义田赡祖茔和编刊家谱的情况,在徽州商人里较带普遍性。三是赡养父母,代兄弟抚养遗孤,"处士以早失母,不及养,养父备至。……弟友标客死,躬往归其榇,抚成其遗孤如己子"。这在徽州商人中也是比较多的,有较大的代表性。但没有提到王友森如何积累资本和扩大经营。这反映出在弘治年间,徽商还没有形成地域性商业集团,与六七十年后汪道昆笔下的徽商有很大的不同。同时,我们也能看出程敏政对商人的态度。程氏生于名宦之家,对商人地位基本上还是抱着"士农工商"的传统观念,像王友森这种没有官职的商人,想要求得程敏政的墓志铭很不容易,通过其子王仁和多次请求("数辱过予")才答应。而程敏终所感兴趣的是传主热心慈善事业、修家谱和孝敬父亲、为弟弟抚养遗孤的事迹。应该说,这也反映了程敏政的基本立场和观点。

其他还有《明封征仕郎户科给事中郑公墓表》("乃更从事贸易法,操奇赢,节浮费,不数年产拓用饶业以大兴")、《义官高君墓志铭》("从事贸易,走川陆余三十年")、《怀远将军忠义前卫指挥同知凌公墓志铭》("放游江东西淮海间,自豪于贾人十余年,乃还")、《处士吴君孺人谢氏合葬墓志铭》("尤有心计,尝出贾吴越齐鲁间,必大获。然获益大,而用之益善")。由这些碑文我们可知当时人行商之后往往都要捐资为善以换取一官半职方能光耀门楣,士农工商,商仍是最下位的。但同时商人的影响也在逐渐扩大,商人利用自己行商的获利在乡里修祠、兴学、赈济、辑谱,在一定程度上使商人的形象由奸转向善。同时一些商人本身也通文墨,他们逐渐树立了后世儒商的典范。而商人之子或其家族中人有才学者,往往可以凭借商人的财力得到更好的学习环境,从而考取一官半职而改变家族的地位。如《义官高君墓志铭》的传主高爵,他通过经商"百需具足,家用有成,由是佥宪得毕力于公家,参议得一心儒业,皆君之功"。

3. 妇女

《篁墩文集》中女性的碑传文有24篇,其中碑20篇,传4篇。其中专门称赞节妇的有三篇,皆为传文。除了单篇之外还有一些合葬墓志铭。

(1)碑传中的命妇

程敏政碑文中的女性大多都是所谓"命妇",即因丈夫或儿子得到封号的女性。这类女性的碑文一般着重在强调她们的德行高尚,有礼有节,如有守贞事迹也只是一笔带过,而并不强调。但程敏政也不可避免地具有时代局限性,其碑文中的女性大多是作为男性的附属而存在的。在其男性碑文中,传主的姓名、字号、籍贯、生平等大多详细可考,而其女性碑传中则有很多有姓无名,其生平的介绍主要是丈夫、父亲或者儿子的官职,婚后如何恭敬孝顺,相夫教子。当然这么写也是由于当时女性的生存环境决定的,如有女性读书识字且于其夫、子为官处事有所教益的,程敏政也不吝笔墨进行褒扬。

(2)碑传中的孺人

孺人与命妇相类似,但相较于命妇的大方则略显小家碧玉了些,其生平事迹多是如何敦亲睦邻。两者差别在铭上尤为显著。如《一品夫人常氏圹志铭》最后铭曰:"早弗偶,晚于归。夫受室,子奉闱。媲先嫔,德之懿。启后华,福斯被。诰锡封,生之亨。御遣奠,殁之荣。产于兖,殡于邓。永无虞,终有庆。"而《陈母林孺人墓志铭》最后的铭则是:"有淑一人,实好逑兮。归此漳士,厥闻流兮。胤也孔蕃,龄之修兮。溘然以终,闷斯丘兮。我铭永昭,盍千秋兮。"前者尊荣华贵,后者则于浅近中显露真情。

(3)碑传中的节妇

与其碑文相比,传文就略显触目惊心。如《谢节妇传》中所写谢节妇,十九岁适谢德琛,二十五岁夫亡,时有一子一女,年尚幼。姑舅劝其他适,节妇不允,自断一指以明心志。勤恳服侍公婆至相继亡故,至旌表时已孀居四十三年。程敏政最后论曰:"女之不可更其夫,犹臣之不可二其君也。予承乏太史氏,且于节妇同邑,知其事也详,故特为立传以警夫世之为人臣妾者。"①道出了旌表节烈的目的,女子守节正如同丈夫忠君,不二主是立身根本。

《篁墩文集》共妇女传十人,节妇传三篇:《程贞妇传》《谢节妇传》《汪节妇传》。三位传主都是二十多岁丧夫,孀居四五十年,侍公婆、育子女,以再嫁为耻,终身守节。为节妇立传,表彰其所谓"节操",以警示后来者。这是程敏政思想上受时代、地域影响落后的一面。我们从程敏政所撰节妇碑传中,可以看到宗法制度下徽州妇女的命运。

但总体来说,程敏政所记的贞节烈女并不多,这一是由于当时社会上还没有形成广泛的舆论压力,认为非节烈不可;二是由于程敏政常在思想上对程朱理学的伦理学和人性论是有保留的,比较一下汪道昆那样以大量的篇幅对节妇烈女进行残酷的表彰,其态度要开明得多。

---

① 《篁墩文集》卷四九《谢节妇传》。

第四节 程敏政碑传的艺术特色及影响

一、程敏政碑传文的艺术特色

程敏政为明代著名的文学家,其散文清丽流畅,而在体式固定的应用文上更是如鱼得水,颇有建树。其碑传文中既有洋洋洒洒七千余字的长篇行状(如《光禄大夫柱国少保吏部尚书兼华盖殿大学士赠特进光禄大夫左柱国太师谥文达李公行状》,卷四十),也有五六百字即深情备至的短篇墓志铭(如《汪承之墓志铭》,卷四十六),不论是长篇还是短篇,程敏政都能够很好把握文章结构,做到张弛有度,令人读之不厌。

而在形式上,因为碑文有其固定的体例,所以并无太多可以创新的地方,但程敏政还是以其深厚的散文功底为碑文的写作增添了不少文采,这主要表现在以下四个方面:

(一)叙述生平事迹时有详有略

程敏政往往能以不起眼的生活小事来展现人物性格。在这一点上以《承德郎东城兵马指挥阎君墓志铭》(卷四十四)最有代表性:

> 成化乙巳之夏,东城兵马指挥阎君以疾在告。久之,疾少差。倚杖入后圃,见家鸡一雄挟少雌而噬其长雌者,艴然曰:'是不类世之宠庶嬖而虐其嫡配者乎!'击少雌,毙之曰:'将啖。'若反席而瘠。
>
> 适君内之弟尚宝李卿过君,入见而卒,盖五月六日也。李卿为手殓之如礼,且报讣于所亲识。予急往哭之,闻者亦相与悼。惜曰:阎君勇而才,意当复有所建立于世,乃止于斯邪。其子价将奉丧还葬先茔,泣拜向予,以铭为托。
>
> 悲夫!君讳宇,字大方,世居南阳邓州。高祖奉先,元山西行中书省参知政事总师守山,后死于节。曾祖惟良。祖通。父贵,以君

故赠文林郎东城兵马副指挥。曾祖妣边氏、乔氏。妣王氏,赠孺人。君生而铁面长身,性耻为龌龊泄沓之事。入为州学生,益负气侃侃,不屈而力学。数奇上秋试辄不利。天顺庚辰入为太学生六馆士,与游者率严惮之。成化戊子遂入吏部铨廷,授中兵马副指挥,以外艰去。辛卯服阕改东城。己亥秋,东城人诣阙,言兵马正官缺员,愿得阎某。吏部亦知君可独任,为请于上,许之。居三年矣,勋戚贵幸之家栉比于都城,而兵马职巡逻兼刑狱号最难理。君更三任,一以奉公守法为心。东城恶少敛迹至相戒毋犯阎兵马。两法司有难诘之讼必委君,或兼委四城之事无虚月,而君于事悉办无愆期者,累偕同列上章论刑法及兵马不得其职,朝廷多从之。凡以事忤勋戚者,再忤中贵人者,一率下狱。置对,而君词直气壮,人不能夺。最后所忤者益危,将获罪不测,而居之慨然无悔也。噫!此岂不有平世高官厚爵之所不能者哉!

君事父兄尽礼,治家尤严。嫡庶斩斩,辑家乘以示法子孙。处亲戚友朋礼意勤款,遇有过即规之,甚则面斥,至其人颈赤不恕。然心口一致,无机械之设,人亦以是服之。居官二十年,不妄取予货。其居以发丧治行具。君得寿六十有四。配李氏,封孺人。子男五,长杰,次儒,俱早逝;其次价也;庶出者二人,尚幼。女四,适湛钦、胡钦、高瑄、周端,皆士族。孙女一。予与君皆委禽李氏,君之内出湖广参议公,予之内出太师文达公,为友婿。同朝甚久,且相得也,而今遂不可作矣。忍不铭诸铭曰:

有挠于法,我则绳之。有逼于强,我则矜之。毅此阎君,莫或登之。不亡者存,孰其兴之。

先写阎宇杖毙庭鸡一事,看似无心之笔,但却与后来写他执法刚正不阿恰好呼应,虽为看似无关之小事,却使得人物形象顿时生动立体起来。在展现阎宇政绩之时,亦不是夸夸其谈,而是用细腻的笔触,展现出来。如"东城恶少敛迹至相戒毋犯阎兵马""至其人颈赤不恕"之语,将阎宇的凛然之气展现在读者面前。最后的铭文也恰如其分,将阎宇的一生追求以"有挠于法,我则绳之。有逼于强,我则矜之"十六字概括出来,不可不谓是程敏政的神妙之笔。

(二)善于用典

程敏政学识渊博,熟悉典故,碑传文中往往运用典故或引用儒家经典来比附或自证其观点。如《彰武侯夫人汪氏墓志铭》(卷四十四)中赞美汪氏之妇德则以《诗经·召南》相比,赞其有"鹊巢之德",又能"采蘩以亲蚕,采苹以供祀",且"不妒而惠",又以《小星》之篇赞其贤德。这种赞美比之直言汪氏不妒更显端庄,同时我们还可以看到认为《小星》是指妇德,实际是朱熹的观点,而程敏政显然是采信了的。又如《刘氏二亲墓表》(卷四十七)中提到:"予观史之论人非奇男烈妇不在表异之列,而平世常德无所动人之听闻者,恒泯泯焉。是岂孔子从先进而思有恒之意哉?若刘君嗣其先业,益光大之,而又得王孺人为之配,不以文显,不以爵贵,可不谓一乡之有常德者哉?"刘氏虽无显耀的才华或者功绩,但却在自己小人物的身份上保持了德性,故而自然也有可被记述从而流传千古的意义。程敏政虽引孔子之语,但实际上这种人人皆可为圣贤的说法却是受了朱熹的理学与陆九渊的心两方面的影响,认为人只要做好自己的本分也即实现了自身的价值。

(三)长于议论而简要清亮

程敏政为文,长于议论,如《道一编序》《书钓台集后》等,向为学者所称①,其所作《夜渡两关记》,也是古代散文中的名篇。其碑传文的创作,大体简要,无过多虚辞滥说,同时又能遵循成法,恪守碑志文的基本法则。

在一些碑文的开头或结尾会加上一小段议论,颇有意味,对整篇碑文起到了升华的作用。这一点《宋尚书职方郎中兼权中书舍人查公墓表》(卷四十六)与《翠环处士胡君墓志铭》(卷四十六)中都有体现。他如《荣禄大夫同知中军都督府事赠左都督张公神道碑》开头以一句"国初著令武臣非历战功不

---

① 参见郭豫衡:《中国散文史》下册,上海:上海古籍出版社,1999年,第104页。

得升,中世以来,乃有自别途以进者,盖予尝考诸国史知之,未尝不为之慨然太息"奠定全文的基调;《善和程处士墓表》(卷四十五)篇首则说:"新安之号巨姓者,盖不以富贵以其人。予尝观每族中必有一二贤且老者维持家规,相继不乏,故其族益盛。"从新安巨姓家族长盛不衰的整体立场出发肯定了传主程载兴的功绩,可谓一语切中。又如《汪承之墓志铭》,先写汪祚(1457—1496年,字承之,歙县人)帮助自己编刻《新安文献志》,而突然因病辞世;继写沙溪汪氏的来历及汪祚的家世;再写汪祚之经历及为人:

> 其为人,动必慕古。居亲丧过哀,至呕血成痼疾;奉继母如生己者,抚继出弟妹极友爱,事叔父崇礼;君甚谨,事必咨而行,长子冠用朱氏礼以倡俗,又刻予所编《心经附注》以传,曰此圣学之基也。①

此处行文简洁,但一个恪守儒家礼法的乡间学者形象跃然纸上。

(四)重视文末赞语

文末加赞语在人物传记中较多,碑文类因有固定格式则较少。其中《石钟传》《汤胤绩传》都是流传比较广的篇章。据《石钟传》,石钟字以声,九江人,后学长生吐纳之术以终。因其为山泽之臞,苏轼上言为其求封,然终不可得。全文看来应是地方传说,而程敏政作此应是看重这个传说中君臣遇合的部分,最后仿《史记》的史官论曰中说到:"古语云:秋霜肃而丰山之钟自应。盖言君臣相遇之不偶也,岂不诚然乎哉。夫以钟之才可谓实厚而声洪者矣,顾乃抱遗响以长终。而硁硁然随波逐流如磬者进用,宋之为宋如此。呜呼,士仁尚何责哉。"程敏政一生始终坚守节操,不随波逐流,看到石钟因与俗不同而不得进用,反而小人得志,不免也感同身受了。

《汤胤绩传》被黄宗羲收入了《明文海》,黄宗羲编纂此书目的即在于发掘埋没于应酬讹杂之内的情至之语,可见此文的艺术价值。汤胤绩与程敏政少时有交游,故而程敏政对其性格了解颇深,写起来也得心应手。全文突出了汤胤绩轩豁倜傥的性格特点,同时述及其赤胆忠心与天纵奇才。汤胤绩文武

---

① 《篁墩文集》卷四六《汪承之墓志铭》。

双修,却几番遭妒而不得志,但他毫不在意,反而仰天大笑而去。程敏政在写法上主要是选取几个有代表性的片段,勾画出一个性格鲜活的汤胤绩。在论其诗才时说:"诗豪迈奇倔,如风雨晦冥中电光翕焱,使人不敢正视;又如雷斧断崖石下坠不测之渊,观者褫魄。每就人席上操觚,立成数十章,有名能诗者多为其所慑或不能措一语。"这里的描写不仅言其诗才,从其为诗亦可想见其为人。最后总评汤胤绩:"予少与胤绩游知其人,使不死为大将,将数万兵出阴山,其功名当不在古豪杰下,顾独膏血草莽中天也。或谓胤绩类太史公所谓游侠,乃大不然。胤绩行事虽若任侠,然扣其所得,朱家、郭解直奴才耳,乌足以比胤绩哉。"指出汤胤绩虽然有任侠的精神,但其所作所为却不仅是为了个人,亦是家国大义。相比之下,司马迁笔下朱家、郭解有其豪而没有其大丈夫的气概。

二、程敏政碑传文的影响

程敏政的碑传文有不仅在文献保存上具有极高的价值,作为文学也有很高的价值。在徽州散文作家中,程敏政不愧为大手笔,对后代影响也相当深远。被引用或全文收录的至少有:

1.《国朝献征录》,(明)焦竑辑

卷三收录《昭勇将军锦衣卫指挥使孙公墓志铭》

卷五收录《汤胤绩传》

卷七十二收录《南京太仆寺公张公谦神道碑》(即《篁墩文集中《大中大夫资治少尹南京太仆卿张公神道碑铭》

卷七十八收录《橘泉翁祝仲宁传》(即《篁墩文集》中《橘泉翁传》)

卷七十九收录《仝景明先生寅传》(即《篁墩文集》中《仝景明先生传》)

卷八十四收录《澜江按察司副使张公文墓志铭》(即《篁墩文集中《中顺大夫澜江按察司副使张公墓志铭》)

卷八十六收录《佥宪杨君太荣传》(即《篁墩文集》中《佥宪杨君传》)

卷一百五收录《长史程公通传》(即《篁墩文集》中《长史程公传》)

一百七收录《同知中军都督府事赠左都督张公钦神道碑》(即《篁墩文集》中《荣禄大夫同知中军都督府事赠左都督张公神道碑》)

卷一百八收录《骠骑将军后军都督府都督佥事李公铭墓志铭》(即《篁墩文集》中《骠骑将军后军都督府都督佥事李公墓志铭》)

卷一百八收录《骠骑将军右军都督府都督佥事李公昶墓志铭》(即《篁墩文集》中《骠骑将军右军都督府都督佥事李公墓志铭》)

卷一百十一收录《怀远将军忠义前卫指挥同知凌公锦墓志铭》(即《篁墩文集》中《怀远将军忠义前卫指挥同知凌公墓志铭》)

2.《医史》,(明)李濂辑

卷十引《橘泉翁传》

3.《古今寓言》,(明)詹景凤撰

卷二地理收录《石钟传》

4.《明文海》,(清)黄宗羲编

卷四百五传十九收录《汤胤绩传》

卷四百二十传三十四收录《书济宁王翁事》

5.《石钟山志》,(清)李成谋撰

卷十一收录《石钟传》

6.《广谐史》,(明)陈邦俊辑

卷三引《石钟传》

7.《贞白遗稿》,(明)程通撰

卷八引《长史公传》(《篁墩文集》作《长史程公传》)

8.《文章辨体汇选》,(明)贺复征编

卷五百三十五引《汤胤绩传》

9.《名臣经济录》,(明)黄训编

卷十三收录《李贤行状录》(即《篁墩文集》中《光禄大夫柱国少保吏部尚书兼华盖殿大学士赠特进光禄大夫左柱国太师谥文达李公行状》节录)

10.《滑耀编》,(明)贾三近编

引《石钟传》

11.《(嘉靖)山东通志》,(明)陆釴撰

卷三十八引《慕青余民传》

12.《皇明经济文录》,(明)万表辑

卷四收录《李贤行状录》(即《篁墩文集》中《光禄大夫柱国少保吏部尚书兼华盖殿大学士赠特进光禄大夫左柱国太师谥文达李公行状》节录)

13.《建文朝野获编》,(明)屠叔方撰

卷十五引《长史程公传》

程敏政在历史上的地位首先是由他作为一个文献学家的贡献奠定的,他主编的《新安文献志》是徽州第一部地方文献总集,《四库全书总目提要》称此书"征引繁博,条理淹贯,凡徽州一郡之典故荟萃极为赅备,遗闻轶事咸得借以考见大凡,故自明以来推为巨制"。《新安文献志》的编纂一方面对于徽州文献的保存起了至关重要的作用,另一方面也使徽州文化作为一个整体出现在人们的视野当中,可见程敏政对于文献工作的重视。

除了编纂以外,程敏政还多撰写碑传,其文集中碑传文数量之多,在明代文人的别集中也属突出。而因程敏政曾在京师做官,又很重视徽州的文化,故而其碑传所写的对象既有位高权重的官员,也有在乡为一地名望的处士,甚至还有顺应明代资本主义萌芽而发展壮大的商人群体。诚然,大人物在历史的进程中往往站在舞台中央,起到了关键的作用,但历史的发展毕竟还是由每一个参与到其中的普普通通的百姓共同推动完成的,而程敏政的碑传则正好涵括了这样两个方面。通过对这些碑传的研究,我们一方面可以看到大

的历史线索,另一方面又对小的历史碎片有了一定的观感,从而得到一个较为完整的关于明代成化、弘治年间各阶层生活面貌的全面认识。

第五章 汪道昆与徽州碑传

明代社会经过一百余年的发展后,步入了在中国封建社会有着重要转折意义的中叶。这一时期,一般被认为是资本主义的萌芽期①,社会生产力得到较大的提高,商业经济也逐渐走向繁荣;另外,在学术思想领域,认为"心即天理"的阳明心学渐渐取代了传统的程朱理学的一尊地位,特别是以李贽、王艮等人为代表的王学左派,认为"穿衣吃饭即是人情物理",影响至广,意识形态和文化的世俗化倾向愈加明显。

具体到徽州,这也是对其整个历史进程产生重要影响的时期。最明显的变化,是徽州商业的渐趋兴盛和由此带来的对传统儒学义利观的冲击。雄踞明清时代几百年的徽州商帮究竟形成于何时,尽管目前还有不同看法,但其发展无疑经历了一个渐进的过程。万历《歙志》就具体说到了这种商业经济的变化,在弘治时期,徽州人尚能"妇人纺织,男子桑蓬,臧获服劳",而到了正德末年,则"出贾既多,土田不重,操资交捷,起落不常";贾风日盛带来的思想和道德领域的变化也相当明显,由"比邻敦睦"进而发展为"高下失均,锱铢共竞""富者愈富,贫者愈贫"乃至"贪婪罔极,骨肉相残"②。

---

① 关于明代中叶中国是否有资本主义萌芽,学界有不同看法。参见黄仁宇《万历十五年》等。本书采用大多数人的说法。

② (万历)《歙志》卷一《舆地志·风土》。

同时商业经济的发展给徽州社会又带来了另外的显著变化,那就是大量有着可靠物质保障的徽商子弟在儒学求仕的道路上往往能够取得成功,并成为名动一时的政坛高官。商和儒的微妙关系,在他们身上又得到了另外一种体现。正如汪道昆所言:"夫贾为厚利,儒为名高。夫人毕事儒不效,则弛儒而张贾。"①仅以十六世纪的前三十年为例,就先后诞生了鲍道明(1503—1568)、江珍(1508—1578)、汪尚宁(1509—1578)、胡宗宪(1512—1565)、殷正茂(1513—1592)、方良曙(1515—1585)、方弘静(1517—1611)、汪道昆(1525—1593)、程嗣功(1525—1588)、许国(1527—1596)等正三品以上的显宦。这些历史上的著名人物基本都有徽商的家庭背景,他们受惠于徽州商业,又能反哺徽商,扩大徽州和徽商影响,为徽商雄踞明清商业领域数百年奠定基础。

本章着重探讨汪道昆其人与徽州碑传的关系,拟先据汪氏传记资料对其生平、事迹、著述等作初步考述,然后重点就其《太函集》所载之碑传展开论述。

第一节 汪道昆生平、著作概述

一、汪道昆的仕宦经历

汪道昆(1526②—1593),一名守昆③;初字玉卿,改字伯玉。号高阳生④、

---

① 《太函集》卷五二《海阳处士金仲翁暨配戴氏合葬墓志铭》,见(明)汪道昆撰,胡益民、余国庆点校:《太函集》,合肥:黄山书社,2004年,第1099页。本章所引《太函集》均据此本,以下只标注页码。
② 据《汪左司马公年谱》(崇祯六年二十二卷刻本《太函副墨》附),汪道昆生于嘉靖四年乙酉(1525)年的十二月二十七日,换为公历则应为1526年1月9日。
③ 《太函集》卷二《送方伯游公序》、卷四十五《温次公夫妇合葬墓志铭》等。
④ 《太函集》卷二《送刘使君西巡序》、卷二十《顾圣少诗集序》等。

南溟(一作南明),又署太函、太函氏①、太函子②、泰茅氏③、天游子④等,或径署外史氏⑤。江南徽州府歙县千秋里人。

汪家本世代业农,自祖父汪守义(1468—1548)起,始以盐策起家,人称"盐业祭酒",成为挟资巨万的名商大贾。父汪良彬(1508—1581),业贾而兼习医。

在《太函集》里,汪道昆曾几次说过意思相近的话,颇可视为这位徽州商人家庭出身的大官僚祖孙几代生活经历的真实写照:

> 夫贾为厚利,儒为名高。夫人毕事儒不效,则弛儒而张贾;既则身飨其利矣,及为子孙计,宁弛贾而张儒。一弛一张,迭相为用。不万钟则千驷,犹之转毂相巡。(《太函集》卷五十二《海阳处士金仲翁暨配戴氏合葬墓志铭》)

简言之,经商是为了获利,待积累了一定的财富之后,则"为子孙计",当让子弟读书;如通过读书可博一第,步入仕途,又反过来可以照拂当时势力庞大的徽州商业集团——特别是由官府垄断、专营,商人在其中可上下其手从而骤致暴利的盐商。官与商、儒与贾、"万钟"与"千驷""迭相为用",互为"资本"奥援,大体说来,确是明清时代与官方有着千丝万缕联系的徽商的一大特色⑥。在这方面,同

---

① 《太函集》卷六《送沈太史还朝序》、卷三十七《聂真人传》等。
② 《太函集》卷二十二暨《太函副墨·太函子》。
③ 《太函集》卷三十六《吴汝拙传》。
④ 《太函集》卷七十四《酒星亭记》《溪上草堂记》等。
⑤ 《太函集》卷四十四《先府君状》等。
⑥ 在徽学研究界,有一种很流行的说法是:作为群体的徽商有着"贾而好儒"的特点。这是不确切的。因为这样说,给人的印象似乎"贾而好儒"(文化)乃是徽商特有的"性格特点"(不少书上就是这样论述的)。且不说写的历史(Written history)本身就是一种选择(参见卡尔(Kare):《What Is History》及《汤因比论汤因比》,胡益民、单坤琴译,北京:商务印书馆,2012年),大量贾而不好儒乃至仇儒的商人已被方志、传记"省略"了;其实,商人就是商人,"夫贾为厚利"(前引汪道昆语),本无可厚非;揆诸历史而律以现实,贾而好儒(文化)者实在"几希"。由附庸风雅而后玩出名堂的固不乏其人,但那一开始大多也是一种投资行为,并非目的,更非"性格特点"。如将"贾而好儒"理解为"贾而好官",则无论其为古为今,则庶几近之。关于所谓"贾而好儒",今人的说法倒不如身在其中的汪道昆本人"叠相为用",即官与商互相利用的说法那样直接而爽快。特别需要指出的是,汪道昆所说的"儒",也就是官僚或预备官僚,与今天业已成为独立的文化事业的从业者是完全不能等同的。

是以业贾起家的徽州籍名宦胡宗宪、汪道昆和许国均堪称典型。

汪道昆六岁开始读书。其孙汪瑶光所编《年谱》说:"公六岁就外傅,授书一目十下。"(见《年谱》六岁条)。所谓刚发蒙读书就能一目十行云云,显然是溢美之词;通观《太函集》《太函副墨》,我们倒有着相反的印象:除了较精于《周易》《左传》《三礼》和《史记》而外,以那个时代的标准来说,汪道昆在读书的广博方面实在算不上有何特出之处;与和他齐名的王世贞相比,亦尚逊一筹。不过他在科举上倒是一帆风顺:十九岁即为县诸生;嘉靖二十五年(1564年)"中应天乡试第九十名"举人(《年谱》);次年(嘉靖二十六年1565年)会试,又以三甲第一〇七名进士及第(同上),与张居正、王世贞等为进士"同年"。当年十二月,即除授浙江义乌县知县,其时年甫二十三岁。

义乌任满后,于嘉靖三十年(1551年)初入为南京工部主事;四月升北京户部江西司主事,奉命于"崇文门主榷"(《年谱》);次年,复奉部令督修京师城墙(同上)。嘉靖三十二年(1553年),改任兵部职方司主事。这是他以文官兼理军务的开始。四年之内,相继升任兵部武库司员外郎、武库司署郎中事员外郎。

嘉靖三十六年(1557年)十一月,升任襄阳知府。四年任满后(1561年),升任福建按察司副使,备兵福宁(今福建省霞浦县),协助备倭防务。次年壬戌(1562年),"倭陷兴化,全闽大震。道昆走浙,请督抚胡宗宪檄总兵戚继光将浙兵往。于是道昆主画策,继光主转战,诸贼皆次第削平",①此为汪道昆与戚继光在军事上合作的开始;而著名的"戚家军",就是经当时浙江巡抚赵炳然给饷,在汪道昆曾任知县的义乌县招募的,这无疑是出自汪道昆本人的建议。

嘉靖四十二年(1563年)十月,升任福建按察司按察使,与戚继光共理军务;次年(1564年)四月,复以都察院右佥都御使任福建巡抚。嘉靖四十五年(1566年)六月,因南京给事中岑用宾劾其在军中"以酷刑激变,又贪污不

---

① (清)丁廷楗修,赵吉士纂:康熙《徽州府志》卷12,中国地方志丛书华中地方第237号,台北:成文出版社,1975年,第1683页。

检",遂罢归。在福建前后四年期间,他作为戚继光的监军,共理戎政,两人配合默契,在前线上结下了不同寻常的友谊。汪、戚二人的密切合作,在抗倭军事史上,是值得特别记载的一笔。

自嘉靖四十五年(1566年)六月受劾回乡至隆庆四年(1570年)二月起复任郧阳巡抚,汪道昆在歙县老家乡居了将近四年。这期间,除与戚继光、王世贞等人时有往还、倡酬而外,其主要的文学活动是在家乡组织了丰干诗社。起复后,于次年(1571年)五月调任湖广巡抚;又次年(1572年),自湖广巡抚升兵部右侍郎——这当是出自时任首辅的进士同年张居正的精心安排;其主要任务是"筹边"(见《张太岳集·与汪伯玉》)。在任内,他曾数次奉旨巡阅蓟辽、保定军务。《太函集》卷八十七至九十四一系列关于军务、边防的奏议,可看出汪道昆作为"能吏",办事务实而精明干练的一面。特别是与时任蓟镇总兵的戚继光的再度相聚合作,无疑为充分发挥他的军事运筹才能提供了良好的机会。

万历三年(1575年)六月,因与张居正意见不合,被迫陈情终养(据《年谱》)。自此至万历二十一年(1593年)四月去世,虽经许国等努力,却终身再未起复。乡居十八年间,作为名声显赫的"文坛领袖"之一,或受人请托(特别是地方官和慕名拜访者),或以致仕乡绅和长辈身份支持同乡诗社文社,以文墨自娱,留下了卷帙浩繁的诗文集——《太函集》,其中近半数的作品写于这段时间①。

二、汪道昆的著述

汪道昆一生留下了大量著作,以下略作考述。

(一)诗文集

1. 太函集

主要版本系统有:

---

① 关于汪道昆的生平,其裔孙汪瑶光所撰《年谱》(《太函副墨》附)记载甚悉;今人徐朔方先生的《汪道昆年谱》(见《晚明曲家年谱》第二卷)于其文学活动方面所记尤详,可互相参看。

甲、一百二十卷本　《中国古籍善本书目》集部等著录。是集编成于万历十九年(1591年)，有同年自序。正文一二〇卷：卷一至卷九十四为文，卷九十五至卷一〇六为尺牍，卷一〇七至一二〇为诗；前附目录六卷，实合一百二十六卷。同年刻版于金陵。国家图书馆、中国社科院历史所、天津市图书馆、复旦大学图书馆、北京大学图书馆、台湾"中央"图书馆、台湾大学图书馆、日本内阁文库等有藏。《四库全书存目丛书》《四库全书存目丛书》均据此本影印。

乙、三十二卷本　题《汪伯玉先生太函集》，明天启四年苏文韩刻"皇明五先生文隽"本。中国人民大学图书馆等有藏。

丙、李维桢刻本　版本略同金陵刻本。中国社会科学院历史所、吉林大学图书馆等有藏。

2. 太函副墨

甲、四卷本　题"副墨四卷"，《安徽省馆藏皖人书目》著录，安徽省图书馆藏。

乙、五卷本　题"副墨五卷"，《中国古籍善本书目》集部著录，明万历二年金陵毛少池刻本。北京大学图书馆、山东省图书馆等有藏。《四库全书存目丛书》据毛少池刻本影印。

丙、七卷本　题"副墨五卷增附南明汪先生书札二卷"，《中国古籍善本书目》集部著录，明万历二十五年书林詹圣泽刻本。浙江省图书馆、常熟市图书馆等有藏。

丁、二十二卷本　题"副墨二十二卷"，《中国古籍善本书目》集部著录，明崇祯六年新都汪瑶光(汪道昆之孙)刻本。北京大学图书馆、中科院图书馆、江西省图书馆、广东省社科院图书馆等有藏。

3. 玄扈楼集不分卷

《台湾大学善本书目》著录，清稿本。台湾大学图书馆藏；复旦大学图书馆藏此本缩微胶卷。

4. 玄扈楼续集不分卷

《台湾大学善本书目》著录，清稿本。台湾大学图书馆藏；复旦大学图书馆藏此本缩微胶卷。

5.汪南溟集八卷

清康熙间郢雪书林刻本。复旦大学图书馆、日本东洋文库等有藏。

6.秦汉六朝文十卷(辑)

《中国古籍善本书目》集部著录,明万历刻本。清华大学图书馆、浙江省图书馆等有藏。

7.淅江先生江公行状墓志一卷

《西谛书目》著录,明万历刊本,国家图书馆藏西谛书。

8.世医吴洋吴桥传一卷

《安徽省善本书目》著录,为万历十九年《太函集》卷三十一的单行本。

(二)戏曲

在襄阳知府任上(1670年),汪道昆还创作了分别以宋玉、曹植、范蠡、张敞为主角的四个剧本,合称"大雅堂杂剧四种"。其序略云:"国风变而为乐府,乐府变而为传奇,卑卑甚矣。然或谭言微中,其滑稽之流欤?乃若江汉之间,湘累郢客之遗,犹有存者。顷得两都遗事,而文献足征,窃比吴趋,被之歌舞。宾既卒爵,乃令部下陈之,贵在属餍一脔足矣。"

1.楚襄王梦游高唐记 简称《高唐记》,有诵芬室丛刊二编本、盛明杂剧本(题作《高堂梦》)等。

2.洛神记一卷 有诵芬室刊本、盛明杂剧本(题作《洛水悲》)等。

案:明刊本"大雅堂杂剧四卷",国家图书馆所藏西谛书,后附有徐渭《四声猿》杂剧。

3.范蠡归泛五湖记一卷 简称《五湖记》,有诵芬室丛刊二编本、盛明杂剧本(题作《五湖游》)等。

4.张敞画眉京兆记一卷 简称《京兆记》,有诵芬室丛刊二编本、盛明杂剧本(题作《远山戏》)等。

(三)其他

1.春秋左传节文十五卷《中国古籍善本书目》经部著录,明万历徽州刊本。

北京大学图书馆、安徽省图书馆、安徽省博物馆、北京师大图书馆等有藏。

2. 汪氏十六族近属家谱十卷

《中国古籍善本书目》史部著录,有明万历二十年刻、四十年汪存重修本。国家图书馆有藏。

3. 歙县灵册院汪氏十六族谱十卷(主修)

明万历二十二年刻本。中国社科院历史所有藏。

4. 岩镇汪氏家谱不分卷

《中国古籍善本书目》史部著录,明万历二十七年刻本。国家图书馆、南京图书馆等有藏。

5. 北虏纪略一卷

《中国古籍善本书目》史部著录,有明刻本、广百川学海本、续说郛本等。

6. 列女传十六卷(辑)

《中国古籍善本书目》史部著录,有明万历刻本及鲍氏知不足斋刻本等。

7. 楚骚品一卷

《安徽省馆藏皖人书目》著录,有续说郛本。

8. 数钱叶谱一卷《安徽省馆藏皖人书目》著录,有清顺治三年李际期宛委山堂刻本及续说郛本等。

9. 五车霏玉三十四卷(增订)

《四库全书总目》类书类存目著录,有明刊本。

10. 楞严纂注十卷

《安徽艺文考》释家类著录。

第二节　有关汪道昆的碑传及其地位

汪道昆官至二品,关于他的碑传十分丰富,除《明史》外,完整的碑传文今存五篇,其中以其友人龙膺撰《汪伯玉先生传》最有代表性,全文引录如下:

> 新安谢少连访予潋上,辄问桃花纶屿诸胜。维舟酌月,咨忆白榆

社,因谓龟山之木拱矣,子皮不作侨,谁与言?有道,一碑泰借弗死,宰公忘之乎?予唯唯,后死之谓何,敢以不文诿也,于是为伯玉先生传。

汪伯玉先生者,徽之(歙县)千秋里人也,讳道昆,官左司马。予小子释褐徽理,为万历庚辰,下车首轼先生之庐。先生年五十六矣,见先生虎头熊背,项有异骨贯于顶。目眈眈视,不语。坐顷,接予片语,辄契合,直披衷素,朗如明月之人。怀已深,叩之,渊如洪钟之答响也。翊日,揖阿淹、阿嘉二仲,暨王仲房、谢少连、潘景升诸风雅士。居久之,屠纬真仪部、李本宁太史、吕玉绳司法、沈嘉则、郭次甫、俞羡长诸名流先后至,乃结白榆社于斗城。集辄命白堕为政,扬扢今古,辨析禅玄,卫玠神清,支郎理胜,彼既亹亹,此亦泠泠,递献异闻,杂呈雅谑。

先生饮一石,始沾醉,以达曙为恒,而阑及生平,犹记崖略。先生少简重,好博古,尊人以无当制义,禁之,见古文辞,则燔弃。先生夜伺尊人寝,始窃古文词读。强记洽闻,甫弱冠辄成进士,令义乌。治主威严,以风力著,方急衡石,未暇丹。已用治行高等,召为驾部郎,起草余闻,韦编屡绝。性嗜饮,又恒燕客,客散,篝灯,左手执书,右手执酒杯,且饮且读,至会心处,更大嚼赏之。自六经虚索,以至三秦两汉而上,靡不朗诵,尤攻三《礼》,《左》《国》《庄》《骚》,不滥及晋魏以下。然善自晦,未曾出一诗一文视长安人故。

其时七子相雄长,先生退然自下,长安人卒无有知先生之能诗若文者。已出襄郡,襄樊当三楚孔道,日治程书,治宾客邮传,治兵治狱,无宁晷。先生坐堂皇,咄嗟立办,复以清暇闭阁读书。时载酒习池上,听小儿拍手歌铜鞮,吊岘首堕泪碑,问鹿门耆旧,而郡大治。一以威严治之,如义乌。又襄王好文,恒尊礼守礼,守设醴奉觞,冀太守醉,而后敢授简乞诗,翩翩风流矣。

会岛夷不逞,闽事孔棘,天子玺书,命持节往监诸将军军。至,则屏左右耳语戚将军,授方略。时倭奴屠数郡,氛甚恶,谍屡至。先生方张筵召戚将军饮,浮以大白,命部曲歌竹枝,神色自若,吏人啧啧,何为是泄泄然者酒兵哉!酒罢,趣将军短缚介马,驰赴敌,一鼓歼之,横尸蔽野。倭奴咋指称神兵,诚相率逸。天子嘉悦,即军中拜御史中丞,授节钺。先生感奋,益不惮征缮简锐饬防,誓灭此而后朝食。会戚将军内难作,先生闻之,亲诣闑邸,请谒军夫人。夫人拜帘内以泣,告以故,直欲帅女奴赴将军所裔之。先生拜帘以外,曰:"将军将十万于外,受成于天子,身非将军有也,何有于妻若子?夫人即以子故,仇将军,何不令将军死敌以报天子。岂令死女奴手,以快倭奴耶?"夫人乃谢,卒释憾焉。

闽非戚将军,弗克汛厥氛;而戚将军非先生,弗克齐厥用也,以故岛夷就平。方献馘露布上,而悍卒干纪,先生法绳之,遂哄,忌者借以诋訾先生。解闽事时,年甫四十二。归省二人。居月余,辄卜筑甑中,益肆力于古,以千秋自命,焕乎其有文章矣。无何,召起节钺郧襄。已,节钺全楚,威德益戆。首发藩室不法者治于理,剪洞庭崔蒲而覆其巢。沅湘江汉之民安枕卧,先生之赐也。

天子益嘉,乃肤公晋贰枢筦。会奄酋纳款,疆场解严,惟恐驰备生戎。上厪宵旰,特召用使相故事,视师东北边,谘度利害,稽核坚瑕,许以便宜从事。一时典边重臣,悉凛凛奉约令。而戚将军方移节蓟辽,以肮脏滋多口,先生极力调护之。与之班荆道故雅歌投壶,挟二仲偕往,以奇服从,酒狂豪举,边人望之,诧为神仙、为异士。先生沾沾喜然,亦以是贾议。乃条列边事,洒洒数万言,切中机宜。驰使报,辄奏曰:"臣二人春秋高,臣暴露行间久,筋力惫,愿乞骸归养,以申乌鸟情,以保狗马病。"上俞所请。时先生年五十矣。

先生归于舍,日击鲜奉觞,衣上所赐飞鱼衣,为二尊人寿。尊人善饮,又娱以斑斓。为之色喜,举爵无算,以醇醴劳先生。而四方乞文之使,履常满户,先生即以侑币及南金,佐二尊人欢,致乐,恒骄语人曰:"岩廊公孤在帝左右者不乏,乃具庆而康寿,幸得朝夕膝下,则惟一昆尔。"数年,而二尊人相继弃世,先生哀擗瘠毁,数呕血沾衣,终其身,孺慕不衰也。又友爱阿淹甚,推任子恩畀之。及视阿淹病,如己病,偕之吴越间就医。视阿嘉与淹等,为之授糈、授衣,为之治婚嫁。而二仲亦修其业,相颜行以是,友爱愈笃。

晚而佞佛,创肇林安禅,宇内名德苾刍,无不参询宗旨,一如裴公美、张无尽风范。而尤乐接词流后彦,诱掖汲引,都人士悉愿游先生以成名。有黄叔度、谢玄晖人伦胜业,亦乐与高阳游,听丝竹声伎,终夕不疲。至戚将军解组来访,遂方舟入西湖,大集名士建旗鼓,秉烛一舴艋中,阖咏赋诗,复遣数舴艋巡视诸客。舐墨如衔枚,罔敢哗哗者浮之,迟不成诗者,罚如金谷数,小试司马法。于酒纠,亦何异穰苴之驱市人女子而兵也。比予以诗酒诖吏,议归武陵,先生赋《闵世》为赠,复同诸父老恋恋予,不忍予去,偕二仲及多士,祖予金焦千余里始别,卓然杜陵。世皆欲杀吾,独怜才之义哉。

且因之取道偕予,访王元美先生于弇园。留五日,治具饷客,出图书相视,则又雪乘剡曲,而星聚太虚矣。先生与元美迭为齐晋,狎主中原之盟,两先生亦彼此相推逊,如元白、苏黄,绝不类何李,海内率以泰华并尊之。

先生所著有《副墨》及《太函》数百卷行于世。夫人初知先生之长吏事也,而不知其工为文章也;已知先生之工文章也,而不知其善将将治兵如神也已;人知先生之工文善将壮元老猷也,而不知其笃孝友如张仲也已;人知先生之敦孝友为昭代儒,而不知其证无生法幻视一切也。惟幻视一切,故能吐辞润金石,治兵捷风雷,执酒杯,玩声伎,如石人之对花鸟。至于仗大义,敦六伦,定大谋,戡大乱,文事武备,忠君孝亲排群议,以纾四国之危,薄三公以崇一日之养,弛张在握,出处有关。若夫嬉笑怒骂尽成文章,风月烟霞总呈圣谛,函三为一,其惟先生!故先生生,而黄屋知之,儒墨缁素知之,儿童走卒知之,即八表四裔知之;死,而万万世人知之。先生宁独为千秋里重,亦宁独为黄山、白岳重,其以名世为昭代重,不贤于鼎吕哉?

天以先生幸予,实国士遇我,属以不朽之业,锡以宰社之名,奚啻中郎之名,顾元叹而字之也。顾膺无闻,负先生知己,而为是传,无亦如孔北海之以虎贲士貌中郎乎?得其仿佛耳。"虽无老成人,尚有典刑",予窃志之不忘矣。

(龙膺《沦灉文集》卷八《汪伯玉先生传》,收入光绪十三年(1887年)龙正楷辑刻本《龙太常全集》)

这是最完整的汪道昆传记,其他相关碑传资料尚有约五十种,表列于下(见表5-1):

表5-1 汪道昆传记资料一览表

作(编)者	传名	出处
(明)俞均	汪南明先生墓志铭	《山居文稿》卷七
(明)尹守衡	汪道昆传	《明史列传》卷九六
(清)查继佐	汪道昆传	《罪惟录》列传卷一八
(清)王鸿绪	汪道昆传	《明史稿列传》卷一六三
(清)张廷玉	汪道昆传	《明史列传》卷一七五
(明)张萱	汪道昆传	《西园闻见录》卷七一
(明)过庭训	汪道昆考	《明分省人物考》卷三七
(清)朱彝尊	汪道昆小传	《静志居诗话》卷一三
(清)钱谦益	汪道昆小传	《列朝诗集小传》丁集上
(清)陈田	汪道昆小传	《明诗纪事》己签卷三
(明)王兆云	汪道昆考	《皇明词林人物考》卷九
(明)李绍文	"汪道昆"条	《皇明世说新语》卷二
(明)林之盛等	文苑·汪道昆	万历《歙志》卷一五
金华府志馆	汪道昆	万历《金华府志》卷一二
		崇祯《义乌县志》卷一一
(明)何乔远	文苑传·汪道昆	崇祯《闽书》卷四五文莅

续表

作(编)者	传名	出处
康熙徽州府志馆	汪道昆传	康熙《徽州府志》卷九、一二
乾隆福州府志馆	汪道昆传	乾隆《福州府志》卷四六
(清)陈锷	汪道昆传	乾隆《襄阳府志》卷一九
(清)周凯	汪道昆传	光绪《襄阳府志》卷一九
乾隆歙县志馆	汪道昆传	乾隆《歙县志》卷一一、一九
嘉庆郧县志府志馆	汪道昆传	嘉庆《郧县志》卷五
同治郧县志府志馆	汪道昆传	同治《郧县志》卷五
嘉庆扬州府志馆	汪道昆传	嘉庆《重修扬州府志》卷四七《家传》
康熙湖广通志馆	汪道昆传	康熙《湖广通志》卷二八
康熙江南通志馆	汪道昆传	康熙《江南通志》卷四八
康熙歙县志馆	汪道昆传	康熙《歙县志》卷九
乾隆江南通志馆	汪道昆传	乾隆《江南通志》卷一四七、一九四
康熙金华府志馆	汪道昆传	康熙《金华府志》一二
(清)蔡九霞	汪道昆传	康熙《广舆志》卷二
大清一统志馆	汪道昆传	康熙《大清一统志·郧阳府》残本
下荆道志馆	汪道昆传	乾隆《下荆道志》卷一五
嘉庆义乌县志馆	汪道昆传	嘉庆《义乌县志》卷九
大清一统志馆	汪道昆传	道光《大清一统志·金华府》卷二
安徽通志馆	汪道昆传	光绪《安徽通志》三四二
许承尧等	汪道昆	民国《歙县志》卷一五
吴锡微等	汪道昆传	《皖志稿·集部考》卷九
(明)吴之器	汪道昆传	《婺书》卷六
(明)冯梦祯	祭汪司马伯玉先生文	《快雪堂集》卷二一
(明)焦竑	兵部左侍郎南明汪公诔	《澹园集》卷三四
(明)汪无竞著,汪瑶光编次	汪左司马公年谱	《太函副墨》附
徐朔方	汪道昆年谱	《徐朔方集》第四卷

续表

作(编)者	传名	出处
(明)皇甫汸	少司马新安汪公五秩序	《皇甫司勋集》卷四十六
(明)王世贞	少司马公汪伯子五十序	《弇州山人四部稿》卷六十二
(明)王世贞	左司马南明汪公六十序	《弇州山人续稿》卷三十四
(明)戚继光	赠御史大夫汪长公序	《止止堂集横槊稿》中
(明)戚继光	闽海纪事	《止止堂集横槊稿》中
(明)冯梦祯	汪伯玉先生尺牍引	《快雪堂集》卷一
(明)俞安期	慭知并序	《翏翏集》卷一

综合这些传记所记，汪道昆在两个方面的地位引人注目：

(一)作为军事家的汪道昆

汪道昆以文名为人所重，其边防功绩和军事才能却常被忽视。陈田说过："伯玉在闽，颇立功名，史仅及其文章，亦憾事。"[1] 其实，不仅在抗倭斗争中，还在兵部侍郎任上的边防军务中，汪道昆均显示了突出的军事才能和独到的边防策略。现对其有关军事的仕履及相关著述作一梳理。

汪道昆于嘉靖二十六年(1547年)年中三甲第107名进士，同年十二月授义乌县知县，这是汪氏仕途的开始。其于嘉靖三十二年(1553年)由北京户部江西司主事改兵部职方司主事，这是汪道昆由文官兼理军务的开始。次年(1554年)四月，升武库司署员外郎，三十六年(1557年)三月，升武选司署郎中事员外郎，九月调武库司郎中事员外郎，十一月升襄阳知府。四十年(1561年)四月，三十七岁的汪道昆升福建按察司副使，备兵福宁(今福建省宁德市霞浦县)。此次升迁，乃"贵人子悬缺，望襄阳守。一缣不至，遂以闽海缺推公。谓公优文绌武，实阳与而阴挤之"，时"会有悍卒拥胁开府，开府莫能支。道昆遽入军门，戮首事以徇，一军寂然"[2]。汪道昆甫一从军，便树立了

---

[1] (清)陈田辑：《明诗纪事》己签三，上海：上海古籍出版社，1993年，第1927页。

[2] (清)丁廷楗修、赵吉士纂：《康熙徽州府志》卷12，中国地方志丛书华中地方第237号，台北：成文出版社，1975年，第1683页。

威信。

嘉靖四十一年(1562年),"倭陷兴化(按,今福建莆田),全闽大震"①,汪道昆请求赴浙请援:

> 某愿奉尺书走督府请兵急援之,浃五旬,师至,虽贼逸我劳,然贼无斗志。
>
> 我以锐气乘之,直拉朽耳,是可以复莆。不然,某与公且不保,何论苍生?②

在汪道昆的力争下,时福建巡抚、婺源人游震德悟而从之。"道昆走浙,请督抚胡宗宪檄总兵戚继光将浙兵往。于是道昆主画策,继光主转战,诸贼皆次第削平。"③汪道昆在抗倭斗争中显示了军事才能,多次受赏,且于次年(1563年)升为福建按察司按察使,又升都察院右佥都御使提督军务,巡抚福建地方。在福建前后约四年的军旅生涯,也是汪道昆与戚继光在军事上的首次合作。汪道昆作为戚继光的监军,运筹帷幄,使戚继光得以专心军事指挥,在抗倭史上立下奇功,二人也结下了深厚的友谊。戚继光后来说:"初,继光以明命自浙至,适新安汪公整饬兵备。公时进继光谭东南事,意甚合,又相与乞师于浙、闽,至今赖之。……或谓三军之功,继光之力,此非知兵者。授我方略,假我便宜,饩廪以时,公其赏罚,无智名,无勇功,而东南阴受公赐。"④戚氏虽有谦辞,但可见汪道昆之功。

作为一个干练的官员,汪氏历任过知县、知府、巡抚、兵部侍郎,有着从地方到中央、从"亲民"之官到主管中央军务的直接工作经验。特别是作为戚继光的监军,"在内运筹帷幄",与在前线"主转战"的戚继光密切配合,取得了抗倭斗争的重大胜利。汪、戚二人在抗倭斗争中结下了终生不渝的友谊。戚继

---

① 《康熙徽州府志》卷一二。
② 《汪左司马公年谱》"(嘉靖)十一年壬戌"条。
③ 《康熙徽州府志》卷一二。
④ 戚继光:《赠御史大夫汪长公序》,见《止止堂集横槊稿中》,《四库存目丛书》集部第146册,第177页。

光曾作《为中丞汪公母夫人祈安》文:"中丞汪公,文武自将,握符闽邦,厥有丕绩。迩者明圣授钺东南,临制千里,奸变消弭,允为长城。不意母夫人近婴疾疢,贻中丞忧。……某愿以身代母夫人病,用是濯心涤虑,率诸将士诣明神之前,荐牲陈,恳祈厥疾有瘳,启处日泰,以登期颐之域,庶中丞专心仗节,永殿南邦,兹国事民命攸关,匪敢效私祷也,明神鉴诸。"①其辞情真意切,二人深情厚谊可见一斑。戚继光卒后,汪道昆遣伯子往祭,并作《宝剑篇》,纪念这段"不歃而盟"的战斗经历。

正由于有这一段军旅生活经历,加之有较高的运筹能力和文化素养,他在兵部侍郎任上,为巩固北方边防写下了一系列切中时弊又关系全局的奏疏,主要有:

《备倭议》《勘叛议》《讨三巢议》《文武全才〔议〕》(此四篇见《太函副墨》);

《辅兵议》《辽东议》《边储疏》《边防疏》;

《蓟镇善后事宜疏》《辽东善后事宜疏》《保定善后事宜疏》;

《经略应京诸关疏》《额兵额饷议》;

《申饬通州兵马疏》《题请督抚主将疏》《叙录效力官员疏》;

《旌别将官功罪疏》《查参军职官员疏》《举劾兵备官员疏》;

《举劾有司官员疏》《举荐承委官员疏》《经署边境疏》。(以上见《太函集》)

无论是作为抗倭斗争的历史资料还是作为研究晚明军事及其积弊的材料看,以上这些奏议都有很高的价值。除了统筹军事大局的《备倭议》《辅兵议》等著名的"九议"而外,作为一个曾亲历矢石、既了解将官也了解士兵的人,汪氏对军中诸如将领间相互推诿塞责、文官权重而不知兵、后勤工作的虚应故事、迂而无当以及贪贿成风等情弊十分了解,所提出的具体对策亦多能切中窾要,合情合理,有较高的可操作性,至今读来对某些方面仍不乏借鉴价值。如《蓟镇善后事宜疏》,更明确提出提高将权、严明赏罚、关心士兵、著筑

---

① 戚继光:《为中丞汪公母夫人祈安》,见《止止堂集横槊稿下》,《四库存目丛书》集部第146册,第212页。

台守险四项具体主张,切实可行。他如《备倭议》《勘叛议》《文武全才〔议〕》《辅兵议》《辽东议》《边储疏》《边防疏》《辽东善后事宜疏》《保定善后事宜疏》《经署应京诸关疏》《额兵额饷议》《题请督抚主将疏》《叙录效力官员疏》《旌别将官功罪疏》《查参军职官员疏》《举劾兵备官员疏》《举劾有司官员疏》《举荐承委官员疏》《经署边境疏》等,从任用人才到人员赏罚,从军事战略到具体战术,既有宏观眼光,又有很强的可操作性。这是其同时代"喜言兵"的纯粹文人同类著作所难以企及的。若与集中书牍部分《塞上政府》(二首)《〔上〕大司马谭公》四首(均见卷九十八)等以及与戚继光的一系列书信对读,其作为研究晚明边防的军事文献价值无疑是非常高的。

汪氏出身商人家庭,富有机略,勇于冒险;其父又曾习武,坚毅果敢,而道昆本人又"虎头熊背,项有异骨贯于顶",似乎为汪道昆的军旅生涯奠定了某种基础。纵观汪道昆一生的军旅生涯,以监军抗倭起,至兵部左侍郎止,不仅身先士卒①,而且团结主官,长于谋划,又运用自己丰富的文化素养和军事智慧,写下了大量的关于北方边防的奏疏②,就边防政策中的官、兵、饷、善后等具体事务提出自己比较务实的见解。

很显然,汪道昆是明代中期一位有建树的军事家。

(二)作为学者和文学家的汪道昆

汪道昆名列文苑,有许多较高的评价,如:

> 以诗文名海内,与太仓王世贞并称南北两司马。③

---

① 《皇明应谥名臣备考录》卷一〇有"(汪道昆)身披甲,亲自掠阵"、"昆戎服临事"等语。
② 《太函集》卷八七至九四有议、疏17篇:《额兵额饷议》《辅兵议》《辽东议》《蓟镇善后事宜 疏》《辽东善后事宜疏》《保定善后事宜疏》《经略京西诸关疏》《边储疏》《边务疏》《申饬通州兵马疏》《题请督抚主将疏》《叙录效劳官员疏》《旌别将官功罪疏》《查参军职官员疏》《举劾兵备官员疏》《举劾有司官员疏》《举荐承委官员疏》。另见《太函副墨》的有《备倭议》《勘叛议》《讨三巢议》《文武全才策》4篇。
③ (清)阿克当阿修,(清)姚文田、江藩等纂:《嘉庆重修扬州府志(二)》卷四七,见《中国地方志集成·江苏府县志辑42》,南京:江苏古籍出版社,1991年,第65页。

为文高擅长一时,与王世贞并称,人推当代文章第一。①

时称汪中丞文、戚将军用兵、武夷山水为闽中三绝……词家时论天下名士,独推道昆与于鳞、元美鼎足而三。②

甚至其声名远播至朝鲜,谈迁《枣林杂俎》记载:"朝鲜吏曹参判尹根寿子固,同子进士昭,至京云:'小邦极慕王元美、汪伯玉集,即童子皆能授读。'"③但汪道昆在文学史上的地位历来褒贬不一,其中批评声音最突出者,莫过于钱谦益在《列朝诗集小传》中记载的几件轶事:一则是王世贞早年高度评价汪道昆,使得汪道昆名声大起。但晚年颇为后悔,说当初之言是迫于张居正权势讲的违心话。另一则是汪道昆曾有"圣主若论封禅事,老臣才力胜相如"的诗句为人所讥;第三则是说汪道昆在与姜宝等人的黄鹤楼之会上,竟然连苏轼都不知道,洋相百出。

汪道昆以文名著,始于为兵部主事时④,其时尚不显达;汪道昆致仕乡居,是因与张居正有隙,"受劾免归,垂橐入门,百口多负责。家居挹损,自下敦布衣之悃",其"势"已然不在。汪道昆晚年结诗社,交文友,人们看重的显然是其文名,而非"崇阶"。

钱谦益所记汪道昆轶事显然对汪氏声名有较大影响,朱彝尊能够分辨其为过分之"诋諆",且认为作为弟子的陆无从应该不会如此诋毁先师。

今人徐朔方、金宁芬、汪超宏等先生对汪道昆的几则轶事也作了详细考证⑤。第一则涉及汪道昆与王世贞的关系。实际上,二人为同年进士,并称

---

① (明)过庭训:《明分省人物考》卷三七,见周骏富辑《明代传记丛刊》第132册365页,台北:台湾明文书局,1991年。
② (明)尹守衡:《明史窃列传》卷九六,见周骏富辑《明代传记丛刊》第84册414页,台北:台湾明文书局,1991年。
③ (明)谈迁:《枣林杂俎》,北京:中华书局,2006年,第569页。
④ (明)王兆云:《皇明词林人物考》卷九有:"其为主事时……是时公竭力于古文词,名甚著。"
⑤ 徐朔方:《汪道昆年谱》,见《晚明曲家年谱》第三卷,杭州:浙江古籍出版社,1993年;金宁芬:《关于汪道昆的几个问题》,载《文学遗产》,1985年第4期;汪超宏:《汪道昆四题》《〈汪道昆年谱〉补正》,见《明清曲家考》,北京:中国社会科学出版社,2006年。

"二司马",从二人唱和诗文和交往来看,同年友谊(包括与王世贞之弟王世懋)是一直未变的。王世贞曾请汪道昆为其《弇州山人四部稿》作序,汪道昆刊《太函集》欲请王世贞作序而逢其辞世,发出"天丧元美,谁其定吾文哉"①的哀叹。两人在政坛、文坛互相扶持,传为佳话。如果王世贞以迫于张居正的权势而违心称赞汪道昆的话,该被讥的就应该是王世贞而不是汪道昆。实际上,所谓的汪道昆因一篇寿序"得幸"张居正,才有王世贞在《艺苑卮言》中对汪道昆简而有法的赞誉的说法根本站不住脚,因为《艺苑卮言》的刊刻在前,而汪道昆作序在后。王世贞"违心事"的说法显然为臆测无疑。

徐朔方先生《汪道昆年谱》等对几则轶事都作了详尽、令人信服的考辨。认为,所传汪道昆的这些轶事"都不是事实"②,汪道昆为后人诟病主要是因为其复古的文学主张③。

第三节 《太函集》中的徽州碑传

一、《太函集》中徽人碑传概况

《太函集》是汪道昆最重要的诗文集,编成于万历辛卯年(1591年)。编定之前,汪道昆致书王世贞,告知编辑事宜,次年王世贞卒,则又致书李维桢请序,接着自为之序。可见汪道昆对该集编订的重视。据俞均所撰墓志,汪道昆晚岁林居,声誉日隆,文倾四境。"海内学士大夫,生而献寿称觞,殁而铭幽表道,不得先生言,则子不复孝,孙不称顺也。故海内乞言之使,趾错其门,

---

① (明)汪道昆:《太函集自序》。
② 徐朔方:《汪道昆年谱》,见《晚明曲家年谱》第三卷,杭州:浙江古籍出版社,1993年,第3页。
③ 参见汪超宏:《汪道昆四题》之"汪道昆与姜宝的襄阳之会"详细考辨了汪道昆不知苏轼的笑话,"只能是误传"。

旁舍填满。"①《太函集》收录传记235篇,其中商人传记112篇,这些资料,对于我们考察明代嘉靖、隆庆乃至万历三朝文学及社会思潮的流变,提供了有益的参照。

在当代的徽学研究中,《太函集》是最重要的诗文别集之一。自日本藤井宏氏《新安商人研究》②始,至张海鹏、王廷元等先生所编《明清徽商资料选编》③都大量引用该书材料,尤其是《太函集》中的碑传,更是我们了解明中叶徽州商业和商人活动的重要渠道。

《太函集》共120卷,收录诗文概况如下:

卷1~26,共261首各种"序",包括送别之序、赠序、寿序以及族谱、诗文集、奏议、尺牍等的序言。

卷27~40,"传"共85首。其中徽州人传文59首,含传主68人。

卷41~44,"行状"共27首。其中徽州人行状25首。

卷45~60,"墓志铭"共95首、"塔记铭"3首、"墓碣"2首。其中徽州人墓志铭63首。

卷61~62,"墓表"共15首。其中徽州人墓表8首。

卷63~66,各种"碑"共26首,包括家庙碑、去思碑、荒政碑等,这些多为家族祭祀或者记官员政绩而立的,无关碑传。另有2首为"神道碑"。

卷67,"墓碑"共6首,其中徽人墓碑3首。

卷68~70,共"碑记"18首、"碑阴"5首。含题名碑记、生祠碑记、县城碑记、儒学碑记等及墓域碑阴。

卷71~77,"记"共55首,有生祠、书院、草堂、山、室、学田等记。

卷78,"铭"共44首、"箴"1首。有山、岩、堂、室、楼、砚、墨、杯、石诸铭。

卷79,"颂"共16首。

---

① 俞均:《明通议大夫兵部左侍郎汪南明先生墓志铭》,附于张剑《略谈〈汪道昆墓志铭〉的价值》一文,载《河南教育学院学报》(哲学社会科学版),2008年第1期。
② [日]藤井宏著,傅衣凌、黄焕宗译:《新安商人的研究》,载《徽商研究论文集》,合肥:安徽人民出版社,1985年,第131~269页。
③ 张海鹏、王廷元主编:《明清徽商资料选编》,合肥:黄山书社,1985年。

卷 80,"赞"共 25 首、"诔"4 首、"哀辞"1 首。

卷 81~83,共"祭文"49 首。

卷 84,"论"9 首、"说"6 首。

卷 85,"杂著"13 首。

卷 86,"偈"27 首、"跋"28 首。

卷 87,"议"3 首。

卷 88~94,"疏"13 首,多为道昆兵部侍郎任上的边务之疏。

卷 95~106,"书牍"共 443 首。

卷 107~120,"骚"1 首,"古乐府""四言诗""五言古诗""七言古诗""五言律诗""七言律诗""五言绝句""七言绝句"等共计 1659 首。

综合统计,《太函集》共收文 1282 首,收诗 1660 首。其中,碑志类、传状类文主要集中在卷二七至六二,而哀祭类文主要在卷八〇至八三。由于哀祭类碑传文篇幅较短,往往形式大于内容,无具体的生平事迹,故价值不如前两类。

仅统计碑志、传状两类碑传文,《太函集》共有碑传文 301 篇,其中传主为徽州人的 182 余篇,而共收徽州传主达 201 人,所占比率近 70%。可见,徽州人物是《太函集》碑传传主的主体,这些碑传构成了一个形形色色的徽州历史人物世界(见表 5-2)。

表 5-2 《太函集》所收碑传情况一览表

姓名	字号	碑传篇名①	籍贯	传主身份或职业	卷数/生卒年	备注
江瓘	民莹	江山人传	歙县	布衣	二七	
饶母	未详	饶母完节传	襄阳	列女/节妇	二七	
程敬夫	未详	孝感传	歙县		二七	
唐尧臣	未详	台州平夷传		官员/武将	二七	"具文武才,擅当世之誉"。

---

① 为排版需要,碑传篇名中不使用书名号。

续表

姓名	字号	碑传篇名	籍贯	传主身份或职业	卷数/生卒年	备注
许挺	朝仪	星子簿许朝仪传	星子		二七	
陈宜人	未详	陈宜人传	瑞州		二七	陈有容妻。
戚景通	世显	孝廉将军传	定远	官员/武将	二七	
郑烛	景明	郑景明先生传	歙县		二七	
吴三五	未详	庖人吴三五传	义婺		二七	
汪通保	处全	汪处士传	歙县	商人	二八	经营于上海一带。
查鼒	字廷和	查八十传	休宁	艺人	二八	与唐寅、祝枝山等友山。
汪仲		汪处士传	新安	商人	二八	
沈文桢	时干	沈文桢传	四明	商人	二八	轻富贵。
王寅	仲房,十岳山人	王仲房传	歙县	诗人	二八	
吴子钦		吴子钦传	休宁	学者	二八	以侠著。
朱介夫		朱介夫传	休宁	商人	二八	"习盐法,其失得可抵掌而谈"。
詹傑	存邦	詹处士传	休宁	商人	二八	
戴氏		郑母戴氏传	休宁		二八	歙县郑定之妇。
闻渊		闻庄简公传	鄞县	官员	二九;卒年五十五	官至吏部尚书。
翁万达	仁夫	明兵部尚书翁公传	揭阳	官员	二九	官至陕西按察副使。
"七烈"		七烈传	歙县	节妇	二九	汪永锡孙氏;郑瓛妻汪氏;汪柳浩女;汪应宿妻鲍氏;方氏;李氏。

续表

姓名	字号	碑传篇名	籍贯	传主身份或职业	卷数/生卒年	备注
罗氏		郑麒妻罗氏贞节传	歙县	节妇	二九	
朱厚柯	未详	王子镇国少君传		宗室	二九	
许铁		许长公传	歙县	商人/盐业	二九	子许国中进士。
范汝珍	未详	范长君传	休宁		二九	"借令服贾而仁义存焉,贾何负也!"
程金	德良,汉阳	程汉阳传	歙县	官员	三〇	
江珍	民璞,渐江	江渐江先生传	歙县	官员	三〇 1694—?	甲辰举进士,授高安令;官至贵州左布政使。
江氏		江夫人传	歙县		三〇 1518—?	
潘侃妻		潘孺人传	歙县		三〇	"孺人以冢妇当户,务攻苦为诸妇先。"
潘图南	鹏举	太学生潘图南传	歙县		三〇;年二十八卒	丁丑入赀游太学,且将治行。宵中病溲,甫挟日,辄不起。
陈有守 陈筌	达甫,贞靖先生	陈贞靖先生及孝廉仲子传	休宁	布衣	三〇	
吴洋 吴桥	伯高	世医吴洋吴桥传	歙县	名医	三一	
范氏		孙节妇范氏传	休宁	节妇	三二	
汪孺人		许母汪孺人传	歙县		三二	

续表

姓名	字号	碑传篇名	籍贯	传主身份或职业	卷数/生卒年	备注
程长公	嗣？	程长公传	歙县	商人/盐	三二	
方氏		季弟待室烈女方氏传	歙县	列女/烈女	三二	汪道耆妻；夫死，中夜自经，年二十。
方太古	元素	处士方太古传	歙县	布衣	三二	不为世俗之学。
方际明	在宥，大治	方在宥传	歙县	布衣	三二	以宿学闻，居则为天都社，出则为江上社、三山社。
方际明	在宥、大治	方在宥传	歙县	布衣	三二	
吴氏		潘母吴伯姬传	歙县		三二	潘侃。
汪濬	深源	汪深源传	歙县	布衣	三二	
曹应龙 黄氏	干卿	明封奉政大夫赠中宪大夫三河曹公暨配封宜人赠恭人传。	长洲		三三；曹应龙？—1574 黄氏？—1577	以仲子贵，加封父奉政大夫、南京刑部福建司郎中，母宜人，并受诰命。
李琯	未详	李封君传	丰城	官员	三三；1507—？	歙县令；布衣蔬食，不越盛年。出无车，行无盖。
郑缉之		孝子郑缉之传33	襄阳		三三；？—1543	
杨仲宽		杨时栗传	萍乡		三三	
曹演	文修	赠奉政大夫户部贵州清吏司郎中曹公传	歙县	商人	三三；1443—1543	由儒而贾，富后捐官。
李学颜		河源李封君传	河源		三三	

续表

姓名	字号	碑传篇名	籍贯	传主身份或职业	卷数/生卒年	备注
吴衡	平仲	吴平仲传	歙县		三三;1485—1506	以医术名。
汪氏		汪烈女传	休宁	列女/烈女	三三;	十七岁殉夫:"中夜,屋震极者三,声若涛起,举室惊视,红光隐隐烛天,启门视之,则自经矣,盖春秋十有七云。"
许论	号默斋	许恭襄公传	灵宝	官员	三四;1495—1566	
潘侃	惟和,汀州	潘汀州传	歙县	官员	三四;	由商而官,为汀州守,有善政。
方扬	思善,初庵	方思善传	歙县	官员	三四;1571年进士	既成进士,起家陕州,历南京户部尚书郎;四十有四,病革。
安氏		吴母安氏传	歙县	布衣	三四;?—1583	
张浴		赠御史浴江张公传	晋江	官员	三五	
夏氏		吕相公元配累封一品夫人夏氏传			三五;1504—1586	吕文安妻。
李骞伯		李骞伯传			三五	
阮粥	良臣	明赐级阮长公人名索引阮粥传	歙县	商人/赫蹄	三五;1504—1585	
方简	君在	方君在传	歙县	布衣	三五	社丰干成员。
程本中	子虚	程子虚传	歙县	布衣	三五	社丰干成员。

续表

姓名	字号	碑传篇名	籍贯	传主身份或职业	卷数/生卒年	备注
陆树德	阜南	明都察院右金都御史陆季公传 36	云间	官员	三六;?—1587	
卓明卿	澂甫	卓澂甫传		官员	三六;1538—	以诗名;晚逃禅。
汪玄悰		松山翁传	歙县	商人/盐	三六	
吴汝拙		吴汝拙传	歙县	商人/盐	三六	
聂绍元	炼师	聂真人传	歙县	方外	三七	尝著《宗性论》《修真秘旨》各一篇。
方鋐	允声	方征君传	歙县	商人	三七	为宜黄令,有政声。
程惟清		海阳长者程惟清传	休宁	布衣	三七	所决策,顾托贾名而饰儒行。
程廷策	汝阳,汝扬	程辰州传	休宁	官员	三七	具文武材,出为辰州守。
吴伯举		吴伯举传	绩溪	商人	三七;1574—?	
黄镗 黄应坤	应坤字惟简	父子御史黄太公黄次公列传	歙县	官员	三八	
丁绳	丁瓒	丁海仙传	休宁	方技	三八	名医。
徐氏		吴母徐孺人传			三八;?—1589	
薛氏		周母传	歙县	列女	三八	
汪可觉	天民	孝廉汪征士传	歙县	布衣	三八	
汪徽寿		乡饮三老传	歙县	布衣	三八	

续表

姓名	字号	碑传篇名	籍贯	传主身份或职业	卷数/生卒年	备注
吕本	汝立,文安	太傅吕文安公传	德玉	官员	三九;1504—1586	赠太傅,谥文安,荫一孙中书舍人。
吕元	奚觉生	奚觉生传			三九;?—1587	
周孚先	字克道	隐君子周有道传	潮州		三九;?—1542	
汪良榕	文盛	世叔十一府君传	歙县	商人/盐策	三九;?—1579	
汪良权	文时	再从叔十六府君传	歙县	商人/盐策	三九;1509—1560	
许谷	本善	许本善传	歙县	布衣	四十;?—1570	
方岩耕	景真	儒侠传	歙县	商人/盐策	四十;1523—?	年逾舞象,出儒入商。
聂少翁		聂少翁传	清江		四十	
程共程		共程传	歙县		四十	
吴氏		丛睦汪母吴孺人传	歙县		四十	
鲍勉	惟瞻	明奉直大夫东津鲍公行状	歙县	官员	四一;?—1556	官至福建市舶司提举。
吴维岳	峻伯、霁寰	明故中宪大夫都察院右佥都御史霁寰先生吴公行状	孝丰	官员	四十;1514—1569	

续表

姓名	字号	碑传篇名	籍贯	传主身份或职业	卷数/生卒年	备注
程謩	守约、野亭，号野亭	明故封南京兵部车驾司员外郎程公行状	歙县	官员	四一；1495—1566	
鲍友孝	子为绿野先生	明故任子鲍子为先生状	歙县		四一；1489—1531	
吴福恺	应和	阳湖吴处士行状	阳湖	布衣	四一；1402—1468	
郑氏		赠安人江母郑氏行状	歙县	列女	1474—1516	四子:江琇、江佩、江瑾、江珍。
汪尚康	和中	明故太学生九洲汪公行状	歙县	列女	四一；1519—1584	购近古图书不遗余力。
吴氏		封孺人黄母吴氏状	歙县	列女	四二；15444—1587	
吴氏		明故封太孺人黄母吴氏行状	歙县	列女	四二；1501—1577	长子程子谦,次程子谏,举癸酉。次程子让,程子谅,举辛酉。
许氏		诰封宜人程母许氏行状	歙县	列女/诰封宜人	四二	通《孝经》、小学、《内则》。
古书	载道	明封承德郎户部陕西司主事梁山古公行状	歙县	官员	四二；1505—1527	三世以《礼》学名家。
汪琨	良玉	明故处士前洲汪季公行状	歙县	商人/盐策	四一；春秋六十有三。	且谒执政许相公(许国)为传,司寇王长公(世贞)为志为铭。

续表

姓名	字号	碑传篇名	籍贯	传主身份或职业	卷数/生卒年	备注
殷宗傅	求仲,尚筑	明故广威将军轻车都尉锦衣卫指挥佥事殷次公状	歙县	官员/武将	四二;1514—1563	
程嗣功	汝懋	明故通议大夫南京户部右侍郎程公行状	歙县	官员	四三;1525—1588	
唐氏		潜川汪太孺人唐氏行状	歙县	列女	四三;?—1586	"恭俭慈良,四德具矣。"
汪玄仪		先大父状	歙县	商人/盐策	四三;?—1548	以盐策致巨富。
吴氏		先大母状	歙县		四三	
汪良楷	文正	先伯父汪次公行状	歙县	商人/盐策	四三;?—1569	以盐策致巨富。
许氏		先伯母许氏行状	歙县	列女	四三;1506—1570	伯父服贾,居浙上游,性多疏,不事籍记。伯母居中主计,凡诸出入若家人产,一切籍记之。
吴孺		从叔母吴孺人状	歙县	列女	四三;1506—1567	从事唯谨,不惮用劳。
罗氏		罗氏姊状	歙县	列女	四四;?—1581	
		先淑人状	歙县	列女	四四;?—1578	
汪良彬	先府君状		歙县	商人/盐策	四四;1504—1579	方弘静之为倡,其言在也吾汪系出越国,徙千秋里者四百余年。

续表

姓名	字号	碑传篇名	籍贯	传主身份或职业	卷数/生卒年	备注
汪良植		先叔考罗山府君状	歙县	商人/盐策	四四；?—1579	
汪道贯	仲淹	仲弟仲淹状	歙县	布衣	四四	诗学枚、学曹、学杜，属辞学太史迁，六书学李丞相、王右军，其清狂学嵇阮，恬愉学孙登、陶元亮，劲直学陈太丘、王彦方；以恩义交者，经术则王元驭人名索引王元驭，文学则李于鳞，弇州直以通家也者而弟之；与戚继光等为道义交。
王全	守一	明承事郎王君墓志铭	休宁	布衣	四四；1495?—1554	季年以赀赐级承事郎。
江骥		明处士江次公墓志铭	婺源	布衣	四五	
温昕	良宾，旸谷先生	温次公夫妇合葬墓志铭	郧阳	学者	四五；温公1509—1549 左氏?—1559	
何积	良庆	敕封监察御史何公孺人金氏合葬墓志铭	休宁	官员	四五；1482—1562 1483—1563	大司徒著何公状，及中丞著孺人金氏状。
陈用彝	存性，小壶先生	明赠文林郎小壶先生陈公墓志铭	南海	官员	四五；1495—1541	
江瑾	民莹	明处士江民莹墓志铭	歙县	布衣	四五；1503—1565	当世以布衣称作者，无虑数十家。乃若质行雅驯，则余窃多江民莹。

续表

姓名	字号	碑传篇名	籍贯	传主身份或职业	卷数/生卒年	备注
江溁	一川	明故例授明威将军山东安东卫指挥江五公墓志铭	歙县	官员/武将	四五；1527—1576	
洪钺汪氏	承德	歙诸生洪承德配汪氏合葬墓志铭	歙县	布衣	四五；洪公1478—1535 汪氏1487—1567	由休宁黄石徙歙县洪源。
金塘	伯献	明故太学生金长公墓志铭	休宁	商人/盐策	四六；1509—1564	
洪什	承章	明故处士洪君配吴氏合葬墓志铭	歙县	商人	四六；处士1501—？ 吴氏1502—1543	
郑天镇	定之	明故处士郑次公墓志铭	歙县	布衣	四六；1501？—1556	
高氏		王母高氏墓志铭	歙县	布衣	1497？—1573	王仲房母。
鲍道明	行之	明故资善大夫南京户部尚书鲍公墓志铭	歙县	官员	四六；嘉靖十七年（1538年）进士	

续表

姓名	字号	碑传篇名	籍贯	传主身份或职业	卷数/生卒年	备注
杨氏		明诰封恭人顾母杨氏墓志铭	钱塘		四六	子顾行以虞衡司主事,上三年考,诏赐父爵如子,母封安人。
吴氏		赠恭人亡妻吴氏墓志铭	歙县	封恭人	四六;1482—1500	汪道昆原配;吴华显女;卒年十九。
吴氏		继室吴恭人墓志铭	歙县	封恭人	?—1551	恭人父服贾。
程正奎	时耀	明故处士程长公孺人方氏合葬墓志铭47	休宁	商人/盐策	四七;程1478—1564 方?—1551	以盐策贾吴越间。
吴钏	希璧	吴处士配严氏合葬墓志铭47	休宁	商人	四七;1486—1564	重侠轻财,寡积聚。
周甸	惟治	明故太学周君配徐氏沈氏合葬墓志铭	海宁	官员	四七 1500—1568	
吴荣让	子隐	明故处士吴公孺人陈氏合葬墓志铭	歙县	布衣	四七;处士春秋八十六,竟死桐庐。孺人少处士三年,先二年卒。	处士春秋八十六,竟死桐庐。
吴自宽鲍氏	克仁	明故处士吴克仁配鲍氏合葬墓志铭47	歙县	布衣	四七;吴1456—1524 鲍1457—1522	

续表

姓名	字号	碑传篇名	籍贯	传主身份或职业	卷数/生卒年	备注
朱云沾	天泽	海阳新溪朱处士墓志铭	休宁	布衣	四七；1491—1568	
高应鹏	云卿	明故征仕郎判忻州事高季公墓志铭	义婺	官员	四七	
闵襈	长孺	闵长孺圹志铭	休宁	布衣	四七；1564—1577	生十五年而死。
刘公		明故封文林郎江西道监察御史襄阳刘公墓志铭	新郑	布衣	四八；？—1577	
刘廷梅		明故中宪大夫广东按察司副使同野刘公墓志铭	南昌	官员	四八；1497—1574	
刘存义	质卿、敬仲、汉楼先生	大理寺左寺丞汉楼刘公墓志铭	襄阳	官员	四八；1523—1575	
胡松	茂卿、承庵	明故工部尚书致仕进阶荣禄大夫承庵先生胡公墓志铭	绩溪	官员	四八；1490—1572	
余瓒	士德、慕山	明故处士慕山余季公墓志铭	婺源	布衣	四八；？—1575	
程参	得鲁	明故处士程得鲁墓志铭	休宁	布衣	四八；？—1554	

续表

姓名	字号	碑传篇名	籍贯	传主身份或职业	卷数/生卒年	备注
陈尧	敬甫	明故通议大夫刑部左侍郎陈公墓志铭	通州	官员	四九;1502—1574	许国为表,王世贞为状。
陈经	仕伦	海宁陈处士暨配王氏合葬墓志铭	自歙徙海宁	布衣	四九;1479?—1553	作书,法赵文敏;称诗,法杜少陵。季年,益习形占星历。
祝子厚		海宁处士祝子厚墓志铭49	海宁	布衣	四九;1530—1576	
吴氏		明故孙节妇墓志铭	休宁	布衣	四九;1596—1576	孙伟二十七夭;丙子节妇以天年终,年八十一。
汪氏		明故节孝胡母汪氏墓志铭	歙县		四九	夫二十九卒;节妇七十七卒。
谭氏		敕赠安人徐母谭氏墓志铭			四九;?—1549	徐成位之母。
邵培	世德	先师邵次公墓志铭	余姚	学者	四九;1513—1557	汪道昆之师,江南邵氏。
汪道耆;方氏		季从弟汪道耆祔旌表贞节未婚妻方氏合葬墓志铭	歙县	烈女/烈妇	四九	汪道耆为道昆从弟,方氏殉烈。
汪炎	克温	明故迪功郎汪次公暨封安人王氏合葬墓志铭	歙县	官员	五十;1512—1579	
毛氏		明故封太孺人胡母毛氏墓志铭	太康	烈女/节妇	五十;1498—1576	胡长垣之母,毛瓒之女。

续表

姓名	字号	碑传篇名	籍贯	传主身份或职业	卷数/生卒年	备注
潘朝言		明故奉训大夫知北胜州事潘叔子墓志铭	歙县	官员	五十	
丁启运	启运	明故瑞州文学诰赠奉政大夫徽州府同知龙阳丁长公配宜人熊氏合葬墓志铭	歙县	官员	五十；1508—1569	
孙文郁	征周	明故礼部儒士孙长君墓志铭	休宁	官员	五十	
江可登	叔先	江叔先藁葬墓志铭	歙县	布衣	五十；1546—1589	
徐中行	子与	明故通奉大夫江西左布政使徐公墓志铭	吴兴	官员	五一；1517—1578	后七子之一。
吴季君		明故征仕郎中书舍人吴季君墓志铭	休宁	官员	五一	
汪镗		明故奉训大夫云南盐课提举章岐汪次君墓志铭	歙县	官员	五一；1526—1581	
吴龙潜	昆麓	修职佐郎国子监助教昆麓先生吴公墓志铭	丹阳	官员	五一	

续表

姓名	字号	碑传篇名	籍贯	传主身份或职业	卷数/生卒年	备注
潘仕王氏	惟信	明故太学生潘次君暨配王氏合葬墓志铭	歙县	列女	五一；1509—1544 1509—15801	
陈武林氏	克威	明故赠文林郎歙县知县东泉陈公暨赠孺人林氏合葬墓志铭	四明	商人	五二；1506—1578	
顾□周氏		敕封文林郎福建道监察御史顾公配累封孺人周氏合葬墓志铭	仁和	布衣	五二；1498—1579 封孺人 1499—1582	
孙玄积		南石孙处士墓志铭	休宁	商人	五二；1527—1582	
金赦戴氏		海阳处士金仲翁配戴氏合葬墓志铭	休宁	布衣	五二；1522—1579	
程□程季公		明故明威将军新安卫指挥佥事衡山程季公墓志铭	歙县	官员	1501—1577	
吴继佐	用良	明故太学生吴用良墓志铭	休宁	布衣	五二；1543—1583	
王以素	会川先生	明故兵部武库司郎中王大夫墓志铭	湖南	官员	五二；1508—1579	

续表

姓名	字号	碑传篇名	籍贯	传主身份或职业	卷数/生卒年	备注
徐氏		明封儒人刘母徐氏墓志铭	麻城		五三；1513—1583	
孙光先汪氏		明故益府教授孙长公配汪氏合葬墓志铭	雷溪		1519—1983	
汪伯龄袁氏	号隐庵	处士汪隐翁配袁氏合葬墓志铭	歙县	商人	五三；1510—1584	以下贾起繁昌，转而之齐鲁间，赢得以数千计。
吴君重	君重，仰松	处士吴君重墓志铭	歙县		五三；1524—1569	
吴良儒	龙潜昆麓	处士云谿吴公吴龙潜墓志铭	歙县		五三	
程锁	时启	程长公墓志铭	休宁	商人	五三	
方一敬		明故应天府府尹方公墓志铭	歙县	官员	五四	
戚□		明故骠骑将军都督金事镇守贵州地方总兵官戚次公暨配赠淑人李氏合葬墓志铭	义婺	官员/武将	五四	戚继光侄。
徐氏		明故谢母徐宜人墓志铭	金溪		五四；1523—1585	
吴继善		明故处士谿阳吴长公墓志铭	溪阳		五四；1509—1576	

续表

姓名	字号	碑传篇名	籍贯	传主身份或职业	卷数/生卒年	备注
程升闵氏		诰赠奉直大夫户部员外郎程公暨赠宜人闵氏合葬墓志铭	徽州	商人	五五；程1508—1589 闵1487—1557	
汪铎		明故浙江都司经历章岐汪季公墓志铭	歙县		五五；1531—1586	
吴□	身之	明故宛平丞吴长公元配汪孺人合葬墓志铭55			五五；吴1510—1578 孺人1509—1543	吴荣让之子。
汪海	德宗	明处士兖山汪长公配孙孺人合葬墓志铭	休宁	商人	55孙孺人卒年三十有四，岁在龙蛇长公终年六十有一	
李贤	仲良	明故处士李仲良墓志铭	南京	商人	五五；1512—1588？	
方氏吴氏		明故曾祖妣方太孺人曾叔祖妣吴太孺人合葬墓志铭	歙县	布衣	五五；吴1440—1523 方1450—1508	
焦文杰	世英	明故武毅将军飞骑尉焦公墓志铭	南京	武将	五六；八十二岁卒	

续表

姓名	字号	碑传篇名	籍贯	传主身份或职业	卷数/生卒年	备注
胡子仁		胡少卿墓志铭	休宁	官员	五六；1527—？	
丘谦之		明二千石麻城丘谦之墓志铭	麻城	官员	五六；1538—1584	
吴次		吴田义庄吴次公墓志铭	休宁	商人	五六	
黄钟		明故新安卫镇抚黄季公配孺人汪氏合葬墓志铭	休宁	武将	五六；1489—1579	
吴氏		方母吴氏墓志铭	婺源	节烈	五六；1245—1888	
周世禄	尚功	明赠文林郎陕西道监察御史东谷周公暨封孺人汪氏合葬墓志铭	旌德	处士	五七	
吴正中	汝承	吴太公暨太母合葬墓志铭		商人	五七；吴1509—1590 太母1508—1586	
谢氏		明封安人沈母谢氏墓志铭	四明	布衣	五七；1500—1544	

续表

姓名	字号	碑传篇名	籍贯	传主身份或职业	卷数/生卒年	备注
汪氏		敕赠孺人邵母汪氏墓志铭	休宁	布衣	五七;1515—1569	
宋氏		明封宜人胡母宋氏墓志铭	婺源	布衣	五七;1501—1589	胡应麟之母。
方弘静	定之,采山	明故石城县儒学教谕方敬之墓志铭 57	歙县	官员	五七;1515—1589	
邵甄	世昭	明故奉直大夫海州知州邵季公墓志铭	余姚		五八;?—1582	
程沂		明故南京金吾卫指挥佥事歙程次公墓志铭	歙县	商人	五八;1511—1580	
陈氏		明故诰封恭人吴母墓志铭	歙县		五八;?—1592	先师吴维岳夫人。
李氏		明故余母李孺人墓志铭	休宁	布衣	五八;1508—1590	余处士燧次媳。
黄正祖	彦修	明故国子生黄彦修墓志铭			五八;?—1591	
戚继光	元敬,号孟诸	明故特进光禄大夫少保兼太子太保中军都督府左都督孟诸戚公墓志铭	义乌	官员/武将	五九;1528—1588	同事二十五载,先后累数万言,则言言核矣。
陈□		明封征仕郎莆田陈长者墓志铭	莆田	商人	五九;1491—1588	

续表

姓名	字号	碑传篇名	籍贯	传主身份或职业	卷数/生卒年	备注
谢氏		明故吴母谢氏墓志铭	歙县	列女	五九	
郑次公		明故处士洪桥郑次公墓志铭	歙县	商人	五九；1520—1584	
孙氏		明故长原程母孙氏墓志铭	休宁		六十；卒年八十四	春秋八十四，二月己酉，无疾而终。
孙氏		江妣贞孙墓志铭	歙县	列女/贞女	六十；1507—1592	
大安和尚		庐山大安和尚塔记铭			六十；1507—1579	
休润禅师		少林寺总持空门幻休润禅师塔记铭			六十；?—1585	幼倍二亲，而从从父贾，出而周游。
张寅		张丞墓碣	郧阳	吏员	六十	
聂绍元	时泰	玉笥仙家三世墓碣	歙县	方外	六十	
项维桢	征周	明故文林郎知南漳县事项君墓表	休宁		六一；1512—1562	方弘静为志为铭。
林廷宪	德言	林次公墓表	瀛洲		六一；1533—1578	
汪氏		王母汪氏墓表	休宁		六一；1522—1568	

续表

姓名	字号	碑传篇名	籍贯	传主身份或职业	卷数/生卒年	备注
程锁	时启	明处士休宁程长公墓表	休宁	商人/高利贷	六一；1499—1561	
张氏		明故旌表节妇封太安人凌母张氏墓表	钱塘	列女/节妇	六一；?—1587	太安人生十年,母陈媪死。太安人以一女雏独持户,梱内不肃而严。
李公良	与同	明故处士篠塘李季公墓表	篠塘		六一；1488—1558	
章氏		明故舒母章孺人墓表	余干		六一；1507—1561	
张萦 伍氏 王氏		明赠文林郎南京江西道监察御史萦河张公暨赠孺人伍氏继孺人王氏合葬墓	定远	官员	六一；张萦1497—1564 伍氏1470—1544 王氏1591—1566	
曾懋远	梅台先生	明故通奉大夫云南左布政使梅台曾公封太夫人罗氏合葬墓表	吉水	布衣/封赠	六二；1490—1553 1484—1554	
方祥庆		诰赠通奉大夫云南左布政使方公暨赠夫人姚氏合葬墓表	歙县	布衣/封赠	六二；祥庆1515—1585 姚氏1488—1554	

续表

姓名	字号	碑传篇名	籍贯	传主身份或职业	卷数/生卒年	备注
龙飞霄		明故贵阳太守进阶中议大夫泰渠龙公暨赠安人傅氏合葬墓表	武陵	官员	六二；龙？－1569 安人？－1568	
吴佛童	景芳	明故处士新塘吴君墓表	休宁	商人	六二；士春秋七十以天年终	
吴琼	邦珍	明处士吴邦珍墓表	休宁	商人	六二；？－1585？	
朱宇浃	宗周	明宗室唐府辅国将军东一公墓表	新野	明宗室	六二；1490－1558	
黄翀	飞卿	明故处士黄飞卿墓表			六二；1502－？	
徐中行	子与	徐汀州政绩碑			六三；1517－1578	
徐元太	汝贤	少司马徐公平羌碑	华阳		六五	
方廉	以清,双汇	明故正议大夫资治尹南京工部右侍郎新城方公神道碑	新城		六六；1513－1582	
李中岩		明故中宪大夫陕西按察司副使赠通议大夫礼部左侍郎兼翰林院侍读学士中岩李公神道碑	公安		六六；？－1560	

续表

姓名	字号	碑传篇名	籍贯	传主身份或职业	卷数/生卒年	备注
何景明	仲默,大复先生	明故提督学校陕西按察司副使信阳何先生墓碑	信阳		六七;1483—1521	后七子之一
江才郑氏	大用	明赠承德郎南京兵部车驾司署员外郎事主事江公暨安人郑氏合葬墓碑	歙县		六七;江才?—1549郑氏?—1526	
詹杰	存邦	明故詹处士配吴孺人合葬墓碑	休宁		六七	
卓长公朱氏		明赐级卓长公配朱氏合葬墓碑	仁和		六七1538—1597	
王世懋	敬美	明故中顺大夫南京太常寺少卿琅琊王次公墓碑	琅琊		六七;1536—1588	元美为之集遗稿五十卷,汎汎乎成一家言。所著有《经子臆解》《闽部疏》《三郡图说》《学圃杂疏》《窥天外乘》《二酉委谈》,其绪余也。
黄芮		有唐黄孝子庐墓墓域碑	歙县		六七	
聂绍元	炼师	聂真人(像)赞	歙县		八十	
汪狮	本威	汪处士赞有序	歙县		八十	
吴俭斋		明处士俭斋先生吴公赞	歙县		八十	
蒋氏		外母蒋孺人赞有序	歙县		八十	

续表

姓名	字号	碑传篇名	籍贯	传主身份或职业	卷数/生卒年	备注
方太古	元素	处士方元素像赞	歙县		八十	
龙膺	君善,君御、伯贞	龙相君小像赞	歙县		八十	
江民堂		江处士民堂像赞	歙县		八十	
汪禹乂		宗老禹乂甫像赞	歙县		八十	
丁□		处士丁季翁像赞		布衣	八十	
吴良佩	惟和	吴田吴次公像赞有序	休宁	布衣	八十	
康世尧	卿雍	康尧卿像赞有序	歙县		八十	
李和之		李和之小像赞	歙县		八十	
程思玄		程思玄小像赞	歙县		八十	
汪道贯	仲淹	介弟仲淹赞有序	歙县		八十	
佘元夫		佘元夫小像赞	大梁		八十	
欧阳将军		欧阳将军诔	南安		八十	
方名锡	天宠	故授太医院吏目方长君诔	歙县		八十	
丁氏		丁孺人诔	休宁		八十	
汪□		四十八郎诔	歙县		八十	
朱□		襄庄王哀辞	襄阳	宗室	八十	
朱□		祭襄王文	襄阳	宗室	八一	

续表

姓名	字号	碑传篇名	籍贯	传主身份或职业	卷数/生卒年	备注
张太妃		祭襄国母张太妃文	襄阳	宗室	八一	
刘□		祭襄阳刘封君文	襄阳		八一	
郑□		祭郑公文			八一	
章□		祭章中书文			八一	
汪□		祭汪别驾文	歙县		八一	
汪□		祭汪文学文			八一	
沈氏		祭沈太夫人文			八一	
欧阳□		祭欧阳太夫人文			八一	
曹□		祭曹太夫人文			八一	
		祭外母文	歙县		八一	
陈氏		祭封太孺人陈母文	歙县		八一	
		祭封太孺人胡母文	中州		八一	
孙氏		祭烈妇孙氏文	歙县		八一	
方氏		祭方烈女文	郧阳		八一	
黄		祭黄进士文			八一	
王氏		祭迪公郎汪公封安人汪母王氏文	歙县		八一	
吴氏		祭黄母吴孺人文			八一	
方氏		祭方太夫人文			八一	

续表

姓名	字号	碑传篇名	籍贯	传主身份或职业	卷数/生卒年	备注
江珍	民璞,浙江	祭江浙江先生文	歙县		八二	
凌氏		祭程母凌太夫人文	歙县		八二	
许氏		祭程太母文82			八二	
夏氏		祭李令君母夏太夫人文			八二	
方扬	思善初庵	祭方初庵先生文	歙县		八二	
吴氏		祭吴氏嫂文	歙县		八二	
汪氏		祭婚氏吴母汪孺人文	歙县		八二	
胡冏卿		祭胡冏卿文	歙县		八二	
程□		祭封大夫程太公文	歙县	官员	八二	
		祭封大夫方太公文			八二	
黄□		祭大理寺寺丞黄公文			八二	
黄□		奠黄秘书文			八二	
		祭罗封君文			八二	
吴□		祭吴太公文	歙县		八二	
程景陵		祭程景陵文	歙县		八二	
王世贞	元美	祭王长公文			八三	
程嗣功	汝懋	同籍祭程司徒公文	歙县		八三	

续表

姓名	字号	碑传篇名	籍贯	传主身份或职业	卷数/生卒年	备注
程嗣功	汝懋	同邑祭程司徒公文	歙县		八三	
殷次公		祭殷次公文			八三	
丁氏		祭丁太恭人文 83	休宁		八三	
戚继光	元敬	祭戚少保文	定远		八三	
汪□		祭先叔考罗山府君文			八三	汪道昆叔父。
		祭叔母文		平民	八三	
汪□		祭世叔十一府君文		商人	八三	
		祭从叔母文			八三	敬事姑氏。
吴氏		先室吴淑人祭文		平民	八三	汪道昆妻。
方氏		祭从弟暨弟室方氏文	歙县	烈女	八三	
方氏		祭从弟室方烈女文	歙县	烈女	八三	

二、《太函集》所传徽人碑传分类评析

《太函集》所传徽州人物包括了官员、普通士子、商人、妇女、侠客、方技、等各型人群。下面逐一分析：

(一)官员

汪道昆仕宦近三十年，与同时代徽州同郡官员相交往很多，汪道昆为不少人撰写了碑传文。如《程汉阳传》(程金，卷三〇)、《江渐江先生传》(江珍，

卷三〇)、《程辰州传》(程廷策,卷三七)、《明奉直大夫东津鲍公行状》(鲍冕,卷四一)、《明故通议大夫南京户部右侍郎程公行状》(程嗣功,卷四三)、《明故资善大夫南京户部尚书鲍公墓志铭》(鲍道明,卷四六)、《明故工部尚书致仕进阶荣禄大夫承庵先生胡公墓志铭》(胡松,卷四八),《明故应天府府尹方公墓志铭》(方良曙,卷五四),等等。

在汪道昆笔下,高级官员的正面品质,首先是勤政爱民,廉洁奉公,且勇于任事。如江珍字民璞,少聪颖。年十六补县诸生,后八年而廪。甲辰举进士,授高安令:

> 令下车,会不岁,孳孳务赈恤,悉捐不急,徼无良,境内赖之。是岁饥而不害其政。省科法,务便民。夫里在官悉纵还生业,有政一呼辄至,即征发无后期。诸生朱诰豪邑中,深结郡守相。会诰佣人疾病死,诰嗾佣人妇诬诰所憾者黄约杀人。令得诰本谋,反坐诰。郡守相力为诰请,卒当之。于是邑中称平,无不悦服。戊申,征诸令最者入选,首高安。而高安就选天官,逡逡呐呐。天官意高安必不乐居台谏,则补主客尚书郎。寻奔父丧,起官如故。已又丧继母。丧毕谒天官,久不除。时乘礼部者货袁州,辇相属也,遂以风土不宜得请,改南驾部郎。人言驾部下乔入幽,去人情远矣。驾部笑曰:"故茹淡,则亦人人厌之,而吾适口且终身,亦各适其适而已。"会有新令禁所司毋滥给邮符,诸有力者抵部尚书,部尚书许诺,驾部不可,部尚书以为言,驾部正色曰:"郎吏小臣,奉诏守天子明法。公大臣也,奈何自上挠之?"卒不给。会十年一稽尺籍,更定快船差,乃先期具疏,关部尚书上之,得减船百,而驾部手籍部署一切,请托不行,士伍获苏,至今称便。由驾部出为信州守,首捐岁入公费千金,檄诸属吏务洗濯自新,不者按治毋贷。永丰纪崇以富贾怨,适醉人僵尸于道,怨者徙尸崇舍旁,且为蜚语:"前守受千金,脱崇。"前守置不问。郑御史按郡狱,信州白崇冤。御史退语监司:"守故少吾党,即囚坐失入,守独不以囚富避嫌?"信州闻之叹曰:"天子遣使者按部

中,唯此三尺法耳。法不当,守何敢轻傅大辟以远嫌?"监司默然。其后崇事竟白。上清真人张彦颛死,上遣金吾治彦颛丧。金吾籍胄子当对,盛意气,又阿上旨,骚驿百端。信州遗诗讽金吾勿吐旧德,金吾劾郡从事不奉诏,状辞连信州。司隶朱忠僖不直金吾,戒勿奏。亡何,张氏不嗣,诏收真人印绶,郡人快之。楚酋袁三以粤兵反闽,闽抚归楚粤分部,惧出袁州,睨相舍,唅三由彭蠡而西,三趋豫章,张甚,佯言依故主胡督府归浙江。会段御史按饶,信州往告急,且曰:"三必反,反必首祸信州。信州属邑故无城,计将安出?"御史愕然曰:"此开府事,亟请之信州。"进曰:"明公代天子西巡,愿就近为百万生灵计,借分彼此,境内谓何?"御史颔之。揖信州出,亟还郡。三已聚党薄信州。乃阴戒壮士登陴,严为备。三不敢发,则趋玉山。而玉山令故冥冥,三遂反。信州檄数贼罪:"无论我兵若贼党,有能擒斩贼首者,予千金。"贼由是奔永丰,入闽,终岁乃溃。御史按玉山、永丰二令罪状,不及信州。顾目属信州,信州终不往谢,大以为望,则以计吏殿信州。而吏部习信州良,寝其奏。会有诏御史按疆事,复及信州。疏下职方,信州乃从量移去。顷之,袁州及御史俱败,檄补郧阳于家。寻转副使,治兵饶州。已,复进浙江右参政。先是游民聚族采,据西安铜山,数寇新都,官司莫诘。参政策便宜四事,未及行,寇业已破婺源,掠休宁,且薄歙境。参政亟请督抚发兵截寇归路,悉歼之。遂乘胜锢铜山,散其党。复请以浙东兵备兼摄徽、饶。迄今十年,亡复啸聚者,参政力也。寻论功赐金币,进江西按察使。行亡何,转云南右布政使。会肺病作,投劾归。其年秋转贵州左布政使,乃复投劾,吏部寝不行。已而知先生决策且坚,乃许致仕。

其二,精明强干、不避势要也是必要的品质,如程廷策。廷策字汝扬,始授户部山西司主事。父母丧服除后,补陕西司主事,署广东司员外郎,历陕西司郎中。并兼摄广东司、广西司、山东司。"所至议沿革,策便宜",他办事果

断,雷厉风行,不畏权贵:

  云中告急,诸军待饷而哗,上发帑饷二十八万有奇,莫为主运。汝扬奋往,次甕城驿,虏骑遮道,边尘蔽天,乃连车为营,环营为堑,卫士瑟缩偶语,抶之百,徇行间,卒保饷完,乃还报。部议坐视九江榷,修云中劳,固辞不行,举同舍郎王应显代。部尚书与语:"曹避转饷,君独行;曹牟九江,君独谢,何以故?"自言策无状。比及三年,将檄所部宠灵,为父母地神乐观,失仓粮额若干石,当坐太常卿以下十有八人。汝扬按籍核之,则累岁耗当如是尔。盖幼侍考氏食,借箸画几上学书,既习《九章》,复学握算。考氏谓《九章》贾者事,何学为?对曰:"童习书、数固当,异日者幸为计臣,当以此主计。"汝扬故善算,以其状白尚书,尚书然之,诸太常得免。陆太保炳用事,贷商人柯凤金市刍藁,横索子钱,稍失期,下其曹二十四人大金吾狱。汝扬宣言:"太保奉三尺,无宁以收责坐不辜。"炳闻之色沮,而释系者。癸亥十月朔,不周风振郊关,占为虏征,亟治赋。虏大入掠通州以西,上以吴恭顺、孙司寇监崇文门,程度支任城守,警日急。各门坚闭而登陴,汝扬以门接通州,安能以城下为壑,乃画地分部,登火鼓,列旌旗,布戈矛,张弧矢,总而山立,骑者周巡。昼则践更,夜乃毕作。谍言虏近三舍,避者千百亿争趋门。勒诸材官门内悬桓表三道,道旁夹钹以诘,入者左诘而左入之,出者右诘而右出之。贮中坚以备非常,皆井井。内外申令三五,乃启门,入者鱼贯从流,无所拥塞。既则九门沮者毕至,无留行。守者传餐,士以糒,骑以刍,材官以糈。朝则鸡鸣而给,平旦而周;夕则日入而给,丙夜而周。群而不嚣,信地不失跬步。虏遁去,旬有五日始休。

  都人士多程郎具文武材,顾出为辰州守。永顺、保靖二司馈故守旅币充庭,守让而却之:"吾第宝不贪尔。"入境则兴学校,赡诸生,劝农桑,举乡约,简驵侩,通化居。尝以水旱,祷而霙,皆响应。郡故患虎,为文檄之神,募力士捕之,殪者十有二。融风至旦日,豹入南门,占为火征,下令亟修火政禳之。坛垔殆将震于其邻,火星星然,五门有备,乃熄。是日武陵火特甚,马底驿灾,民间乃呼神君,籍籍称三异矣。蜀开府,征土司兵二万,征土夷,守持之强,必不可发。是尝以御倭赴调,其为害甚于倭,彼且伺征发,姿贪婪,听之左矣。彼中宿将,不难以全蜀奉土夷,罢之便。所部当守,议从之。巨当出填郢都,得请征辰州香稻米入贡。守曰:"是产五寨,若索之寨而郡输之,有苗怼。"缇骑启衅端,不用命。守又言:"考之食禁,是米故作膨脖,借令糁玉食进之,即有问无死。"所当闻大恐,覆奏罢征。故守递视郡若藘庐,百废不举。叩之故,猥云力诎举赢。守至则缮丽谯,缮笾库,缮城郭,缮学宫,缮城隍庙,缮马伏波祠、王文成祠、张督府祠,建辰阳楼,江南筑退思亭。郡斋后卢溪岁有殍,出俸余镪羨,设粥赈饥,属周从事任之,全活万计。籍上谳狱使者,平反数十百人。

其三是有雍容的气度和大家风范。汪道昆论江珍曰:"余安能传先生?即传矣,安足传也?先生身不满七尺,而屹立若泰山。故寡言,言出若括中黄而中命。居常择地而履,及其坦坦自率,则委蛇若游龙,望之凛然。就而亲之,若承景含光,不见其迹。人谓余狂而先生狷也,而先生终不以不羁弃余。余始交先生十年,考其行矣,窃自念曰:'直矣,方矣,殆难为徒。'又十年而获其心,正直而壹归于忠厚,盖长者也。又十年而睹其全也,退而深惟曰:'嘻,能白能玄,能觚能圆,徐不甘,疾不苦,柔不茹,刚不吐,庶几乎大雅君子哉!'"又论程嗣功曰:"之人也,喜怒不形于色,宠辱不入于心,庶几乎大人之度,削雕为朴,侗然其赤子乎!乃若廓然而无町畦,豁然而无边幅,恬然而无畔援,于于然而无将迎,是谓全德。夔夔然其孝也,怡怡然其友也,雍雍然其鼓瑟瑟也,济济然由由然其集麟趾也,是谓全昌。斯其百嘉之宗,百顺之聚也,其曰全人,信乎,其什全矣!"

汪道昆本人为官有古大臣之风,遇事"屹立若泰山""喜怒不形于色,宠辱不入于心"等,都是他所欣赏的风范。他对江珍、程廷策都有相当深的了解,故其所论,尚算不得谀词。

对其所处时代吏治日下的现状，汪道昆是忧心忡忡并持批评态度的，他曾说："自世宗斥不令，其后诸执政率奖廉直，厉官常。迄今文告日烦，吏治日下，要之，吏者不为厚利则为名高。彼其营营为厚利，不遑恤名，墨吏也；营营为名高，因而罔利，奸吏也。当世以墨败者什七八，以奸败者不能什二三，固宜。"（《太函集》卷三〇《程汉阳传》）但这并不足以表明他本人就"一尘不染"，起码在维护徽州官员集团的利益方面，他与别的官员并没有什么本质的差别。他本人被迫致仕后，就曾托同乡次辅许国谋求起复。晚年又上书许国，力图为胡宗宪平反。《程汉阳传》中就明载有他为程金谋授承天知府的事：

> 余适填楚，且得代疏。略曰："臣习汉阳守金廉直，乃今置之汉阳。汉阳都江汉间，蕞尔不及一大县，即苦水溢。守金卧而治矣。承天守先帝汤沐，其重什倍汉阳。乃今虚无人，请徙金守便。"

这种帮助和扶持，显然超越了简单的"举贤不避亲"的范围。此事虽未成功，但反映出一个事实——为徽州乡党谋利益是徽州官员们的一种"官场惯性"。走出徽州的官吏们，需要相互扶持，需要构筑其强大的势力群，为徽州争取更多的利益，特别是要切实保护好自己在全国各地的徽商家庭（族）利益。

（二）商人

嘉靖、隆庆以后，商品经济的快速发展，加剧了社会财富的重新分配，商人在资本积累的过程中，占据着相当有利的地位。"明代中国是一种文化的产物，这种文化按照一种古代农业社会——它被帝国的统治明确地统一起来，又与商业交换只有最低限度的联系——的理想把自己概念化（在一定程度上又试图把自己合法化）。但这种概念化不得不与商业的现实进行斗争，后者以前所未有的速度包围着社会生活的各个方面，而前者则在斗争中修改自身。这场斗争大部分是商人发动的；他们能够发动斗争，因为他们生活在其中的文化有藐视商业的倾向，可是同时又尊重财富，并且容许富人以适当的速度进入上层圈子之中。回顾商人在明代社会所处地位的变化，就不难看到商业对这个时期中国社会的影响的性质和广度。"①自其祖父已始的徽商背景,以及乡居徽州的人生经历,让汪道昆得以结识形色各异的新安商人,保存了有关商人的大量资料。汪道昆笔下的商人传记,为我们再现了金钱威力持续上升的晚明社会,随着个人拥有财富的快速增长,商人地位发生的变化,以及这一变动趋势下,各色商人在社会生活中的纷繁角色及鲜活形象。

《太函集》中的徽商碑传,按其所写内容,一般要论及如下几点:

第一是揭示徽商形成的原因——徽州地瘠民贫,徽人为生计所迫。如:

> 新都皆岩邑,以谷量人,尽土之毛,不足以供什一。于是舍本富而趋末富,农为轻。②

> 歙岁入不足以当什一,其民什三本业,什七化居,吾其为远游乎!③

> 新安少田赋,以贾代耕。④

徽州处万山之中,土地贫瘠,特别是随着几次大规模的人口南徙,使得徽州的土地难以自给。特殊的地域环境使得徽州人必须走出大山,最初是进行商品贸易,用本地产的木材、茶叶、药材等运到外地贩卖,获取利润,逐渐演变为盐业、典当等暴利行业。

第二是展现徽商经营的方式和类别——以宗族制度为基本组织形态的盐、茶、典当等行业的分工合作。

徽州人聚族而居,大姓众多,加之地域的封闭性,宗法制度在徽州社会相当长的时间内成为维系社会秩序的基本法则。在这一前提下,徽州的商业活动往往是以家族为中心的集体协作,互相帮带和扶持。如:

> (程季公)乃东出吴会,尽松江遵海走维扬,北抵幽蓟,则以万货

---

① [英]崔瑞德、[美]牟复礼编:《剑桥中国明代史》下卷,北京:中国社会科学出版社,2006年,第665页。
② 《太函集》卷六二《明故处士新塘吴君墓表》,第1290页。
③ 《太函集》卷五二《明故明威将军新安卫指挥佥事衡山程季公墓志铭》,第1101页。
④ 《太函集》卷四三《先大父状》,第919页。

之情可得而观矣,吾其坐而策之;东吴饶木棉,则用布;维扬在天下之中,则用盐策;君郡瘠薄,则用子钱。诸程聚族而从公,惟公所决策,脱不给,公复为之通有无。行之四十年,诸程并以不赀起,而公加故业数倍,甲长原。……举宗或以缓急来告,公无所辞,甚者捐百金不责其报,即不报焚其券罢之。①

(程长公)居贾则以主计擅场,盐策使数立长公为诸贾人祭酒。②

这种有组织有规划的商业活动能够有效保证资本来源,控制资本的流向,较个体的商业行为更加有效,更能抵御各种风险。

盐、典、茶、木遂成徽商的四大行业,在各地的势力也逐渐壮大。发展了的徽商仍然需要强化宗族观念,甚至在各经商地建立起宗祠、办私塾,加强子弟的教育:

其后立宗祠,祠本宗,置田以共祀事,如向法。召门内贫子弟,悉授之事,而食之。诸子弟若诸舍人,无虑数十百指,朔望旅揖诸子弟举颜氏家训徇庭中,诸舍人皆着从事衫,待命庭下以为常。③

第三是表现徽商成功的法则和走向——恪守商业道德和奢侈之风渐行。

徽商能雄踞商业领域数百年,其原因是多方面的,其最根本的还是徽商在商业活动中能恪守商业道德,富裕之后又能够多财而好义。

如休宁吴福恺,"长从父受成,由积著起。居常重然诺,虽遇五尺童子,未尝失言"。④ 休宁金赦"居常以然诺取重,族类归心"。⑤ 又如(汪海)"尝渡京口,客遗金橐舟中,长公留无行,待亡金者至,验之合,举全橐归之,问姓名,不

---

① 《太函集》卷五二《明故明威将军新安卫指挥佥事衡山程季公墓志铭》第1101页。
② 《太函集》卷三二《程长公传》,第695页。
③ 《太函集》卷四七《明故处士吴公孺人陈氏合葬墓志铭》,第998页。
④ 《太函集》卷四一《阳湖吴处士行状》,第882页。
⑤ 《太函集》卷五二《海阳处士金仲翁配戴氏合葬墓志铭》,第1099页。

告而去"。① 再如《汪处士传》中汪通保：

> 处士始成童，以积著居上海。倜傥负大节，倾贤豪，上海人多处士能，争附处士。初，处士受贾，资不逾中人，既日益饶，附处士者日益众，处士乃就彼中治垣屋，部署诸子弟，四面开户以居，客至则四面应之，户无留屦。处士与诸子弟约，居他县毋操利权；出母钱毋以苦杂良，毋短少；收子钱毋入奇羡，毋以日计取盈。于是人人归市如流，旁郡邑皆至。居有顷，乃大饶，里中富人无出处士右者。②

正是因为徽商的信守诺言，仗义疏财，才能够赢得人心。汪道昆显然对这些行为是非常赞赏的。

但是在《太函集》中我们也可以看到，素以勤俭著称的徽州人在丰裕之后，奢侈之风渐长：

> 既艾，日从诸侠少游，近声伎、博弈，终日无倦。少年迭出，终谢不支。年始及耆，复出而游吴越，日置高会，召诸故人为平原欢，逾月而归。则以岁杪，值初度，诸子姓从诸周亲近属递为寿，燕饮视吴越有加。③

享乐之风虽在明中叶颇为盛行，但对徽商的影响至为巨大。其风一直延续到清代，也成为徽商逐渐走向没落的重要原因。

第四是通过徽商揭示"贾"和"儒"的关系——贾儒并重，贾儒互持。

徽商的发展带来最直接的结果是对传统义利的背离。徽州为朱子之乡，儒家的传统教化深入人心，但在新的商业经济的冲击下，传统的义利观发生了变化。主要有两个方面：

首先，徽州人的碑传中往往说业儒而不得，才去事贾。然身在浓厚的商业氛围之中，面对巨大的经济诱惑，很难说这不是一种掩饰性的托辞。如曹

---

① 《太函集》卷五五《明处士充山汪长公配孙孺人合葬墓志铭》，第1154页。
② 《太函集》卷二八《汪处士传》，第598页。
③ 《太函集》卷五五《明处士充山汪长公配孙孺人合葬墓志铭》，第1156页。

文修"惧伤母心,遂舍儒而贾以为养。始服下贾,辄操心计,中废居,骎骎乎五年而中,十年而上矣"①。

汪道昆说得很明白:"古者右儒而左贾,吾郡或右贾而左儒。盖诎者力不足于贾,去而为儒;赢者才不足于儒,则反而归贾,此其大氐也。"②徽州人力不足者才去贾事儒,这或许有些过,但徽州人并不讳言贾事,并且为贾者辩护:"(徽)俗不儒则贾,相代若践更。要之,良贾何负闳儒,则其躬行彰彰矣!"③

徽州并不讳言对厚利的追逐,但往往富裕之后往往使子弟业儒——但儒、贾之间并不存在很大的互斥性和排他性。因而可以说,在《太函集》中,基本上是儒贾并重的。

其次,从明中叶之后的徽州实际来看,大量的徽商子弟走入仕途,又为徽商的经济活动提供某种可能的支持。而徽州的强大经济实力又是业儒子弟走上仕宦生涯的坚强后盾。可以说,徽商的贾和儒不仅不是互斥的,相反却是互持的。

汪道昆的祖父汪守义在临终前呼其子:"良彬,而翁归矣。顾而弟良植在贾,而子在官,第善语之,毋坠先人之绪,而翁瞑矣。"汪氏祖父临终遗言颇值得玩味,希望在官的大儿子能照顾为贾的小儿子④。这种官商互助在徽州应该是屡见不鲜的。如前所述,江珍、程金等人打击贼寇,包括汪道昆奋力抗倭,不能说没有保护徽州和徽商的考虑。

总之,徽州的贾、儒是融洽渗透的,这是封建资本转型时期的一个特定现象,而《太函集》无疑为我们提供了最好的蓝本。

在汪道昆笔下,有两类商人形象最具有代表性。

---

① 《太函集》卷三三《赠奉政大夫户部贵州清吏司郎中曹公传》,第723页。
② 《太函集》卷五四《明故处士溪阳吴长公墓志铭》,第1142页。
③ 《太函集》卷五五《诰赠奉直大夫户部员外郎程公暨赠宜人闵氏合葬墓志铭》,第1146页。
④ 按:其时,汪道昆刚刚赴任义乌令不久,其父汪良彬并无官在身,后汪道昆升任兵部左侍郎,其父才得封官。

其一是亦学亦商型。如《太函集》卷六十一《明处士休宁程长公墓表》所写的程锁。程锁字时启,休宁人,出生徽商家庭。少时从乡贤学《诗》。父客死淮海,程锁才开始治家。他父亲在去世前,出于经营需要,贷出大量款项。剩余的资财,又被家仆趁乱席卷一空。门客建议程锁捕获家仆后,再为父发丧,未被程锁接受:

> 长公不可,仁者不忘丘首,孤不能以一朝居。如使急亡命而缓亲丧,无宁匍匐往矣。于是日徒跣走百里,不避祁寒,胼胝皆龟,衣无枲著。枵腹则约腰带,加急甚则斧冰以代斧糜。既归葬桃林,母复命之出,乃侦山东,得亡竖,故橐皆亡。至淮,适当无年,焚贷者券,无所问。仅驴一乘,老枥下,货钱千,长公怀归,则以奉母。①

父亲突然辞世,家仆卷款出逃,父亲欠下的一摊债务,已经很难清偿。有人暗中替程锁筹划:"若翁故非饶,奈何一旦而取办,若且彼皆饶者,姑徐徐。"或许缘于早年所受的文化浸染,或许传统农业社会下,个人信誉在社会交往中起到的重要作用,程锁否定了别人的建议:"诚如客言,是死吾父也。孤不肖,终不使吾父负他人金。异日者,孤幸而赢,人将以为匿。人之有不幸而诎,则天夺之耳,固当。是赢诎皆辱也。"随即变卖田宅家产,悉数偿清债务。

料理完父亲的丧事,程锁独居一室,三年不出户庭,挟策读书,不辍经业。其母劝道:"病且无以为家,第糊口四方,毋系一经也。"遂结举宗室贤豪,十人为俱,人持三百缗,相与合从,贾于吴兴新市。当时,诸程在徽商中的财力相当雄厚,族内少年狃奢成风,为了不坠颓靡之习,程锁与十人订立盟约,负俗攻苦,出而即次,即使在隆冬时节,为了节省支出,也不肯升炉取暖。"截竹为筒,曳踵车轮,以当炙热。"经过长期的苦心经营,事业有了起色,为未来的资本运作提供了基础。中年后,客于溧水,以放贷牟利。

> 其俗,春出母钱贷下户,秋倍收子钱。长公居息市中,终岁不过

---

① 《太函集》卷六十一《明处士休宁程长公墓表》,第1266页。

什一,细民称便,争赴长公。

程锁以略低于其他高利贷者的利息,快速赚取了名利。但是,我们在阅读其传记时,还是不得不佩服他对商机的捕获能力。嘉靖二十二年,谷贱伤农,"诸贾人持谷价不予,长公独予平价囤积之。明年饥,谷踊贵,长公出谷市诸下户,价如往年平。境内德长公,诵义至今不绝。"能在饥馑之年,大量抛售屯积的粮食,从而使得谷价与丰年持平,足见程锁囤积粮食之盛,牟利之多。囤积居奇,虽然能够获得巨额的收入,但毕竟伴随着较大的商业风险。程锁似乎更愿意将主要的投资,用于春出秋收的高利贷经营。"长公乃部署门下客,分地而居息吴越间。"这种分地取息、横扫吴越的大规模放贷行为,如果没有各级官府及地方强劲势力的支持与推动,是不可想象的。

当倭寇来犯时,出于保护自身经济利益的需要,程锁的能量得到集中体现。"时吴越奉倭,旁及吾郡。郡中故无备,警至,率襁负入山。"程锁宣言:"吾以岩郡阻上游,寇未必至。至则境内皆倭也,何避焉!"勒部里中少年,召集三老豪杰,据地形,列五营,于军中立一强干者为长。分部伍,聚粮草,择期歃盟。程锁执牛耳,誓于忠壮祠下。"所下赴义者,有如先公。既歃,法不用命者一人,乃归伍;明日再至,法失伍者一人,乃归伍;又明日三至,法哗者一人,乃归伍。由是悉遵约束,人人幸自坚。"因备敌充分,倭寇在抵达徽州东境后,无计可施,遂遁去。在今天看来,明代军事防守制度存在着严重缺失,由于几乎将全部的重兵集结于边境,内地的防守相当空虚,数量不多的倭寇,一旦绕过军事主力,即可轻松深入东南腹地数百里。有效的军事打击,难以在短时间内完成部署。危急时刻,甚至只能依靠地方民众自发性的松散防范,这一漏洞百出的军事策略,几十年后,直接导致王朝国祚的瞬间坍塌。成功的战备动员,再次提升了程锁的名望地位。知县召请他,商量修建休宁城墙事宜。于是根据诸商产业的大小,指派相应的工程。族内某人因财力窘困,难以胜任分摊的任务。程锁对县令说:"某贫,宜不胜任。锁幸有余力,毋以一夫烦君侯,请代之。"此次兴修城墙,仅程锁个人就花费了五百缗。而溧水城的修建,他又同样捐助了五百缗。

对于程锁的一生，汪道昆评论道："余惟乡俗不儒则贾，卑议率左贾而右儒，与其为贾儒，宁为儒贾。贾儒则狸德也，以儒饰贾，不亦蝉蜕乎哉，长公是已。"又云："暇日，乃召宾客，称《诗》《书》。其人则陈达甫、江民莹、王仲房，其书则《楚辞》《史记》《战国策》《孙武子》，迄今遗风具在，不亦翩翩乎儒哉！长公尝奉诏助工，授鲁藩引礼，卒不拜。乃今伯仲受国子业，而冢孙亦学为儒。"

有意思的是，汪道昆笔下的商人，无论他的商业经营有多么成功，为其盖棺论定的碑传，大都总要拖着一条"贾而好儒"的尾巴，似乎倘不如此，他的一生便缺少了什么，这是一种值得我们注意的文化现象。形成这一现象的原因，大致在于：

首先，就商人本身来说，在以士、农、工、商为序的传统中国社会里，社会地位的提升，取决于诸多复杂的综合因素。一个人，他可能身无分文，但由于某种历史或社会的原因，或者曾在某方面作出的贡献，他可能在社会上享有崇高的地位，为人所敬仰尊崇。徽州商人的快速发迹，让他们拥有了相当高的经济地位，但个人财富的占有，往往带来的只是经济地位的提升，而经济地位并不等于社会地位。这一现状，必然会促成一些富有的徽商，千方百计为自己贴上一层"贾而好儒"的标签，以便更快地步入上流社会。

其次，士、商阶层的互动，确也导致原本不同的两个集团，开始交融渗透。明代中期以后，随着社会经济的发展，人口逐渐增多，有机会接受文化教育的人数日益庞大。与之相对应，科举录用的配额，却没有明显地增加，读书人通过科举取得成功的可能性，微乎其微，教育的付出与回报已严重失衡。一些读书人，迫于生计压力，不得不放弃学业，弃儒从商，由于他们具有一定的文化修养，通过读书交游，能够接触到级别不同的官僚集团，更容易在经营领域获得成功。尽管经商成功能够带来巨大的财富，但在极端专制的体制之下，个人财富的拥有，更易受到外界因素的干扰与破坏，富有的商人出于家族利益的需要，更愿意将部分财产用于子女的教育投资，从而在商人尤其是大商人的后代中，造就一批颇有成就的文人。通过士商阶层的互动，缩小了士与商的差异，产生了一些具有文化色彩的商人形象。

最后，商人传记得以流传，依赖的是文人的记载，即写的历史（written history），而写的历史本身就是一种选择（choose），今天流传下来的商人传记资料，只是经过"选择"的无数商人传记资料的一部分，未必能全面反映历史的真实。"贾而好儒"的商人被作者选择下来了，而更多的"贾而不好儒"的商人则被"省略"了。而这一点也是最根本的。徽商在获得了大量财富之后比较重视教育或许是事实，但把"贾而好儒"当作徽商的一个特点乃至文化性格，则显然被大大夸张了。

其二是忠厚长者型。《太函集》卷四十二里的汪琨，字良玉，汪道昆同宗，歙县人。在兄弟排行中，琨居其季，能修父业，以盐策贾于淮海江汉之间，渐成巨富。其兄汪璨虽主家政祭器，而料理商务，打点店面，大都依赖汪琨的苦心经营。"即长公璨以主器当中权，而季公独以心计，多奇中，度迟疾，测低昂，与时逐。"①往往烛照数计，料事准确。他虽以商贾起家，却能恪守儒家伦理之道，长期远居在外，"岁时递以方物奉庋阁，计程期未达，不敢先尝。"诸所出纳，谨慎取舍。相对封闭的社会环境中，商人四处流动的职业要求，使其能够获得相当丰富的信息资源。而世代相传的良好信誉，让他们在关键时刻，能够尽可能地获得丰厚的资金，为大规模的商业投机提供了经济保障。明代中后期，盐市价格的大幅波动，产生了巨大的投机空间，汪琨看准时机，借贷巨额款项，进行大规模投机倒卖，转手赢得数千金的巨额财富。

贷钱市盐的投机取得成功后，汪琨在大家庭中的地位也日益上升，有门客离间汪琨与其兄长的关系："此何与伯仲？"对曰："如之何后手足而先秋毫？"兄弟三人的家业有了起色，人丁渐增，"父命各置爨室。遂阴署赫蹏，手割地若干步，命三子覆射之"。汪琨分到了较近的土地，"邻仲居，于仲便。寻以其地归仲，易仲射者以居"。其睦族友邻，急人所困，大抵如此。

明代中后期，盐业领域的巨额利润，吸引了大批的投机者。多年的商海沉浮，让汪琨在盐业投机方面，积累了丰富的经验，对价格走势大凡有相当准

---

① 《太函集》卷四十二《明故处士前洲汪季公行状》，第903页。

确的预见。有同宗纳券鬻盐,贾数千金,汪琨语之曰:"与其化也,宁居毋薄,千金不待。"同宗听取了汪琨的建议,囤积不售,一个月后,盐价增值千金。旧例,盐价的出入,一切悉据驵侩组织的统一调度,经营的具体情况,则于年终汇总到邹氏处。"侩溢入百金,误也。"在年终经营汇总时,汪琨问邹氏:"岁额赢诎几何?邹蹙额曰:"额诎于昔,或有漏,籍无稽矣。"汪琨出溢入者归之曰:"吾不先发,惩尔后也。"

汪道昆的传记,其主旨似乎不仅仅将汪琨描绘为一个成功的商人,而是要写出这位商人的长者风采。汪琨外出经商,曾舟行泊下关,恰逢前舟覆没,因无人营救,落水者危在旦夕。汪琨急呼旁舟的船家,许以重金,能活一人者予千钱。"旁舟争赴约,而活十人,卒亡其五。公信关下为之殡,乃行。"通过记述这起突发事件,成功地摹画出汪琨的乐善好施的性格,深化了传主的长者形象。这一事例,也相当深刻地反映出晚明社会道德的整体沦丧。面对急流中溺水挣扎的十五个鲜活生命,旁观的船家竟然不置可否,无动于衷。而一旦许以重利,就争相赴约,唯恐落后,整个社会唯利是图的心态,昭然若揭。

为了更进一步深化了汪琨的长者形象,作者写了另外两则故事:国子生方尚梧的妻子不能生育,方尚梧为了传宗接代,私下与侍女相通。侍女怀孕后,方尚梧的妻子十分恼怒,将侍女赶出家门。汪琨知道这件事后,对妻子王氏说:"借令举子,第畜之。"在汪琨的资助下,方家侍女产下一个男婴,方尚梧的妻子探得了消息,居然私下遣人请求汪琨妻子王氏:"幸杀儿以释吾憾。"在汪琨夫妇的周全下,婴儿长大成人,认祖归宗。"及畜子且长,尚梧客死建康。季公既归其丧,并归其子为之后,举宗德季公甚,更其名曰回祖云。"

邻居宋氏家力颇微,但其性格却十分跋扈。汪琨为了处好邻里关系,一再迁就这位霸道的邻居。"公柔宋,宋益张。"汪琨家中养了一群家鹄,飞集到宋家的屋甑上。"宋伺鹄,匿其舍。季公一一赎之归。"宋氏以为奇货可居,递捕递赎。有人实在看不过去,问汪琨为何一味忍气吞声,甘为鄙薄之人诱捕鸟儿的囮子呢?汪琨回答:"吾终不以从禽而畔邻,听之耳。"汪琨的耐心与宽容,终于开化了宋氏邻居,"宋由是渐自戢,卒服"。

《太函集》中,诸如此类宽厚长者式的商人形象,比比皆是。又如阮弼,字良臣,歙县岩镇人。先世家资故饶,因其父不善经营,家道败落。少时与鲍象贤(鲍象贤,字复之,歙县人。嘉靖八年进士,授御史。历官云南副使,累迁陕西巡抚,官终兵部左侍郎)同门,后无力为继,弃儒学医。不成,再自请于其父:"郡人率以贾代耕,虽有良田,不耕不获。吾家负宿逋不报,宁坐困而不求治生。自今犹复悠悠,何以仰事?儿请具资斧,将服下贾于四方。"于是选择沿江城邑芜湖,作为经营之地。这里距离家乡歙县较近,襟带一方,舟车辐辏,适合经商。阮弼取得成功的首要方法,是取信于人。"雅以然诺重诸贾,不言而信,其言可市,诸贾人举之如季河东。"当时的徽商已经存在"驵侩"这样类似商会的组织,为了获得更高的利益回报,减少行业之间的无序竞争,这类组织还就每个商人的从业范围,作出具体分工。"彼中驵侩分行,独赫蹏莫之适主。"赫蹏即纸。明代中期以后,随着文化普及,对纸张的需求日益增加。造纸需要大量的原材料及用水,地处长江沿岸的芜湖,显然适合发展造纸业。但是,由于制作纸张的工艺较为复杂,劳动强度大,资本的周转运作缓慢,大多数商人不愿从事这一行当。在无人承揽的局面下,阮弼主动选择了造纸业。承揽造纸的行业后,阮弼聚集人力,筹措款项,"躬载橐而规便利,就诸梱载者,悉居之留都。转运而分给,其曹利且数倍"。虽然获取了数倍的利润,阮弼并未满足。他发现人们在购买纸张后,往往另请染匠着色加工,着色工序的市场需求很大。阮弼认为:"非独染人能白可采也。"遂即着手经营这一市场。"乃自芜湖立局,召染人曹治之,无庸灌输,费省而利滋倍,五方购者益集。其所转毂,遍于吴越、荆梁、燕豫、齐鲁之间,则又分局而贾要津。"能于芜湖之外的商业中心,根据市场需要,分片设立不同的分局,其管理方式已经有似现代经营理念下的企业运作了。商业帝国的建构基本完成,各地的经营步入正轨,阮弼在商业领域取得成功。"其所转毂,遍于吴越、荆梁、燕豫、齐鲁之间,则又分局而贾要津。长公为祭酒,升降赢缩莫不受成。即长公不操利权,亦犹之乎百谷之王左海。"嘉靖三十四年,倭寇自浙江突袭新都,迫近芜湖。芜湖过去一直未有城墙,面对危急的形势,守令束手无策。阮弼发动商人子弟及当地丁壮数千人,刑牲立誓:"寇邪虎邪?虎而峐,手可搏;虎而翼,矢可加。如其寇也,则业已穷,虽张,吾侪直醢之,以谢天子。"徽商于晚明势力的强大,在抵御倭患时,得到充分体现。他们挟持巨资,动辄发动千人以上的地方武装,抗倭御侮。数年后,群盗劫县府库,议建芜湖城池的倡议再次兴起。"长公应召,以身为版筑先。城完而坚,如期而告成事。"芜湖道出兰陵县,天阴雨湿,路险泥淖,行人不堪其苦。阮弼又捐资倡贾,力行修缮。

除了表彰其生意上的成功,汪道昆特别突出了阮弼作为忠厚长者的一面:

> 芜湖去歙五百里,乃以安车逆父母就养芜湖。请命饰禽为仲、季纳妇。已,复毕出赀产,请命三分之。父母曰:"不然。兹尔一人胼手胝足之烈也。二介幸及于糊其口足矣,胡为乎鼎分?"仲、季亦固辞:"伯独劳而使吾侪享其逸,不祥。即伯不居,何敢以鲁三家耦伯?"长公谓:"否,吾终不食吾言,卒等分三。"若一客为长公策者,耳语曰:"等分善矣。彼夸毗子,宁讵能师长公俭邪?割之便。"长公谢曰:"吾闻均无贫,故必适均,而辨之异。和无寡,故必参和而统之同。客休矣。"仲、季皆无禄即世,季遗一女而孤,长公悉以季赀为女装,归之闾右。仲遗二子,长公儿子畜之,二子亦父事长公,从长公贾,多历年所。诸宗族、亲戚、闾右交游至者,辄推赤心而纳之交。业儒则佐之儒,材可贾则导之贾,能独立则授赀而薄其息,能从游则授糈而翼其成;有过则规,有善则劝,有难则赴,有急则赒,有违言则解纷。讼则为之平其议,两造务守胜,有司遣之质成,言出而各虚己听之,不待其辞之毕也。抑或坚持不下,辄出百金结其成。事既平,未尝有德色。

如何看待这一现象呢?我们今天能够接触的商人资料,并不是过去曾经发生过的全部事实;传记所记载的,仅是值得书写、回味的局部,如果依此来建构明代商人的社会生活,必然与历史的真实存在相当大的出入,甚至是迥然相反;而且,这些淳朴敦厚的记载,也与传主快速攫取财富的现实相矛盾。商人以盈利最大化为根本,长者以谦让为准则,如此水火对立的处事准则,何以在商人传记中得到协调?这些商人碑传的真实性究竟有多大?

这个问题依然是上文论及的历史与写的历史的关系问题。如前所说,写的历史本身就是一种选择。碑传文大多为受托而写。据朱彝尊说,汪道昆晚岁林居,"乞诗文者填户,编号松牌以次给发,享名之盛,几过于元美"(《明诗综》卷五十二)。作为受人之托的应酬文字,往往杂糅着种种错综复杂的人情关系,以及相当丰厚的利益诱惑,自然少不了习以为常的溢美之词。譬如,汪道昆撰述的诸多商人传记,对于传主具体发迹的历史,以及经商致富的详细经过,往往一笔略过。专制体制下的巨商大贾,很难逃脱投机钻营、打点关节、贿赂官府的宿命,特别是勾结官府,把持两淮盐政,更是众所周知。大多徽州巨商的发迹,多带有资本主义原始积累时期为目的不择手段的残酷性,这是不可讳言的。

当然,这并不排除也确有少数徽州商人,由于自身的生活经历、家庭教育、个人修养以及宗教信仰等因素,在获得巨大财富之后,能够在"义"与"利"之间,找到一个恰当的平衡点,成为"忠厚长者",并以自己的言传身教,体现其价值规范。同时,从作者的角度看,汪道昆并非为生活所迫的潦倒文人,没有必要仅仅为了润笔的费用,毫无原则地出卖自己的文字。对汪道昆笔下的徽商碑传史料价值,我们应该有分析地辩证地加以认识。

(三)普通士子

《太函集》中,还有相当一部分写得很鲜活的形象——普通士人。

在传统中国,读书人的生存空间其实小而又小。即便是文化教育事业较为发达的徽州,能顺利钻过科举的金针眼,作官为宦的人,数目也极为有限。对于大部分读书人来说,在科举考试中屡试屡黜、久困场屋则更有普遍性。《太函集》中有大量的"处士"的碑传,这些"处士"一类是没有受过教育的商人或与作者有某种亲属关系的平民百姓,另一类是真正意义上的"处士"——即受过教育,甚至相当良好教育而无缘在科场上博得一第,因而偃蹇终生者。试举汪濬和江瑾两人的情况为例。

汪濬,字深源,是汪道昆的同宗,与汪道昆的弟弟汪道贯、汪道会友善,因二位弟弟的关系而结识汪道昆。汪濬体弱多病,全力沉潜于科业,终至一病不起。"深源故受《尚书》,业举子,诸兄并籍博士。伯、季举无年。深源美清扬,且善病,因而舍业,然犹不忘诗书。二仲与之语曰:深源其托于侠少乎?衣冠视吾党异矣。诘朝改服而至,相视而莫逆于心。于时二仲论作书,辄多颜、柳,深源竭力而摹颜、柳书法,最精。二仲论著作,辄多《老》《庄》《左》《史》,屈宋、苏李、曹刘、陶谢若李杜诸名家,深源下帷而读向所称书,视举子业益力。其大父故尝大治三官庙,深源独处旁舍中,日三饭则自中馈馈之,非夜分不废卷。人言深源舍业且久,何仆仆为?居无何,深源病,国医以为瘵也,戒勿劳。病已,则攻苦如初。已复病。其病率以劳佚为进退,医告技穷,乃召他医。治百端,病且革,家人请治丧具。"

江瑾,字民莹,是汪道昆结丰干社里的朋友,歙县篁南人。"幼负奇气。……善声诗,尤长于古体。初试县官不利,父命之商。民莹辄商,孳孳务修(举)业。会督学使者萧子雍行县,并举民莹民璞补县诸生。又明年,应乡试,复不利。民莹惭,自愤不务稼而罪岁凶,何为乎!遂下帷读书,历寒暑,穷日夜不遗余力。民璞请少息,毋已太劳。民莹愀然曰:'季子游困而归,由发愤起。纵自爱,而忘而母不瞑邪?'顷之病作,一夕呕血数升,延医十余曹,不效。因涉猎医家指要,自药而瘳。比治本业如初,又复病。释业复瘳,递病递瘳,盖十年往矣。……卒不起,盖乙丑八月二十六日也。距生弘治癸亥,享年六十三。"

在举业上耗尽了生命而终于未能博得一第的汪濬和江瑾,居然都有共同的想法,希望依托名家手笔,为自己传世。汪濬在病危弥留时,说了这样一段话:"自吾大父起家伯闾右,吾兄弟林林众矣,而吾又居末行,上之不能操尺一牍而对公车,下之不能蹑足作者之途以希不朽。吾宗左司马尝为大父立传,其言信而可传,吾亟欲仿颜鲁公《家庙碑》,勒石于庙。吁嗟已矣!乃今就木,生无益而死无闻,借令徽惠二仲若二三子,幸得司马一言,即俾葬侈于衮敛,吾其待此瞑也,虽桐棺何薄邪!"(《太函集》卷三十二《汪深源传》)江民莹临终前也说:"平生知我者唯季若汪中丞。愿季(汪道贯)为状,中丞为铭,幸须臾无死,犹及见之,死且不朽。"汪道昆感慨地说:"往余为民莹立传,曾未得其什二三。乃今要我以平生之言,奈何负民莹地下!"

汪道昆对这类人物是同情的,如江民莹,他不但写了传,还写了墓志铭。他以自身的名望为资源,收集保存了不少普通士子有价值的片断与素材。但是,有幸将记载生命轨迹的残编断简,留存到今天的失意士子,毕竟只是少数中的少数。绝大多数的读书人在八股科举制度下度过了潦倒的一生而不为人知。

(四)女性

各类妇女是汪道昆笔下碑传的重点之一。《太函集》共收入妇女的各式碑传106篇(含祭文等),除合葬墓志铭、封孺人、谊人、安人外,大都是节妇、烈妇、烈女、贞女,绝大多数为徽州本地人。她们虽被作为传主写入汪道昆笔下,但无一例外地只留下了姓,而没有名字。

封人如瑞州守陈有容妻(《陈宜人传》,卷二七)、徽商郑天镇妻(《郑母戴氏传》,卷二八)、汀州守潘侃妻(《潘孺人传》,卷三〇)、江珍母(《赠安人江母郑氏行状》,卷四一)等,表彰她们如何相夫教子,乐善好施,如何"以冢妇当户,务攻苦为诸妇先"(《潘孺人传》)的品德。

徽州妇女素有勤劳、隐忍的美德,尤其是徽商的事业逐渐发达起来之后,徽州妇女往往独自承担其抚育子女、赡养公婆的重任——一部分尚能因夫、子之贵而获诰命。合葬墓志铭所写亦大多与写封人相类,人物事迹甚至言行雷同者不少。不外乎如何治家有方,善待舅姑;如何"恭俭慈良,四德具矣";等等。

汪道昆笔下给人印象最深的则是的徽州的烈女贞妇们。封建社会的历代史志均为烈女立传,而徽州因受程朱理学影响至深至巨,显得尤为突出,祁门一县仅清代的烈女就有2700余人。民国《歙县志》所传烈女亦多至数千人,以至于所附《人物志姓名备查表》中注明"烈女以太繁未录"。程庭曰:徽州"男尚气节,女慕端贞,虽穷困至死,不肯轻弃其乡。女子自结褵未久,良人远出,或终身不归,而谨事姑嫜,守志无瑕,没齿无怨,此又余歙邑之独善于他俗者也。乡村如星列棋布,凡五里十里,遥望粉墙矗矗,鸳瓦鳞鳞,棹楔峥嵘,鸱吻耸拔,宛如城郭,殊足观也。"(《春帆纪程》)《太函集》中的烈妇、节妇传,更是令人触目惊心。

《太函集》卷二九有《七烈传》载七位汪姓女(妇)的"壮举":松明山人汪永锡,病久,其妻孙氏饮药先其十日死;汪天贵女归郑颟,夫客死庐州,姑继死,汪女自经死,年仅二十;潜口汪柳浩女、"病狂人"谢汤妻,夫病死,亦投水死;汪一中妻,一中御贼死,妻投井被救,后绝食而死;西沙溪汪应宿妻鲍氏,应宿贫,服下贾,负疾还,妻饮药先应宿三日死;方渭女,二岁许聘汪凤时,后十五年,凤时死,女求归汪家,死车中,遂合葬;潜口汪应玄继室,夫死,自缢从之,年仅二十二。这七位女性只是徽州女性的缩影,更多的徽州女性则陷入一生的不幸之中,这种不幸,更多的则是精神上的压制和摧残。

七位年轻的徽州女性献出了自己的生命,得到了汪道昆的赞叹甚至是夸耀:"吾宗著郡中久矣。无论丈夫能也,即女德亦往往闻也""其亦风教谣俗使然,抑天性也""长龄之死,乃在笄年,奇节也。"汪道昆所极力赞扬的所谓女德,正是建立在年轻女性的鲜活生命之上,实为残忍。

徽州妇女殉节之风最盛、频率最高也最残忍和最令人触目惊心,在《太函集》里,我们可以看到形形色色的表彰节妇、烈女、贞妇等各种体式的文章,直接歌颂节妇、妇的就达十六篇之多;如加上那些夫妇"合葬墓志铭"和传、碑、记(其中亦均歌颂守节),则逾三十篇,其篇幅约占其全书总篇数的十三分之一。例如:

郑麒人名索引郑麒妻罗氏贞节传(《太函集》卷二十九)
孙节妇范氏传(《太函集》卷三十二)
明故孙节妇墓志铭(《太函集》卷四十八)
季从弟汪道耆祔旌表贞节未婚妻方氏合葬墓志铭(《太函集》卷四十九)
明故节孝胡母汪氏墓志铭(《太函集》卷四十九)

江妣贞孙墓志铭(《太函集》卷六十)

明故旌表节妇封太安人凌母张氏墓表(《太函集》卷六十一)

季弟待室烈女方氏传(《太函集》卷三十二)

汪烈女传(《太函集》卷三十三)

祭方烈女文(《太函集》卷八十一)

祭从弟室方烈女文(《太函集》卷八十三)

封孺人黄母吴氏状(《太函集》卷四十一)

明长孺圹志铭(《太函集》卷四十七)

敕赠安人徐母谭氏墓志铭(《太函集》卷四十九)

明赠文林郎陕西道监察御史东谷周公暨封孺人汪氏合葬墓志铭(《太函集》卷五十六)

明故吴母谢氏墓志铭(《太函集》卷五十九)

其《烈女诗》(《太函集》卷一百七)更露骨地表彰烈女,惩治不贞:

> 夫君当户子,襁褓委玄黄。妾若向阳翘,东西永相望。云胡冰未泮,大海摧扶桑。生当誓白日,死当殉黄壤。所亲不识察,众口纷如簧。一举从鸿毛,安能复回翔。抗颜别父母,饮泣理衣裳。慷慨临君穴,捐躯同归藏。人生若朝露,逝矣无彭殇!宁为兰与芷,溘死有余芳。毋为桃李华,灼灼徒春阳。①

作为明末最著名的文集之一,《太函集》是研究徽学的史料渊薮,也是研究明军事史的重要文献;需要特别指出的是,我们高度评价《太函集》的文献价值,却绝不意味着对思想价值取向的认同。作为一位出自所谓"程朱阙里""理学名区"的上流社会文人,汪道昆在思想上受程朱理学影响至深至巨;由于出身商人家庭,他固然说过"贾何负于耕"(《太函集》卷五十四《明处士江次公墓志铭》)、"要之(农贾)各得其所"(《太函集》卷六十五《虞部陈使君榷政碑》)之类

---

① 《太函集》卷一百七《烈女诗》,第2253页。

的话,但这并不表明他像李贽、王畿等人那样,是站在新兴市民阶层立场上为工商业者立言,有着多少先进意识;恰恰相反,程朱理学中最落后的层面——特别是"存理灭欲"的"理学人性论",在其碑传文中表现得特别突出,尤其是上述那些表彰、鼓励妇女殉节的节妇传、烈妇传和墓志铭,其他如《季弟待室烈女方氏传》(卷三十二)、《季从弟汪道耆袘旌表贞节未婚妻方氏合葬墓志铭》(同上卷四十九)、《明故孙节妇墓志铭》(同上卷四十八),等等,大多总要写到殉节者临死前作者以致仕兵部右侍郎的身份去亲临慰问(实际是去进行"精神鼓励");总要写到死者死后又如何"其面如生""容颜如生"(这样的字眼至少出现过六次)等等。这些与上引《儒林外史》中王玉辉鼓励女儿殉节如出一辙(只是汪道昆是鼓励别人女儿殉节)。这样毫无人性的残酷表彰,在明代文人中虽不乏个别的例子,但在汪道昆的集子里表现得特别突出而典型。这绝不是以今天的要求来苛求古人,比之其约略同时的文人如李贽、王畿等人,其在这方面的落后性就显得特别刺眼了。埋藏在徽州贞节牌坊底下和这些文人文集内节妇墓志铭里的,其实正是被有形无形的所谓"礼法"迫害致死的无数少女少妇的白骨。只是汪道昆身处高位,理学成见已深,对那些屈死的节妇、烈女的惨痛生活状况视而不见而已。也正因为如此,一百余年后,同是出生于徽州的大思想家戴震和俞正燮,才那样分别对于理学家的"以理杀人"发出至今依然震慑人心的抗议,对妇女改嫁引经据典地进行辩诬以"抒愤懑"。这倒印证了一条众所熟知的名论:"哪里有压迫,哪里就有反抗;压迫愈甚,反抗愈烈。"戴、俞因生长于徽州,对那个地区妇女在"存理灭欲"理学人性论压制下受迫害之酷烈的情形有着真切的了解,感同身受,才可能发出那样沉痛的悲鸣,透出了"黑暗王国的一线光明"。

除此之外,《太函集》还为许多形形色色的人物作传,如名医吴洋、吴桥,诗人王寅、陈有守,侠客吴子钦、丁海仙(丁瓒),且生动形象,在《太函集》中都占有一定地位。

三、《太函集》中徽人碑传的价值和特点

现存碑传文大量集中收录在各种文集中,文集中的碑传,是研究作者和

传主的重要资料,保存了文献,提供了史料,是应该被充分重视的。徽州碑传亦是如此。大量徽人碑传文存在于各种徽州文集尤其是别集中,这些别集的作者多长期生活在徽州,即使宦游在外,也与徽州联系紧密,因此他们的文集收录徽州碑传相当集中,作者对传主的情况一般来说比较熟悉,故为文多言之有物,远非外乡人的应景之作可比。《太函集》即是这样的徽人文集的代表。

《太函集》的史料价值主要表现在:

其一,所传的人物数量繁富,涵盖了各个阶层的人物,全面展现了明中叶的徽州世界。

《太函集》收录徽州碑传数量冠于历代文集,如上文所分析,其所写人物从名公巨卿到普通士子,从豪商大贾到一般贩夫,从理学名如到黄冠老衲,从诗人、艺术家到妙手回春的名医……这些碑传从不同侧面总体上反映了十六世纪的徽州风尚。碑传中所传人物的大量活动如交游、经商、旅游等,更为我们展现更多的徽州风貌。最突出地表现为徽商资料:由于明嘉靖至万历时期是徽商发展的重要时期,其商业活动渐趋鼎盛,所以他们的碑传材料显然具有"史"的价值,不仅叙人物事迹,更可见时代风潮。这方面的价值,从上世纪50年代藤井宏氏《新安商人研究》开始,已得到史学界的高度认同。

其二,在《太函集》中还可以了解许多徽州风俗,如重男轻女的陋习:"里俗贵男贱女,即闾右家,数生女或不留"①;如徽州为文献之邦:"夫以文献概吾乡,其著者称岩镇"②;均是徽学研究的重要史料。

其三,是文学史料价值。《太函集》碑传中,不少的传主如王寅、江瓘、郑烛、方在宥等本人就是诗人,多参加汪道昆组织的诗社,部分有诗文集存世。从汪道昆文中,即可了解这些诗文作家的生平,可以丰富文学史料。另外,汪道昆本身就是古文家、诗人、剧作家,又组织了诗社唱和活动。在汪道会、王寅、潘之恒、潘纬、江民璞等人的碑传中,我们都可以看到徽州文学社团的

---

① 《太函集》卷三〇《潘孺人传》,第652页。
② 《太函集》卷三二《方在宥传》,第702页。

情况。

作为散文家,汪道昆声名与王世贞相埒,与王氏并称"文坛两司马"。誉之者称其文"以有所不法为法"①"简而法,且有致"②闽人甚至称"汪中丞文、戚将军用兵及武夷山水为闽中三绝";谈迁《枣林杂俎》记载了一件逸事:

> 朝鲜吏曹参判尹根寿子固,同子进士昭京,云:"小邦极慕王元美、汪伯玉集,即童子皆能授读。"随有诗怀两先生云:"大海雄文回紫澜,齐盟狎主有新安。平生空抱投鞭愿,怅望南云不可攀。"③

这足见汪道昆在当时文坛享有的崇高声誉。朱鹤龄云:"伯玉当嘉隆间,以文章声势奔走天下士,与琅琊、历下称鼎足。"(《愚庵小集》卷八)。朱彝尊亦曾述及:汪氏家居时,"乞诗文者填户,编号松牌以次给发,享名之盛,几过于元美"(《明诗综》卷五十二)。

尽管碑传文写作有着按相对固定的格式"按谱填词"的限制,但从总体上看,汪道昆的碑传文写作还是相对成功的。

其一,《太函集》中的碑传文,有鸿篇巨制,如《世医吴桥吴洋传》,洋洋洒洒超万言,记医案近60份,堪称奇观。但更多的是短文,语言精练,简而有法,每一篇根据传主身份来写,或言或行,姿态万千,确实做到了从"有法中见无法"。特别是写那些特立独行的人物,尤其是诗人、艺术家,汪道昆作为散文家的才华充分显示出来。试以写查鼐的《查八十传》④为例:

> 野史氏曰:古之人不卑小道,务有所成名。彼操一技之能,必入其室,君子盖有述也。
>
> 查八十名鼐,休宁北门人也,字廷和。鼐父珂,母刘氏。母梦灵龟入卧内,遂有身,既而生男,会大父华年八十,大父喜,命曰八十

---

① 李维桢:《太函集序》,见《太函集》卷首。
② (明)王世贞著,陆洁栋、周明初批注:《艺苑卮言》卷7,南京:凤凰出版社,2009年,第112页。
③ (明)谈迁:《枣林杂俎》,北京:中华书局,2006年,第569页。
④ 《太函集》卷二八《查八十传》,第601页。

云。大父以贾起家,鼐从父兄受贾,少负意气,务上人。尝过毘陵倡家,鼐为弦歌佐客酒,倡引琵琶侘鼐,目摄之。鼐怒,祭酒谓倡:"他日不以此擅场,有如酒!"时寿州钟山琵琶最善,故尝师乐师张六老及老将谢彦明,一时侠少若工师即善弹,尽出山下。鼐奉千金为山寿,师事山。无何,尽得山法。鼐卧起服习,日夜不绝音。居顷之,过山远矣。山叹曰:"郎君,吾师也,山何敢为郎君师!"于是乃过故倡,倡不知也。一弹而四座辟易,以为神。倡蒲伏下堂,涕泣莫敢仰视。鼐愈益自负,事事务上人。当是时,滑人李贵善技击,襄阳吴奇善善骑射,豫章孙景善蹴鞠,金陵马清善箫,吴人张大本善琴,皆独步。鼐悉从之受业,务尽其长。客曰:"夔犹不免于穷,吾惧吾子之力诎矣。"鼐乃缓一切,仍专事琵琶。既托贾而游,所至人人亲鼐。之吴,习祝希哲、杨用修、王履吉、唐伯虎、文征仲,引为布衣交。之大梁,周王使人召鼐,鼐语使者:"王能客鼐,鼐来;不能,鼐褁足逝矣。"于是长揖而据客坐,尽王欢。窦得意以倡幸鄢陵王,且蛊太原公子,得意深自闭,绝外交。既闻鼐名,私事鼐。鼐方结客,得意岁出百缗,佐客资。居七年,事鼐唯谨:"得意请备箕帚,妾幸托终身。"鼐谢曰:"鼐即穷身,顾自有妇。"卒不可。入楚,楚愍王遣使操币逆之蕲,鼐遂留蕲,辞使者。及愍王弑,蕲人多之。入广陵,大贾李从尧执贽请业。鼐笑曰:"即得富家翁为弟子,鼐将鬻技乎哉!"嘉靖中,江以南竞南音,废声伎,鼐且老,复过金陵,尝入平康里为清弹,诸美人无知者。安氏媪年七十,瞽矣,闻之大惊曰:"此先朝供奉曲也。国工张六老能之,客何为者?"既而知其鼐也,起为按节,相视以为知音。

鼐还休宁,未有子,继室请置妾,数以为言。鼐叹曰:"天地乐我以能事,假我以长年,广我以交游,延我以声誉,于我过矣,安能复昌阜我后邪!"日从诸少年游,斗黄雀,树花木。乡人王仲房、陈达甫亦时时过之。

野史氏曰:世俗言琵琶,夷部乐耳。鼐独以此称绝技,其专壹之效与!先民或以蒉桴为美,博弈为贤,有以也。昔高渐离易衣而惊坐客,视鼐诎故倡,何异焉!彼以匹夫而拒王公;借令事贵主以干进,彼且羞为之矣。吾乡故多节侠,则鼐其人乎?

这篇文章不到一千字,把一个争强好胜、视富贵为粪土、襟怀旷达的琵琶艺术家形象写得有声有色。在《太函集》中,写得别具一格,给人留下深刻印象的名篇还有《儒侠传》《潘汀州传》《王仲房传》等。徐朔方先生曾注意到这一点,认为这类文章"笔调同一般的行状、墓碑不同,而所写的人物却同《游侠列传》《滑稽列传》或《史记》其他列传中地位卑微而个性不同凡俗的一些人情调相近这些作品之所以引人注意,不是说它们在艺术上已经达到怎样完善的地步,而是指出'文必西汉'这样一个复古主义的口号在特定条件下也可以有所创新"。①

其二,汪道昆精研《左传》,著有《左传节文》)和《史记》,吸收了二者——特别是《史记》中世家、列传的写法。一是互见法。《太函集》中为同一人写有两篇碑传的有十余人,如写有传,则在墓志铭或墓表里叙事时,用"事见传中"或"事具传中"一语带过,这样就能节省篇幅,将其他方面写得更充实。二是开头的形式尽可能有变化,不给人千篇一律之感。如墓志铭通常的格式是先交代受某人之托,次写生平,再次写铭文。《太函集》中按这种格式写的也不少。但只要有可能,作者总设法有所变化。如《明故新安卫镇抚黄季公配孺人汪氏合葬墓志铭》(卷五十六)首先从议论开始:"世之为厚利也者利用弛,为名高也者利用张。弛则重积,重积则赢;张则厚亡,厚亡则诎。此名实之辨、小大之殊也。乃若用而不勤,积中而不败,恢恢乎张也,夫非人杰也与哉?"《明故奉直大夫海州知州邵季公墓志铭》(卷五十八)则直接从自己与传主的交往写起:"余冠而学礼,及先师邵次公门,则与季公相丽而居,相视莫逆。"明故《特进光禄大夫少保兼太子太保中军都督府左都督孟诸戚公墓志

---

① 《汪道晨年谱》,见《晚明曲家年谱》第三卷,杭州:浙江古籍出版社,1993年,第8页。

铭》(卷五十九)以"余自职方贰邦政,简记诸名将而综核之,慓者不坚,诞者不副,律之军志,不偾则糜。要以为丈人,为司命,为社稷之卫,为不二心之臣,则戚少保其人当世无两"起笔等等。至如传、墓表、神道碑等,则变化更多,平铺直叙的极少。在写法上,作者确实是费了很大心思。

毋庸讳言,汪道昆虽不在前、后"七子"之列,《太函集》的拟古主义倾向仍是相对严重的。这主要表现在语言运用上:《太函集》和《太函副墨》散文部分洋洋160万言,除了《辅兵议》《辽东议》《边储疏》《边防疏》;《蓟镇善后事宜疏》《辽东善后事宜疏》《保定善后事宜疏》《经略应京诸关疏》《额兵额饷议》《申饬通州兵马疏》《题请督抚主将疏》《叙录效力官员疏》《旌别将官功罪疏》《查参军职官员疏》《举劾兵备官员疏》《举劾有司官员疏》《举荐承委官员疏》《经略边境疏》《备倭议》《勘叛议》《讨三巢议》《文武全才〔义〕》(此四篇见《太函副墨》)诸篇应用文外,清一色是以《左传》式语言写成的,诘屈聱牙,因为《左传》的时代距作者生活的明嘉万时代毕竟隔了两千余年,所要表达的内容相去甚远,文言尽管在词汇、语法上相对稳定,但语言毕竟是随时代发展的。一味摹古,必然会给人造成凿枘不投之感。同时就内容而言,作者似乎对"人以文传"充满了无限信心,有不少碑传内容比较空洞,特别是那些为与自己有亲属关系的人写的传记或墓志,因为可写的内容实在太少,在写法上只好掉书袋,而给人以东一句西一句之感,作为文章来看,也相当乏味。

第四节 程敏政、汪道昆碑传之比较

论及汪道昆及其徽州碑传,我们不妨将之与上一章所论同为明代徽州人的程敏政及其碑传文作一个比较。

程、汪两人在明代文坛都有一定的影响,正史上均名列文苑传,亦皆以著述丰富见称;作为徽州人,他们对家乡都怀有强烈的归属感,在各自的文集中都有大量的徽州人物碑传。但是两人的不同之处也很明显:

首先,生活时代不同。程敏政主要活动于成化、弘治时期;而晚生整八十年的汪道昆则主要生活在嘉靖至万历时期。如前所述,这两个时期正是徽州的商业活动由少而多的转型期;同样,明代中叶早期的各种社会变革在程敏政的时代并不突出,而到了嘉靖之后的汪道昆所处的时代则是商业经济有了大发展的时代。这种时代的差异在程、王二人的碑传中可以看出,程氏所撰碑传所涉徽商人为数颇少,论及商业活动更少,在其编辑的《新安文献志》中,所收碑传人物几无商人——宋元以降,徽州并非没有著名商人(尽管数目较少),而当是程氏认为他们不足以垂范后世,所选有数的几位商人,则主要是表彰他们的乐善好施。在《篁墩文集》的碑传文中,传主最多的也是官员;而汪道昆在《太函集》中,仅纯粹的商人传记即有60余篇,其他传记中涉及的也相当多,以至于从日本人藤井宏起,就把《太函集》作为研究徽商的史料渊薮。

其次,出身不同。汪道昆生于商人家庭,其祖汪守义号为"少文辞"的"盐策祭酒",其父汪良彬随父为贾,习技击,又曾学医,涉猎广泛。虽然自汪道昆始,其家族开始以儒为业,但其在商业家庭中的耳濡目染,使其很大程度上不同于传统士人,不但对于商业活动有相当深入的了解,对士商的关系有了新的认识,其性格中亦有儒、贾"迭相为用"的圆通权变的意味,投机色彩甚浓。因而在"伶俐最值钱"的中国(鲁迅先生语),汪道昆能八面玲珑。程敏政则不然,虽其高祖谪戍河间,但其父程信为一代名臣,有很高的文化修养,且性格刚直,官终南兵部尚书。程敏政自幼接受良好的教育,被视为神童,以探花及第,一直为朝官,颇受赏识。但其为"名臣子,才高负文学,常俯视侪偶,颇为人所疾"。两个人的出身不同,形成了他们不同的性格,似乎又决定了他们的不同命运——虽都有仕途上的坎坷,汪道昆最终能够选择致仕返回故里,乡居近二十年;程敏政却因为科场案被勒令致仕,最后郁愤以终。

再次,对女性的态度不同。程敏政与汪道昆为同郡人,所距时代亦只相隔八十年,但二人在对女性的态度上,差别极大。这主要是由思想上的差距形成的。程敏政在思想方面,融合朱陆,开阳明心学之先河。他虽同样生于所谓"程朱阙里",对徽州的宗法制度也颇多赞颂,但思想相对来说较为开明,即以碑传文而论,程敏政所写的节妇墓志铭仅三篇,关于烈妇的一篇也没有——并不是那时没有烈妇,以节妇墓志铭来说,也只是一般表彰节妇的贤惠和善于持家、抚育子女;而在汪道昆那里,对烈女、节妇似乎有着特别浓厚的兴趣,鼓吹"奇节异烈"连篇累牍、刺刺不休,甚至是血淋淋的"表彰",对程朱理学"存天理,灭人欲"的理学人性论视为理所当然。这重以残酷为美、以别人的牺牲为美的思想惯性,在汪道昆的碑文中是显得特别突出的。从理论逻辑上说,汪道昆所处时代在阳明心学特别是在李贽宣传"穿衣吃饭即是人伦物理"在大江南北广为传播之际,其时"宗信程朱者无复几人"(《明史·儒林传》),即与那个时代其他作家相比,汪道昆的拼命鼓吹"节烈"不说独一无二,也是最触目惊心者之一。这与汪道昆出身于世代商人之家密切相关:徽州商人向来以生活奢华著称,男人在外经商,姬妾成群,但对"守寡"的妇女,则片面地要求极严。这种"单方面的道德"见之于文字,汪道昆是最有代表性的代言人。

最后,与徽州的关系不同。汪道昆是一个真正的徽州人,他生于斯、终老于斯,是各种乡间活动的参与者,同时也是官场上徽商利益的代表者和维护者;他又能用手中的笔展示更为全面的徽州——既有同同乡师友的赠答唱和,也有记录徽州大好山水的游记史料,特别通过碑传,记载了包括官员到平民,从学者到商贾等徽州各色人等的生平事迹。程敏政不同,他认祖归宗,颇有从其父衣锦还乡的意味。相对于汪道昆,程敏政对于徽州社会的认识不像前者那样具体和亲近。作为学者,程敏政要严谨得多,也矜持得多,思想上更有一惯性;汪道昆则与地方上关系密切,所写碑传仓促成篇的不在少数,严谨性更不能与程敏政相比。譬如著录传主著作,详注生卒年月,程敏政几无例外都一一注明;汪道昆则有一半左右都忽略过去,这与他仓促成文有密不可分的关系。

当然,在徽州历史人物的碑传上,二者均有大的贡献。唯程敏政更多是以学者的身份,探索各族世系谱牒,考究人物渊源所自,特别是以徽州文献史上的皇皇巨著《新安文献志》第一次系统地辑录整理了徽人碑传,功不可没;汪道昆则与徽州故里的联系千丝万缕,除官场照拂、提拔家乡后进外,又举办诗社(丰干社、白榆社等),为徽州商人、官员乃至故交旧友、奇贤异能等写下了大量的传记文字,展示了徽州人艰难而又辉煌的发展历程。较之程敏政的传记,汪道昆的碑传更为全面和具体。

第六章 吴子玉与徽州碑传

第一节 吴子玉的家世与生平

一、家世

有关吴子玉家世情况著录的典籍不多,但相对集中,可资参考的文献有康熙年间官修《休宁县志》、曹嗣轩的《休宁名族志》、嘉靖年间《婺源县志》以及吴子玉《大鄣山人集》和吴翟的《茗洲吴氏家典》。据这些材料,我们可以大致了解吴子玉的家世情况。

据《休宁名族志》,吴氏始居茗洲要追溯至宋末元初,十七世孙吴荣七移家茗洲里,而至万历十二年(1584)甲申吴子玉撰写家记,这约三百年间,茗洲吴氏几乎没有出仕者。据吴子玉《大鄣山人集》:"茗洲之吴,吴始有族矣。当明之兴,茗山之吴已草创成谱,而东山赵子常占之,以为吴之后必大,盖百有七十年而尚泯之如也。最后乃有吴广文、子玉父子,广文之父曰隐君槐,博学工言,文辞慨然,有意于先世之业,取旧谱而新之,整齐其世次,佹就绪而卒,年仅三十九。当是时,广文犹在髫,辄抱遗书而哭曰:孤不执觚管而一终先人之遗志者,有如日。未冠,读经史、枫文诸篇,凡数百千万,言其所撰述凡十年而倾邑,又十年而倾郡,又十年而倾海内。学士大夫咸曰:吴子,今之太史公、班氏也。广文足踬,然不佞恶敢当之,乃出隐君之遗书而加铅椠焉。"而据《茗洲吴氏家典》:"吾族自句容公以贤良方正,作宰句容,邑志家乘,班班可考。越四世而有克敏公,越五世而有朝重、子充、瑞谷三公。""瑞谷为邑学生,以贡授应天博士。之四公者,上之未能骧首王路,建功业于当时;亦未及历金门、上玉堂,毕力史乘,以与班、马氏千古之捷。然当其任一官、授一职,各有树立。"根据上述文献材料,我们可以大致了解吴子玉的家世情况和特点。吴氏自迁居茗洲始,出仕的人很少,但一直比较重视教育,是典型的"耕读传家"家庭。到吴子玉一辈,除吴子玉做过应天府训导的小官外,兄弟都是商人。

二、生平与著述

据康熙《休宁县志·文苑传》:"吴子玉,字瑞谷,茗洲人。幼孤贫,嗜学。母机杼课之,过目成诵。童年试郡邑,辄入左氏语,主司惊异之。尝数百里负书踏雪从师,与程辰州同笔砚。年十七即主师席,以古文诗词重缙绅,凡监司守令咸折节之。方伯冯叔吉、中函郭子章咸宾致看,行谦退,应聘修纂有《白岳志》《郡志》《金陵人物志》等书。都邑各祠记、谱牒多出其手,自著《瑞谷诗文》二集、《十二论》《茗洲吴氏家记》数百卷。晚膺贡授应天训导,抚按剡荐入史馆,称其学贯天人,卒于官。"又钱谦益《列朝诗集小传》丁集:"子玉,字瑞谷,休宁人。以岁贡授应天训导,年七十。六月盛暑,当道以书一两(涵?)属令编纂,触热眩运,坐劳瘁卒。学博而敏,数千言而立办。诗文九十余卷,以诘曲填砌为工。其于近代文章,专推李于鳞。而吴中刘子威叙子玉之集,极其称许,所谓同声相应也。"

明武宗正德十四年(1519)吴子玉出生于茗洲村。其父为吴槐,号"竹溪小隐",博学工言,文辞慨然,著有《竹溪集》,载《徽州府志·隐逸传》中。里人称其为"竹溪先生"。吴子玉年八岁时,父卒,年仅三十九,遗一妻三子。妻谢氏,三子长吴琏、次吴璞、次吴瑗,吴瑗即吴子玉。家贫,长子吴琏和次子吴璞为贾,"外而同贾三十年";吴子玉则"受书居舍中"而由"母机杼课之"。吴子玉初娶妻谢氏，继配余氏，有子三人。

吴子玉二十七岁为邑庠生，乡试不售。三年后，再次赴考，又不售。嘉靖三十四年（1555），第三次应试，仍不售。嘉靖三十七年（1558年），吴子玉年四十，被选中修《齐云山志》，同修的还有许国、詹景凤等。同年第四次应试，仍不售。回乡后被选中修《休宁城志》。次年补廪生。嘉靖四十四年（1565年）冬，郡侯何公荐吴子玉、汪子文等助修《新安志》。隆庆二年（1568年），吴子玉援例出贡。万历元年（1573年），督学召吴子玉赴金陵纂修《十三府人物志》。这期间，吴子玉与诸多名士交游，并与魏学礼、毛文烨、张仲立、莫是龙、朱明虹、文孟震等在金陵结社，称"青溪诗社"。万历四年（1576年），督学召吴子玉赴池州纂修增订《名世文宗》。万历六年（1578年），巡漕陈世宾召吴子玉校正《韵学集成》。万历八年（1580年），休宁县知县鲁轧亨重建太素宫钟鼓楼，吴子玉奉命作《重修太素宫碑文》。万历十年（1582年），吴子玉时年六十四，再次应乡试，仍不售。次年吴子玉以贡生资格赴京试，败北。万历十八年（1590年），吴子玉再次赴京应试，再次败北。第二年，以优贡授应天府训导，赴金陵任。据钱谦益《列朝诗集小传》：吴子玉上任后在酷暑中编书，酷暑眩晕，"坐劳瘁卒"，时为万历十九年（1590年），《大鄣山人集》记事亦只至同年，其卒年当在1590，时年七十。

由于一生沉沦下僚，吴子玉的交游远没有汪道昆、王世贞等著名文人广泛，他所交往的大多为徽州本地人，简况如下（见表6-1）：

表6-1 吴子玉交游对象简况表

姓名	字、号、籍贯	简介
王世贞	字元美，自号凤洲，又号弇州山人。苏州府太仓人。	嘉靖丁未进士。好古文，与李攀龙主文坛。其诗文主张：诗不读中唐，文不读西汉。提倡复古。李攀龙卒后，独主文坛二十年。
李攀龙	字于鳞，号沧溟。济南府历城人。	酷爱诗歌，不喜训诂，其诗文主张：诗不读盛唐以后人集，文不读西汉以后人作。有才力。
徐中行	字子舆，号龙湾，又号天目山人。浙江长兴人。	嘉靖二十九年（1550）进士，后七子之一。貌美，好饮酒，好客，卒于官。著有《青萝集》六卷、《天目山人集》二十卷。

续表

姓名	字、号、籍贯	简介
汪道昆	又名守昆,初字玉卿,后改字伯玉,号南明、南溟、高阳生,又署太函氏、泰矛氏、天游子、方外司马、天都外臣。歙县人。	嘉靖二十六年(1547)进士,历任义务知县、南京工部主事、户部主事、兵部员外郎、襄阳知府、福建按察使、福建巡抚等,嘉靖四十五年(1566)罢官,隆庆四年(1570)以原职抚治郧阳,后历任湖广巡抚、兵部右侍郎、兵部左侍郎等。万历三年(1575)致仕,后隐居。著有《太函集》一百二十卷、《大雅堂杂剧》四种以及《太函副墨》。
方弘静	字定之,号采山,自号补斋翁。歙县人。	嘉靖二十九年(1550)进士,著有《素园存稿》。
程廷策	休宁人。	正德十五年(1519)生,万历五年(1577)正月辛亥殁。年五十七。
金应宿	字少孺。休宁人。	"屡举步第,筑室岑山,苦志耽书,日事著作吟咏。与季父瑶及吴子玉友善"(据钱谦益《列朝诗集小传》)。
王廷举	休宁人。	吴子玉的门生,屡试不第,推崇吴子玉。
詹景凤	字东图,号白岳山人,其室曰遏梦庵。休宁人。	隆庆元年(1567)举人,后考中进士。工书画,尤擅长狂草。后归隐。著有《画苑补益》《书苑补益》《詹氏小辨》《东图之览》《六纬撷华》等。
江瓘	字民莹。歙县人。	初业儒,后母丧,家贫,数应试不售,弃去从商。自学医术为己疗病,后成名医。其子应宿继父业,编成《名医类案》一书。
潘之恒	字景升。歙县人。	嘉靖年间授中书舍人。曲学家。著有《鸾啸小品》《涉江诗草》等。后世有《潘之恒曲话》总结其戏曲理论。
汪淮	字禹义,休宁人。	家富,以资入国子生,从陈达甫游,通籍太学。有文名。著有诗集十卷。
张文柱	字仲立。昆山人。	家贫,随父游金陵,青溪诗社社员。
吴锦	字有中,号六松山人,休宁人。	书家,能书各体,俱妙。
程廷桡	字用达,号程山人。休宁人。	吴子玉门生。著有《程山人诗集》。

续表

姓名	字、号、籍贯	简介
陈有守	字达甫,号六水,别号天瀛山人。休宁人。	幼年聪颖,七岁时日诵千言,为郡邑庠生。
胡松	字茂卿,别号承庵。绩溪人。	正德八年(1513年)举人,甲戌年进士,嘉靖间官御史,后贬谪廉州,累官至刑部尚书,病,归。著有《承苍文集》。
叶时新	字惟怀,号柳沙。休宁人。	隆庆五年(1571)进士。
郑应奎	徽州人	吴子玉门生。
郭子章	字相奎,号青螺,又号蜕衣生。江西泰和县人。	隆庆五年(1571年)进士。嘉靖二十一年(1542年)生,万历四十六年(1618年)殁。年七十六。著有《粤草》十卷、《蜀草》七卷、《晋草》九卷、《平播始末》《郡县释名》《蜕衣生马记》《豫章诗话》等。
丁应泰	字元甫。武昌江夏人。	万历十一年(1583年)进士,授休宁知事,后任给事中。
刘凤	字子威。长洲人。	嘉靖甲辰进士,除推官,授监察御史,后贬兴化推官,又迁河南佥事。著有《淡思集》十六集。
俞安期	字羡长。吴江人。	后徙居阳羡,卒于金陵。
魏学礼	字季朗。长洲人。	有才名。和刘子威酬唱,有《比玉集》。以岁贡任润州训导,后擢升为国子学正,校雠《十三经注疏》。升任广平府同知,后罢官。卒年七十八岁。
吴应宾	字尚之,一字客卿,号观我。桐城人。	万历十四年(1586年)进士,官翰林院侍读,后目瞽告归。门人谥其"宗一先生"。著有《学易斋集》等。
王祖嫡	字胤昌,号师竹。河南信阳人。	隆庆五年(1571年)进士,累官至右庶子兼侍读。著有《诗竹集》三十七卷、《家庭庸言》等。
陈文烛	字玉叔,号五岳山人。沔阳人。	嘉靖乙丑年进士,历任大理评事、四川学政、淮安知府、福建按察使、南大理卿。著有《二酉园》三十九卷。

所交往的人中,徽州籍的占二十九人;外地九人,有的还只是通过信,没有实质性的来往。这就能说明为什么他笔下的碑传文传主几乎是清一色的徽州人了。

纵观吴子玉的一生,这是旧时代知识分子一个悲剧性的典范。从二十七岁第一次应试起,历时四十三年,六十九岁才以拔贡资格博得一个应天府训导的小官,上任未及一年即死于任上。这期间,作为一个立志于以功名光宗耀祖的普通士子,吴子玉为了制科艺倾尽其一生的精力。

作为一个复古派的文人,吴子玉与那些全心于揣摩八股的文士多少有所不同,他偏好古文,与当时复古派文宗李攀龙等相交。他在《大鄣山人集》的《序略》一文中比较清晰地交代了自己的心路历程,也说明了自己坚持信仰的决心,其中也可以发现他的文学主张和观点。少年时代的吴子玉勤奋好学且颇有文名,顺利地成为诸生,并在很小的年纪就能够代老师主师席。然而,其后的乡试却屡败北,四十三年中,应乡试的次数应在十三次以上,见诸记录的有六次。

科场的失意终于使吴子玉明白了,自己的为文主张和当时所盛行的八股取士的标准是大相径庭的。"余希心古学至于衰白,以负薪之资拘鸾于博士……悟卒与制科艺舛",面对这种两难的处境,吴子玉并没有简单地放弃,他坚持自己的文学主张,并不断地鼓励自己坚持下去,"不为位差道,道尊于位;不为身评文,文贵于身。所以日夜孳孳修学靡怠,不几前睹,有俟后知",但这毕竟是宽慰自己的话,否则以六十九岁垂暮之年也就不会去做府学训导那样的区区小官了——尽管他的很多好友也支持他在自己选择的道路上坚持走下去,如"豫章郭督学公、鲁侍御公、邑令君、武昌丁公、乡先达侍御何公、友人光禄吴君亦谆谆以是语之"。

吴子玉这位力行古文而又毕生奋战在科举考场的下层文人,最终留下了《大鄣山人集》。这是自己最精心创作的文章的结集,代表了其全部的心血和智慧。

第二节 《大鄣山人集》中碑传文

一、总述

《大鄣山人集》一共收录吴子玉所作碑传文156篇,按照文体分,其中传有52篇、行状44篇、行略5篇、墓志铭44篇、墓表11篇(见表6-2)。按照所传人物的身份分:官员18篇、商人49篇、处士42篇、列女45篇,还有为数很少的方技(包括医家和堪舆家等),只有2篇。《大鄣山人集》收碑传文的传主几乎全为徽州人(外地人只5篇),而且十之其八为平民百姓。我们统计过这个时代的徽州人文集,像吴子玉这样以徽州人专传徽州人的情况是唯一的例外。

表6-2 《大鄣山人集》中的碑传文统计表

传主	字号	籍贯	生卒	篇名①	卷次	身份或地位	备注
汪灿	字文明,号道轩,晚号道仙	休宁	八十九岁卒	汪孝丰公传	三三	官员	以邑高等经生籍国学,授丞太康,民多爱之,有政绩而补孝丰。子五人,长子培为南京卫参军。
吴天时	字元春,世居休宁隆阜渠之东,自号曰东渠公	休宁	不详	东渠公传	三三	方技	云嵩翁之次子也,早年学书不成而随伯兄贾,后随方技家习医,曾应诏拜太医,后屏居归隐。
萧庭	字时训,士林称西崖先生	泰和	七十七岁卒	萧隐君传	三三	处士	博览百家,著有《蚓鸣录》《熙志录》《冷香屋韵语》《梧丘草堂自序》诸书。
程玘纲	字廷立,号直庵	休宁	不详	程季公传	三三	商人	少贫不能学,去业为贾,精进强忍,不为奇邪,曾焚乡人债券,有义行。闻名于郡。
黄廷侃	不详	休宁	六十岁卒	黄仲公传	三三	商人	任民居间事,有义举,乡民以"琴山"号之。捐资建桥,不以名命之。按例拜爵一级。被称为"黄氏祭酒"。

① 为排版需要,篇名中不使用书名号。

续表

传主	字号	籍贯	生卒	篇名	卷次	身份或地位	备注
方椿	字良才	歙县	三十四岁卒	方季公传	三三	商人	身长九尺,肥白如瓠,以孝友为家约,好善乐施。壮年而殁。
孙篪	不详	休宁	不详	质行传	三三	商人	其先有孙万登于唐武宗时以功封新安伯,食邑新安。品行淳朴,为人厚善,有义行。
孙玄衮	字廷仪,字号曰双洲处士	休宁	六十七岁卒	孙处士传	三三	处士	有凛凛君子之风,为人大度。
金尚宝	字符卿	休宁	不详	金征仕公传	三三	商人	
魏应周	字维相	黄山	七十二岁卒	魏处士传	三四	处士	性笃孝友,朴厚良善,好读书诵记。晚年营别墅于黄山山麓,自号曰"麓隐"。
谢侃	字彦直	祁门	七十八岁卒	确斋先生谢公传	三四	处士	理学家,修学著书,容止非礼不行,喜《春秋》辞微而旨博,喜玩《易》。其父治《春秋》,为博士弟子。
汪一夔	字子和,别号敬斋	休宁	不详	迪公郎汪公传	三四	官员	好交游,为人宽缓润达,有二子,长习制举业,次国学生。
吴佛童	字景芳	休宁	七十岁卒	处士吴公传	三四	处士	通正历九章算术,尤专堪舆家术,以富倾于一乡。出资修缮桥梁,捐田立宗祠。其后多举业。

续表

传主	字号	籍贯	生卒	篇名	卷次	身份或地位	备注
任法	字以正	休宁	不详	任公端行传	三四	官员	七岁丧父,从父友曹景麟姓。景麟殁,治丧如父丧。官光禄征仕郎,有义举。处事端正,人称"端公"。
王沂	字与之	休宁	不详卒	处士王季公传	三四	处士	生而貌美。为人恭谨。持家节俭,有孝道。
汪玄玉	字子成	休宁	四十三岁	汪迪公传	三四	官员	祖吴姓,元末赘入汪家,从汪姓。历任郡府给事、江西幕僚,上诏察廉吏,不赴,得送母,以丞阶迪功郎称"迪公"。
程元善	字汝兼	休宁	五十三岁卒	程次公传	三四	处士	好行善,敬长怜孤,温然长厚,质仁孝友,人称其敬诎而不竭。治《易》。
孙允方	字义卿	休宁	不详	孙质孝先生传	三四	处士	幼补郡经生,又受茂材生,入紫阳院,六举不得第,有孝行。
吴玢	不详	休宁	不详	吴季公传	三四	商人	以自延陵徙而被称为州来君,从商而富,制宅而北向。与吴国子公昆麓先生父子交游。子三,俱就学于大师。
吴天福	字元祯,别号松谷	休宁	不详	吴少公传	三四	商人	幼从伯仲兄贾,为人孝悌纯谨,有子四人,为庠生或太学生。其子称其有处士之风。

续表

传主	字号	籍贯	生卒	篇名	卷次	身份或地位	备注
黄恭	字文安	休宁	1436—1484	黄州太守谢公传	三五	官员	父早卒,母以贞节著。年十九补弟子员。拜刑部主事。上以其学深厚授南宫校士,进员外郎,以病请告。后授山东关提学使,不就。上拜其为中顺大夫出守黄郡。有春秋古风。
王概	字国均	慈溪	不详	儒林王先生传	三五	处士	治《诗》。七岁治《急就篇》入小学,十五岁入高等生。后助教休宁。学通南北,博极古今,可谓儒林之登坛者也。
金义昌	不详	休宁	六十四岁卒	金士节传	三五	商人	官宦世家。幼学经术之学,不仕。初起贫,晚资产广百倍。广交游,声名重。
刘志显	字晦夫	休宁	不详	刘长公传	三五	商人	十岁丧父,孝友。行贾,有义举。未受学而通《论语》《孝经》等。身长八尺,魁梧昂昂。
叶弘渊	字子静	括苍	不详	坦翁传	三五	商人	以资雄一郡十县。初亦喜侠,有狱讼,得脱。后折节为谦让。年逾五十而坦然无事事矣。以子功封工部郎中。
金缵	字尚绪,原名武安	休宁	六十八岁卒	金处士传	三五	处士	初贫,不能婚,年三十七始婚。子二人,孙五人。

续表

传主	字号	籍贯	生卒	篇名	卷次	身份或地位	备注
黄全	以"敝仙"自号	休宁	不详	敝仙传	三五	方外	幼贫,早年丧父,事母孝。学而通悟,娴于文辞,不售。后归隐,有仙风。著有《修炼真诠》三卷。
汪龙	字潜夫,别号养晦	休宁	五十余岁卒	汪长君传	三五	方技	以哭父而瞽。后遇一道人始学易数占卜,声名远播。
闵克禋	不详	休宁	十五岁卒	闵孺子传	三五	处士	其父三十而生克禋,后入狱。克禋孝顺父母,发奋读书。不幸早亡。
程礼	称博罗公	绩溪	不详	程博罗公传	三五	官员	尝治《尚书》,为博士弟子。博闻强识,娴于文辞。不第。补郎选而得惠之博罗丞。为官清廉,不以卑位而易其行,可谓有道之士也。
汪玄珍	字伯奇,人称可竹翁	休宁	不详	汪长公善行传	三六	商人	幼为举业,父病,不得竟学。有善行,乡里皆以善人目之。有四子。
程守位	字存正	休宁	五十一岁卒	程存正传	三六	商人	公正良笃,不为自营。幼病不能学,乃随父贾。不私藏,尚君子之行。
邵万敖	不详	休宁	不详	邵次公传	三六	处士	初不得受书读。后发奋读书。游齐鲁之乡,广交游,声名益起。有奇气,善谈论,老年精力览史书不废。力善好学,作《族谱牒序》。

续表

传主	字号	籍贯	生卒	篇名	卷次	身份或地位	备注
戴鸣凤	字汝仪，别号岐南	休宁	不详	戴光禄公传	三六	处士	幼治《诗》，后随父至霍邱，入弟子员。质孝。授光禄寺监事，以母老不赴。著《诗稿》二卷。
叶文嘉	字伯符，别号环竹	休宁	不详	叶伯子传	三六	方外	信黄老，自号为"玄岳山人"。
杨氏		鄞县	不详	贞贤张母传	三六	列女	光禄大夫张瑶之母，故赠仪部员外郎张久菴之妻，天子推恩封杨氏为太安人。柔不失正慈，能劝义，里人谓之贞贤。
欧阳氏		休宁	1519—1549	汪淑妇欧阳氏小传	三六	列女	汪汝翼之妻。其父临江欧阳文胜翁，家于湖阴，生淑妇。慧而愿人，以淑妇称。能诵《孝经》《列女传》。劝汪君学，能善事父母，屡而不脆。随夫迁居休宁。不寿。
戴氏、朱氏		休宁	不详	二顺传	三六	列女	休宁珰溪金长君之妻。戴以义为荣，朱不虚娇以贵。
凌贞弟		歙县	十六岁卒	凌孝女传	三六	列女	凌仲明之女。母病甚，女不就卧十数日，祷之请代其母病。后病，年十四而亡。其婢四喜绝食五日，呕血而死，年仅十六。
吴氏		休宁	六十七岁卒	戴母吴氏孺人传	三六	列女	戴光禄汝仪之元妃。家中之事尽劳于孺人。持家以俭，舍中晏然。

续表

传主	字号	籍贯	生卒	篇名	卷次	身份或地位	备注
李氏		休宁	七十岁卒	余母李硕人传	三七	列女	能从父母教,退让不争。顺善导迎,明大义。夫家婺源。
吴氏		休宁	六十一岁卒	刘母吴硕人传	三七	列女	刘有霖之母。以富人女入刘家,家徒四壁而能勤俭持家,能织纫,劝夫贾而资以起。姑病,孝谨事之。
徐氏		休宁	六十二岁卒	吴母徐孺人传	三七	列女	其夫吴唐,金吾将军孟臣后裔。持家勤俭有操守。有孝行。教子有方。
吴氏		休宁	不详	黄母吴孺人传	三七	列女	幼丧母,即能为父持家。读《列女传》,有卓伟之言。夫贾,不赢,亡。守家谨严。辛勤劳作以资其子如柱。可谓持义坚固不为利也。
金氏		休宁	五十七岁卒	汪贞贤母传	三七	列女	珰溪故金参军公衮之次女,汪方山翁之冢妇,太学恒斋君铉之妻。
俞氏		休宁	不详	汪母贞贤传	三七	列女	休宁俞公汉之女,婺源汪龙相之妻。幼常诵读《列女》《内则》及《窈窕》《德象》《女师》诸篇。年十八归汪君,孝事姑舅。佐汪君学,生一女。夫早卒,绝食欲殉夫。仲叔亡,感仲娣躬勤励节。家境日窘,而持之不堕。

续表

传主	字号	籍贯	生卒	篇名	卷次	身份或地位	备注
戴新娘		休宁	不详	程烈妇戴新娘传	三七	列女	海阳隆阜戴诏之女,率川程仁甫之妻。年十八归程,五年未有子,程贾居巢,客死。妇恸绝不食。事姑舅甚谨。无子而束修己身。自选墓地朱塘。守节终。与夫仁甫合葬于朱塘。
金氏		休宁	1537—1561	汪节妇传	三七	列女	母家邑市里,休宁竹林里汪仲子之妻。幼学《孝经》《论语》等。二十归汪,时时辅其学也。夫二十一岁病卒。姑舅数劝之,不纳言,绝食数日。殉节。
吴氏		休宁	不详	程贤孝母传	三七	列女	邑泰塘程仲文之妻,临溪吴公之女。幼孝事父母,人以孝女目之。及归,佐程长公业,又佐之贾。事舅姑益谨。孝行相夫,励子宜家。
金氏		休宁	不详	吴孝妇传	三七	列女	海阳南城金氏富人女,西城吴忠之妻。吴忠家贫,孝妇取其嫁妆佐之。以良食事姑,自食苦恶。不置奴婢,勤俭持家。生一女四男。

续表

传主	字号	籍贯	生卒	篇名	卷次	身份或地位	备注
郭奇美	字彦以，又名奇士	泰和	1496—1573	云塘先生郭公行状	三八	处士	其祖宋郭仪、郭之美以父子同登内史书，名冠朝家，里人易层溪里为冠朝里。家富，不牟利，时人比之于陶季。为博士弟子。自谓云塘居士。后邑大夫以公高名请例拜儒官爵一级，宾于学宫。子孙多宦迹。
黄赐璋	字廷锡	休宁	1498—1570	赠工部都水司主事枫林黄公行状	三八	商贾	幼孤。移家钱塘。自号枫林，乐善好施。诸子业儒，伯子教读侯门，仲子水部君成进士，仲季俱补弟子员。公殁四年，上以其子贵敕赠文林郎德兴知县，后三年赠工部都水司主事。
丘其时	字达观，后改名其临	莆田	1520—1579	处士见春先生丘公行状	三八	处士	幼，与兄试郡邑，让其名与，兄补博士籍。事父谨肃而雅逊。初业《易》，后业《诗》。游吴越，有义行。
程德公	字世衍，号南溪	休宁	1514—1578	赠君南溪程公行状	三八	商人	明景泰间其祖宗远公输粟七百石助边，得赐民爵一级，旌曰"尚义"。幼孤。初不肖，改。长于划策，深博辩论。四子皆业儒，孙多宦迹。

续表

传主	字号	籍贯	生卒	篇名	卷次	身份或地位	备注
黄显	字廷辉，别号午川	休宁	1497—1573	处士黄次公行状	三八	处士	幼，事父母孝。父早殁，事母益谨。内行修洁，治家肃若朝典。督子孙学。子三男二女。
黄涌	字汝本，晚年人称南潭翁	休宁	1499—1579	处士南潭黄次公行状	三八	商人	年十二丧父母，随诸父贾。后大售，累金数十万，以资雄一时。持家俭约。捐资修路、筑河堤。卒于真州。子孙多宦迹。
王时	字惟中，又名琰，二号松泉处士	休宁	1493—1536	处士松泉王次公行状	三八	商人	玉堂王氏素以行义闻。乐善好施，喜任侠，广交游。以质行著。
陈有守	字达甫	休宁	1497—1577	陈山人六水先生行状	三九	处士	幼，聪颖，有过目不忘之功，以童子科应郡举，不售，归而补郡经生。后谢去博士籍，自号天游翁。游览名山大川，以六水自系。后归隐。不治生产，不闻家室。年六十著《陈山人自叙》，以陶潜自比。其祖登进士以功授宰休宁。
赵齐	字子脩	歙县	1465—1566	赵君行状	三九	商人	幼，早悟，好读书。家贫，不能学，去业贾。以半数家资脱三兄狱讼。长子、次子均先殁于君，有孙男九人，孙女二人。

续表

传主	字号	籍贯	生卒	篇名	卷次	身份或地位	备注
吴文英	不详	休宁	1476—1555	吴公行状	三九	商人	母早卒,事继母益谨。以小贾起,后累金数百万,为邑中巨富。有善举。有三子二女。
汪钺	自号西溪处士	休宁	1508—1567	汪处士行状	三九	商人	先世以资雄里中。年十七,父卒。兄弟四人外出贾。于闽山冶铸。后贷资于会稽,资益起,累数巨万。
金塘	字伯献	休宁	1509—1564	太学金公行状	三九	处士	幼习儒生业,后弃去,归新安山中与友人立社赋诗。事父谨,与弟友爱。不仕。
王渊	字源之,别号蒲溪	休宁	1508—1572	王仲公行状	三九	商人	天性伉直强质,雍容好儒。有长厚之行。
李友	字师仲	休宁	年四十七卒	李师仲行状	三九	处士	年十七以《春秋》补邑经生。家贫,孝事父母。为人刚直信义。好读书,博览古籍。
胡应星	字德耀	歙县	不详	胡君行状	三九	处士	其父晚年得子。少年使气,好施乐善。后好汤药,与方士流程姓者友,误食而亡。
金廷钺	字朝用	休宁	1514—1583	处士金长公行状	三九	处士	幼即笃勤家务而知孝敬。弱冠游吴越。友爱兄弟,里人称其为尚义。

续表

传主	字号	籍贯	生卒	篇名	卷次	身份或地位	备注
金口	字德用	不详	年三十卒	金生德用行状	三九	处士	家富,不以金自怙,性俭务根。幼受书,奋发。事父母孝。父殁,事兄如事父。病卒。
金璜	字德和,初号节斋,后改称午嵩先生	休宁	1509—1581	明故四川布政司理问金午嵩先生行状。	四十	官员	治《诗》。数举,不售。补郎选四川都司副断事,后上嘉其治迹,授广西都司经历,不赴。为人宽和,孝事父母。治学经术不废。
曹诰	字仲宣	休宁	1534—1579	明故祠部大夫曹仲宣行状	四十	官员	少以邑庠生,数不售。著有《嘉生园录》。补户部主事,后任礼官,改礼部祠制司主事、御史大夫。年四十六,配金氏,封安人。
孙光先	字定之,号云汀	休宁	1519—1583	明故益国博士芝台孙公行状	四十	处士	初名天与,都试郡邑时,督笔误其名为光宇,补弟子员,后以光先名。人称芝台先生。少补邑经生。父早卒。后任益国教授。以病告归。
汪景旻	字叔成,人称瀛溪先生	休宁	1526—1584	处士汪长公瀛溪先生行状	四十	处士	少以邑庠生。年十二受《尚书》。试县高等,以未冠不录。年十八丧父。后数不售。天性孝友,持己严庄。

续表

传主	字号	籍贯	生卒	篇名	卷次	身份或地位	备注
汪淮	字东之	休宁	不详	处士丰西山人汪次公行状	四十	处士	幼诵业即知其解。年十三随父游。屡试不售。买山树木不坠父业。初号五墩居士,后得信阳之西山,改号丰西山人。
程尚义	字汝宜,别号西川	黟县	1535—1583	处士程西源公行状	四十	商人	公生而巨伟。幼即博习诸书,无不关览,通其大义。家贫,随父贾。生一子,督学从业。
金镭	字德充,号荠霁野	休宁	1537—1584	太学金霁野君行状	四十	处士	生而良笃长厚,习儒业,补员太学。幼丧母,事继母孝谨。主持家室,分毫不差。壮年即殁。
金录	字德文,号学泉	休宁	1541—1579	明太学金仲君行状	四十	商人	其父光禄公琛闻名于淮扬间。事父母孝。母殁,事继母尤谨。待人恭谨。子一人,太学生。
程邦器	字伯辅	休宁	1550—1577	程伯子伯辅行状	四十	处士	屡试不举。疾笃,病卒。天性颖敏,文雅有蕴。
汪济川	字希说	歙县	1495—1549	汪大医行状	四一	处士	以儒生试,不举。金陵大学士张公、冢宰熊公奏,授太医教习,不赴。订校古今本草巢氏《病原伤寒论》。晚年亦雅游,可谓外医内儒也。

续表

传主	字号	籍贯	生卒	篇名	卷次	身份或地位	备注
孙亨	字时卿,号青丘	休宁	1502—1581	处士孙次公行状	四一	商人	幼从伯父贾。四十而谢贾归乡。调解纷争,劝人为善。家贫,无子。娶妾而生子。昆子入太学。
汪应迟	字惟行,号仰石	休宁	1539—1579	汪永昌公行状	四一	官员	祖仕宦。年十五丧父。曾首义赴役。官云南永昌卫监军,有良绩。
吴镍	字世泽,别号丽川	休宁	1537—1583	吴长君行状	四一	商人	祖世称厚德。长君生而白皙,神锋凛毅。为人刚毅朴实,守高果敢。友爱二弟。生平少病,忽病侵而殁,时年四十有七。
程氏		休宁	1477—1563	处士灵山吴长公孺人程氏行状	四一	列女	其夫吴长公,名渊,字子静,别号灵山,年九十二卒。程氏雅性朴厚,生四子。仲子以儒生试,补高等生,四书捷报,后早卒。伯子、叔子既卒。
戴氏		休宁	1488—1568	宜斋程长公程母戴氏行状	四一	列女	其夫程长公玺,字廷信,自号宜斋,自幼从父贾。其父为隆阜里处士戴豸隆。程长公幼从父贾,累资巨万。后弟系狱,公倾资为脱。年八十,上推恩授官服。与戴氏皆八十有一而卒。

续表

传主	字号	籍贯	生卒	篇名	卷次	身份或地位	备注
汪氏		歙县	不详	方配汪氏孺人行状	四一	列女	歙县严镇方子嘉之妻。子嘉，名国宾，郡学生。幼即以静雅闻，年十二丧母，事继母谨。年十九归方。勤劳俭朴，醇谨寡言。生子男四人、女一人。
刘氏		休宁	1515—1578	吴母刘孺人行状	四二	列女	吴长君仁嗣之妻。家富。归吴，吴家亦富。长君业，从父游，家事皆掌于刘氏。生子一人、女四人。
吴好		休宁	1485—1549	夏贞妇吴氏行状	四二	列女	少而淑，慎雅趋和父母。归南门吴坤，生一女。年廿二，吴君殁。独居一室，终身不越门外。守节。病卒。
汪氏		休宁	1503—1580	金母汪氏孺人行状	四二	列女	珰溪金次公之妻。金次公为经生高等郡中，汪氏孺人累终岁之租金为之进游太学。训教子女，主事婚嫁。后金公仕川中都司断事，汪氏持家甚谨，能相好于姒娌。晚年，益质行而长厚。

续表

传主	字号	籍贯	生卒	篇名	卷次	身份或地位	备注
朱氏		休宁	年八十一卒	邵母朱孺人行状	四二	列女	父家休宁,配邵公正元。邵公输粟,拜民爵。年四十七而卒。朱氏独任家政四十年,教子谨严。子从贾,资大起,累金巨万。捐资筑城费千金不辍。人称其贞慈劝义。
吴氏		休宁	1499—1575	汪母太孺人吴氏行状	四二	列女	休宁饶阳公吴芳之孙女,父处士吴镛。事故尤谨,相夫从贾,家资益起。持家有方。配西门汪公,讳浩,号石溪。子男三人、女一人。
何氏		休宁	1514—1556	黄节妇何氏孺人行状	四二	列女	同邑居安人黄仲君克礼之妻。黄君,名廷让,字克礼。仲君年三十殁,何氏守节十三年殁。年三十而孀,守不至五十不得以节上闻。有子一人、孙三人。
汪氏		休宁	1531—1585	金母汪孺人行状	四二	列女	唐越国公之裔,父廷椿公,母金孺人,早卒。金子实之母,子实,名茂。女时以孝闻。归金君,事舅姑孝。金太学君于淮北监盐,资益起。汪氏相夫教子。有子男一人、女三人。

续表

传主	字号	籍贯	生卒	篇名	卷次	身份或地位	备注
汪氏		休宁	1546—1582	叶母汪孺人行状	四二	列女	先世出唐越国公,殆宋有接公始居海阳西门,明徙居南城,父大光公,母金氏。幼习仪训,举措有适。年十六归南市南虹公冢子叶长君。叶长君病,家室尽归汪氏打理。公殁,佐叶君襄事。兼劳而病,年三十有七而卒。
吴氏		休宁	1550—1586	毕节妇吴氏行状	四二	列女	临溪吴氏之女。幼少言,明于礼而喜洁净。年十八而归闵口毕仲君。事姑孝谨。毕君早卒,吴氏欲殉节,有身孕而未果。后年三十有七而卒,与夫毕君合葬。有女二人。
谢氏		休宁	1486—1565	先母行实	四二	列女	吴子玉之母。茗洲竹溪先生之妻,子三人,长子琏、次子璞、次子玉。年十九归先君,时年先君年十六。先母恭谨侍奉。家贫,尽解簪珥供祖母食。寿八十,文苑以《慈溪长春歌》以祝之。至秋,八月社日而卒。

续表

传主	字号	籍贯	生卒	篇名	卷次	身份或地位	备注
于公	不详	东阿	五十六岁卒	故赠君于太公事略	四三	官员	年十三廪于学宫,历任许昌、静宁、平凉诸县县令。年五十有六而殁,赠学士。有子五人,醇谨孝廉。配刘氏,封安人。
陈科	字国宾	休宁	1513—1568	陈长君行略	四三	商人	少学,后贾,资益起。尝佐父从善助贫。捐百金造梁。年五十六,上拜其为太医院秩,既官服坐堂上而卒。配城西汪氏,有子一人,女三人。
吴于庭	字于庭	休宁	1489—1527	先君竹溪先生事略	四三	处士	吴子玉之父。人称"竹溪先生"。家贫,发愤读书,遂成儒宗。事父母至孝。子三人,长琏、次璞、次瑷。行略俱载郡志《隐逸传》。
吴瑚	字朝荐,又名潮,字信之	休宁	1504—1581	从兄梅山长公行略	四三	官员	依山而居而以"梅山"自号。大父存二公吴绍,父勉庵公荣给事掾史于郡卫,梅山公以资输纳至燕中就功名,给事铨司,人称精进掾史。配谢氏。年四十以父丧归。尝为族里解纷结。年五十一,娶妾王氏,生二子。后筑室于梅山之阪。年七十八殁。

续表

传主	字号	籍贯	生卒	篇名	卷次	身份或地位	备注
曹鼎	字维新	休宁	1500—1557	曹高州公墓志铭	四四	官员	其曾大父曹宗善为山东布政使司检校,大父曹贵恭为城县令,有政绩。父曹显发,母吴氏。父母俱早卒。及冠补弟子员。屡上礼部,弗合。后受河南南阳令,又陟广东高州郡丞,有惠政。以疾卒。配程氏,子男三人、女二人。
孙砳	字汝达	休宁		孙长公墓志铭	四四	商人	世家儒林,其仲弟亦从博士受易。其业贾以佐家学。从贾而知大义。有二子,长朔、次望。
邵豹	字以文	休宁	1490—1568	邵长公墓志铭	四四	处士	为人沉质,有廪廪君子之风。配程氏,子男二人,长天晟、次天景,女四人。
金义辉	字世威	休宁	1394—1453	金敦五公墓志铭	四四	商人	其父为河南汲县令。尝输租京师。事母汪氏谨,悉听母言。令子受书,季子筠补郡弟子员。配吴氏,子三人,长籍、次范、次筠。
程贵	又名递,字廷递,别号兼山	休宁	1504—1574	处士兼山程季公墓志铭	四四	商人	生平好读书。曾奉役为官家输租,受嘉奖,为令,以高名闻。初配吴氏,卒。继配查氏。子男一人、女四人。

续表

传主	字号	籍贯	生卒	篇名	卷次	身份或地位	备注
程文彬、程子钺	竹墩公、松丘君	休宁	不详	明故处士程公两世墓志铭	四四	商人	以里中之田少且瘠，贾于扬州，由楚地至鄂州，资大起。携资归而贸田。乐善好施，有高名。程子钺初从父贾，后植树数千株以荫后人。
王洪	字范之	休宁	1504—1574	处士王公墓志铭	四四	商人	曾游吴地，以文学名。有义举，解人之急而声名益盛。配金氏，生三男一女。
邵狮	字以振	休宁	1493—1571	邵陪庵次公墓志铭	四四	处士	天性柔良，上事父母，下友兄弟。以至孝闻名于时。配夏氏，继配詹氏。
邵鸾	字以祥	休宁	1497—1572	邵公墓志铭	四四	商人	五岁时随父游于市，性格刚直，乐体恤百姓之急。尤友爱兄弟。配孺人程氏，继配张氏，俱先卒。继配侧室孙氏，子男三人。
曹遥	字惟进	休宁	1509—1572	曹长公墓志铭	四四	商人	幼苦学《周易》，后以父病去书游于吴越。有义行。配孺人金氏，子五人。
刘淮	字伯远，别号守泉	休宁	1497—1583	明故拜高年爵守泉刘公墓志铭	四五	商人	幼孱弱，家贫，随父贾浙上。以孝闻名于时。年八十，邑侯三请其为三老孝者，拜高年爵一级。配吴氏孺人，子一人，字有霖。

续表

传主	字号	籍贯	生卒	篇名	卷次	身份或地位	备注
陈筌	字仲鱼，人称六水先生	休宁	1536—1576	陈孝廉仲鱼墓志铭	四五	官员	年十八而文辞娴然，有古人之风。曾任萧山令。性至孝，母丧，三年不食肉。配吴氏，子二人。
汪应元	字子春	休宁	1531—1573	鸿胪序班汪君墓志铭	四五	官员	世家官宦，父为南昌卫指挥佥事。幼苦学，年十四游都会。为人雅逊，友爱三弟。嘉靖末年应诏，以例授鸿胪序班。
金岩良	字尚忠，别号东野	休宁	1496—1567	东野金公墓志铭	四五	商人	贾于吴越，以厚善为人称道。有大雅君子之风。配程氏，继配程氏、吴氏。子男一人世宁、女二人。
戴圭	字秉诚，别号野桥，人称野桥先生	鄞县	1467—1548	野桥戴先生墓志铭	四五	商人	生而庄重，数岁入小学，强记过人。潜心孔孟，著有《四书摘题解》《易经著述》《摘题大旨》《要略》《略说》等。以儒生举入试，至七十七不举，遂家居修学著书。
夏然	字尚安	休宁	1509—1569	夏长公墓志铭	四五	商人	幼受父命明经通大义。善事父母。后去书随父贾。配汪氏。
邵霆	字子震，别号东狂	休宁	1505—1549	良医邵君墓志铭	四五	商人	初习制举业，后弃去从商，资益起。江西益王招贤良文学士，拜邵君为王良医。

续表

传主	字号	籍贯	生卒	篇名	卷次	身份或地位	备注
汪洪	字汝源	休宁	1494—1569	文林郎南麓汪公墓志铭	四五	商人	身长八尺,容貌俊丽。年十岁于塾中读书,年十三代父里役。后游广陵,声名日盛。有善行。以资拜武功爵,后复以资受文林郎。
邵珊	字子章	休宁	1517—1568	处士邵公墓志铭	四五	商人	幼就学,能通《诗》,论大义。后随伯仲兄贾,遍游吴楚,资益起。事母孝谨。配程氏,继配金氏。子三人。
王钜	字子弘,号玉山	休宁	1528—1581	玉山居士王君墓志铭	四五	商人	生而润丽,如佩玉,人称其"玉符"。幼喜学书,年十五丧母,后随父游吴越。为人雅性温润,沉静孝友。配刘氏,妾某氏,嗣子一人。
王廷	字汝皋	休宁	1532—1584	王贡士汝皋墓志铭	四六	处士	家世以孝友闻名。年四十初试殿庭,第八名,就业太学。两试不售,谒选铨部。后足病发,年五十三而卒。配邵氏,生一女。妾某氏,生二子。
汪廷臣	字某,别号璧山	休宁	1510—1584	明故处士璧山汪长公墓志铭	四六	商人	年七岁能属文,补为弟子员。年三十弃去,自适读书诵诗。后游云间。配吴氏,有子男一人、女二人。

续表

传主	字号	籍贯	生卒	篇名	卷次	身份或地位	备注
汪福贵	别号守轩	休宁	1516—1582	处士汪长公墓志铭	四六	商人	幼佐父贾于邑市，中年好读书，交游文学之士。晚课诸子学，长子为邑庠生。天性孝友。配吴氏，继配吴氏。
程一枝	字巢父	休宁	1532—1582	程巢父墓志铭	四六	处士	年十四受《尚书》，古文逸篇皆有参涉。后读《毛诗》《春秋》。年三十补郡学生，著有《史汉诠鄩大记》等。配黄氏，子男七人、女一人。
汪大纪	字汝脩，自号三川居士	休宁	1528—1586	处士三川汪长君墓志铭	四六	商人	家世官宦。随父贾。
汪天贵	字云长，别号松山	休宁	1490—1568	处士松山汪长公墓志铭	四六	商人	家贫。能以大义修身，为乡里所称。
汪新	字本明	休宁	1512—1571	汪公墓碣铭	四六	商人	年六岁父卒，事母孝谨。年十五游淮海。为首善，作望云亭。应诏拜南昌卫指挥佥事。
汪氏		休宁	年六十九卒	黄长公暨配孺人汪氏墓碣铭	四六	列女	黄长公之妻。黄公，名学，字廷修，自号敬斋。
黄廷让、何氏	黄廷让字克礼，号益溪	休宁	黄廷让1514—1543，何氏1514—1556	黄仲君何孺人合葬墓志铭	四六	处士	仲君孝事父母，以克己复礼称于乡邑。何氏年十九归黄公，年三十丧父，欲殉节。后忧疾而卒。子一人、孙三人。

续表

传主	字号	籍贯	生卒	篇名	卷次	身份或地位	备注
汪淮	字禹乂,罗山先生	休宁	1519—1586	汪征君禹乂墓志铭	四六	处士	君生而白皙,性聪慧。弱冠,补弟子员。交游甚广。其诗书法画皆为士林所称。
邵天升、詹氏	邵天升字元启,名天升,别号明斋	休宁	邵仲公1537—1582,詹氏1545—1578	处士明斋邵仲公配孺人詹氏合葬墓志铭	四六	商人	邵公母早卒,事继母詹益孝谨。游吴越以交游。好义施。初配吴氏,早卒。继配詹氏,尤勤笃。子男一人、女四人。
曹贵	字良贵	休宁	1458—1522	曹恭城公墓碣铭	四六	官员	幼补弟子员,后以母老请于博士,输粟入国学,后又任豫章吉安府经历,有惠政。又陟恭城令。有子三人。
杨宣赐、金氏	杨宣赐字廷敕,自称古桥居士	休宁		处士古桥杨次公金孺人合葬墓碣铭	四六	商人	资起,捐资修缮学宫。乐善好施,有义行。公殁之年,拜乘爵一级。子二人。
陈氏		休宁		吴母陈孺人墓志铭	四七	列女	出休宁名贤里程氏。吴长公之妻。吴长公,名璨,号璞庵,玉堂巷人。始归吴公时,家资不足。后佐夫贾,资益起。孺人其先出理学世家,天性柔静。子男人三人、女一人。

续表

传主	字号	籍贯	生卒	篇名	卷次	身份或地位	备注
金氏		休宁	1537—1578	吴母金孺人墓志铭	四七	列女	故宋学士安节公之裔。勤劳,有妇道。教子有方,子三人。
程氏		休宁	1502—1534	黄母程孺人墓志铭	四七	列女	海阳蕉川程公之女。事舅姑孝谨,有厚德。子四人。
孙氏		休宁		程母孺人孙氏墓志铭	四七	列女	程长公之妻。程公,名湖,休宁率口之望姓。孙氏亦同乡。初归程公,事母尤谨。家贫,佐夫程长公贾,勤俭持家,资大起,累资巨万。生三子。
金氏		休宁	1548—1582	吴伯妇淑媛金氏墓志铭	四七	列女	吴伯子之妇,休宁中市里人。吴伯子,名从文,字元惠,邑南市著姓。以能援助夫家称"淑媛"。勤俭持家,以劳瘁卒。生子女九人。
金氏		休宁	1496—1566	黄母金孺人墓志铭	四七	列女	同邑居安里黄次公之妻。黄公,名显。黄次公家贫,孺人归即解装具授公,天性淳朴,勤俭节约。后资产益广,居家甚谨。子男三人,女二人。

续表

传主	字号	籍贯	生卒	篇名	卷次	身份或地位	备注
朱氏		休宁	1524—1562	黄母朱孺人墓志铭	四七	列女	同邑居安里黄次公之妻。年十七归黄次公。舅殁,嫡姑与黄次公之母王氏俱在堂,难朱氏。朱氏事二母孝谨,无有别。佐次公贾。有二子廷吉、廷义。
黄有		休宁	1549—1577	程伯子之妇黄氏圹志铭	四七	列女	祖父家为休宁居安里人。程伯子子政之妻。子政,名元正,字子政,率口里人,太学生。黄氏家富,归程君后,祥顺事舅姑。后大母病,归省,躬侍汤药,以老瘁病。
孙氏、孙氏		休宁	1483—1566,1510—1580	程母孙太孺人妇孙孺人世懿墓碣	四七	列女	王母孙氏,曾大父为阳湖处逸公以谊,大父为溪东孙翁云贵,亦以处逸见称。及归,家殷富,朝夕恒食佐馂(吃剩菜)。母孙氏归,亦如王母。后家资益减,王母与母皆勤俭,未尝有愠色。尤喜善施未辍。
叶氏		休宁	1498—1568	金母叶硕人墓碣	四七	列女	海阳金伯子濡之母,叶处士公德之女。归金仲君,与娣姒和睦相处,家富亦勤俭不侈。有子男二人、女二人。

续表

传主	字号	籍贯	生卒	篇名	卷次	身份或地位	备注
程氏		休宁	1564－1590	吴淑媛程氏圹志铭	四七	列女	休宁中泽望族。年十七归吴君，事舅姑谨，知谦让趋和。家富，尤勤力务俭。忽病心而卒。有一子。
郑瑄	字廷玉，自名"北泉逸人"	休宁	1469－1542	郑北泉公墓表	四八	处士	平生善言黄老，发愤读书，涉猎百家。喜与文学之士交游。事季父恭谨。有义举。初配何氏，继配夏氏。子二人，长吉，次亨。孙男二人，应奎、应元。
吴珊	字汝润，号莲塘	休宁	1509－1555	吴莲塘君墓表	四八	商人	年十四即游吴越间，从贾，以智闻名。为人谦让有礼，尤有君子之风。雅尚文学。配金氏，子二人、女三人。
方敏	字汝脩，别号会川	祁门	1506－？	明故登州府知府方会川先生墓表	四八	官员	年十七补弟子员，进士出身，授郡李于湖，有惠政。后历任刑部四川清吏司主事、刑部员外郎、登州府郎中。力行孝友。配蒋氏，封孺人，加赠安人，生一子。继配谢氏，生三子。
吴天盛	字元达	休宁	1517－1580	处士吴季公墓表	四八	商人	幼读书，后从伯仲贾，尝贩米于吴越间，资益起，七分其资而谨受其一。事伯仲甚恭。生平喜施，曾捐资修缮学宫等。子男三人，从儒业；女一人。

续表

传主	字号	籍贯	生卒	篇名	卷次	身份或地位	备注
金德显	字时明。别号兰轩，又号近竹居士	休宁	1488—1551	处士金次公墓表	四八	商人	幼以善长跑闻名。年十三丧母。家贫不能学，外出而贾。父病，行千里以求汤药。后资大起，构屋舍，闻名于大江南北。交游甚广。配汪氏，早卒。继配许氏。有子男二人。
吴福恺	字应和	休宁	1502—1568	吴公墓表	四八	商人	少受经，通览记书，既父母老，乃去业从商。家约务俭，食不重味，出不乘车马。喜赈穷困。配程氏，妾三人。子男二人，女四人。
陈坎	字汝上，号习池	安平	年七十四卒	习池陈公墓表	四八	官员	任两淮盐课。天性孝友，事父母孝谨。配孺人王氏，继配张氏。子男五人，女三人。
邵文光	字元夫	休宁	年四十七卒	邵长公配吴孺人郑淑宗庶配石氏合葬墓表	四八	商人	世家休阳东门。初娶吴氏，早卒。游楚，娶郑氏，又娶石氏。石氏母家陕西金州。长公幼以颖敏称，以资补为员，未仕。喜行善赈施。年四十七殁。后石氏既殁，郑淑宗恭奉舅姑及吴遗女，以一人之身使邵氏之宗不绝。
汪海	字德宗，别号百川	休宁	1526—1586	处士汪长公墓表	四八	商人	承祖父之业酿酒，资益起。配孙氏，早卒。继配黄氏，生子男二人、女一人。

续表

传主	字号	籍贯	生卒	篇名	卷次	身份或地位	备注
袁氏		信阳	1506—1583	王母袁太恭人墓表	四八	列女	广威将军竹里王公之原配。父光禄寺丞镕,河南信阳人,世家万户。幼诵《孝经》《论语》及《德象》《女师》之篇,日作小楷百余而不喜女工。年十四归信阳卫指挥佥事广威将军王公诏。时王公系狱,袁氏以己力保其官其宅。有二子,长子太史。上封袁氏太恭人,以其明于大义而知进退之旨也。
谢氏		休宁	不详	黄母谢氏孺人墓表	四八	列女	休宁汪岐诸生谢镕公之女。归居安左桥黄长公,事继姑庶姑谨,以孝称。佐子学业。长子正芳,河南布政司。次子正奎,邑庠生,有才名。

二、吴子玉碑传文的主要内容

作为一名生活在社会底层的知识分子,吴子玉将其视线更多地集中在了下层人物的身上。与汪道昆、程敏政等人的碑传文不同,吴子玉并没有也不可能有机会浓墨重彩地传写官员,从数量上看,他笔下的传主,以从商者为多,大约占了总数的三分之一。其次是妇女,吴子玉笔下的妇女,有的守节终身,有的年纪轻轻就殒身而亡,但要之皆为在那个时代的徽州被认为有德者,这与吴子玉碑传尊崇程朱理学的标准相一贯。下层士子和普通平民所占比重大致相埒,这是吴子玉碑传文特别有价值的地方。

由于所作碑传的写作时间不详,我们无法准确了解作者具体的创作背景,但通过研读文本可以发现,有很大数量的碑传都是写于传主去世一段时间后,尤其是传主的子孙辈与作者相识相交,通过他们的口述,作者构思润色而成。

与通常的碑传文一样,吴子玉的碑传写作缘由一是受人请托,如《汪孝丰公传》,传主汪灿,字文明,号道轩,晚号道仙,世家休宁。他曾以邑高等经生籍国学,任太康丞,为士民所爱,有政绩。"公之孙元龙,学邑廪生,与予游几廿载,最厚。今始知有孝丰公,遂因参军君状述,为次于篇",其孙与作者相识交游多年,在他的状述下,作者提笔谋篇为之撰写了此篇传文。又如《范工部平仲先生集序》中,"嘉靖乙卯,先生六世孙用敏、用登手先生诗文二卷造余山中,披诵之,柔厚以据情,真核以纪事,辞微而指博,务根理奥,诏叙伦则,本之自然质矣"。传主的六世孙特来拜谒吴子玉,请为传主文集作序。二是主动写作,大致或因读传主之书,或因传主在某一方面的德行感动了自己。如《嬴稿序》中,"子玉读黄先生《嬴稿》,稿中首《拱辰堂记》,卒业而三复焉。乃抚卷叹曰:'嗟乎!先生忠孝之道具是矣!则有征故宗伯公之贤云。'"作者读其传主著作,深为感动,为之作传。又如《三泉先生文集序》中,"既读先生之文,则闳衍跌宕,溯源乎谟诰,并追乎迁谊。四达无竟,与其治迹如相谐会。窃自拟之文如飞景之剑,光射焰摇,望者知为神物。以观所为治状,则刃迎锋解,不留行矣,岂可易言哉!往作者柔淡高雅,俊亮沉郁,言人人殊。既考其事行,亦往往相为发明,无怫异则政治恶乎殊也!比淳政告逝古文,不复所为,作者托于寓言,观者直谓所从之异路,视为二物,岂不竟背?予不敏,不能窥先生之文之区域。然睹先生之政,有日由此上谟庙廊,若汉守令,入为公卿,祖夔龙之雍容,扬灵德而奏公,则文章政绩又当大有殊绝,洋洋盛矣哉!是集多海阳之制,前此者附焉重先生之政也"。在这里我们看到吴子玉对传主的为政为文都作出了很高的评价,溢美之词充溢其间,令读者动容,也将作者的褒贬清晰地传递给阅读者。相对来说,因作者不像程敏政或汪道昆那样享有很高的政治地位和文名,受请托而写的较少,主动写的较多。吴子玉碑传的传主主要是下层士子和商人。

(一)"处士"

吴子玉笔下的碑传,"处士"共占四十一篇,其中只有三人没有提到有文化,其余三十八人是真正与"出仕"者相对应的"处士"——即有一定文化而未博得一第的读书人,这与汪道昆泛称的"处士"(对布衣的客气称谓)有很大不同。如休宁王廷,字汝皋,年四十初试殿庭,第八名,就业太学。两试不售,谒选铨部。后足病发,年五十三而卒(卷四十六《王贡士汝皋墓志铭》)。汪淮,字东之,初号五墩居士,后得信阳之西山,改号丰西山人。休宁人。"幼诵业即知其解"。年十三随父游。屡试不售(卷四十《处士丰西山人汪次公行状》)。程一枝,字巢父,休宁人。年十四受《尚书》,古文逸篇皆有参涉。后读《毛诗》《春秋》。年三十补郡学生,著有《史汉诠郚大记》等。郑暄,字廷玉,号北泉逸人,休宁人。"平生善言黄老",发愤读书,涉猎百家。喜与文学之士交游(卷四十八《郑北泉公墓表》)。吴于庭,休宁人,人称"竹溪先生"。"家贫,发愤读书,遂成儒宗……行略俱载郡志《隐逸传》"等。这些人物的境遇与吴子玉如出一辙,最能在心灵里引起他的共鸣。长年沉沦下僚,终身为一介寒儒,只在生命的最后一年才勉强得到一个训导的小官,在漫长的人生中,吴子玉并未闭门归隐,而是积极地参与当时知识分子的圈子,结社、交游、诗酒唱和,与当时著名的文人书信往来,并至死也未放弃考取功名。这里不仅有其自身强烈的入仕意识和振兴家族的观念,也在一定程度上反映了他对先世先贤于困厄中不抛弃、不放弃的积极进取精神的继承。在隐无资格、出仕无门的情境下,他就很自然地对同时代同地域以至他时他乡与自身经历相仿的文人士子产生同情,进而生发出一种惺惺相惜的聊以自慰之感。

在吴子玉看来,与他笔下的许多"处士"一样,自己虽屡试不第、考场失意,但与隐居山林的沽名之士不可同日而语。吴子玉撰《萧隐君传》,以"隐君"命题,表明在吴子玉心目中,"处士"实际上亦"隐士":

萧隐君生之九年,从父博士公于定远听诸弟子员诵业,即知其解。有疢瘢病,故博士公不令之学。隐君自以学,大艺之年乃暇日博览百家,自河洛、七纬、神输、内业、训纂、释诂、地形、洞林,罔不关涉,独去博士家语。如此十年,博士公东归,董古书数箧,鞟凡铁洗而已。日尝服素积缁带青钩,泊如也。五男,隐君中男。……又十年,隐君年三十矣,叹曰:"家世受《尚书》,奈何当余世而废?"或以年逾而立无从传《尚书》言者,隐君曰:"果以《尚书》为朴学而无传乎?汉伏生口传二十八篇,今具存简册,即口传也,丹甲青文果何从受文?倚相能读典坟,又何从授读我(于)豫章?《尚书》,古人之学,自东晋豫章内史梅生始得安国之传,自是以来代不乏梅生,况我萧氏?景阳(萧子显,字景阳)而后故经术名乎?"乃取《尚书》自句之,凡古文逸篇、《大传》《中候》皆通不碍。又二年,补邑弟子员。又五年,升之既廪舍。又五年,蔡虚斋先生督学豫章都试士,得隐君牍,大奇之,曰:"是今之萧子显也!"先生故海内儒宗,独奖誉隐君,由是名大起,江以西莫不知有萧生,游于门受《尚书》数十人。而隐君不以名加于实,效尤谨,内行孝友温厚,悛悛笃至。缙绅以隐君经明行修,益尊重之。致礼与相见,既相谓曰:"萧君无论文学,即实廉质,孝不当首察哉!"于制艺之外喜为古文,辞尤甚。岁著书一束,性酷嗜菊,遍其所,曰"冷香坞"。题咏至数百十章,而他文亦称是。县大姓介请修订谱牒,里有大礼固实,无不涉隐君定者,其门徒多以明经举显贵,而隐君数不举,尝射策以副帖括进,不得举。举主后知为隐君,甚惜之。又十年,以岁贡籍推上,竟不诣。太常曰:"有司过意推庭。"(曰)"庭有母在,春秋高,且闻之岁献有计偕(按,计偕即举人赴京会试),物设庭计偕,母谁则朝夕欢?冷香岂计偕物乎?谁则尸之?"缙绅益高隐君,比之陶征君。而罗文庄公以隐君尔雅深厚,所为诗歌足以续卷,阿清庙之章而使之咏冷香于僻坞,其浩然者足以自得为知隐君云。隐君名庭,字时训,士林称西崖先生。世居泰和之凤岗上。末年著《自叙》数千言,有马、班叙传之风,病革时,命以缁长半幅赪末,长终幅,握笔自书铭于末曰,"有明布衣士西崖先生之柩",投笔而逝,年七十有七。子男,经生休;孙经生予震。世其家行,隐君所著有《蚓鸣录》《熙志录》《冷香坞韵语》《梧丘草堂自序》诸书,隐君卒之二十年,会唐侯纂修县志,列隐君《隐逸传》中。

赞曰:余尝读《高士传》,任棠凤色,图传乡地,矫慎弄凤,嬉翔云间,皇甫士安所为艳慕?其凤德亦至矣。今凤岗之上有萧隐君绚赤图,而秋秋其翼若干,其声若萧,翱翔千仞,音亮帝侧,岂于彼高岗有所由来邪?余从泰和父老称隐君殁时所自置铭,知死之如生,同任君等之高邈矣!至述萧隐君蕴借读史,所论著又非徒枯槁当年者,比其被五色三文可想也。①

萧庭,字时训,士林称西崖先生,幼时聪颖好学,可惜身体孱弱,先天有疾,父不令之学便自学。由于受其父影响,萧庭读书入仕的情结颇深。可惜补邑廪生后,数试不第。关于萧庭与萧子显是否有直接的亲缘呈递关系,史载不详。然其自谓:"自是以来代不乏梅生,况我萧氏?"可见其自身是很看重萧氏家学师承的。萧庭自学《尚书》,希求讲《尚书》之学传承下去。除了制艺,萧庭爱好写作古文,据吴子玉传文所载,有《蚓鸣录》《熙志录》《冷香坞韵语》《梧丘草堂自序》诸书,且"岁著书一束",著述甚丰。性好菊,与陶潜异代同趣。科举不顺,又不愿折节奉承高官,便退居山林屋舍,饮酒赏菊吟诗作文,或可谓保持自身的高洁品行不为世俗所动,或可谓无力摆脱现实困扰,寄情于山林以发心中之愤懑,萧庭究竟为何不能尽知,但他在逆境中保持良好的心态,读书著述不辍,这一点还是代表了中国古代知识分子的勤奋笃实和以学为高的精神特质。

李攀龙有一首诗名为《过吴子玉函山草堂》:"玉函山色草堂偏,恰有幽人

---

① (明)吴子玉:《萧隐君传》,《大鄣山人集》卷33,《四库全书存目丛书》集部141册,第629页。

拥膝眠。树杪径回千涧合,窗中天尽四峰连。绿阴欲满桑蚕月,白首重论竹马年。就此一樽无不可,因君已办阮家钱。"①一幅乡间美景中偏倚着一座草堂,站在草堂前放眼"山色",绿阴小径,窗前峰连,李攀龙过访吴生草堂,自然要对酒当歌,回首往事,如今已是白首,当年又是如何?这首诗从一个侧面塑造了一位山居的吴子玉的隐士形象。问题在于,这种卧窗观景、听蚕拥眠的处境,是否系吴子玉所愿乐为?萧庭临死前自题其柩曰"明布衣士西崖先生之柩",吴子玉评价其为"知死之如生",能够直面自己的生死。然而,即使是吴子玉笔下投入褒扬之情的萧隐君,在死前也还是多少对自己仅为一介布衣有些难以释怀,这难免不令吴子玉唏嘘感叹。

吴子玉说"缙绅益高隐君,比之陶征君",有关陶潜的评价之文历史上可谓汗牛充栋,近人褒贬不一。南朝宋颜延之作《陶征士诔》对陶潜大加赞赏,对其高行峻节的人品,宁静淡远、不慕荣利的志趣表示由衷敬佩。但是,由于时代大异,魏晋时选官任门阀,"上品无寒门,下品无势族",九品中正制导致沉沦下品的知识分子没有步入上层的途径,面对这种不合理的社会制度,陶潜选择了放弃和自我磨练,以一种逍遥、回归大自然的心态过着贫困拮据的生活,由于"因心违事,畏荣好古,薄身厚志",陶潜只能于"晨烟暮蔼,春煦秋阴"之中"陈书辍卷,置书弦琴",他"居备勤俭"却"躬兼贫病"②,困窘的现实生活并没有因为自身的高洁品性而改变,他是凭借自我的人生信条和精神信仰,克服了物质生活的窘境。吴子玉在理想的层面上赞赏萧庭,但在实践层面上,六十九岁时依然接应天训导的官职,因为与同时期的汪道昆等人相比,他既缺乏萧庭那样远播的声名,又没有现实物质生活基础,支撑他走到人生尽头仍是"万般皆下品,惟有读书高"的传统信仰,超脱不了现实功利羁绊所带来的人生窘境。

---

① (明)李攀龙著,包敬第标校:《沧溟先生集》卷9,上海:上海古籍出版社,1992年,第223页。
② (南朝宋)颜延之:《陶征士诔》,见(南朝梁)萧统编:《文选》卷57,上海:上海古籍出版社,1986年,第2469页。

中国古代社会有以"士农工商"为"四民"的等级次序:"士"因其立德于心、建功于世、宣德功于言而位列社会阶层之首;在一个以农业立国的农业里,农民位居社会的第二阶层;"欲善其事,先利其器",由于人类必须借助工具的改革才能发展和提高其生产力,因而能工巧匠能够在中国古代社会阶层中排名第三;位于末位的是商人,由于商人不直接从事生产,且商人唯利是图,又常因囤积居奇而导致物价上涨,最终使上至王公大臣、下至黎民百姓均对商贾投去异样之眼光,位居末位实属自然。

"士"虽高居社会阶层之首,但因官员的数量毕竟有限,对大多数拥有文化的士人来说,必然是"处士"。"处士"的概念很早就出现了。《荀子》:"古之所谓处士者,德盛者也。"《史记·魏公子列传》:"赵有处士毛公藏于博徒,薛公藏于卖浆家,公子欲见两人,两人自匿不肯见公子。"在荀子看来,有盛德者便可谓之处士,而在太史公的心中,只有那种不愿做官,甚至连官员都不想见、不愿见的有德之士才能当之处士之名。后来,"处士"的概念渐渐放开,极少数文人确实厌恶官场不愿入仕,大部分士子由于种种原因,如科场失意,终生为一介布衣,这些人统统被吴子玉称为"处士"。在他的碑传文中,以"处士"命名的有不少具有代表性的作品,《魏处士传》就是其中的一篇:

宋末年,吴胥台乡魏安三以田十三万亩雄郡中,后徙义慈巷。明初,令民间事得关决三老以报县宰。时署秩魏公三老尝直邑子狱,邑子进金为寿,魏公视客,嘻曰:"而公直若,若不直而?"公竟掷金不视。魏公主男文盛,文盛有后母弟文显,早卒,遗男志容。魏公出金钱银什器财物榆剟为二,属文盛曰:"其半待志容长以为分。"更藏其策。及志容长,取诸器物箧缄中,而己所为分者且刓敝(按,即磨损)矣。太守林公以为名高,亦署三老秩云。三男仲志宁以高材生荐补南雄推官。季志宽,尝探囊中金予行道失金者,其人跪问姓名,不告而去。生男应周,即处士。字维相,年弱冠,父卒,訾省父。责券余千金,悉会诸责家,尽焚之。里有贳贷及以屋舍鬻强昂贵贾,此两人相求如市,贾后皆以杀人(罪)迫劫处士。里人曰:"处士故不杀人,盍往白县?与不仁人争明无不胜,吾辈为君左验!"处士谢曰,"吾哀其有丧故,辄予之数十金以解。"后此两人皆逮死狱中。性笃孝友,朴厚良善,然非为名悛悛,质愿其天性也。不责欺于人,动必考于固实。每语男学《礼》,曰:"君实(司马光)自谓有未尝不可对人言。"而公亦云也。家居,妃配相对如宾。会客请过谒舍,以为友人舍也。既有妙丽拥瑟焉,知为歌伎家,趣去。平生不视家生产,仅仅田数十亩,更费无为訾省,以至匮竭,然终无所干及。尝受寄越人詹晖百金橐,久之,橐尘不一发。嗜好读书,诵记经史,即经生不如。识奇字,六书音义,诸天官、医卜家书多奇。中有宋氏娶妇,处士曰:"视日丛良当杀一人已。"新妇入奴妪,见之正昼立死,其精如此。舍人儿病,疹诸医视,皆非疹。处士以具载某书,乃疹状,已,果然。处士少多病,有金生善相人,言人生死甚验,尝相处士,曰:"不过百日当死。"兆后数年,金生见处士,愕曰:"君为德竟天固寿。"公及卒年七十二也。晚营别墅于黄山山麓,自称曰"麓隐"。会比舍畜郁攸过,别垫焚西舍,而墅独完,里中皆以至人名处士云。道、顺二男学儒,范县博士学礼,县学生以善辞赋名男。孙天骥,郡学生。

　　吴瑞谷曰:余观魏氏世德,故多长者行云。如魏公父子却金存什器,皆操行不欺者也。闻处士之同祖弟刑部君以不阿宦者,杀人辄戍,磐石以去,其直谅之风哉!抑世类之长厚,有以风览之与?其后郡邑以宾射之礼造请处士、刑部君兄弟。处士辞,不往。刑部君乃盛言伯氏,行无愧宾席。人称刑部君固笃论君子也;若处士者,孔子所称"无间于兄弟之言"者邪?呜呼!质矣。①

传主魏应周,字维相,祖籍自苏州迁徽州义慈巷,晚年居黄山。文章篇首对应周家世作了简要介绍,其祖父魏公生四男,长子文盛、次子文显、仲子志宁、季

---

① (明)吴子玉:《魏处士传》,《大鄣山人集》卷34,《四库全书存目丛书》集部141册,第637页。

子志宽,魏应周为魏志宽之子。魏氏子弟似乎都有着一种尚义尚宽的品格。祖父魏公就曾对祝寿的邑人"掷金"而"不视",其伯父尤其懂得以孝治家,面对父亲讲资财器物一分为二留予异母弟的要求,文盛选择了顺从,并且在文显弟弟长大后将那些已经残损破旧的什器留给了自己。更有甚者,魏应周的父亲魏志宽喜为义事,且行善事不留名姓,从魏应周家"堇堇田数十亩"可以想见,在其父亲在世的日子里生活也并非算得上富裕。然则,这样一种舍己为人,不为私利却甘心为之的品格,成功地传承给了魏应周这位一生未做过任何官职、连郡邑官绅以射宾之礼拜谒也辞而不往的处士。

魏应周处而不仕,可以说是希心学古、不愿为官,其个中因由虽未可尽知,但仅就结果论,魏应周可谓一真处士。魏应周有才,嗜好读书,经史皆通,然而对科举并不感兴趣,偏偏是那些奇文异书特别能吸引他。不仅如此,而且其涉猎的范围还很广,尤其是在其舍人之子生病之时,连医家都无法诊视出病因,魏应周却据其所读之书准确地说出了病人得病的缘由。不管这其中究竟有多少科学的成分,他的医术已然达到了何种程度,单就所谓"隔行如隔山"的行业鸿沟而言,一位并不以入仕为目标的读书人,能够就病因作出判断,至少可以说他的知识储备很广博,而且他的择书标准也不以现实功利为考量。

魏应周更有德,不论家居还是处事都为人所称道,就连一位很有经验的算命先生也对自己早年妄下之定语表示愕然,转而以魏应周盛于德行而感于上天解释之。这当然是迷信。然迷信的背后正映示了当时的民众心中的魏应周是怎样的形象。吴子玉面对这"世德"的魏氏家族,千言万语也无法准确地表达出魏家的品格,最终一个"质"字涵盖了一切赞誉之词。

魏应周晚岁自营居于黄山山麓,并自号为"麓隐",意即麓中隐士。《说文》:"麓,林属于山为麓。"《水经注·漳水》:"麓者,林之大者也。"应周于黄山山麓筑室定居,并以"麓隐"自号,可见其有着相当自觉的归隐意识,虽然在吴子玉的文字中,并未记载更多魏应周本人的言论,尤其是论及归隐不仕的言语,留给我们后人的只有他质朴的实际行动和我们无限的想象吧。

无论是考场失意还是执意归隐,这类人群最终的身份界定也还是布衣,吴子玉本人在其一生中的绝大部分时间里也可以说同属于这一阶层,因而吴子玉笔下布衣形象占据了很大一部分。大抵"在官言官,在朝言朝",身为布衣而赞誉布衣中的有德有才之士,这也在情理之中。吴子玉笔下的此类人物,在明朝现实的社会背景下以各种不同的方式生活着,他们从纵的角度揭示和剖析了当时社会底层人物的生存境况与人生理想。吴子玉本人六十九岁之前即属于这个阶层,他笔下的碑传文中,"处士"即有一定文化而无缘"出"而为官的人占了相当数量,因他自己也身处其中。这类碑传虽未免美化,但由于身处其中,感同身受,比之同时代作家所写的这类碑传文更有史料价值。

(二)商人

徽商应时代要求而生,随时代变化而发展,它的存在为我们提供了很多研究明代中后期社会经济生活方面的材料,也是明代文化的一个不可或缺的组成部分。吴子玉对徽商的关注,自然是源于自身的地缘因素,作为徽州人的吴子玉,将目光放在普通徽州商人的身上,他试图以自己的碑传文字发掘出那些散发着零零碎碎闪光点的下层人物。这些文字大多朴实无华,也正符合了写作者与传主们的身份与地位。如《程季公传》:

> 程季公,休宁率口人也。名玘纲,字廷立。郡姓,程最著。诸程率口著。季公居率口牌边,以丈人行最长,又材,由是里人父事季公。季公名最著,父富全公质行朴如,椎屋舍隙地为园。日戴畚持钼钩粪除。于中子三人,季公其季也。少贫,日关无储,不能学。自初束修,裁五阅月,即谢师去。年稍长,日求古法帖习之,参阅诸书益解,如宿业者。以悲莫甚于穷困,处穷困非世恶,利不为生计,非人情也。乃去业贾。为人能辛苦,精强敏捷于事,其于贾则计然、白圭①通于百货不能绝也。策虑幅亿,善因形势,而批亢捣虚。然义

---

① 按:白圭,战国人,有"商祖"之称。

信奋发，不为奇邪计，以故人益趋之，贾颇售。而伯兄亦以贾通。父犹事畚钮如故。季公俯伏请曰："儿兄弟足具饘粥，大人幸少休。"父不听，曰："服牛轺马以周四方，若辈事也；挟抢刈耨铚，而翁事也。无溷而翁。"季公兄弟不得请，虞侍益至。父殁之日，几筵、属茨、翣箑①、文章之等一如庆氏礼。时谣俗礼节从朴，见季公兄弟备至，里人叹曰："无谓老人畚莱如椎，今无如其华矣！"亡何，伯兄殁，抚侄如伯兄。仲早殁，遗一女。抚女如仲，治缁衣纁袡以嫁。姊四人，吴氏姊嫁歙留村，姊婿早卒，贫，馈给之。数十年殁，为具棺物视殡，有子路丧姊之哀。笃于伦，好此类。

尝贾于邑之闵川，能树风捡于一乡。乡人望风质成，长幼承化。时季公籴食逮给而已，务振穷合，独施行，其德几数十年。后季公徙业去，续贾是地者，不数月即负累，不能厮留矣。季公于是乡有千金之责，去之日尽征会乡人，焚其券。乡人诵义至今。率口族属雅尚文学，然通轻侠，每临质要约，季公数为义格。谣俗为之变。自故宋来有祠祀梁忠壮公灵洗岁时享，季公见几案不设，乃谕族子几家造先宗器。奈何不宿置，即出赀趣办几案数十。由是豆笾、登缶、镭樽之数皆如礼而办。邑故多宗祠，独称程氏祠礼器甚设云。尤喜文学士，自行迎除舍少子，时用美秀而文尝督最之。后补博士弟子高等，以大《易》为郡士人宗，弟子以次相传，言《易》者皆名之。县令雅知程生，欲时时见程生。季公谕之曰："大夫君，廉庄君子也。当以礼见，不当以私见。"令闻季公言，益重季公。一时郡缙绅多知季公名。婺汪尚书玄锡、游中丞震得、歙唐殿撰皋、江方伯珍皆有言赠季公。族属程征君师鲁，为辑之成编而序之首，曰《直庵录》。季公，直庵为号也。

郡国史氏曰：余闻精进强忍能成大事。尝以称程季公，岂不信

---

① 按：翣箑，棺木之装饰。

哉？然程季公以是材历远履嚣，强力忍诟，甚劳苦矣！贾竟不大售，何也？夫骐骥之捷足以致千里，不可以执鼠，此小大之辨也。今观季公行谊，孚闵川一乡从而听焉。则与高士老莱之所居，成落成聚者何殊焉？程生从余游，余尝见季公精莹，于便宜事，阃郭深远，此能为大矣！未尝不悲其所用之异也，岂数数然？浅闻者可语哉！①

自太史公撰《货殖列传》，专门记叙那些从事"货殖"活动的杰出人物，历朝历代的史书大多有商贾传。孔安国《尚书注》曰："殖，生也，生资货财利。"利用货物的生产与交换进行商业活动，从而谋取钱财利益，这就是商人的基本概念。从现代资本主义精神的角度看，资本积累与扩大再生产对资本主义的发展和国家最终的强盛起到了至关重要的作用。古代中国重农抑商，财政政策往往袭用前朝前代，采取什么样的财政经济政策必须服务于维持庞大的中央集权式帝国的稳定，这就造成了明代统治者无法充分放权于地方，尤其是无法纵容资本主义的经济要素无限制地发展。明代的商人，其生存近况还是很艰辛的。重农抑商的基本国策，加之地方课税繁多，商人群体要想获得一定发展，必须有吃苦耐劳、精明强干等特质。这也是明代徽州商人为人所称道的品格与行谊。

程玘纲，字廷立，休宁率口人，郡邑著姓。由于家庭贫困，无法负担起就学的费用，因此仅仅从业数月便辍学回家。徽州有句谣俗，"前世不修，生在徽州；十三四岁，往外一丢"，为了承担起家庭的重责，也为了自身的生存与发展，外出从贾经商成为他的选择。徽州特产多，盐、茶等土特产品远销全国各地，尤其是在苏杭、扬州等地，更是受到欢迎。资金积累起来以后，这些商人往往又会从事放贷业务，也就是所谓"高利贷"。虽然历朝历代官府均对民间放贷采取抑制手段，但这种形式的融资途径还是在中国长期地存在了下去。传主程玘纲外出做生意，"为人能辛苦，精强敏捷于事，其于贾则计然"。他不

---

① （明）吴子玉：《程季公传》，《大障山人集》卷33，《四库全书存目丛书》集部141册，第630页。

仅能够吃苦耐劳,而且懂得经商的策略,最重要的是他懂得"义"与"信"。由于自古经商者只有利益存在于心,讲求诚信的商家往往会得到顾客的青睐,"奋发"的背后是"不为奇邪计",这就必然会为他赢得好口碑好名声,因此"人益趋之",销售成绩也"颇售"。

吃苦耐劳、勤俭节约,小本经营、由小及大,这是徽州商人普遍具有的经商特点。吴子玉笔下的程玘纲就是这样一位具有代表性的商人,他虽然家境窘迫,并没有巨富的经营成本,却用自己勤劳的双手、灵活的智慧,加之诚信的经营取信于人,获得成功。他的兄弟也与他一样迈出家门进入经商的行当,程氏一家至此"足具饘粥",生存有了根基,往前发展的轨道便逐渐清晰。但程玘纲及其家族并没有因此变成唯利是图的奸商,而是始终恪守着讲道义、重诚信的理念和质朴谨严的本性。

至于程玘纲的品性特点,从家族遗传的角度看,其父亲富全公对程氏兄弟的影响应该说起到了举足轻重的作用。由于家境条件的限制,富全公"质行朴如",自始至终都矜矜业业,"日戴畚持铻钩粪除",尤其是程玘纲兄弟外出从贾以后获得了一定的收入后,富全公也是"犹事畚铻如故"。父亲去世后,程玘纲更是将父亲的"质行"发挥到了极致,对亲属家的孩子好生抚养。在闽川地区经商,使得当地百姓"望风质成,长幼承化",俨然一个道德家和布道者的形象。中国古话有云,"滴水之恩当涌泉相报""饮水当思源",虽然程玘纲没有熟读四书五经,没有写得一手好的道德文章,更没有进入知识分子的行列以道德功业为己任,但他却将中国古代人民质朴的本性通过个人的努力向四周辐射开来。

谈到"饮水思源",今天我们想到的更多是商人所承担的社会责任与义务,国家政策对商业的扶植和促进,使得一部分经商者富裕起来,甚至成为一方巨贾,这是商人群体所获得的权利。同时,作为社会公民和受益者,商人也对整个社会承担着应有的义务与责任。回馈社会、报答社会,积极从事慈善公益事业,这便成为市场经济背景下的题中应有之义。然而在中国的古代,以自然经济占主导的农业社会,商人往往只顾挣钱而缺乏社会责任感。但徽州却不尽然。徽州商人乐于社会公益,往往在经商致富后回到家乡报效家乡,捐资助教、修宗祠等活动层出不穷。

程玘纲就是这样一位有担当、有责任感、重"风雅"的徽州商人。他经商负累即将离开时,"尽征会乡人,焚其券",使得"乡人诵义至今"。他见程氏宗祠"几案不设",于是"谕族子几家造先宗器",又"出赀趣办几案数十","由是豆笾、登缶、镭樽之数皆如礼而办"。这一义举也使得远近闻名,里人皆称"程氏祠礼器甚设"。古人重视宗祠,徽州尤重,清代刘大櫆《方氏支祠碑记》云:"然吾以为后世之宗祠,犹有先王宗法之遗意,彼其所谓统宗之祠,族人莫不宗焉。"① 宗祠是供奉祖先神主进行祭祀的场所,被视作宗族的象征。自朱熹始提倡建家族祠堂,宗祠制度也体现了宗法社会家国一体的特点。既然宗祠象征着祖先,中国人历代重视"从哪里来"的问题,近几年来台湾民众频繁来大陆祭孔祭祖,就是对炎黄子孙及家族谱系的尊崇和重视。徽州人更为看重家谱,大姓之家往往撰修私家谱牒,家谱更是一个家族兴旺繁盛的象征。程玘纲见宗祠破败,连祭祀的基本器物都已经缺乏,就自掏腰包捐资置办,这是一种荣誉感,更是一份直面家族兴衰的责任心。

这类商人形象在吴子玉的碑传中并非少数,倘若加以分类区别,大致可归纳为下述几种,兹举数例分类言之。

1. 品性敦厚的君子

徽州商人誉满天下的原因除了善于经商、吃苦耐劳以外,还有一个重要的特质便是性格上的温柔与敦厚,仿佛一位循循善诱的长者,在人们身边发挥着异于常人的作用。如《东野金公墓志铭》一文就撰述了这样一位金姓的长者:

> 海阳之金姓,著者以故宋学士公安节也。其苗裔,城北里有金处士,增会有司旅者老书赞而赐之冠带。子四人,长金公。金公名

---

① (清)刘大櫆著,吴孟复标点:《刘大櫆文集》卷10,上海:上海古籍出版社,1990年,第313页。

岩良,字尚忠,别号东野。年二十时,父使尸家,修家政之缺,整之于身,以为本先而要其归于节俭。父喜,称"儿主舍中雅,故能推毂而公治家矣"。既使尸贾,观三楚之俗,历吴越,多文彩布帛之凑,委输其间,而擅奇羡。父数劳苦,儿主客中暴衣露盖,故能辛苦,开后人业矣。初产中下,后买善田,大起第舍。兄弟俱著名字称于州里。然以厚善为声,不设智巧、仰机利,天性敦愿,自同产以至六属之戚,亲疏各有意。与人交诚,一质其本,即怛而不信者莫不归诚。口不道人轻重之短,而务以德意感人。慕王烈之为人,千社之内诵金公长者。邑君侯召三老豪杰来会计事,必首举金公。诸祠庙、城墉、文峰、桥梁之役,金公必与诸父老俱。诸父老兄事金公。缮治中,程事第一。部使者前后劳问金公,旌其门。为人宽缓阔达,不立城府,悛悛退让,尚德若大雅君子之风。人干以画,愈益发舒。是非为人请求,事可解,解之;不可者,各令厌其意。里中得金公一言为居间而解争者甚众。由是益著名誉。

郡侯洪公署县讲礼乡饮于学官,虚坐请金公,则金公避匿不出。从子弟子员世泽跪白:"郡公侯之命不可以反。"金公出,自是属家事不问,时时三老从之质疑问事。谍诸孙论道,经书为大体而已。后十二年而金公卒,为隆庆元年七月八日,年七十有二岁。配程氏,继配程氏、吴氏。子男一人,世宁,继程氏出,世宁娶吴某女。女二:一程氏出,适夏有诚;一继程氏出,适王镗。孙男四人,惟乔聘叶栻女;惟聪聘夏锐女;惟化聘邵继忠女;惟嵩幼。孙女二人,一许聘庠生吴耀子;次许聘苏若滨子。予雅习十洲吴君,而世宁介吴君辱觊请铭,以明年九月治方中于某地之原,铭曰:"三老悲,千社思,善人卒,毋自律,身则卒,名则揭,劝防说。"载乃除释其所茂延,岂蒀馆云?共仞曰"长公阡"。①

---

① (明)吴子玉:《东野金公墓志铭》,《大鄣山人集》卷45,《四库全书存目丛书》集部141册,第759页。

传主名叫金岩良,字尚忠,别号东野,休宁人。其祖先可追述至宋学士公金安节。中国古代社会尤讲求家学师承,家族的渗透与传承的力量有时非常之大。金岩良的父亲是处士,大抵家境不殷而无以为学,然而岩良之父却时时以修身齐家律己,治家谨严,尤其是崇尚节俭。这对少年时期的金岩良产生了很大的影响。加之金岩良为家中长子,养家糊口继而光宗耀祖的任务自然首先落在他的肩上。金岩良自号"东野",东野君也可谓具有实干精神的商人,外出而贾,"观三楚之俗,历吴越,多文彩布帛之凑,委输其间,而擅奇羡"。中国古代的交通条件很不发达,往来交通靠的是马匹舟船,甚至有时只能靠人力步行,从商很是"辛苦",然而正是这样的不辞辛劳却"开后人业矣""初产中下,后买善田,大起第舍",由此始金家兄弟的大名开始流誉于乡里,家中资材也渐渐殷实。

真正的不顾艰险的个人奋斗会散发出的独特的人格魅力,东野君在乡中可谓名人,他"以厚善为声""天性敦愿",对待同产兄弟和亲属戚属都很不错。与人交往时更能体现他的"一质其本","口不道人轻重之短,而务以德意感人",这种"以德服人"的品性很有中国儒家传统"仁"的意味,正所谓"己所不欲,勿施于人"。乡中如若发生什么大事需要大伙协商讨论一定会邀请东野公前来出谋划策。而诸如"祠庙、城埔、文峰、桥梁之役",他又敢于担当,"缮治中,程事第一"。这也赢得了部使者的表彰。吴子玉在文章中赞扬道,"为人宽缓阔达,不立城府,俊俊退让,尚德若大雅君子之风"。有"大雅君子之风",这是对一个从未考取功名的民间商人品德的最好颂扬。

2. 儒商

明清时期之徽州有一显著之多样性,那就是它既是一个"以贾代耕""寄命于商"的商业地域,又是一个"十户之村,不废诵读"的文风昌盛之乡。儒、商紧密结合,成为徽州商人形象的一大特色。这二者相辅相成,一方面尚儒的商人促进了徽州地区的儒学发展,他们本人虽身在山野草市,心理上却不忘读书做官的"正途"。对后代精神上的教育和物质上的支持使他们的后代往往能步入仕途,从而跻身儒林,光宗耀祖。

吴子玉的碑传中有不少儒商形象,他们虽然身为商贾,却在商言儒,手不离卷,对子孙的教育也甚为严格,俨然一位儒林名绅。《赠工部都水司主事枫林黄公行状》便是这样一例:

黄公,休宁溪口人也。初称枫林黄公,殁之四年,以子贵敕赠文林郎德兴知县。后三年,赠工部都水司主事。于是人有追述枫林公,皆称赠公云。公幼孤,诸疏戚属来讧,公弗为挠,讧者散去,公以是著名。然家益窘。脱身游钱塘,以行谊为钱塘士夫推重。时裁逾冠,久之,有符公者妻以女。公归,奉母东家于钱塘。言治生能试有所长,一时人争趋之,致千金。好造赠宾客,尤慕文学士,请谢甚厚。生四子,延大师课之,属家人进馔而后尝食。公用粥米,起见贫人寒者辄出米囊为之衣。竟岁,岁被水,蓄物踊腾,粜米至斗千钱。公辍市不粜,而以贷诸贫人。贫人顿首,曰:"愿以业田入。"后不入者折券弃责。尝以榻布若干属暴室暴染暴人赍质子钱家,公赎之;复质,辄复赎。某甲诬,逮公于官。后,其人病,视之汤药,其人惭服谢恩。及死,犹为棺收之。有从祖兄弟连,死,绝后。家故富,里人谓公子男多,阖不使一后之,如脂膏不润何?公不应,独命中子后世父九祥君,亦不问其资产。而外家符公夫妇老年贫,公旦夕馈养,殁为治墓域。又尝振汪博士伯川之厄,汪博士者,司教龙泉督学使者掎之望。公门授入,公出赀力为解,得免,终不受其偿。每当放春时,贾笼鸟市叔鲔小鲜放之,无虚日:"以鬻米故,所鬻余米饲禽鸟,可呼集于席间,戢其左翼自若焉。"天性诚笃,言孝必及神,严事不懈。君尝诵孔父及二氏家言,一月率十日斋,眠涤濯氾扫屏去,嗜好泊如也。数以施散,故赀益减。诸子业儒,不治生产,家无余财,终不为觊觎计。及伯子教读侯门,仲子水部君成进士,仲、季俱补弟子员,有声。鄣与浙之人乃曰:"黄长公之惇懵善祥,其获天幸厚矣!"水部君初任晋江道,休宁公与俱谒祠墓,召宗党为十日饮,极欢。水部君跪请就养,晋江公不许,曰:"而公往,亦视儿治状,籍第奉公以善声养于鼎馈,养厚矣。昔仓颉作书,自环者为私,背私为公。若非为私养时也。"于是水部君莅任一遵公言,操行廉庄,大著治迹声。公归钱塘,逾年而公殁矣。先是公葬其父于休宁,母伯塘公居钱塘,每岁时滕腊西望,欷歔久之曰:"木欲直而风不宁,即椎牛祭墓可及乎?"因以"枫林"自号。及母殁于钱塘,亦归葬,与父俱。公之殁也,遗言归葬曰:"吾魂魄犹乐思家山。"诸子渴葬,以未揆吉,权厝于杭之龙华山,行谋归葬,而道记、墓属状于余。余未及睹公,然公之声名无论朝彻郡国,即浙以东皆知有黄长公,章矣!夫徙居里,自如石相、韦侯、陶朱公,然后能悬隔而立。今都水公一合适伐人,行不为诡众,乃去千里而宅。督亢成间右诸子若孙皆以儒术显名,岂非魁杰士哉?按,水部君所为行述,云公尝扶杖往听邹东廓先生诸公讲性命之学,所行为近道,又善诵释子书。不疾而卒,行神不改,则公有至至者而声华荣宠所居以成其名不足以称之矣。记曰:龙以为畜,故鱼鳞不淰;凤以为畜,故禽鸟不僑。观公之扰驯鱼鸟,殆龙凤为畜哉?公讳赐璋,字廷锡,晋新安太守积之后。父讳理礼,母程氏,生公于溪口之里,为弘治戊午闰十一月十五日也。积年七十有二。隆庆己巳十二月廿四日卒。配孺人符氏,封太安人。子男四人。长尚色,侯门教读,娶胡氏;次即金色,南京工部都水司主事,娶王氏,封安人;次中色,庠生,出后世父,娶吴氏;次正色,庠生,娶傅氏。孙男十人,德强、德厚俱庠生,德果、德淳某某。孙女十人。①

《说文解字》:"儒,柔也。术士之称。从人,需声。"上古先秦时期,社会上有一种专门负责丧葬事务的神职人员,这些人便成为中国最早的"儒",又称"术士"。他们熟谙于本地区的丧葬习俗,在相对较长的时间里形成一个比较固定的职业。关于"儒"的概念历来有不同看法。许慎以为这些早期的"儒"由

---

① (明)吴子玉:《赠工部都水司主事枫林黄公行状》,《大鄣山人集》卷38,《四库全书存目丛书》集部141册,第684页。

于地位低下,收入甚微,又反过来形成了"儒"——术士柔弱的性格。儒即柔,即术士。郭沫若认为所谓"儒"之"柔",是由于儒身为贵族不事生产致使筋骨柔弱①。

不管历代学者如何争论,不管各类经典中对"儒"下了怎样的定义,一个基本特点就是,儒大约总是社会上的智识阶层,有着一定的学识,品行上讲求个人修养,对治国、学术等领域承担一定责任。儒家学说自孔氏发凡,后世形成各类学派,林林总总,不一而足。孔子最先提出有所谓"君子儒"与"小人儒",《三国演义》中诸葛孔明先生舌战群儒:"儒有君子小人之别。君子之儒,忠君爱国,守正恶邪,务使泽及当时,名留后世。——若夫小人之儒,惟务雕虫,专工翰墨,青春作赋,皓首穷经,笔下虽有千言,胸中实无一策。且如扬雄以文章名世,而屈身事莽,不免投阁而死,此所谓小人之儒也。虽日赋万言,亦何取哉!"②三国是群雄争霸之时代,孔明主要站在现实的功利主义角度上看问题,不算全面,但为我们从更为宏大的人性世界观上提供了一个"儒"的概念阐释和"小大之辨"。在他看来,皓首穷经、惟务雕虫之儒并不可取,至少与那些含国家、正义于胸臆的君子之儒不可同日而语。这当然有其个人理解和时代限制,不可强求于他人及后世,但也在一定程度上拓宽了儒的外延,也在相对条件下降低了儒的门槛,而提升了儒的现实意味。

明代学术的一个很重要的特点是学术逐渐下移,即掌握学术的知识分子开始从更多集中于官方转向更多来源于民间,科举八股取士制度因名额有限在很大程度上限制了知识分子进入上层官僚群体,而各种新兴经济因素又给他们提供了多种多样的生存模式。出版业的繁荣也给下层知识分子提供了一个传播自己学术成绩的渠道和路径。一些因为家境或没有考取功名而从商的商贾阶层,也可以使用自己手中的金钱为后代延师授课,甚至他们自己也时常手不离卷、舞文弄墨,并乐于交游名人士子,以提升自己的文化修养和社会声誉。

---

① 参见郭沫若《驳〈说儒〉》,见《青铜时代》,北京:科学出版社,1957年,第127页。
② (明)罗贯中:《三国演义》第43回,北京:人民文学出版社,1973年第3版,第359页。

吴子玉一生都在追求功名,几十年科场奋斗的背后是一定程度的现实基础,吴子玉也积极与名士交往,与李攀龙等人书信往来,其文集付梓时也求序于时下名人如知县叶高标以提升自己的名望。吴子玉的现实经历,似乎可以在其所作之碑传中找到验证。《赠工部都水司主事枫林黄公行状》一文的传主黄赐璋,字廷锡,先人可追述至晋新安太守黄积。黄积,字符集,生于西晋泰始庚寅建兴,自江夏始迁新安歙南。初入仕,任主簿督邮,次任考功员外郎寻褥祭酒,大兴三年(320)升新安太守七年任。卒于蔡郡南姚家墩,陶公瞻为之撰墓碑文。娶贵溪渭南村张氏,是为黄墩派居安黄氏始祖。黄赐璋之父为黄理礼,母程氏。黄赐璋的父亲在他很小的时候就离世了,在一个重视宗法家族制的古代社会,父亲就是家庭中的顶梁柱和代言人。可想而知,在天真烂漫的少年时代,过早地直面这种亲人过世、举目无依的现实境况,黄赐璋幼小之心灵所受之冲击很大。更有甚者,趁火打劫,小小年纪的黄赐璋没有被命运的不公吓倒,他对于"诸疏戚属来讧""弗为挠",以至"讧者散去,公以是著名"。俗话说,穷人家的孩子早当家。大抵所谓"天将降大任于斯人也,必先苦其心志,劳其筋骨……"天无绝人之路,黄赐璋离开家乡来到钱塘,刚刚"逾冠"成年的他由于自己品行好行谊高,久而久之便为当地人所称道。而有一符姓者更是看重了黄赐璋的为人,将自己的女儿嫁给了他。吴子玉为了表现黄赐璋的君子之风和儒士之气,选取了多个视角,采用细节刻画的手段娓娓道来。他说,黄赐璋"好造赠宾客,尤慕文学士,请谢甚厚",年纪轻轻就懂得求慕文学之士,宴饮宾客,虽然他所"造赠"的宾客究竟有谁我们无从得知,且从今天的角度看,他似乎有些"不务正业",但作为非儒林学子,又非世家大族的他,欣羡跻身士林之心情表露无遗。

黄赐璋有子四人,皆请教师前来授课,希冀后人步入儒林的愿望还是很清晰的。他吃饭时见到穷人无粮只能忍饥挨饿便施舍,这是以实际行动教育子孙;他要求家人吃饭时要"进馈馈而后尝食",时刻不忘宗法祖先;时下地方发大水,粮食涨价,至一斗米值千钱,按理说这是商人发大财的好机会,然而黄赐璋却不愿意这样做,他停止销售,转而将借贷给百姓,百姓因此"顿首"感谢。"君子喻于义,小人喻于利",不能不说,正是这样正统的儒家世界观、人生观才给了黄赐璋如此行动的理论依据;有人诬陷他,甚至吃了官司,后来事情澄清了,可他并没有记恨此人,反而在知道该人生病后前往慰藉,还"亲视汤药",后来此人病重归西,黄赐璋连棺木都给人家准备好,这也不能不说是君子"以德报怨"的精神品格吧。

吴子玉把黄的性格概括为"天性诚笃",这是中国古代老百姓天生所具有的品格。然而,要想成为君子,成为一名孔子那样的"儒",仅有诚笃的品格还远远不够,"吾日三省乎吾身""学而时习之",这是孔氏为后人提供的自我修养的方法论。黄赐璋虽然是个商人,靠买卖营生,却"尝诵孔父及二氏家言,一月率十日斋,眠涤濯汜扫屏去,嗜好泊如也",我想黄之所以要读儒家著作,并不是为了"皓首穷经""专工翰墨",而是时刻铭记孔老夫子的话以"修身齐家"。虽然"数以施散"而导致"赀益减",加之"诸子业儒""不治生产",使得"家无余财",但黄家始终恪守儒家道德,"终不为龊龊计"。"皇天不负有心人",黄赐璋的二儿子水部君考取了进士,三子、四子"俱补弟子员",黄氏一家远近闻名。

黄赐璋以"枫林"自号,大抵取枫叶寄托哀思之意,正所谓"木欲直而风不宁",母亲的去世不禁又让人回想起当初年少青葱时,父亲离他而去的那段艰难岁月。枫叶有形,哀思无尽;枫林遍野,哀愁无限。正所谓"一重山,两重山,山远天高烟水寒,相思枫叶丹"①,不论身在何处,亲人总是我们心中最大的羁绊与寄托,黄赐璋以"枫林"自号,可见其至亲至孝,也可谓性情中人。

这是吴子玉对其家乡商人们道德的一种表彰,这种肯定也体现了吴子玉本人关于个人道德修养的标准。《黄仲公传》云:

> 万历十年诏制天下:理民之道,莫先地著其建步立亩,无使劫假。于是县大夫曾公下其教,以县之田广无如黎阳,而田极上,贾以

---

① (南唐)李煜:《长相思》,见王仲闻校订:《南唐二主词校订》,北京:中华书局,2007年,第85页。

争尺咫,至破其产,比比然也。非中正,有护间丈人不可督。是役乃以其都乡属之黄长公廷璧。当是时,县父老争避匿是役,而直为此廪廪。会长公游外,仲公廷侃乃曰:"主君,父母也。趋父母事兄弟,奚择?"即赴功。而县以界畛上谍诵者万数而不止。仲公所理区域,一切捧手大夫教。或以田构田,与仲公比者及捐己之田解;或以田之值构,即出资偿其值以解。所解凡千贽,而是都无一谍。至于大夫且役,以先讫于是。大夫大悦:"使人人而如黄父老,无论均平,即有炎氏授田之治又何加焉!"命币酒亟劳之。由是仲公之名高,郡中莫不闻,而郡使君高公思物色之矣。是后,邑大夫率令仲公为民居间事。有以负贽竞者率出资为解,而民之质成于庭。数十里糜至,大纷已然。人人塞望,顿首途中,呼"琴山公"以祝。盖仲公,"琴山"号也。仲公则以氓庶,奈何干大夫君权。会岁饥,部使者檄富人赈,仲公愿输谷千二百石于县官,归而杜门谢事,惟族属里区以内。时为义举不懈,里之途故嚣秽为石之,使坦可容乘车三定,田舍犬牙相入者,以美而易人之恶,人人以为便,不至肘掣。族属指繁,而居址隘无托处,为构屋舍以待宁处。言孝必及神,而高閟闲以栖里社。至赴族属之急,生为举火,殁举土者不可胜载!农民以岁耗告,即减租契,而往往折券于人不之责。尤喜文学士,与族属之尔雅讲于会。与民之宪言大为讲舍,聚族属诸文学于中,延大师课之制科艺。共俯之钱无不备给,且曰:"行当出囊中金作祠宇,合族属岁时,习礼于中毕,吾事也。"于是郡中翕然,以豪于义称仲公。而其卓伟者则在高公桥云。桥在古城溪之澨,故县治神皋也。一日,高公道其地云:"宜桥莫有应者。"乃属之县语,曰:"闻县有嗜义如黄某者,使出而首功一二,则是役可十全矣。"县以论之仲公。仲公对曰:"既首而趋二,谁与其八?主君之命,愿输家之全以十完也!"邑大夫丁公至,勉劳之。遂竣功,凡万余贽。里人请题桥名,仲公曰:"渭水之桥以崔公名,由刺史崔公亮以冥感浮木成也;通门之桥以皋桥名,由皋伯通居之得名也。今侃无能如伯通,而郡君侯有崔公之化,敢以高公名。"于是郡司马汪公伯玉、吴司寇王公元美记之,以仲公不自功而归其名于上,尤为长厚之德也。时高公按例拜爵一级,授冠服。初以高公意指不可拂,服以谢。后即屏置之,不复服。居尝语人曰:"生平所为亦因吾父继行之耳。父有义路,因为此路。父有横塾亭,阃因构诸屋舍。父有堨堰,因有桥梁之作。美墙之感讵有既哉?"事长公相白首怡怡而于疏戚属务协,辑而立,衷称为"黄氏祭酒"云。郡府君古公至口占檄仲公行谊,下记以乡饮宾召礼接,甚殷焉。

吴子玉曰:仲公为海阳居安里人也。能坚忍,甘菲薄,行百里不乘舆马,夏月途次无帐具。或曰,旺一食能自抑损如此。余雅习仲公,则见其开敏足智所大画。每闻仲公谈凿凿大体,合机要而于寰宇之事若熟谙于胸臆中,以是见之于行率,卓荦可称。一日读蒙庄氏书,曰:"泰初有无,无有无名;天下皆无,何有也?"仲公年六十,而容益崖然,行益于然。苟有其实,人与之名而不受,则嗜义高趋又恶足以尽仲公也哉!①

吴子玉说常听仲公侃侃而谈,且言之凿凿,可惜并未详细介绍他的家世以及生卒年月和后世子孙等情况。大抵写作该篇传文时吴子玉的视线更多地被其"豪于义"的特点所吸引,以至"忘却"了交代那传文所不可缺的生卒、家世等情况。

仲公黄廷侃,休宁居安里人,从商。据吴子玉的描述,我们可知黄公经商也是"吃得苦中苦"的,"坚忍"之性格使他"行百里不乘舆马",甚至夏天在经商的路途上过夜也不用帐具,这也是徽州商人吃苦耐劳之一贯品性。

黄廷侃以"义"著称,从而赢得吴子玉的青睐,并最终写下此文。该文章分三个层次:自开篇至"由是仲公之名高",这是关于土地政策引来的风波,而

---

① (明)吴子玉:《黄仲公传》,《大鄣山人集》卷33,《四库全书存目丛书》集部141册,第631页。

最终平定这场风波的正是黄廷侃。这里还有一个有趣的事情,当时政策下达后,百姓并没有拍手称好,而是引起了"贾以争尺咫,至破其产,比比然"的局面。当时该役当属黄廷侃之兄黄廷璧,而黄廷璧刚好又外出不在家,面对"县父老争避匿是役"的不利现状,黄廷侃毅然决然地站了出来,他这样说道:"主君,父母也。趋父母事兄弟,奚择?"我们知道,中国历来对农民的看法总是逃脱不了私利主义等观点,总认为农家人个性自私,缺乏儒家士子普世救民的大宇宙观。然而在这里,黄廷侃却用一个极为简单的类比说明了情况。县令主君就好比是父母,我们常说的父母官就是这个意思,那么趋事父母还有什么可挑剔选择的呢?没有什么高深的逻辑,也没有多少豪言壮语,更没有上升到哲学层面,而这看似简单的父母兄弟孝敬友爱的民间道理,却体现出了黄廷侃心底的那种"正义"感。在具体执行过程中,他"或以田构田,与仲公比者及捐己之田解;或以田之值构,即出资偿其值以解。所解凡千赀,而是都无一谍"。这就是一种个人的牺牲行为。孟子所谓"舍生而取义",在黄廷侃的实际行动中化作了舍银钱而取义,这些做法为他赢得了声誉,由是而"名高"。自上文至"于是郡中翕然,以豪于义称仲公",这段文字前后列举了黄廷侃的诸多义举。出资解"有以负赀竞者",使"民之质成于庭",百姓"人人塞望,顿首途中,呼'琴山公'以祝"。遇到饥荒的时候,他"输谷千二百石于县官"。他出资修路,使"坦可容乘车三定"。他关心族属的生活,"生为举火,殁举土者",这样的好事"不可胜载"。有农民"以岁耗告",他就减免租契,甚至"折券于人""不之责"。他又出资"作祠宇",使得"合族属岁时,习礼于中毕"。这一系列的义行直叫读者大呼过瘾。然而更为世人所称道,也最体现其"义"的本性的事情当属第三部分。最后,写行义而不慕名,这一事件是最能表现黄廷侃品格的。大抵做一件好事容易,日日行善便为难;好事做了有人称赞表扬甚至以此出名,行义事而坚持不留姓名却不符合人之常情;做了好事辞却记名,而又主动将其推让给他人则属难上加难。而这一切都发生在了一个人的身上,那就是仲公黄廷侃。徽州商人乐于行善,尤其是在其经商发迹后"衣锦还乡",更喜于捐资助教,赈人于困境。吴子玉的碑传中就有不少案例是商人返乡后捐赠资金兴修道路、建造碑亭、修缮祠堂等等。在《黄仲公传》中,仲公黄廷侃首应县令的号召,完全由自己一人出资万金修建了这座桥。当百姓不知如何命名该桥时,黄廷侃申发了如下的议论:"渭水之桥以崔公名,由刺史崔公亮以冥感浮木成也;通门之桥以皋桥名,由皋伯通居之得名也。今侃无能如伯通,而郡君侯有崔公之化,敢以高公名。"这实际上是将此桥建成的功劳完全记在了县令高公的身上,但我们知道,如果没有黄廷侃的大额捐款,仅凭地方官员的道德教化,无论如何桥是修不起来的。黄廷侃的谦虚与让名并没有减弱他的影响力,反而使得"郡司马汪公伯玉、吴司寇王公元美记之,以仲公不自功而归其名于上,尤为长厚之德也"。一位商人的名字被为官者记录在案,并旌其为有"长厚之德",这在当时也不失为一种莫大的表彰。

吴子玉在文章结尾引用庄氏之语,似乎在说黄廷侃有老庄无为之风。诚然,他的那种淡泊名利的品格确乎具有道家之气质,而他"嗜义"的人生理念与终其一生践行之的不懈追求,实属于积极付诸实践以改造世界的儒家观念范畴。

明朝中叶是资本主义萌芽时期。新的经济要素的出现与发展,带来了商业文化的兴盛与繁荣。然而明代之中国,始终没有踏上近代资本主义的道路,自给自足的农业经济始终占主导地位,皇权的集中与科举取士的制度使得法的精神无法立足于中华大地。大的社会背景下依旧是士农工商各类人物汇聚而成的众生相。

一言一行浮出水面,映入脑海,此不可不谓,乃吴子玉之功也。

第三节 程朱理学的卫道士

有明一代,文学的发展变化与思想政治领域的因革关系尤为密切。从明初承袭宋代儒学之传统,并继续推崇理学,尤以官修《五经四书性理大全》为代表;到"理学之变而师心""时文之变而师古",传统一旦突破,各学派各主张蜂拥而至,从前后七子的宗唐与宗宋,到王守仁之"姚江学派"与"公安""竟陵",各种所谓"异端"学说风起云涌。

文艺思想之发展与政治之关系值得人们注意。明初,洪武皇帝集大权于一身,甚至躬身指导文章写作,直接参与文风的塑造与形成,然而文坛却遭受打击,是为文学之"受挫期"①;自弘治、正德年间的宦官专政以至嘉靖之擅权(指严嵩)与党争,统治阶级上层的混乱放松了对思想界和文艺界的控制,这使儒学传统遭到破坏,思想禁锢开始瓦解,各类代表士民阶层的"异端邪说"开始涌现,而此时段的文学正是"复兴期",《西游记》《金瓶梅》均产生于这一时期;万历的长期怠政酝酿着承平年代的危机,表象之下是更为严酷的现实,"天下兴亡,匹夫有责",更多像顾炎武一样的有识之士发出振聋发聩之声,明代晚期的文学更多的是在"徘徊",白话小说则出现诸如"三言""二拍"之类的作品。

虽然"成、弘间,师无异道,士无异学,程朱之书,立于掌故,称大一统"②,但至少在嘉靖以后,"嘉、隆而后,笃信程、朱,不迁异说者,无复几人矣"③。吴子玉生于正德、卒于万历,属于明代后期的知识分子。按通常逻辑来说,他长期沉沦下僚,又为商人大唱赞歌,在思想上与李贽、王艮应相一致。但事实恰恰相反,他虽"醉心古学",所接受的却是被程朱改造过的"古学"即程朱理学。在其《性理三书图解序》中,他对程朱性理之学的重要性作了清晰的表述:

> 自古经纬之学何尝不明数审律?涉其事以教,盖有不能,就而旷去者矣。未有至其闻奥以为可略者也。数律不明,则实学废;实学废,则辞章盛。圣人之道邈绝远矣!其有以发舒经旨,裨助帝治不也。《性理三书》,故宋大儒所以阐一圣真,独镜其幼眇。我文皇帝命刊录馆阁,立于学官,流布天下,无穷亦以弘矣!夫道权舆于《易》,纪于《范》,一禀于《黄钟》,所以统系天地万物百王不易之道

---

① 参见章培恒、骆玉明:《中国文学史新著》下册,上海:复旦大学出版社,2007年。
② 董其昌:《容台文集》卷一《合刻罗文庄公集序》,明刊本。
③ (清)张廷玉等:《明史》卷282《儒林》,北京:中华书局,1974年,第7222页。

也。奈何世儒经生用希旷绝,未能循明其旨。受《易》者,言理不言数;受《诗》者,论义不论声。昕夕占毕,置《三书》不及谭谭者,剽沿百之一不及会其要领。有登高等第犹未识何所书目者,盖以日卒瘏近义味为禁脔,岂遑念斯哉?诸暗于大较者,不明微显,猥云性道,而绌图象、声韵垺于占候之方,瞽史之译以为罔,益与缓颊。德化并去,斗斛权衡,符玺以为治等耳。不遑事事如彼,绌其事如此。恶有绍而明之者哉?楚瞻龙韩先生,幼业韩生诗,深厚尔雅,尤好图数、声律。学有志用世,数举不遂,乃绌续《三书》,名察发敛,定清浊,起著蔡,变占究皇极九九之数,阐七声、少宫、少徵之韵,考类续、备成四十卷,其精如此,名曰《性理三书图解》。上以发天官之旨,下详经界之制,中察鸟兽关关呦呦之情。诸兵戎之机太祝之礼甚具,宋儒所称体用之学者邪?先生应郡贡为师,休宁部使者黄公行县得是书,喟然叹曰:"是明天人分际,为国者必贵,三五不能外。"是乃以属县大夫张公就刻。昔杨子太玄刘秀,独以为绝伦。苏只婆七声惟郑夹漈深取之。知我者希自昔为然矣。然则黄公能重是书,其独得玄鉴者欤!①

《性理三书图解》为明韩万锺所撰,凡九卷,大抵以永乐年间之《性理大全》为据。吴子玉在文中高度肯定性理之学,认为"数律不明,则实学废;实学废,则辞章盛。圣人之道邈绝远矣!"在这样的思想基础上,他写文士,强调的是"道通";写女性,强调的是"节烈",迂腐不堪而毫不自知。

先看文士形象。

吴子玉虽然在《大鄣山人集》卷首《序略》中说自己"希心古学,至于衰白,以负薪之资拘挛于博士语……"并"自赏悟卒与制科艺舛,持重增其穷,此非其效与"②,但"希心古学"仅仅限于文辞写作之风格言,思想根基还是在维护

---

① (明)吴子玉:《性理三书图解序》,《大鄣山人集》卷4,《四库全书存目丛书》集部141册,第317页。
② (明)吴子玉:《大鄣山人集·序略》,见《四库全书存目丛书》集部第141册。

传统道学的范畴内。在这样的世界观指导下,吴子玉对选择那些酸腐之儒士作其传主便不足为奇了。如《确斋先生谢公传》:

> 初,郡太守何公作《郡志》,见谓《儒林传》紫阳道,绪攸系先,推择之。当是时,有以祁邑"三谢"为请。"三谢"者,确斋先生彦直、暨西山一墩二公也。太守曰:"岂其家学不数十载而有三人,则犹无有也。一族姓入三君子,其谓我何等坐是?"一不录者为确斋先生。学林至今叹恨焉。确斋先生,名侃,字彦直,自幼确然向往,以"确"名斋,学者称为"确斋先生"。世居祁之南街,再徙庠北。故宋大儒龚州助教谢公琏十一世孙也。龚州公受业紫阳之门,人称谢氏。学有父师渊源,父某治《春秋》,为博士弟子。先生幼时,尽发其家逸书读之。一极意性道指归,力行砥砺,动以圣贤为师法,造次被服一于儒者。会邑侯校邑童子,先生为选首,上之督学使者,又首先生。是年大比士,即以先生推上,不举。归而辞弟子籍。如是者再。后督学使者言之郡守,郡守言之郡博士,固谕之。乃就弟子籍。先生年九岁时,丧母。又明年,丧父。继母甚庄,先生事之谨肃,卒得继母欢。继母殁,服讫,遂上牍,辞谢博士,归。督学使者嘉之,复其家。先生事伯仲兄谨,伯兄卒,子幼,先生抚伯兄子甚于己子。及丘嫂欲出分,听戚属投钩分之。久之,丘嫂以形家言居室不吉,欲易钩。先生曰:"亡兄仅此子,则不吉,吾可当之。"听易诸戚属谓已中分久,不可。先生卒易之。从子镒计偕成进士,令历城,上计,殁于京。妇有妊孕,及娩,生男。先生抚之如抚伯兄子。异母女弟早寡,闭门而言,先生辄诵古昔贞烈故实,三复之,竟以完节称。里有贷者,卖产偿诸责家。先生曰:"责可捐,产不可废。"遂不受,而折其券。先生行义多此类。居舍,以修学著书为事。进退容止,非礼不行。言《春秋》辞微而旨博,习博士业者多宗焉。祁邑之师莫不涉《春秋》以教矣。尤喜玩《易》。明父子夫妇十际之理,每对人未尝不言天下之正学,学士皆师尊之。生平与人无咈言,悾悾倭行,至临大事确然有

定,不挠权。里人谓,"确斋之称不诬也"。年七十八而殁。

吴子玉曰:余与先生之昆孙贡士继德、经生淳等游,以是知先生,想见其为人。先生殁数十年,里人诵之如先生存日,皆曰"理学志尚士也"。非质有其实,恶能得是哉?《郡志》称,龚州公言行醇正,为时名儒先生。非有得于家学之传与?里人又以先生听从子易居室,而先生之后畴人蕃盛,文学之士辈出,为受其报。岂此心乃善地与?当作《郡志》时,余与中丞汪公尚宁、太守洪公垣俱二公诠儒林以"不得卒意"为题,咏先生纪事而属余为之传,俟他日作郡《春秋》,得采入云。①

谢侃字彦直,幼年父母相继去世,与其继母共同生活。谢侃的父亲是秀才,因而得以在少年时代读到大量的书。谢侃长大后,科场失意,只能沉沦乡间,以"修学著书为事"。终其一生可见其思想之保守与卫道。这在吴子玉的传文中至少有三点可资证明。其一,他"一极意性道指归,力行砥砺,动以圣贤为师法,造次被服一于儒者"。对性理道学非常感兴趣,且身体力行,时刻都以圣贤之言作为自己的座右铭和人生指南。其二,有"异母女弟早寡,闭门而言",他就背诵"古昔贞烈故实",而且一遍不行就"三复之",我们知道古代"三"是虚指,具体次数很可能不止于此,迂腐起到了效果,他的"女弟""竟以完节称"。其三,他喜读《易》,又喜言《春秋》,不过他的着眼点更是放了"明父子夫妇十际之理"上,尤其是"每对人未尝不言天下之正学"。可以想见,如此一位乡间腐儒,屡屡于人前侃侃而谈其"天理""正学",可笑之至也。吴子玉并不认识谢侃本人,而是通过与他的昆孙交游往来,从而"想见其为人"。纵观全文不难发现,吴子玉对谢侃的褒扬之情溢于言表,可以说,在吴子玉的心底存在着另一个活生生的谢侃,这是两代儒学之士跨越时空的倾诉与倾听。吴子玉钦羡其为"理学志尚士也",并希求此文之撰写可备编纂郡志时将

---

① (明)吴子玉:《确斋先生谢公传》,《大鄣山人集》卷34,《四库全书存目丛书》集部141册,第638页。

其文其人采入其间,从而在浩如烟海的文人史料中得以永存。吴子玉有着强烈的自觉的史家意识,常以太史氏之口吻撰文。不过,吴子玉的思想远远没有跟上时代发展之洪流,我们当然不能以今之标准强加于古人。毕竟,作为传统儒士之吴子玉,其"道"与其文也算是一以贯之吧。

次看妇女形象。

表彰节烈是吴子玉碑传文中称赞妇女的一个重要立足点。虽然有为数众多的文章只是赞扬了妇女们的贤淑和贤良,但也有不少文字,对那些以鲜活之生命牺牲于礼教之节烈观的妇女们大放溢美之词。如《程烈妇戴新娘传》:

> 直指使者行县,问守相司理郡国,有婞节烈行称顺妇道垂则嫔媛激励谣俗者,其以名闻于是。司理下之县大夫,县大夫下之县三老、行谊诸生。行谊诸生上言,海阳有万家之乡,曰"隆阜"。怀民戴诏有女,曰"新娘"。年龀,父母卜字之。族率川程氏言,故母之戚属也。年十八归于程仁甫,五年未有子。会仁甫贾,居巢。遇雾露,卒。告死者至,烈妇恸绝,遂不内食饮,待死。既悟然曰:"旦暮入地下,然孰若待夫之椁至,并瘗以为安。"隆庆二年,夏,五月也,诸保傅喧之曰:"以年盛而无子,将不可图于是矣。"烈妇曰:"噫!鼧鼠岂食我余乎?《诗》诵《关雎》,未尝见乘居而匹游也。妇之身已非妇所制矣。有子则抚子以报,无子则束脩此身以报诸母。"休矣。奉大姑,躬视瘗地,得朱塘。烈妇曰:"是地为二门接壤,西望父母家,东望夫家,是可以妥二残魄,庶不致如韩凭大夫二冢相望也。"手制厕褕,穷绔袿裳,藏之以黑绳,随曰"吾当与此同命"。明年冬,仁甫椁归,烈妇曰:"当载予椁迎夫椁也。"勤劳于远道号,莫成,礼内诚动,人逾月祝,被服所制,厕褕袿裳,就经以死。又明年,春,与仁甫合瘗于朱塘之兆。烈妇能祖孝,孟姬之雍容若此。闻烈妇柔规,有同瓦砖。事舅姑执,妇顺甚谨,若持容。容之计无攸,遂意至正色,端操坚不再,计勇而精。一则赍育,莫为夺者,条上状,悉心以对。于是直指使者

亟移檄旌励,赐钱币恤其家,仍具礼仪,奏逸史氏曰:"余读《戴淑祭程氏姊文》,未尝不悲之也。而戴父亦兹兹以女之风烈请存于篇,其视陈孝妇之父母乘姒之男弟不可同日而语矣。而率川夫家亦雅,以尚礼义闻,则烈妇之卓行岂得于矜绮三训御输三曲为蓬生麻中邪?"

语曰:煎熬齐和,以成五味,进之而不食,谁得强之?不必倚而持,固其天性也。自古兴治以正妃匹,则直指君郡邑大夫亟务风娇节,其得治之首善哉!①

吴敬梓在《儒林外史》中写"王三姑娘"欲以死殉节,她的父亲徽州王秀才竟以此为"留名青史"的好事,这类抹杀人性的行为实在令人发指。这被写在小说中的故事,却是曾经在徽州的土地上实实在在地发生过的。《程烈妇戴新娘传》就写了这样一位殉节而死的年轻妇女。而所谓"节烈",其过程的惨绝人寰最能体现观者之麻木不仁。吴子玉的《汪节妇传》,对殉节妇女惨死的状况作了详细描写:

汪节妇者,休宁竹林里汪仲子妇也。节妇母家邑市里,金姓。幼就姆受书,《孝经》《论语》,明慧诵习。年二十岁归仲子。仲子时年十六,姒娣以此观节妇。节妇事仲子愈恭。……仲子卒,节妇大痛而泣不下。姑问之,节妇俯抑首,默然不敢惕,息恐伤姑氏心。里母过唁节妇,节妇亦俯抑首无言。姑使傅婢伴节妇。傅婢在,亦竟日俯抑首,不濡睫。傅婢出阃外,即听节妇搏膺而踊。夜侍节妇寝,傅婢伴寐,节妇搏膺数十。傅婢作喑呓声,即不抟。由是容色悴,日肿哙。里母微察节妇,节妇曰:"夫柩在堂,未襄殡事而先死,其于礼何?"后五月,汪季公为仲子治墓地,语傅婢:"告家丈人,墓穿中,特广之,以而子不喜局趣。"故婢心知,所谓示必死状。乃告诸母。诸母以节妇知书义,为宽言曰:"妇上有舅姑在,妇故读书知大义者,奈

---

① (明)吴子玉:《程烈妇戴新娘传》,《大鄣山人集》卷37,《四库全书存目丛书》集部141册,第678页。

何遽及此?"节妇流涕,长潸而应曰:"夫幸有男昆弟八人,多伯叔姒,足供事舅姑,不以妇当娣姒数,妇当幽冥中报舅姑劳勤耳。籍夫一人即苦筋骨,先舅姑以报,舅姑至死而后死于夫者,理也。夫多昆弟,即先于夫,不以舅姑故。偷生者顺也,傥不违此则吾魂魄不愧矣。"诸母曰:"妇有弱女在,亦岂有意乎?"节妇曰:"幸而有子,即抚子以承夫者,节之大也。不幸而无子,仅有女,即后女而先夫者,节之敏也。且女之荼蓼,视天之岑寂,孰轻孰重?成大义者忍小怜,终不顾女子矣。且姑春秋方盛,幸无恙,多伯叔姒抚,而女之庶几无恨。"诸母又曰:"初妇之至也,装千金箧,又岂有意乎?"节妇曰:"自分此身,已亡身也。又何知箧。"母休矣。遂转乡歔欷,而不复言。仲子柩将出,襄事已定,节妇出拜舅姑,遂不食三日,病,不能起。命其女曰:"若代我遍拜谢族之尊老。"柩至墓所,而节妇气绝。及收傅婢,视节妇胸肋黑如漆髹,目鼻尽出血,及含舌尽,腐人以五内俱裂,肠已寸断,切齿腐心,故如此。由是里中人莫不伤心流涕。殡之日,族畴人无老与幼咸祖道拜伏,奠汪故大姓,喜气不相下,独节妇死。即丈人行年七八十者尽缟冠送葬,烈行之感人如此。仲子之死以嘉靖辛酉五月某日,年二十一岁。节妇死以是年九月某日,年二十五岁。卒与仲子同圹。家人设并几,祀之中溜。初,节妇事舅姑谨,处娣姒详顺。以故人益贤节妇。

间史氏曰:余尝适汪氏里,诸汪为余诵节妇事。诵讫,皆澜然而涕,洿沫于戏,伤矣!观风者闻之,宁不谡谡嘉叹。亟树之坊里,以为当世维哉!徽谣俗称妇多节,概不践二庭,无濡忍之志,不重强死之难。然明大义,从容雅勒,奉以不贰,襄事仲子,而后殉身,随之埒节,如汪仲妇,岂非至鲜矣?今读其对诸母言,极有理哉。①

---

① (明)吴子玉:《汪节妇传》,《大鄣山人集》卷37,《四库全书存目丛书》集部141册,第679页。

汪节妇金姓,二十岁嫁入汪门。五年后,年仅二十一岁的丈夫病逝,金氏选择以死殉节,时年二十五岁。两个鲜活的年轻生命,一个死于疾病,一个死于无知。身体上的病,随着科学之发展,医术之进步终能得以治愈或延长寿命;心理上的病却难以施治、拔除。鲁迅先生弃医从文,力图以新文艺改革人心,启发民智。痼疾易除,心病难医。深陷礼教荼毒中的人,其全身心已经沦为殉道者。这是时代使然,更是个人的顺从与配合。在吴子玉的这篇碑传中,年纪轻轻的女子由于年幼时读过《孝经》《论语》,满脑子的"知大义",竟然抛弃自己年幼的亲生女儿选择殉道。面对公婆的再三劝导,她置若罔闻,决意实践自己"不践二庭"的最高人生准则。

"节烈"是以男性为中心的片面道德观念,女子殉烈是一种盲目的殉道。可见道德之力量有多么大。吴子玉的视角和立场显而易见,他虽然也觉得烈妇们值得"澜然而涕",却又从骨子里得出了其"明大义"的道德论断,在多篇碑传里不厌其烦地表彰节烈。在这方面,他与处于上流社会的汪道昆一个鼻孔出气。马克思认为,在古代社会里,一切思想都是统治者的思想。吴子玉的例子恰堪印证。

第四节 吴子玉碑传的价值和特点

吴子玉的碑传文一直没有人研究。无论吴子玉思想的落后程度如何,他笔下的人物十之八九都是身处下层的徽州本地的小人物,此类情形在其他徽州碑传作家那里还是鲜见的。仅此一点,就足够引起我们重视。

与同时代又同乡的汪道昆描写勾结官府、把持淮扬盐政的商人相比,吴子玉所写商人大多是中小商人,这些商人一般很少有发展资本、扩大再经营的宏图,所赚来的钱大多用于修家谱或从事"义举"。有意思的是,同汪道昆一样,吴子玉很少写到商人们是如何发家的,写到商人"致资累万"总是一笔带过。其实,在徽商的资本积累过程中,剥削是很残酷的,商人以利益最大化为基本的原则,而这与所谓"义举"是矛盾的。不能说没有一些商人在致富后从事了一些公益活动,但这不代表大多数,更不能代表全体。吴子玉思想迂阔,对商人的生意经并无所知,他笔下的商人们的义行是要大打折扣的。

吴子玉的碑传文,总体上说,尽管文学成就并不太高,就作者来说,则是精心结撰之作。其行文结构的特点大致可概括为:一是夹叙夹议、叙议结合;二是有总有分、详略得当。

文章篇名多采用"某某先生传""某某君行状"等清晰直白的表达方式,使读者对该篇传文的写作对象一目了然。

篇首通常采用一段议论,或是对该篇传文之传主所涉及的领域作一背景介绍,例如,在《儒林王先生传》中,开篇用了较大篇幅撰述《诗》的起源和演变轨迹,"外史氏曰:所为立师以明道,翼治也。师主乎明经,经明则道明。太史公作《儒林传》,证师友渊源,明六学之指归。而宋章俊卿复为图,图之绍明授受之系。要以经旨明暗,道统攸系,与列代传儒林咸祖述之良有以哉。诸言《诗》:《鲁诗》起于申公,盛于韦贤;《齐诗》起于辕固生,盛于匡衡;《韩诗》起于韩婴,而盛于王吉;《毛诗》起于毛公,后传徐傲。魏晋以后,江左之学始盛,然齐、鲁之《诗》废绝。《韩诗》虽存而益微,以故《毛诗》独行江左,历唐宋不废。明兴,大振微学,而南方为益盛。有王先生者,以诗鸣海内,涵六艺之绪,阐四始之原,总五际之要,虽谓明诗盛于王先生可也"。在将《诗》的沿革轨迹交代清楚后,作者引出了传主的身份,并为下文具体阐述为何有明一代的诗盛于王概,这既是一个引子,也为全文作了铺垫。

篇中主要是采用详写,对传主从其出生到其终了作一个全盘式的陈述和描绘,其中不乏精彩之处,吴子玉通常会花费大量篇幅对其进行细节上的刻画。这些写细节的文字往往详中有略,详略结合,使人读起来很有层次分明之感;这些文字很注重援引传主及其身边人物的日常话语作为佐证,让我们后世的读者可以从中体会、想象出一位位真实的人物。

篇尾很能体现吴子玉的史家意识,他仿《史记》的撰述模式,在结尾处通常会有诸如"吴子玉曰""吴生曰""逸史氏曰""郡国史氏曰""赞曰"等文字,并对全文作一个提纲挈领的总结,对传主及其所代表的人物群体作出道德评价。这很能体现吴子玉试图为修史提供素材的自觉史学意识。可惜他思想迂阔执滞，议论大多不甚高明。

吴子玉在文学主张上与前、后七子相似，但具体到写作中，摹古、拟古倾向并不严重，文字总体上还比较清晰，用典也比较少，尚有一定的可读性。

第七章 清初徽州抗清烈士和明遗民的碑传

第一节 概 述

明清易代,宗社丘墟。沧桑巨变必然引起各类人物特别是知识阶层人生道路的重大变化。满清统治者试图凭借一系列的暴政来迫使汉民族臣服,这直接催生了明代遗民这一特殊的文化群体。明代遗民不仅数量多、影响大,而且形成了一些共同遵守的特定的价值判断标准和生存方式,包括远离当权者、缅怀前朝的政治信仰,清苦、隐逸的生活作风以及孤介、狂诞的行为特征等。明代遗民的另一个特别之处就是他们与佛教关系密切,有的亦僧亦逸,有的甚至直接就遁入空门。

清王朝开国伊始,便采取两手策略加强统治:一方面通过武力征讨,扫清明朝残余势力;另一方面,则通过科举和文网,加强思想控制,羁縻士人。清廷又开始制造科场案,对知识分子的思想进行禁锢钳制。清王朝抓住读书人迷信科举的心理,先是连年开科,笼络人心,继而大加摧残身心,企图最终达到对知识分子奴化的目的。孟森先生《心史丛刊》初集《科场案》有言:"明一代迷信八股,迷信科举,至亡国时为极盛,余毒所蕴,假清代而尽泄之。盖满人旁观极清,络中国之秀民莫妙于其所迷信,始入关则连岁开科,以慰蹭蹬者之心,继而严刑峻法,俾恔求之士称快。……此所谓天下英雄入我彀中者也。"①

徽州地区作为清初反清复明基地之一,金声、江天一等抗清领袖成为那一特定时代徽州士人的精神楷模。加之徽州作为"程朱阙里",知识分子向来都把气节、道义看得很重。在抗清运动失败后,生于斯长于斯的徽州士人把坚守自己的节操作为最高道德追求,在遭遇改朝换代之时大多义无反顾地选择"遗民"这条路。其中的知名之士就有弘仁(渐江)、许楚、程守、王炜、张潮、汤燕生、黄生、程邃、吴山涛、朱观、汪玄度,等等。列表如下(见表7-1):

表7-1 徽州抗清人士举例表

传主	字号	籍贯	生卒	篇名(文体)	卷次出处②
方启大	裕昆、广居	歙县	1612—1677	墓志铭	洪嘉植:大荫堂集
					黄容:明遗民录 卷五
方启贤	惟学、敏公	歙县	1615—1688	墓志铭	郑梁:寒邨杂录一
方善祈	永求、匏舫	歙县	康熙年间卒	传	方楘如:集虚斋学古文 卷一一
方士亮		歙县		传	明史·列传 第22册卷146
					明代千遗民诗咏(三编) 卷九
					皇明遗民传 卷一
				传	黄容:明遗民录 卷三
方允焕	其章	歙县		传	黄容:明遗民录 卷六
					明代千遗民诗咏(三编) 卷四
方兆曾	沂梦、省斋	歙县			明遗民诗 卷十一
					黄容:明遗民录 卷六
					明代千遗民诗咏(二编) 卷九
王炜	广仁、栎堂	歙县		栎堂王君传	吴德旋:初月楼文续抄 卷六

---

① 转引自章培恒:《洪升年谱》,上海:上海古籍出版社,1979年,第40页。
② 为排版需要,卷次出处中不使用书名号。

续表

传主	字号	籍贯	生卒	篇名（文体）	卷次出处
王炜	不庵，改名艮、无闷	歙县		传	皇明遗民传 卷五
				传	黄容：明遗民录 卷八
					明代千遗民诗咏（二编）卷四
王楫	汾仲	歙县		传	黄容：明遗民录 卷八
					江苏诗征 卷四六
王玄度	尊素	歙县			明遗民诗 卷十一
					明代千遗民诗咏（二编）卷九
王泰征	嘉生、芦人	歙县	1600－1675	前礼部主事王先生小传	汪琬：尧峰文钞 卷三五
				传	黄容：明遗民录 卷二、卷三
				传	国朝耆献类征初编 卷四七一
				小传	明代千遗民诗咏（二编）卷一
王时沐	惟新	歙县		歙王君墓志铭	顾炎武：亭林文集 卷五
朱廷飏	叔安、止庵	休宁	1636－1713	传	李果：在亭丛稿 卷六
江骧	龙超	歙县		家传	胡虔善：新城伯子文集 卷六
江天一	文石	歙县	1602－1645	江天一传	汪琬：尧峰文钞 卷三四
				江天一传	魏禧：魏叔子文集 卷一七
				传	方熊：江止庵文集附录
				传	江文表：感义扶丧记
				钞江止庵先生遗集纪事	洪祚：江止庵遗集 卷首
				传	龚翰：十五国人物志 江南卷
江五声	太一	休宁	康熙年间卒	江太一墓志铭	汪琬：钝翁续稿 卷二四 尧峰文钞 卷一五
江日淬	汝砺	歙县	1619－1688	行状	张孝时：筼心堂存稿 卷四
江国茂	二如	歙县		传	明遗民诗 卷一五
				小传	明代千遗民诗咏（二编）卷八

续表

传主	字号	籍贯	生卒	篇名（文体）	卷次出处
江思珏	又名珏、兼如、丽田			传	孙静庵：明遗民录 卷四三
				传	碑传集 卷八一
				小传	国朝书人辑略 卷五、卷七
江德中	汉石	歙县	1618—？	传	皖志列传稿 卷二
江铭勋	尚一	歙县	1620—？	小传	明代千遗民诗咏（初编）卷六
何庞	溪威	婺源	康熙年间卒	何翁家传	戴名世：潜虚先生文集 卷七
佘兆鼎	季重	歙县	1633—1705	佘君墓志铭	方苞：望溪文集 卷一一
余绍祉	子畴、元丘、大疑、疑庵	婺源	1596—1648	明布衣疑庵先生行状	余维枢：晚闻堂集附
				先考郡庠府君行实	余藩卿：晚闻堂集附
				子畴先生传	汪绂：双池文集 卷八
				疑庵道人墓志铭、疑庵道人别传	余绍祉：晚闻堂集 卷一一
				小传	黄容：明遗民录 卷五；明代千遗民诗咏（三编）卷七
金声	正希	休宁	1597—1645	传	朱溶：忠义录；明史·列传
吴旷	前僧	歙县	生于明末	传	黄宗羲：南雷文定四集 卷二
吴树诚	芋生，号三难	歙县		吴懋叔像赞序	吴肃公：街南文集 卷一一
					诗源初集；皇清诗选
吴绮	园次，号听翁	歙县	1619—1693	小传	国朝诗选 卷七；诗最 卷一；清诗初集 卷六
吴矿	天朗	歙县	1627—1668	墓志铭	熊伯龙：熊学士文集下
吴之骙	耳公、达庵	歙县	康熙年间卒	传	张伯行：正谊堂文集 卷二二
				墓志铭	彭定求：南畇文稿 卷八

续表

传主	字号	籍贯	生卒	篇名（文体）	卷次出处
吴孔嘉	元会、天石	歙县	1588—1667	清故前翰林院编修吴公行状	许楚：青岩集 卷一〇
				前翰林院编修吴公墓志铭	施润章：学余文集 卷二〇
吴度	叔子	歙县	1623—1690	小传	国朝诗选 卷一五
吴栻	去尘、通道人	休宁	康熙年间卒	传	皇明遗民传 卷五
吴慎	徽仲、敬庵	歙县	康熙年间卒	传	孙静庵：明遗民录 卷五
吴文玉	光岳	歙县	康熙年间卒	传	储欣：在陆草堂文集 卷三
吴如霖	济生、静远	歙县	1611—1696	墓志铭	尤侗：艮斋倦稿 卷一四
吴自充	幼符	歙县	康熙年间卒	吴君幼符家传	魏禧：魏叔子文集 卷一七
吴自亮	孟明	歙县	1611—1676	歙县吴君墓志铭	魏禧：魏叔子文集 卷一八
吴从周	君监	歙县	1591—1677	歙县吴翁墓表	魏禧：魏叔子文集 卷一八
吴传鼎	禹存、雨岑、瓶庵	休宁	康熙年间卒	吴孝子传	魏禧：魏叔子文集 卷一七
吴凤翔	遥吟、雪门	歙县	康熙年间卒	传	黄容：明遗民录 卷九
吴延支	尔世	歙县		吴处士传	施润章：施愚山先生学余文集 卷一六
吴道配	名浩然，或以字行，白衣先生	休宁	康熙年间卒	书事	退庵先生集 卷上
				传	明遗民诗 卷一五；孙静庵：明遗民录 卷二〇
				传	国朝耆献类征（初编）卷四六四、卷四七一
				小传	明代千遗民诗咏（二编）卷一
吴闻喜	君俞	新安		吴君俞墓表	钱谦益：牧斋初学集 卷六六

续表

传主	字号	籍贯	生卒	篇名（文体）	卷次出处
吕大先	维则	歙县	康熙年间卒	传	黄容：明遗民录 卷五
姚思孝	永言	歙县		小传	诗源初集、邓汉仪：诗观三集
姚景明	仲潜		1624—1708	传	卓尔堪：遗民诗 卷一三
汪辑	舟次、梅斋	休宁	1636—1699	通奉大夫福建布政司使内升汪公墓表	朱彝尊：曝书亭集 卷七三
				传	唐绍祖：改堂文钞 卷下
				传	朱栴：小万卷斋文稿 卷一九
汪一清	有孚、敬斋	休宁	1598—1664	墓志铭	洪嘉植：大荫堂集
汪士度	公量	歙县	1605—1685	汪君公量墓志铭	尤侗：艮斋倦稿 卷一一
汪晋徵	符尹	休宁	1639—1709	墓志铭	严虞惇：严太仆先生集 卷九
汪渐磐	三余	新安	1589—1661	墓志铭	赵士麟：读书堂彩衣全集 卷二一
汪舆图	河符、义斋	歙县	1633—1713	墓志铭	彭定求：南畇文稿 卷七
汪凤龄	仪卿、思颖	新安	1593—1667	汪处士传	吴伟业：梅村文集 卷一八；梅村家藏稿 卷五二
汪学易	时甫	歙县	1607—1671	家传	杜濬：变雅堂文集 卷三
汪继昌	征五、梅岸	歙县	1617—1683	墓志铭	叶燮：巳畦文集 卷一五
汪蛟	辰初	歙县		传	明遗民诗 卷七；黄容：明遗民录 卷四；明季滇南遗民录 卷下；明代千遗民诗咏（二编）卷八
汪如江	观澜	歙县	康熙年间卒	汪觉非先生墓志铭	施润章：施愚山学余文集 卷二〇
汪以功	惟敏	歙县	康熙年间卒	处士汪长公墓志铭	施润章：施愚山学余文集 卷二〇
汪作霖	雨若，别号借庵	歙县	康熙年间卒	征仕郎知九江德化县借庵汪先生家传	施润章：施愚山学余文集 卷一六

第七章 清初徽州抗清烈士和明遗民的碑传

续表

传主	字号	籍贯	生卒	篇名（文体）	卷次出处
汪汝谦	然明	新安	1577—1657	新安汪然明合葬墓志铭	钱谦益:牧斋有学集 卷三二
汪舟	虚中	歙县	？—1690	小传	诗最 卷六;邓汉仪:诗观三集;国朝诗的 卷九
汪士铉	原名征远,字扶晨,号栗亭			小传	诗最 卷二;国朝诗的 卷四;过日集 卷一一
汪伟	叔度,号长源	休宁		小传	朱溶:忠义录
汪浚	泰如	休宁		传	黄容:明遗民录 卷六
汪璲	文仪、默庵	休宁		传	清史列传 卷六六;碑集传 卷一二八、一三八
					孙静庵:明遗民录 卷五;小腆纪传补遗 卷三
					国朝耆献类征(初编) 卷四○二
					国朝先正事略 卷二八
					国朝学案小识 卷一三;雪桥诗话 卷二
汪中柱	为石	歙县	康熙年间卒	传	明遗民诗 卷一二;明诗综 卷八一下;明代千遗民诗咏(二编) 卷九
汪弘釜	澄一	歙县		传	明遗民诗 卷一○;明代千遗民诗咏(二编) 卷九
汪沐日	扶光,僧名弘济、益然	歙县		益然大师塔铭	黄宗羲:黄梨洲文集
				传	皖志列传稿 卷一
				小传	黄容:明遗民录 卷四;留溪外传 卷一八;雪桥诗话余集 卷一;明代千遗民诗咏(二编) 卷一○,(三编) 卷七;释氏疑年录 卷一一

续表

传主	字号	籍贯	生卒	篇名(文体)	卷次出处
汪益亨	德裕、钟山逋客	歙县		小传	黄容:明遗民录 卷五;明代千遗民诗咏(三编) 卷七
汪度	千顷,号山图	歙县		小传	诗观二集 卷一四;扶轮广集 卷九、卷一一
俞塞	吾体、无害、节孝先生	婺源		小传	黄容:明遗民录 卷六;国朝耆献类征(初编) 卷四六四;荟蕞编 卷三;明代千遗民诗咏(二编) 卷六
				传	皖志列传稿 卷一
汤燕生	玄翼	太平	1616—1692		诗最 卷五;名家诗选 卷一
查士标	二瞻、梅壑散人	休宁	1615—1698	传	清史稿(列传) 第46册
					皇明遗民传 卷五;明遗民诗 卷一一;感旧集 卷一二;国朝耆献类征 卷四七四;清画家诗史 卷甲上;国朝书画家笔录 卷一;国朝画识 卷三;国朝书人辑略(二编) 卷九
					傅抱石:明末民族艺人传
洪琮	琅友、谷一、瑞玉	歙县	1620—1685	墓志铭	陈廷敬:午亭文编 卷四六;诗源初集
洪德常	常伯	歙县	生于明末	诰赠朝议大夫礼部郎中加一级崇祀乡贤洪公传	施润章:施愚山学余文集 卷一七
洪澜	远生	歙县		传	皇明遗民传 卷五
洪瀛	仙客	歙县		小传	明遗民诗 卷一四;明代千遗民诗咏(二编) 卷七
胡渊	荣明	歙县		传	黄容:明遗民录 卷六

续表

传主	字号	籍贯	生卒	篇名（文体）	卷次出处
胡春生	本姓吕，字夏昌、赤岸	歙县		小传	明遗民诗 卷一四；明代千遗民诗咏（二编）卷八；清画家诗史 卷甲下；江苏诗征 卷二一
夏雨金	寒云	休宁		传	黄容：明遗民录 卷二
孙默	无言、桴庵	休宁		小传	明遗民诗 卷一一；国朝耆献类征（初编）卷四七二；荟蕞编 卷二；明代千遗民诗咏（二编）卷九
凌世韶	官球、苍舒	歙县		小传	明遗民诗 卷一三；孙静庵：明遗民录 卷三○；尺牍新钞 卷九；结邻集 卷一五；天启崇祯两朝遗诗 小传；明诗综 卷六八；静志居诗话 卷一九；小腆纪传 卷五六；明诗纪事 辛卷二○；明代千遗民诗咏（二编）卷七
许既德	来集、过庵	歙县	1623—1703	行状	张符骧：依归草 卷四
许楚	芳城、旅亭、青岩先生	歙县	1605—1676		黄容：明遗民录 卷九；清诗纪事初编 卷一；碑传集补 卷三六；皖志列传稿 卷一；明代千遗民诗咏（二编）卷二
陈二典	书始	祁门		传	黄容：明遗民录 卷五；明代千遗民诗咏（三编）卷四
程基	公履	歙县		小传	诗最 卷三
程猷	嘉二、亚园	休宁	生于明末	传	李绂：穆堂初稿 卷三七
程增	维高	歙县	康熙四十九年（1710）卒	墓志铭	方苞：望溪文集 卷一一
程子谦	益仲、牧庵	新安	于康熙三十七年（1698）卒	传	田雯：古欢堂集传 卷一

续表

传主	字号	籍贯	生卒	篇名(文体)	卷次出处
程文傅	仲熙	歙县	生于明末	歙县程君墓表	魏禧:魏叔子文集 卷一八
程仲龙	子云、志人	休宁	1634—1710	墓志铭	彭定求:南畇文稿 卷七
程启学	楚臣、紫溪	歙县	康熙三十六年(1697)卒	墓志铭	叶燮:巳畦文集 卷一五
程岫	云家	歙县	康熙末年卒	小传	明遗民诗 卷一三;明诗纪事 辛卷三四;明代千遗民诗咏(二编) 卷九
程智	子尚、云庄、子上、极士	休宁	康熙年间卒	小传	明遗民诗 卷一二;黄容:明遗民录 卷六;国朝耆献类征(初编) 卷四六七;皖志列传稿 卷一;明代千遗民诗咏(二编) 卷九
程邃	穆倩、垢区、江东布衣、垢道人	歙县	1605—1691	传	皖志列传稿 卷二
				小传	皇明遗民传 卷五;明遗民诗 卷八;留溪外传 卷五;国朝耆献类征(初编) 卷四七七;清画家诗史 卷甲下;国朝书画家笔录 卷二;国朝画识 卷三;国朝书人辑略 卷一;明代千遗民诗咏(二编) 卷八;明清两朝画苑尺牍
				传	傅抱石:明末民族艺人传
程自玉	公如、甲持子	歙县	康熙年间卒	小传	明遗民诗 卷一五;黄容:明遗民录 卷五;明代千遗民诗咏(二编) 卷一〇
程家挚	公衡	歙县		小传	皇明遗民传 卷六;明诗综 卷八〇;明代千遗民诗咏(三编) 卷九
程锡类	不匮	休宁		小传	黄容:明遗民录 卷六;明代千遗民诗咏(三编) 卷五

续表

传主	字号	籍贯	生卒	篇名(文体)	卷次出处
程封	伯建,号石门	歙县		小传	扶轮广集 卷九;皇清诗选 卷一九;清诗初集 卷八
程守	非二,号蚀庵	歙县	1619—1689	传	陈伯玑:国雅初集
鲍忠勒	畏简	歙县	1620—1670		汪士铉:新都风雅
闵遵古	无作	歙县	生于明末	传(江天一传附)	魏禧:魏叔子文集 卷一七
					皇明遗民传 卷五;皖志列传稿 卷一;碑传集补 卷三六;明代千遗民诗咏(三编) 卷五
				别传	前明忠义别传 卷二
闵鼎	渭汉	歙县	生于明末		明遗民诗 卷一四、一五;明诗纪事辛卷三四;明代千遗民诗咏(二编) 卷八
闵麟嗣	宾连、檀林	歙县	1628—1704		碑传集补 卷四五
				传	皇明遗民传 卷五;感旧集 卷一二;国朝诗人征略(初编) 卷五;清诗别裁集 卷六;江苏诗征 卷一〇四
				墓表	依归草 卷下
项志宁	靖伯、文烈先生	休宁	康熙年间卒		皇明遗民传 卷四
项起汉	一名睿,仲佽、视庵	新安	康熙年间卒		明遗民诗 卷一四;江苏诗征 卷一四九;明代千遗民诗咏(二编) 卷八
董维	四明、遁庵	新安	康熙年间卒	传	皇明遗民传 卷四;国朝画识 卷三

续表

传主	字号	籍贯	生卒	篇名(文体)	卷次出处
黄生	扶孟	歙县	1622—1696	传	支伟成:清代朴学大师列传
					钱海岳:南明史·儒林三
					民国歙县志 卷七
					皖志传列稿 卷二;清儒学案·白山学案
					清史列传·儒林传下
黄朝美	荩臣、清持	歙县	1606—1683	小传	国朝诗的 卷五
曹应鹏	僧白	歙县	1598—1654	小传	扶轮广集 卷一;邓汉仪:诗观二集 卷八
张光祁	云仲,号省斋	歙县	1607—1651	小传	吴蔿:名家诗选 卷一
吴山涛	岱观	歙县	1609—1690	小传	国朝诗的 卷二;诗观初集 卷六;扶轮广集 卷九
吴雯清	原名玄石,字鱼山,又字方涟	歙县	1614—1676	小传	扶轮广集 卷四;清诗初集 卷一一
郑淡成	希玄	歙县	康熙年间卒	小传	诗源初集
郑旼	慕倩	歙县	康熙年间卒	传	黄容:明遗民录 卷五;清画家诗史甲卷上;明代千遗民诗咏(三编)卷五;明清两朝画苑尺牍
罗斗	兼仪	歙县	康熙年间卒	传	黄容:明遗民录 卷五;明代千遗民诗咏(三编) 卷七
罗煜	然倩	歙县	康熙年间卒	传	孙静庵:明遗民录 卷七;明代千遗民诗咏(初编) 卷三
毕著	韬文	歙县	康熙年间卒	传	孙静庵:明遗民录 卷四八;小腆纪传 卷六〇;国朝耆献类征(初编)媛卷一;清诗别裁集 卷三二;荟蕞编 卷一五;清代闺阁诗人征略 卷一

续表

传主	字号	籍贯	生卒	篇名(文体)	卷次出处
弘仁	渐江,俗名江韬,字六奇;又名舫,字鸥盟	歙县	1610—1664	黄山渐江师外传	许楚:青岩集 卷十
				渐江和尚传	汪士鋐:黄山志续集 卷三(王泰征撰)
				故大师渐公碑	弘眉:黄山志 卷四(殷曙撰)
				渐江师传	江蓉:画偈(附录,程守撰)
				渐江传	程弘志:黄山志;闵麟嗣:黄山志定本
				弘仁传	黄宾虹:国粹学报 第八号;民国歙县志
				梅花古衲传	清画家诗史 壬卷下;国朝书画家笔录 卷四;国朝画识 卷一四;雪桥诗话余集 卷一
				江韬传	清史稿列传 卷五〇四
					皇明遗民传 卷七;国朝耆献类征(初编) 卷四六六;碑传集补 卷五八;皖志列传稿 卷二;明末民族艺人传

第二节 抗清烈士

论及徽州清初遗民,首先要提到抗清烈士金声和江天一,因为正是在他们的精神感召下,徽州才出现了那么多的遗民。

明末徽州百姓对抗清兵,其激烈程度不亚于当时的扬州、嘉定等江南吴越之地。著名烈士金声与江天一,师生二人气节砥砺,影响深远。金声(1597—1645),字正希,休宁人。好学,工举子业,名倾一时。崇祯元年(1628)成进士,授庶吉士。累迁至御史。清兵南下时,正希慷慨奏言,向朝廷陈述攻防之策,因不能被采用,遂托病谢归。后虽有多次征召,正希皆辞而不就。江天一(1602—1645),字文石,初名涵颖,字淳初,江村人。明末著名抗清义军首领。家贫以教书为生。时休宁人金声在复古书院讲学,天一与金声志同道合,便拜金声为师。崇祯十六年(1643),金声因烧死黔兵一案被捕。天一上书史可法和朝廷,为老师洗冤。顺治二年(1645),南京被清军攻破,天一助金声起兵抗清,以"杀房者昌、降房者亡"为口号,先后收复旌德、宁国、泾县、宣城等县城。后败退绩溪,固守丛山关,因御史黄澍降清并引清军断金声后路。金声虑及天一有老母在堂,劝天一逃走,天一回家拜辞老母和祖庙后,追上金声,一同被清军捕至南京,降将洪承畴劝金声和江天一投降,遭到痛斥。当年10月8日,天一与金声被杀于南京通济门外。这两位抗清烈士是明末徽州著名人物,其事迹广为流传,不仅为乡间民众所熟知,也激励影响了明清易代之际的反清斗争。

有关两位烈士的碑传资料不仅详细记录了当时的情形,更是表彰了烈士的刚烈气节。金声与江天一能在国变时从一柔弱书生转而为斗士,必有其内在原因,也绝非一时兴起或逞一时之勇。因金声为明末进士,曾仕翰林,广为人熟悉,且《明史》有传,近代史学大家陈垣也有《休宁金声传》一文,考察史实详尽。同为抗清烈士的江天一的碑传资料亦较丰富,兹先以江天一为例,并参校金声事迹,作具体阐述。

今所见江天一传记文献中,可窥探出烈士平生所行及其性格为人,方知国变之际,何以决然赴死的个中真实原因。如汪琬①《江天一传》:

> 少丧父,事其母,及抚弟天表,具有至性。尝语人曰:"士不立品者,必无文章。"前明崇祯间,县令傅岩奇其才,每试辄拔置第一。年三十六,始得补诸生。家贫屋败,躬畚土筑垣以居。覆瓦不完,盛暑则暴酷日中。雨至,淋漓蛇伏,或张敝盖自蔽。家人且怨且叹,而天一挟书吟诵自若也。(《钝翁前后类稿》卷三十四,文稿二十二,传

---

① 汪琬(1624—1691),清初散文家,字苕文,号钝庵,长洲(今江苏吴县)人。顺治进士,曾任刑部郎中、户部主事等职。康熙时举博学鸿词科,授编修。曾结庐太湖尧峰山,人称尧峰先生。论文要求明于辞义,合乎经旨。所著有《钝翁类稿》《尧峰文钞》等。

一,下同。)

再如同邑方熊《传》曰:

> 生有气骨,性好读书,尚风节。十三岁能属文,不泥乡曲,自携经义走三吴,天下知其文章。同邑汪沐日扶光、吴霖束三相结为盟友。……年十六返郡邑应童子试,不售。途遇僧,相之曰:"骨气清奇,后必为名人。"……驿丞省父崇德,会太史黄公道周典试浙江事竣,复命道经崇德,袖文请见,阍隶拒不纳。太史闻前询吏,故隶曰:"驿丞子求见。"太史讶之,命引登舟至,曰:"子来何以教我?"参军出文再拜曰:"公人伦海□□□,孰不望出门墙哉?某敢励志愿就正于公耳。"太史览文曰:"子文骨法高古,气傲岸,他日必有异。自今已往,子与我为良师友矣。"留舟中纵谈天下事,至丙夜不辍,寻拜辞别太史,出文集白金留赠。后益贫窘,授经训蒙,遇义必为。尝以补修尽力行见者,咸嗟叹不易为。

上文所记为江天一家境情况,而所录少年时之奇遇,如一僧所言自不足信,但少年江天一偶遇黄道周,被称誉:"子文骨法高古,气傲岸,他日必有异。自今已往,子与我为良师友矣。"足以说明江天一少年时即出类拔萃,且文如其人,气骨奇高,为人傲岸,此种天赋秉性为后来成为抗清斗士奠定了思想基础。

魏禧的《传》,更记载了江氏先祖事迹,也可深知江天一之刚烈气节有源可溯,为家庭教育熏陶所然,其传曰:

> 江天一歙县人,字文石。正直廉介,工文章,世居寒江村,人称"寒江"先生云。祖东望贡士学官华亭,有大宦以辱士激变,县诸生焚其第学,使者命东望列诸生名尽中以法,东望力拒之,忤当事意,弃官归。祖母胡割肝救姑疾。父士润胡广某司巡检献贼破武昌,拒贼曰沉于江。

在这样具有刚毅气节的祖父母、父亲共同影响下,江氏必然也秉承相类似的个性。魏禧《传》叙其生平曰:

> （天一）闻金坛周钟名，往从之，归语其友人闵遵古曰："周君非佳士也。"而天一文益磊落闳肆。困童子试三十年，后见知邑令传公补郡弟子员试，每冠其曹，令故重天一，尝令天一来请事，凡数年终不以私见。是时，天一贫甚，裙布常穿空见尻，家居屋数椽瓦不足以草覆之。会姻戚有诖误事，令捕之急，知天一最善，令乃自诣天一陈百二十金几上长跽以请。天一愕然曰："吾守身乖数十年，岂忍一旦败之耶？"卒挥去不顾。

方熊曾记叙了一段颇能表现江天一为人和在乡间的影响的文字：

> （天一）南归长途，策蹇风尘眯目，有时芒鞋徒步。与乡人相遇，但望其爽气逼人，绝无嗟叹声色。抵里门值数年间，天下汹乱，流贼猖狂，继以荒歉不可救药。方亢旱求雨不应，士大夫计无出，参军设坛斋戒，陈五经四书拜。赤日下人初以为迂夫，果大雨，人又信其诚。

上文为反映江天一生平的宝贵资料，管中窥豹，能获知传主一生中较为突出的行实和性格特点。辑录江天一平生事迹尤为简洁明了的碑传资料，且流播最广的是汪琬《江天一传》，文曰：

> 天一虽以文士知名，而深沉多智，尤为同郡金佥事公声所知。当是时，徽人多盗，天一方佐金公事，用军法团结乡人子弟，为守御计。而会张献忠破武昌，总兵官左良玉东遁，麾下狼兵哗于途，所过焚掠。将抵徽，徽人震恐，佥事公谋往拒之，以委天一。天一腰刀眜首，黑夜跨马，率壮士驰数十里，与狼兵鏖战祁门，斩馘大半，悉夺其马牛器械，徽赖以安。

从上述可知，江天一由一文弱书生因形势转变而不得不弃文从戎，此间，金声对其影响深刻。简而言之，"天下兴亡，匹夫有责""穷则独善其身，达则兼济天下"的儒家教训，是中国传统士子所尊奉的圭臬，并在关键时刻加以躬行实践，这些文士心怀天下的高尚情操与奋不顾身的行动自当加以赞扬。

另有魏禧、汪琬等传记中还载了一些细节。士人往往家贫志高,多半具有虽处于困厄之境也不忘"安得广厦千万间,大庇天下寒士俱欢颜""先天下之忧而忧"的高尚情操。在明清易代之际的特殊时刻,好像试金石一般检验着广大士人的品行理想,像江天一等人的言行一致、表里如一也确实令人感佩。

除了生死、民族气节之类的大是大非问题,传记还记载了传主的其他思想主张,比如魏禧传曰:"天一性刚,好结友士。至者倒履唯恐后,独郡县重客虽相遇避匿不肯见,赴友之急,义形于色,视祸患不屑,意行逾礼法,辄面叱责不少假贷人,尝谓遵古曰:'吾党立身如处女,处女失节无贤愚皆贱之;若诵服圣贤而见利则迁,临死生丧其守,可贱孰甚?世奈何苛巾帼而宽须眉丈夫子哉?'"如此言论可谓惊世骇俗,尤其是在独尊程朱理学的阙里,一向是以"单方面的道德"苛求女子,而江天一不满于男女不同标准的偏见伦理,自身若本非道德高尚、识见超群,又岂能破除陋见而初具平等的意识?以上所举传记资料皆是江天一平生一贯的表现,以助读者全面、深刻了解进而理解烈士的所作所为。

对于甲申国变前后的历史情形与传主行实,以上诸传皆详细记载,如同邑方熊《传》云:

> 同郡太史金公声闲居里门,讲学复古书院,参军深有契合,遂师事之。时凤督马士英调黔兵迁道新安,流贼素次新安,殷富乘隙潜冒黔兵入徽境,伺惊犯留都,杀掠见鄱阳、乐平等处,徽人大恐,预练乡勇御之,遇贼杀无赦,兵亦杀无赦。士英怒生端挟新安偿其银饷,抗疏于朝,爰逮金公,祸几不可测,参军不惮劳困,往南京白本末于大司马史公。史公悉其故,抚慰徽人,无恐参军,从此军事旁午转侧道路无宁日矣。束其所为文于屋梁,挂刀壁间示人,永谢书生之事,谈兵杀贼则津津不置口。又尝为金公入京师鸣其冤,为喻天录将上而金公已为烈皇帝所闻,诏甫下而祸旋息。就京邸访故人凌驷龙翰在官职方司共谈时事,深以为忧,相与唏嘘不能已。

魏禧《传》曰：

> 癸未，黔中兵倚凤督马士英势，所过荼毒，独徽州堵御有方，格杀黔中兵主者衔之欲中，徽人以危法，文毅坐此就逮。天一发愤具疏叩阍白其冤，会文毅以边才起用，事遂罢。甲申国变，明年南京陷，天一佐文毅公举义兵，参其军，撄险固守，与兵相持累月，而乡人负大名为御史者，阴导北兵从间道入，师遂溃，文毅被执，挥天一去曰："老母在，毋从我死也。"天一遂走，归拜其祖母、母及祖庙，曰："吾首与金公举事，义不能使公独死矣。"追文毅及之，大呼曰："我金翰林参军江天一也。"遂并轨之送南京，同日遇害。

魏氏所撰江天一与金声国变后如何被执、遇害之历史稍有别于他传，在上述一段叙述后，详细记叙了两位烈士牺牲后，其友朋们竭尽全力"购尸殡之"等事。比如有一细节非常突出地表现了江天一的忠义刚烈的气节，甚至是深深感染了押送其赴难的兵卒，魏《传》云：

> 天一既被执，道过芜湖，以囚服突至遵古家，从朱缨带刀者一人。遵古曰："事至此奈何？"天一曰："无他言，今将往拜孝陵引颈受刃耳！"时宾友满座闻之皆惊窜走，唯一客不去。遵古进苦茗，天一饮尽数杯，议论侃侃不倦。遵古亟呼家人作鸡黍进酒。带刀者固辞去已同客往觅天一，天一方作家书慰母，见遵古来大喜。带刀者窃嗟叹坐，顷之，带刀者大言曰："君无以武人鄙我也，我雅知忠义，今世吾心服者，史阁部可法、黄总兵得功、金翰林及江君四人耳。然观子亦义士者，吾在坐，子毋乃有不尽之言。"遽呼二小卒伺门外，带刀者竟去。

关于这段历史的记载，方熊所记也较为详细，也可补其他传记所略之处，也较为生动地刻画了传主的神态与语言，让后世可以窥见当时烈士慷慨就义而无所畏惧的英雄之态，譬如：

> 甲申遭变，烈皇帝靖难煤山，参军痛苦激愤，日与金公画从龙之

> 策。大清革命，南都城服。参军与歙诸生五人，请金公为盟主，倡义兵福州，进太史以侍郎参军授监纪推官，事不成，参军同金公决意死孝陵钟山之麓，被营将执送南京。时洪内院操得生死柄，好语慰金公曰："曷以黄冠僧服隐可以无死。"公默然。公志盖早决矣。默欲观化于此际，死生任其去来，故无暇应。参军眥裂发指，目光闪闪射内院衣上。先是崇祯十六年，内院负重望，天子推毂赐尚方经略，九边事溃陷于时，烈皇不知虚以为靖难也！恤祭九坛，参军故作诳语，厉声告之曰："我洪武经略何如忠臣死？后先皇痛之，赐祭九坛隆礼犹以未足，汝何为者冒洪经略而污陷之邪？"内院亦惭，命扶出同金公杀之。次年石斋黄公亦被执于徽，亦送南京被杀。

以上传中如"无他言，今将往拜孝陵引颈受刃耳"的慷慨之辞，"眥裂发指，目光闪闪射内院衣上"等处语言、神态之描摹让我们清楚看到一位早已将生死置之度外的烈士形象，"捐躯赴国难"是爱国斗士的精神浓缩的彰显，也是极有良知、敢于担当，以社会民族责任为重的知识分子实践其伟大理想的具体体现。

传主虽然一介书生，但并非只会纸上谈兵，所以汪琬又不惜笔墨详写了为对抗清兵出谋划策的事例，其传曰：

> 顺治二年，夏五月，江南已破，州县望风内附，而徽人犹为明拒守。六月，唐藩自立于福州，闻天一名，授监纪推官。先是，天一言于佥事公曰："徽为形胜之地，诸县皆有阻隘可恃，而绩溪一面当孔道，其地独平迤，是宜筑关于此，多用兵据之，以与他县相犄角。"遂筑丛山关。已而清师功绩溪，天一日夜援兵登陴，不少息。间出逆战，所杀伤略相当。于是清师以少骑缀天一于绩溪，而别从新岭入，守岭者先溃，城遂陷。大帅购天一甚急。天一知事不可为，遽归，嘱其母于天表，出门大呼："我江天一也！"遂被执。有知天一者，欲释之。天一曰："若以我畏死邪？我不死，祸且族矣。"遇佥事公于营门，公目之曰："文石！女有老母在，不可死！"笑谢曰："焉有与人共

事而逃其难者乎？公幸勿为吾母虑也。"至江宁，总督者欲不问，天一昂首曰："我为若计，若不如杀我；我不死，必复起兵！"遂牵诣通济门。既至，大呼高皇帝者三，南向再拜讫，坐而受刑。观者无不叹息泣下。越数日，天表往收其尸，瘗之。而佥事公亦于是日死矣。

汪琬详录了江天一对当时兵势与地理形势的分析，尤其表现了江天一不仅为忠义烈士、诚信果敢，而且并非纸上谈兵之懦弱书生，实则可为率军御敌的将士，深谙军事、精于兵法，综观传记资料中对其生平行实的描写再与此处国变前后的所为相对照，江天一之为著名抗清烈士愈可信，其一生一脉相承，始终如一。"出门大呼""笑谢""昂首"等语，凸显了江天一英勇无畏的气概，也非一书生所固有。被执时所说："我为若计，若不如杀我；我不死，必复起兵！"更是掷地铿锵，为明末遗民心中所向所欲。

上述几种江天一传记材料中都有关于烈士牺牲后，亲戚朋友们的伤痛之情与如何收集尸骨的情节描写，着重表现了烈士死之惨烈和对其他乡民的重要影响，例如方熊所记：

参军死后，人争为文传之。同邑浚吴汪杀身奔窜，后先映辙，而同难有金公暨参军族孙孟卿，郡人陈继遇、吴国桢、佘元英，其友闵遵古、萧伦、僧海明不避险难，为收殓之。门人洪澜经犯其家，洪祚永收其遗文于其弟。天丧屡经兵燹，宝存勿失。人谓参军赴师门之难，食报于师友如此。外史方熊曰："余方弱冠，值六岭失守，金公被执，郡邑震惊，居民驰走。熊侍先祖立家塾中，先祖立檐际，仰天默然，惨淡踌躇。侦者来告金公被执，监纪程姓告哀，营将释之；监纪江某先已逃出，先祖厉声叱之曰：'江文石非临难苟免者。'次日，侦者又来告，江监纪自投营中，寻金侍郎同难。营将劝其去。江曰：'吾昨别母辞家庙，非畏死也。'客请于先祖曰：'先生曷先知之？'祖答云：'江先生风节自励，吾故识之士，不能自信以取信于人，何以为士？'"嗟乎！固知节义士虽死曷尝死哉？

另如江天一弟江天表所撰《感义扶丧记》也具体记叙了烈士身后事,主要表彰了烈士之悲壮英勇,也表达了尚存人间的烈士亲友们的哀悼悲愤之情,也痛诉了清兵之残忍:"先生从金公被执到东山营中,次兄亦在乱离间失散。天表负母避于山中数日,后闻先生在营,天表至营见之,往还四五日,先生坦然自适。是九月末旬也。十月一日,天表至营,金公与先生五人已赴南京。天表返山中于初三日,扶老母及家人归,屋内之物已空如悬罄矣。初五日,二兄忽至,囚首垢面,单衣血污,余息奄奄,略述其故,云自阵头失散,身伤十三刀之苦,惟左肩旁颈一刀最重,伤痕有六七寸许,几不能免,右手去一中指,痛卧菜田中,每日啖生萝蔔二三枚得延残喘。举家堕泪,延医用药二十余日,创得稍愈。"此段尤为痛切,烈士被虐杀,如梦魇一般,字字如泣血,读之令人潸然。

被江天一尊奉为恩师、也深受其影响的金声,《明史》列传中对其有较详细的记载,此处不避繁赘,引述如下,与江天一传记作一比较:

> （崇祯）二年十一月,清兵逼都城,金声慷慨上奏,乞面陈急务,帝即召对平台。退具疏言:"臣书生素矢忠义,遭遇圣明,日夜为陛下忧念天下事。今兵逼京畿,不得不急为君父用。夫通州、昌平,都城左右翼,宜戍以重兵。而天津漕艘所聚,尤宜亟防。今天下草泽之雄,欲效用国家者不少,在破格用之耳。臣所知申甫有将才。臣愿仗圣天子威灵,与练敢战士,为国家捍强敌,惟陛下立赐裁许。"申甫者,僧也,不知何许人,好谈兵,方私制战车火器。帝纳声言,取其车入览,授都司金书。即日召见,奏对称旨,超擢副总兵,敕募新军,便宜从事。改声御史,参其军。申甫仓猝募数千人,皆市井游手,所需军装戎器又不时给。而是时大清兵在郊圻久,势当速战,急出营柳林。其时,总理满桂节制诸军,甫不肯为下。满桂所辖士卒抢掠民间,申甫派军捕之,满桂辄索去。金声以两军不和闻,帝即命声调护。亡何,满桂殁,申甫连败于柳林、大井,乃结车营卢沟桥。清兵绕出其后,御车者惶惧不能转,歼戮殆尽,申甫亦阵亡。

传记写到此处为第一节,崇祯帝尚且愿意听闻臣意,并组织了防御抵抗,但是

"仓猝募数千人,皆市井游手,所需军装戎器又不时给",最终导致战败,全军覆没。这也导致接下来失去皇帝的信任,也迫使金声不得不反复疏请。传曰:

> 金声痛伤之,言申甫受事日浅,直前冲锋,遗骸矢刃殆遍,无一人逃,非喋血力战不至此。帝亦伤之,命予恤典。金声耻于无功,请率参将董大胜兵七百人,申甫遗将古壁兵百人,及豪杰义从数百人,练成一旅,为刘之纶奇兵,收桑榆之效,不许。俄以清核军需告竣,奏缴关防,请按律定罪,再疏请罢斥,皆不许。
>
> 东江自毛文龙被杀,兵力弱,势孤。金声因东宫册立,自请颁诏朝鲜,俾联络东江,张海外形势。崇祯帝虽嘉其意,亦不果用。寻上疏言:"陛下晓夜焦劳,日亲天下之事,实未尝日习天下之人。必使天下才、不才及才长短,一一程量不爽,方可斟酌位置。往者,陛下数召对群臣,问无所得,鲜当圣心,遂厌薄之。臣愚妄谓陛下泰交尚未殷,顾问尚未数,不得谓召对无益也。愿自今间日御文华,令京卿、翰林、台谏及中行、评博等官,轮番入直,博咨广询。而内外有职业者,亦得不时进见。政事得失,军民利病,庙堂举错(措),边塞情形,皆与臣工考究于燕闲之间。岁月既久,品量毕呈。诸臣才、不才及才长短,岂得逃圣鉴。"帝未及报,金声再疏恳言之,终不用,遂屡疏乞归。
>
> 后大学士徐光启荐金声同修历书,辞不就。以御史召之,亦不赴。八年春,起山东佥事,复两疏力辞。乡郡多盗,金声团练义勇,为捍御。十六年,凤阳总督马士英遣使者李章玉征贵州兵讨贼,迁道掠江西,为乐平吏民所拒击。比抵徽州境,吏民以为贼,率众破走之。章玉讳激变,谓金声及徽州推官吴翔凤主使。马士英以闻,金声两疏陈辩。帝察其无罪,不问。其年冬,廷臣交荐,即命召用,促入都陛见,未赴而京师陷。

此处为本传第二节结束,虽然已是大乱当前,朝野政治斗争丝毫未歇,金声不得重用,也辞不就,亦不赴,正是为"绝望"作最后的反抗。朱溶《忠义录》也载有《金声传》,记叙了金声一段真心表白,其泣曰:"皇上用法严,声独屡蒙恩贷,且宠用之,受恩与庸不同。今陛下罹非常之变,不捐躯图报,非人也。"并且贻书马士英曰:"人谓阁下尚未大释于敝郡,而不孝终不能归诚于阁下。以一人之迹而府天下之疑,以一郡之事而散天下之势,非不孝畴昔所奉教于大君子也。惟阁下监其区区,偕之大道,一心复先帝之深仇,全力定中原之大业。"向当时权臣委婉地提出了批评,再一次作最后的努力,自此回乡坚不起。《明史》传云:

> 福王立于南京,超擢金声左佥都御史,金声坚不起。清兵破南京,列郡望风迎降。金声纠集士民保绩溪、黄山,分兵扼六岭。宁国丘祖德、徽州温璜、贵池吴应箕等多应之。乃遣使通表唐王,授声右都御史兼兵部右侍郎,总督诸道军。拔旌德、宁国诸县。九月下旬,徽故御史黄澍降于大清,王师间道袭破之。金声被执至江宁,语门人江天一曰:"子有老母,不可死。"对曰:"天一同公起兵,可不同公殉义乎?"遂偕死。
>
> 唐王赠声礼部尚书,谥文毅。

金声的这段传记主要评述了明亡的部分历史原因,金声殚精竭虑,为明帝出谋划策,确如其所奏言"政事得失,军民利病,庙堂举错,边塞情形,皆与臣工考究于燕闲之间",然而朝政昏愦,天下已乱,非一人之力所能挽回。金声不得不作出选择,在徽州乡里组织反抗清兵的斗争,然而终究孤掌难鸣,势单力薄最终被执遇害。汪琬《江天一传》亦曰:"当狼兵之被杀也,凤阳督马士英怒,疏劾徽人杀官军状,将致金事公于死。天一为赍辨疏,诣阙上之;复作《吁天说》,流涕诉诸贵人,其事始得白。自兵兴以来,先后治乡兵三年,皆在金事公幕。是时,幕中诸侠客号知兵者以百数,而公独推重天一,凡内外机事悉取决焉。其后竟与公同死。虽古义烈之士,无以尚也。"由此段记载可知金声、江天一不仅是同里师生,更是同声同气,气节砥砺。知不可为而为,亦士人本色,且非止儒家之徒为然。

在这些忠义烈士感召下,当是时徽州地区为抗清重要阵地,譬如《同治祁门县志》卷二四人物传云:

> 许文玠,字帅五,郡学生,少从学于汪伟、金声之门。习韬略,善射,时督学课士例试射,文玠连中九矢。崇正癸未,凤督马士英募黔兵卫陵,取道于徽,一路剽掠,郡守疑为流寇,集众堵御。金声举文玠以应,遂纠集六邑健勇御于祁之择墅,黔兵歼焉。鼎革后,大兵南下,文玠与兄文瑾从声为战,守计池州。推官朱盛浓者,明宗室也,以池城失守来奔乞师恢复,文玠许之,率众至池,初战大胜,直薄城下,攻之不克,回徽。而声已被执,遂与盛浓先后奔闽,谒唐王,授兵部职方司员外郎,分三路出师。黄道周统大军出仙霞阁,艾南英统军四十万出赣州,文玠偕汪观两军出广信,大小四十余战,不少挫。道周、南英先败,勤王兵皆溃散,独文玠有众三千余,欲航海而道不通,驻于戈阳、贵溪之间。大兵夹攻之,文玠谓军士曰:"事已穷蹙,吾以单骑赴死,诸君可保无虞。"遂被执至金陵,狱中阅三月不屈,死之。长子生佳战殁,道光三年并奉旨崇祀忠义祠。(见陈二典:《许文学殉国纪》)

由此可想见当日之情形,徽州一地忠义烈士甚夥,金声、江天一、汪伟、凌驷等师生同门同赴难而不屈,可歌可泣。像钱肃乐语"不济,以死继之",王夫之语"吾此心安者死耳"①。忠义节烈作为道德律令亦作为士人的世界观,在明亡之际规定了士人的行为方式和选择。明代士子的"心史"固与王朝帝王的意志相关联,但也存在自身的内在逻辑,譬如上述徽州地域的众烈士的"忠义"节气实为互相感染影响,郁结勃发而至,是一种道德实践、士子的自我完成,是对明亡摧抑的有力回应和对异族入侵的激烈表达。患难之大,莫过于

---

① (清)黄宗羲:《钱忠介公传》,见《黄宗羲全集》第十册,杭州:浙江古籍出版社,1985年,第557页;(清)王夫之:《永历实录》卷二,见《船山全书》第十一册,长沙:岳麓书社,2011年,第375页。

死,有些士子自虐式的苦行以及自我戕害以表达节操,甚至死社稷,"主忧臣辱,主辱臣死"。

像这样较为极端的事例也不在少数,其忠义气节乃来自传统道德文化的熏染积聚,并非一时冲动。其"天下事无不可为,忠孝其大原也","夫妇之序不可失也"等数语最能表现士人心迹,或有儒者趣味的迂陋腐恶,然而处于历史情境之中的卫道者又岂能苛求超越于其世?朱溶《忠义录》中还撰有徽州忠义之士如江天一、丁德聚、陈元功、吴国桢、程四皮、陈易、范云龙、许文玠、马嘉、王世德、程继约、吴闻礼、郑为虹、黄庚等人的小传,多为与金声一同起兵而被执遇害者,也有自裁以殉国者。由此管窥明清之际徽州一隅广大士子"以死为道"与"所以处死之道"(王夫之《读通鉴论》卷二三)的历史情形。

然而到明亡已成定局,如王夫之论"可不死",一再阐述"退",说"去",说"守",说全生,又极为肯定"知不可为而不为"。古代中国的士文化于士子的选择,即进退出处、辞受取予,向来有较大的自由度,比如陶渊明《桃花源记》正是津津于世外桃源,乃不知有汉,更无论魏晋。面对乱世,知其不可为,选择退隐或不合作亦为士人的一种选择。除了上述碑传记载了许多易代之际投身激烈反抗以死节的烈士外,绝大多数明末遗民选择的是一种"逃逸"的方式。

第三节 逃禅和隐于书画者

如果说休宁金声和江天一因国由文弱的儒士变成了勇猛的抗清烈士,汪沐日和弘仁即渐江法师①则像当时许多士大夫那样,在抗清失败后采取了逃禅,并寄心于诗画。

汪沐日,字扶光,石冈人。五岁入乡塾授《孝经》,能解大义。崇祯癸酉举

---

① 渐江(1610—1664),俗姓江氏,名韬,出家后取法名弘仁,号渐江学人、渐江僧,又号无智、梅花古衲。明代江南徽州歙县人,终年五十四岁。清兵入关,曾赴闽投奔唐王,但终究不能挽救时局,在极度失望的心情下,于清顺治四年(1647)在武夷山削发出家。

人,南渡授职方司主事,历唐及鲁至少司马,尝与清兵苦战。国亡祝发于闽之吴山,依古航为师,法名宏济,字益然。吴山途畏峰涩,人迹罕至。江汉石司理建宁筑天香阁于浦城延礼焉。主吴山三十余年,服猛兽,狎禽鸟,多异迹,自言前身为武林石屋寺僧。戊午,新安故人程上慎、黄于升招归黄山,暂憩广陵。己未五月五日,集交游从交诸人赋诗,限死字韵,诸人愕然。沐日大书五月五日三闾死一章,百十六字,字法端劲。犹批阅《黄山志》十四叶,问漏下几刻,侍者以亥时答,遂寂,年七十五。毕右万、汪扶晨议以儒服敛众言,淆乱卒从僧礼,扶晨为送龛归黄山,造塔青鸾峰下。余姚黄宗羲撰塔铭。

黄宗羲《吴山益然大师塔铭》①文曰:

> 师讳弘济,字益然,歙之西石冈人。故孝廉汪沐日也,原字扶九。五岁入乡塾,授《孝经》二十行,即能解其大义,人之其为再来人。尝过武林石屋寺,昆庐阁中有僧遗蜕,师谓寺僧曰:"此我前身也。我当为之下火。"寺僧不信,师曰:"昔我刺血写华严某卷,为人借去,至今未还,有之乎?"寺僧曰:"然。"因召耆年之识,故僧者以验之。师与之话旧,历历如昨日事。始听之茶毗。岁癸酉,与于乡荐,中原板荡,师以策干大司马,弃之不用。南渡,授职方司主事。历唐及鲁少司马。国亡,祝发于闽之吴山,以古航为剃度师。吴山途畏峰涩,人群罕至,鸟向师掌中取食。虎遇师垂首如家畜。江汉石司理建宁筑天香阁于浦城,将以迎师。野鸟数千,啁啾阁前,驱之不去。江方怪之,师至曰:"此吾吴山伴侣也。"饭之而散。己未,新安人以师老矣,劝归故乡,欲以黄山处之。途次广陵,值天中节,师语故人:"诸公于五之日送我。"及期,黄九烟、杨廓庵、讵旦庵、殷简堂、王孙、程山尊、毕右万、汪扶晨来。师曰:"老僧于今日作别。诸公各赋一诗,限死字韵。"来者愕然:"公得无戏语乎?"师挥毫曰:"五月五日三闾死,今之古之只此耳。自有天地从何来?掩卷呻吟叹丰

---

① (清)黄宗羲:《黄梨洲文集》,北京:中华书局,2009年,第296页。

芭。有君被执不得归,子兰上官没道理。屈原大夫发病狂,要救楚国自我始。进不能战退不能守,三皇五帝费议拟。誓将七尺葬江流,万古同流江藻水。鸣呼!尼父删诗乃摒楚,紫阳述之以终鲁。山高月小,水落石出。千古何人?知我有屈。因谓来者曰:来日当思老僧也。"客去,语侍者曰:"六月之望,有僧自黄山迎我,当以源流拄杖付之。"书其卷曰"连云",不知何所指也?夜半,问夜何,其对者以亥正。遂起坐而逝。厥明,送者皆集。毕右万议以儒服,敛而众言淆乱,卒从僧礼。六月望,有僧自黄山来,迎问其名,曰:"连云。"师已预兆矣。连云与汪扶晨奉遗殖塔于青鸾峰下。所著有《易通》《庄质》《孟子》《国风》《黄山志定本》诸书。师虽出世,然胸中有不可括磨者,灯炧夜阑,无故痛哭。鸥背鹭顶,非其本怀。雪庵之中流读《易》,义务之古寺吟诗。遥遥追配,自不宜置之传灯之列。是故甄龙友坐逝,既而开目曰:"吾儒无此也。"复卧而瞑,王旦末命缁衣祝发,其婿苏耆力排而止之,所以正其终也,诸君子徒以形迹见。师指并州之旅邸为其故乡,岂不冤哉?或以师之神知已往,悬记将来,固是佛门种草,余曰:"不然。伍员定亡吴之岁月,希夷识禅宋之太平。志士仁人,兴亡之数,鸿纤亿刹,常如视诸掌,琐琐身事,岂乞灵于异教乎?"余过新安,扶晨为师之群从请其铭,铭曰:三阳失位,孤露臣子。夔相不收,伽蓝寄止。始愿所及,不过逃死。奈何久之,以为观美。大屋聚人,开眼床尿。上堂普说,市声俗轨。于铄吴山,耿耿入髓。许庆牛车,荆卿燕市。泣绪如丝,讵能仰视。佛号常啼,苍天呼只。山有大苦,泽有芳芷。掉臂佛祖,白首经史。逍遥死生,不异弹指。儒者分内,岂假彼氏。虽曰塔铭,实阐儒理。

黄宗羲所撰汪沐日即弘济大师塔铭有关传主故实详尽而生动,从中可了解,虽然明末士子纷纷转为僧道,其实不过实践和阐述心中的"儒理"。这深刻反映出明末逃禅或为僧者往往"以忠孝作佛事"的现象,有的士子热心用世往往走激烈反抗一途,誓死不屈;而遁入空门者又往往不甘寂寞,更有为僧不屑于稍掩其遗民形迹、心迹者,如表面上"祝发为僧"仍"谋兴复"的皮熊(《明季滇黔佛教考》卷五第233页),如"但喜议论古今,不谈佛法,每及先朝则掩面哭"的咒林明大师(《祁六公子墓碣铭》,《鲒埼亭集》卷十三)。还譬如上文的益然大师,塔铭记载他曾让从客各赋诗一首,自作诗句:"屈原大夫发病狂,要救楚国自我始。"这些言辞分明是以"忠君爱国"之思想来传达心声,而身披袈裟、祝发为僧其实不过是取其形式刻意躲避政治而已。还有如郑旼,"常隐于狂疾,服如野僧,或有言触往事者,辄哭不休,或望空下拜,拜凡三簪绂中",对于不愿见之人坚拒之,而且甚有"洁癖",若有金帛购其画,便毁其作,佯狂之态令人匪夷所思。再如汪沐日预兆自己死期与将来吊唁之僧"连云",后果然灵验之类的事也非常理所能理解,然而他们的乖张特立独行的性格、言语、行为多是表达一种于世格格不入的情态与心理。当然,在诸多明末遗民中也确有由儒入释,一往而不返者,如吴越地区较有名的憨山、雪浪、函可等僧人。他们当中或者本身为浮屠中之遗民,与遗民结缘。这种结缘,不再是文人对释氏意境的迷恋,而故意以僧侣在座点缀名士化,附庸风雅。在历经国变的重要历史时刻,明清两朝对抗不仅表现为士子避世不合作的逆抗,而且表现于佛门的纷争。空门也因这一特殊历史时刻不再清净。士人的逃禅或只是为躲避政治的鼎革,与世俗划分界线,但是亦难逃佛门政治。正像黄宗羲赠熊开元诗语:"脱得朝中朋党累,法门依旧有矛戈。"像汪沐日那样躲进闽之吴山,若不是吴山鸟迹罕至,人烟稀少,其亦难逃佛门纷争。

渐江被后世尊奉为新安画派始祖,因其遗留诗文散见于各处,本人行实便有赖于友朋记述,在现通行的十篇有关渐江的传记资料中尤以许楚先生所撰最为生动,因作者为传主相交同好,其所撰与正史、碑文等迥然不同,名为外传,多叙传主逸闻趣事,往往从一个侧面表现传主个性,成为传主最真实生动的生平资料。试以许楚①所撰《黄山渐江师外传》为例(见《青岩集》卷十),许楚这篇传文,语言活泼、刻画传神,特取渐江师三两事例,如现代蒙太奇,信手拈来,写渐江之为人极为传神:

> 渐公自幔亭归黄山,往来云谷、慈光间又十余年。挂瓢曳杖,憩无恒榻。每寻幽胜,则挟汤口聋叟负研以行。或长日静坐空潭,或月夜孤啸危岫。倦归则键关画被,欹枕苦唫,或数日不出。山衲踪迹其处,环乞书画,多攒眉不应;顷忽涤砚吮笔,淋漓漫兴,了数十纸不厌也。

渐公自幔亭归黄山在顺治十三年(1656)前后。幔亭,指福建武夷山。因山上有幔亭峰胜境,故称。渐江自弘光元年(1645)与程守(字非二)哭别相公潭上,由水路离歙去闽,时年三十六岁,近十年后方才归故里,后终老于五明寺,所以许氏有"往来云谷、慈光间又十余年""寻脱破芒鞋,示寂于五明禅院"等语。"挂瓢曳杖,憩无恒榻"寥寥八字写出了渐江随性自由的个性特点,比起"壮岁即屏去世缁,遍游宇内名山"(殷曙《渐江师传》)之语更加形象简洁。尤其是"每寻幽胜,则挟汤口聋叟负研以行。或长日静坐空潭,或月夜孤啸危岫。倦归则键关画被,欹枕苦唫,或数日不出",这几句生动细腻地刻画了渐江先生游览山河、临摹自然、参禅悟道等生活场景,这些细节出自最亲近的朋友之笔下,可信度高,也最为传神。王泰征的《渐江和尚传》,作于康熙三年春,也写到渐江好漫游,其仅仅曰:"夫猖狂汗漫之游,非啮缺、被衣不能述也。"在细节上就不及许楚传简而有法。另如程弘志《渐江传》只是说:"后返新安,岁必数游黄山,坐卧其间,或图或诗,奚囊恒满。"语言平淡,使人无法领略大师的风采。许楚的描写既真实又充满着文学想象性,使一个云游天下、放任于自然天地间、无拘无束的狂士的形象自然而然出现在读者面前。传主

---

① 许楚(1605—1676),字芳城,号旅亭、青岩,明诸生,歙县人。许楚少入复社,有诗名,为时人所重。甲申(1644)国变后,许楚跳身山水间,到处寻访忠烈侠事并以诗文结交高人奇士,是典型的明季遗民,著有《青岩文集》《士穷录》《遗民集》《新安外纪》等书,现仅存《青岩集》十二卷。

沉浸在个人与自然的融汇空间里，痴迷陶醉，令我们感到似乎大师就活在我们周遭，仰慕敬畏而不敢唐突惊扰。这种形象全凭许楚的生动描写而获得，传曰："山衲踪迹其处，环乞书画，多攒眉不应；顷忽涤砚吮笔，淋漓漫兴，了数十纸不厌也。""攒眉不应"四个字体现了渐江师个性突兀、不喜流俗，但并不是简单的不近情理、恃才狂傲，而是随性率真，所以待到其兴致淋漓，"了数十纸"也不满足。殷曙《渐江师传》中也有记载："盖师偶有感触，辄含毫伸素，诗画并作。求者值此，各厌所欲而去。然多金要人购之，弗应。即不解事者强之，必不肯做。故识者多爱重焉。"此段描述虽然详于许撰，也表现出渐江师的骨鲠性格，无视权贵，但是殷曙笔下并不能发觉一个需要灵感激发的艺术大师的形象，而"顷忽涤砚吮笔，淋漓漫兴，了数十纸不厌也"却好像为我们勾勒了艺术大师在幸会灵感后不倦于创作的样子，而仅仅以"攒眉"一词暗写了大师孤傲的个性。许楚精彩的描写不止于此，又如：

> 云谷僧常为其祖益师请书塔铭，师踞石运思，笔致遒逸，得晋魏风味，传之士林，以为海岳书《龙井方圆庵记》今再见也。

黄山寺院的广寄大师弟子请渐江书写塔铭，众人皆以为是宋海岳外史米芾的行草再见于今日，虽也是称颂之词，但使人觉得称颂得恰到好处。《康熙徽州府志·弘仁传》曰："行书法颜鲁公，楷法倪瓒。"尽管也为春秋笔法，但读之稍嫌雷同，遥想古圣先贤善书并流传于世而不泯灭者，不过数十家，后人能得以摹写者也不过数家，凡习书画者很难逾越，所以按府志的描述缺乏直观生动性，当然因地方志之体例和语言，不能苛求。王泰征《渐江和尚传》里也仅仅叙曰："师平生画宗倪、黄，书宗颜，诗在惠诠、清顺之间。"只此三句而已。不过王氏传中载有渐江一段对前朝古人的精辟评论：

> 董北苑以江南真山水为稿本，黄子久隐虞山而写虞山，郭河阳至取真云惊涌以作山势，固知大块自有真本在，书法家之钗脚漏痕，不信然乎？

这里的议论,倒是给今天研究书画以及学习书画者提供了宝贵的经验与启迪。许楚的传记中也有一段精彩的叙写,不仅记录了许氏与老友渐江的对话,而且更为珍贵的是将渐江有关人生思想的重要论述保存了下来:

> 一日,师至研山亭,谓予曰:"近游浮溪,始知二十四源孕奇于此,沿口以进,寥廓无量,两山辖云,洞穿其腹。老梅万株,倒影横崖。纠结石罅,寒潄浑脱,根将化石。每春夏气交,人间花事已尽,至此则香雪盈壑,沁入肺腑,流芇巾拂。罗浮仇池,并为天地。因念单道开辟谷罗浮,晓起惟掬泉注钵,吞白石子数枚,淡无所为,心向慕之。荒坛断碣之隙,衲将剧香茆一把,老是乡而解蜕焉,龛门之石,则青岩公事也。"予笑而未答。

渐江所描述的自然旖旎风光不但以故乡山水美视之,实则参以释家之念。浮溪为黄山二十四溪水之一,在浮丘峰下。罗浮、仇池分别在广东增城县东与甘肃成县,两座山都是著名胜地。而传主所举单道开为晋代高僧(见《高僧传》),实在是表明自己的心迹,黄山不仅为自己家乡,亦为参禅悟道的理想场所,重要的是寂圆后,"龛门之石"即塔铭等可有身前好友许楚青岩公执笔,可谓生死两全,能最终化入如此自然天地间,实属人生大幸事。许楚的碑铭今未见,渐江殁后,另一至交程守所作《故大师渐公碑》,其所述与其他传记资料所记多有雷同,此处不再赘述。仍参看许楚所记外传:

> 明年,师还自庐山,写《三叠泉》以见饷。逾数月,寻脱破芒鞋,示寂于五明禅院。仙源汤岩夫诔师松下,会从游诸子,薙草种梅,而累其塔。祠部王先生为铭以瘗之。又三年,慈光八公修葺山史,属予录山中栖托高衲。余以师虽埋骨披云,其烟驾香幢,无日不在灵泉法海间也。爰得次师入山一二事,以报浮溪之石。

明年指康熙二年(1663),暮春十日,渐江偕王炜自鄱阳买舟渡湖,往游庐山,六月十六日自庐山归,与许楚、程守及江注相聚,时许楚休夏于五明禅院,渐江曾作《石淙舟集图》记此盛会。后"示寂于五明禅院"。汤燕生作诔文并率众植根梅树。殷曙《渐江师传》云:"(渐江)遗命于塔前多种梅花,曰:清香万斛,濯魄冰壶,何必返魂香也?他生异世,庶不蒸芝涌醴以媚人谄口,其赖此哉!"交代了渐江大师为何身后让人种植老梅的原因。另殷曙传记中还有一段渐江师归于五明禅院后与友人相处的生命最后时光的描写,譬如:"(渐江)曾诵许旅亭翁(案即许楚)为师辑梓《画偈》,有云:'坐破苔衣第几重,梦中三十六芙蓉。倾来墨沉堪持赠,恍惚难名是某峰。'师于黄山不啻癯寐以之矣。且其《归黄山》诗云:'万山影里是予栖,别后劳云固短扉。客久恐招猿鹤怪,奚囊载得雪霜归。'非因山悟画,因画谈禅者欤?癸卯游匡庐阜归,与旅亭、允冰二君休夏披云峰下。每理棹石淙,焚香瀹茗,各出所藏书画鼎彝,纵观移日。忽夕阳西驰,黄山献秀,师不禁解衣脱帽,索纸布图,极浮游容与之致。"这里非常生动地描写了渐江大师与朋友们朝夕相处,展现了他们游离于世外,尽情享受自然的情景,渐江兴之所至,含毫吮墨,"笔墨写天地,书画寄禅心""不禁解衣脱帽"等行止也正是渐江师的本性所致。另外此段还保留了渐江师的画偈,也让读者从侧面与细节了解了渐江师的其人其事。也更加证明:明末易代之际,可凭寄托精神的"禅宗诗伯"的文化方式是很多士子文人的无奈之举。像渐江所生活的岁月也正是江南百姓反抗最为惨烈之时,譬如扬州十日、嘉定屠城、江阴城守,最近的如同里的金声、江天一等人的激烈对抗清廷,渐江师不可能不有所耳闻或亲历,然而除了不与清廷合作、隐居山林、薙发为僧、寄情山水之外,对于手无缚鸡之力的一介书生,难以有大作为,然而作为明末遗民砥砺气节,讲求学问,在易代之际的腥风血雨中,于文化学术和文学艺术各方面,留下一幅幅丰富多彩的人生画卷。

以上诸篇渐江大师传记资料,真实描述了大师的行实、性格与生活细节,是研究画史,尤其是新安画派的珍贵文献资料,也是深入研究明末徽州遗民重要的学术研究文献。

从传记文学的角度看,许楚的《渐江大师外传》最为生动传神,其他如王泰征《传》详于渐江师的漫游与言谈,殷曙《传》也有补其他传记所不详的诗句和行止,像前者曾记载渐江年少时:"一日,负米行三十里,不逮期,欲赴练江死。""以铅椠膳母""母大殡后,不婚不宦"等生平情形为我们全面了解传主提供了可能,我们可从这些具体记载中获知渐江一贯为人,也可证明末士子皈依佛门、实则内心为儒家传统这一事实。

除了汪沐日和渐江大师为逃于禅而并为书画大家外,徽州还有较多士子也选择了类似的生存方式,如程邃、查士标、汪之瑞等。

程邃(1605—1691),明末清初篆刻家,画家。字穆倩、朽民,号垢区、青溪、垢道人,自称江东布衣。歙县人。曾从黄道周、杨公麟游,晚年居扬州。工诗文、书法,长于金石考证,又具铜玉器鉴赏力,富于收藏。程邃治印,初宗文、何,然当时印学界多为文、何所拘,陈陈相因,久无生气。程邃能继朱简之后,力求变法,用古籀、钟鼎入印,尤其是尽收秦朱文印之特点长处,出以离奇错落的手法,自立门户,开创了皖派的崭新局面。周亮工《印人传》称:"印章一道,初尚文、何数见不鲜,为世厌弃。……黄山程穆倩邃以诗文书画奔走天下,偶然作印,乃力变文、何旧习,世翕然之。"董洵在《多野斋印说》中推崇程邃为"能变化古印者"。从程邃传世印作看,其章法严谨,篆法苍润渊秀。以冲刀代笔,运刀取法汪关,而凝重则过之,能够充分表达笔意。其擅山水,多作焦墨渴笔,有干裂千秋,润含春雨之誉,画风沉郁苍古。有《垢道人画册》《梅柳渡江图》等传世。著有《会心吟》《萧然吟诗集》。程邃是一位有民族气节的且诗、书、画、印多方面修养极高的文学艺术家,生平嫉恶如仇,爱结交仁义之士。他生活在明末清初动荡的年代,曾久居南京,明亡后一直侨寓扬州。

另一位较有代表性的遗民画家是查士标(1615—1698),字二瞻,号梅壑、懒老、梅壑散人,休宁人。后流寓扬州、镇江、南京。善书画、工诗文、精鉴赏。用笔不多,惜墨如金。与弘仁、孙逸、汪之瑞称"新安四大家"。山水师法黄公望、吴镇、倪瓒、董其昌,笔墨疏简,格调秀远,书法受董其昌影响。在新安四家中,他是位高产书画家,学倪黄,但能广泛吸收前人各家各派画法。就技法而言,以他为最高,作品也最多。这些徽州遗民画家历经世变,过着半隐半现的生活,他们的笔墨往往对其自身在清初社会之处境的象征性和略征隐秘的反应,或者隐含着政治讯息却不为人所察觉,而他们对亡国之悲痛和愤怒的表达可以从其画作"残山剩水"的构图,以及技法上的皴擦和几何不规则的线条上得到一定的暗示。这些徽州遗民画家最终汇聚成明末清初较有特色的一流派,即"新安画派"。

明清易代,士人经此巨变,伏处岩穴、沉浸渔耕为最常见的逃逸方式。至于困顿流离,劳苦疾痛,死而靡悔。虽不得与杀身成仁者同日而语,要其大节亦无愧。若布衣韦带之士,身未食君之禄,而慕志高尚,隐居不出,尤足重矣。特此举出一二,也窥探明季士子另类"心史"。

汪汝谦(1577—1657),字然明,长期生活于吴淞之地,后移居武林,招集胜流,为湖山诗酒之会。著有《绮咏》一卷,《绮咏续集》一卷,《四库全书总目》云其作大抵为征歌选妓之作,另有《春星堂梦草斋》诸集行世。汪氏为钱谦益得识著名才妓柳如是的介绍人,柳如是才艺双全,其《尺牍》和《湖上草》就是密友汪汝谦为她刊印,得以传于后世而不至湮灭。汪汝谦既是富商,又是一位精通金石音律、善为诗文的才士。他极其推崇柳如是的文才,认为她是女中豪杰,经常邀请柳如是参加吴越名流的诗酒集会。他们的书信往来中,柳如是自称为"弟",称汪为"先生"。钱谦益称其为"世之吉人,邦之寿耇,太平之遗老,刼后之种民,吾所谓造物之所使者,而岂徒哉!"①为其撰墓志铭云:

> 崇祯癸未,余游武林之西溪,然明偕冯二云将,访我绿萼梅树下,酌酒谭燕,欢若平生。乱后客从武林来,数问然明起居,皆曰:"然明荫借高华,宾从萃止,征歌选胜,狎主诗酒之盟。微然明,湖山寥落,几无主人矣。"已而重游湖上,如客之云,与然明握手一笑。又数年,然明即世,余往吊之,则墓有宿草矣。嗟乎!自有湖山以来,灵人韵士,风流兴会,长于山光水色,相御于无穷。承平之世,天地畅悦,草木丰容,园池极目,歌舞载途,山不益高也,水不益深也。若夫丧乱之后,焚如突如,陵夷堑改。于斯时也,命觞载妓,左弦右壶,

---

① (清)钱谦益:《新安汪然明合葬墓志铭》,见《钱牧斋全集》第六册,上海:上海古籍出版社,2003年,第1154~1156页。

聊复以吹嘘朔风,招邀淑气,是亦造化所使为勾萌甲坼之魂兆也,如
然明者非与? 然明殁,湖山遂无主人矣。一觞一咏,载色载笑,俯仰
之间,邈然终古。岘首之涕,牛山之悲,又于吾身亲见之,是能不为
之叹息哉!

这一段的描述既是钱氏追忆和缅怀密友,更是作者对"丧乱"之前,"陵夷鞶
改"未发生时与传主汪然明"左弦右壶""载色载笑"的"风流兴会"之事的深深
眷念。钱氏特别强调了国变前后友朋圈境况的迥然不同,与其说追悼好友,
毋宁说是感叹世事变迁,不胜沧桑之感。汪然明为成功徽商,戴名世曾语"徽
人善为生,多能货殖致素封,其家子弟皆习纤啬,鲜能读书亲友。而吴中之俗
侈靡,士习于儇薄,多以虚声相炫耀"。又说:"凡善为生者,客游徒手致素材,
往往而是,大抵用纤啬起家:一缕一丝,一粒一粟,弗敢轻费。其有以缓急告,
虽以不可已,亦忍而弗之割。其居货也,雠过其值,犹不以为慊也。其道务求
赢余,而俯拾仰取,低昂盈缩,皆有术数,而忠信之说用之于货殖,则以为立
穷。"①对徽商评价是较为准确符合事实的,基本总结出徽商的特色,但是汪
然明并非如此,钱谦益《墓志铭》曰:

盖其为人,量博而智渊,几沉而才老。其热肠侠骨、囊橐一世之
志气,如洑流清泉,触地涌出。所至公卿虚席,胜流歙集。刹江观潮
之客,三竺漉囊之僧,西陵油壁之妓,北里雪衣之女,靡不擎箱捧席,
倾囊倒庋,人厌其意,留连而不忍去。其心计指画,牢笼干辨之器
用,如白地光明之锦,裁为襦袴,馨无不宜。其精者,钩探风雅,摹拓
书法,编次金石,寸度律吕,虽专门肉谱,不能与之争能。其粗者,用
以点缀名胜,摒挡宴集,舫斋靓深,毂觜精旨,杖函履屐,咸为位置。
及乎弥留待尽,神明湛然,要云将诸人,摩挲名迹,吹箫摘阮,移日视
荫,乃抗手而告别。

---

① (清)戴名世:《邵生家传》,见《戴名世集》卷七,北京:中华书局,1986年,第204页;
《郑允惠墓志铭》,见《戴名世集》卷九,北京:中华书局,1986年,第249页。

从这段记述可知，汪然明虽为徽商，但为人豁达慷慨，"倾囊倒庋""热肠侠骨"，为人所重，而且喜欢同"胜流"宴集，擅长书法、金石、律吕等风雅之事。明末避地武林，仍为风雅领袖。入清后不见史料记载其有何清楚的行迹，从钱谦益所撰墓志铭和《民国歙县志》卷十一"士林"传中可约略知晓，汪然明甲申后基本过着隐居的生活直至终老。罗逸，字远游，呈坎人。工诗，见赏于钟退谷，与潘之恒同为李维祯客。家贫，岁尽瓶无宿储，道拾遗金，守其人还之。又与之恒及佘书升、王之杰、鲍正元号"山中耐久朋"，常同游黄山，弥月忘返。著有《亘史补》《僦庵集》。之恒自有传。书升字榆仲，岩镇人，于桃花源建狎浪阁，又建于石笋矼，为游客主。尝与钱牧斋和之。之杰，字于凡。褒嘉里人，好博综、酣吟咏，有山水癖，尤喜探梅。题咏梅花不啻百数十首。正元，字元则。高迈绝俗，建莲花庵于桃花源，与僧印我及郑重、郝璧结社参禅。鼎革后为僧，法名真沐。以所置黄山诸产悉归慈光常住。工画兰竹。

郑旼，字慕倩，号遗苏。贞白里人。父淡成辑《贞白家风录》，或言旼本名旻。国变后，移日于左寓，无君之痛也，工诗草，卓然名家，画出入元季，又学渐江上人，秀者查梅壑而俊逸过之。常隐于狂疾，服如野僧，或有言触往事者，辄哭不休，或望空下拜，拜凡以三簪绂中，人有愿近旼者，则哭拒之，或先避去，虽坚请不出也。饥者则以诗画易米，然以金帛干之，则必不与，即或成幅亦毁之。尝作诗以文山自况，亦时画兰有小印：郑所南后身手。辑《杜诗笺注》，尤嗜理学，有《拜经斋》《致道堂》《近己居》等集，汤燕生①为其作传。

另，《民国歙县志》卷十一"遗佚"传中保存了很多隐居乡间的士子事迹，如：

汪佑，字启我。明季与杨廷枢等讲学苏州，后乃绝意仕进，讲学于紫阳、还古两书院几三十年，一乡化之。

吴应征，字休文。向杲人，读书至老不倦。精二王书法，以光禄丞荐不

---

① 汤燕生，字元翼，号岩夫，又号黄山樵者，太平人。甲申（1644）后弃诸生，寓居芜湖，高尚气节，究心易理。工隶书，篆书古淡入妙，不在周伯琦、吾丘衍下，与郑簠同究各体书。善画。卒年七十外。《宁国府志》《思旧录》《昭代尺牍小传》《清画家诗史》有传。

赴。著有《兰谷集》，族子快士，字梦予。三试冠浙省。值申酉之变，遂焚所为文，弃衿带，隐先世古梅窝，自署梅里居士以终。

汪益亨，字德裕。丛睦坊人，少负才名，与汪扶光、江文石、江联季友善，甲申后各成其志。益亨南走闽粤，归老金陵，号钟山逋客，手录书径尺。著有《南华注》，诗文各种。

凌世韶，字宫球，号苍舒，沙溪人。崇祯甲戌进士，知宁化县，以忤上官意，谪江西按察司简校，改兴化府经历，升台州司李，历任皆有廉称，入为户部主事。丁内艰归，甲申痛愤弃家隐黄山文殊院，不与世接。后居白门天界寺之万松庵为僧，名大时，著有《汭沙草》。年六十七殁于庵中，私谥曰"文节先生"。世韶工书宗欧阳率更颜鲁，公诗文皆幽峭有远志。

胡行印，良干人。天启时，内阁中书因救左光斗廷杖得罪并杖之不死，卒收左骸骨。国变后，僧号半庵头陀。康熙三年寓江宁大报恩寺。知府陈开虞欲以入志流寓中。行印辞谢以所书《妙法莲华仁王护国般若》等经归供黄山慈光寺。

钱谦益《列朝诗集小传》也保存了一些徽州以诗画名世者的传记资料，如：

郑崐，字子西，号古岑。贞白里人，著有《培庵集》。钱谦益论其诗有"丘原真隐宜造玄，音求之他人岂暇冷"之语。

汪衢，字世亨。其祖敬，诗名重于天顺间，衢纵酒玩世，博学能诗，不事冥搜，每见天趣。

詹斗文，字玄象。王寅称其诗"恃才纵横，时有奇语"。

程汉，字孺文。性简傲，见人辄自诵其诗，年八十老于布衣。

胡潜，字仲修。居武林，游踪甚广。善诙谐，与钱谦益交善。

还有一类较为特殊，本为明末旧臣，入清未仕，尤其是在清兵压境时，采取保全的办法，让百姓得以生存。劫难之余，痛定思痛后的士子渐能欣赏这种自我保全的智慧。譬如吴孔嘉（1588－1667），字元会，别号天石，歙县人。明熹宗天启五年（1625）乙丑科余煌榜进士第三人。吴孔嘉得中探花后，授翰林编修。翌年,参与编修《光宗实录》,后参加了《三朝要典》的编撰,遂被列为魏忠贤逆党。直到福王时,才被重新起用,并为其翻案。施润章《学余文集》卷二〇《前翰林院编修吴公墓志铭》记载:

> 顺治乙酉,王师初入境,郡民骇窜山谷,公亟冒锋刃,驰见提督张公,请不戮一人,以定民情。提督竟如公约。戊子豫章兵变,郡壤接,多煽乱,兵宪卢公会镇师扑剿,村落近贼者牵连俘获,公又泣争之兵宪,从马勃间脱难妇数百口,皆号哭罗拜而去,曰:"吴太史活我!"郡即数被兵,丰溪一带鸡犬晏然,无一骑卒入村巷,皆公力也。

在危难面前,以生命意义高于一切,吴孔嘉的做法与思想代表了一种观点,即说"节义",也是论生存,说对生命的基本态度。譬如陈确《与吴裒仲书》语:"养身即是道,道又岂有急于养身者邪?"还说"惟君子而后能有私""故君子之爱天下也,必不如其爱国也,爱国必不如其爱家与身也"(《私说》)①。这种通达之论,体现了人本的思想,一种人道主义意识。清初的唐甄论高攀龙云:"子谓高君之贤,是也;以其不畏死也而贤之,则非也。君子之道,先爱其身,不立乱朝,不事暗君。"唐甄还论曰:"大命既倾,人不能支。君死矣,国亡矣,非其股肱之佐,守疆之重臣,而委身徇之,则过矣。当是之时,君子不死也。"②牺牲是有一定条件和限度的,诚如鲁迅在《我之节烈观》中所说"自他两利固好,至少也得有益本身"。吴孔嘉没有选择同乡的金声、江天一等抗清斗士的道路,却使得一方百姓得以幸存,此劫后余生恐怕不能仅以通常意义上的是非道德标准来衡量,至少可以从这些在绝境中寻得生存的士人身上,不难看到其对自我价值、生命的尊重。根据施润章所撰墓志铭,可知吴孔嘉"引退之早,遂终老岩穴间也",而且"平生多义举,能赴人急",如当同郡"郡司李温公璜偕妻女殉节郡城,三丧稿葬,公为文以祭,敛赙百金,招其子郊瑞扶

---

① (明)陈确:《陈确集》,北京:中华书局,2003年,第144、257页。
② (清)唐甄:《潜书》,北京:中华书局,1955年,上篇《有为》,第51页;下篇《利才》,第191页。

樣归"。许楚《清故前翰林院编修天石吴公行状》也载曰:"鼎革后,居民多就食,四方户口凋悴,当南米之役,阖郡张皇,赖公倡绅衿,力请于郡公,转文恳督府具题,既得改折之命,复减加耗六千石,民困顿苏,课额无损,丰碑岳岳口公绩弗谖也。"(《青岩集》卷十)从上述种种记载,吴孔嘉之为人仁义智慧,豁达慷慨,实为真君子,入清后因为避地乡间不复出,所以其他事迹也未详。

又如《民国歙县志》卷十"士林":"程观生,字仲孚,居嘉兴。崇祯中知天下将乱,弃诸生以相地术自给。著《四易通义》,朱彝尊《经义考》载其《易内三图注》,注曰:'已佚。'而不及此编。盖遗书散失,彝尊未及见也。尝坐事系狱,既免,始学《易》。其书所载汉唐以来《易》义,动累百家,大旨主于明人事多隐,切明季时势立言。"再例如同卷撰曰:"吴旷,字阒旅,号前僧莘墟人,祭酒苑父,邑诸生。崇祯末奉母隐居梅庄,晚年留心禅学,卒之日书偈一首而逝。著《放眉阁诗草草集诸稿》。"像这样隐者亦不鲜见,历经国变,采取文化遗存方式是不少遗民的选择,尤其是那些曾仕明朝而又不愿变节侍奉新朝的士子。

当然也还有一些民间布衣,为高士贤人,因其本人自焚其诗文而后世不传,名声也不为世人所熟知,但吉光片羽、雪泥鸿爪,有赖于与其相交硕儒所撰墓志铭而得以重见天光,事迹显露,方知其在国变后独特的生存状态,或也为遗民隐于世之一种方式,例如黄宗羲《汪魏美先生墓志铭》所叙人物:

> 汪魏美之卒,徐兰生属余志铭,曰:"吾当先以之状也。"荏苒十六年,状不可得,顷见兰生《十哀诗》,略具魏美事实,又见金道隐《汪孝廉传》,因采两家之言而志之,以覆兰生,使授其子。魏美,讳沨,新安人。徙于钱塘,祖父某,父某,妣某氏。魏美孤贫力学,举崇祯己卯乡荐。乙酉兵乱,奉母入天台,海上师起,群盗满山,始返钱塘,侨寓北郭。室如悬磬,处之恬如。当是时,湖上有三高士之名,皆孝廉之不赴公车者,魏美其一焉。当事亦甚重之,监司卢公尤下士。一日,值魏美于僧舍,问汪孝廉何在?魏美应曰:"适在此,今已去矣。"卢公然之,不知应者之即魏美也。卢公遣人通殷勤于三高士

者,置酒湖船,以世外之礼相见。其二人幅巾抗礼,卢公相得甚欢,唯魏美不至为恨事。已知其在孤山,放船就之,魏美终排墙遁去。魏美不入城市,不设伴侣。始在孤山,寻迁大慈庵,又迁宝石院。匡床布被之外,残书数卷。锁门而出,或返或不返,莫可踪迹。相遇好友,饮酒一斗不醉,气象潇洒,尘世不了关怀。然夜观干象,书习壬遁,知其耿耿者尤未下也。余丁酉遇之孤山,颇讲龙溪调息之法,各赋三诗契勘。戊戌,三宜盂设供,同坐葛仙祠。已亥二月望,笑鲁庵中坐月至三更。是夜寒甚,庵中止有一被,余与魏美两背相摩,得少暖气。明日,余入云居访仁庵,魏美矢不入城,知清波门别去,从此不复相值。有传其在洞庭山者。乙巳七月三十日终于宝石僧舍,年四十八。临殁,悉举书卷焚之。诗文无一存者,妻某氏,子莲。尝思宋之遗民谢翱、吴思齐、方凤、龚开、郑思肖为最著,方、吴皆有家室;翱亦晚娶刘氏;开至贫画马,有子同居;唯思肖孑然一身,乞食僧厨。魏美妻死不更娶,有子托于弟,行事往往与思肖相类。遗民之中,又为其所甚难者。道隐言:"尽大地人未有死者,七趣三世,如旋火轮,皆炽然而生,求不生者了不可得。君即不寿,何患不仙?要以所苦不得无身,则竢君仙后,尚当与予求必死之道。"此言魏美调息长生之非也。道隐之所谓炽然而生者,即轮回之说。所谓必死之道,即安身立命于死了烧了之说也。而余之论生死正是相反,天地生气流行,人以富贵利达爱恶攻取之心炽然而死之,轮回颠倒,死气所成。魏美之志,透过金石,如丈夫食金刚,终觉不销,不穿出身外不已,何以故?金刚不与杂秽同止,此不销者不可得死,忠孝至性,与天地无穷,宁向尸居余气同受轮回乎?道隐视此与万起万灭之交感,一类断绝其种子,则干坤或几乎息矣!铭曰:学问之道,在乎立志,凡可夺者,皆原于伪。桑海之交,士多标志。击竹西台,沈函古寺。年书甲子,手持应器。物换星移,不堪憔悴。水落石出,风节委地。侃侃魏美,之死靡二。何意百鸟,乃见孤鹜。死而不亡,为此生气。

另如金堡《遍行堂集》卷三《汪子倬集序》虽未直接撰写小传,但因记其事迹,且与上文所涉汪魏美同族,性相近,故录文于下,其序曰:

> 予以癸巳,与汪子子倬遇于毘陵。盖同魏美,魏美吾尚所称"不降其志,不辱其身者也"。时子倬退然冎冎然,动止酬酢,一让于其兄。今戊午,子倬过予皆在当湖,读其《爱日楼集》,刚非露骨,柔非纵筋。朴以立干秀以舒采,尽作者之长,不为时流转,亦不为昔径迷,乃从而论次之。虽然予与子倬兄弟交,岂直以诗文相标榜乎?子倬至性过人,笃行孝友,退然冎冎然,壹似咸有让者。

金堡于此序后文中也探讨了"生死"的命题,与黄宗羲所持观点大相径庭。黄氏在上文所记叙的传主汪沨是明末遗民中较有代表性的一位,而且其生于世犹万念俱灰,避不入市,"又为其所甚难者",正是"不降其志,不辱其身者也"。金堡所代表的是行为较为激烈的遗民。"必死之道",不少遗民即采取此道,即尊奉此为"安身立命于死了烧了之说"。像上篇墓志铭之传主汪沨,将宋元之际的遗民如郑思肖、龚开、吴思齐等人视为精神榜样,而明遗民也将明末视之为宋末的历史重演。自然也出现以"死节之道"视为"忠义"的思想,而苛求于当时,如熊开元说:"观近日殉难诸公,其数不及宋万之一,其人亦大不侔矣。"[1]归庄也批评当时"崇祯之末,风俗陵夷,廉耻道丧""波靡澜倒"[2],对明末失节持论尤为严厉不宽贷。如上文金堡提出的死生轮回之说,着意倡导以"必死之道"回应世变,其自身也真正实践此说。但是另有一类士人因为世道衰败,选择回避而保持独立的方式,选择不赴公车而为"名节",譬如黄宗羲曾论:"严子陵不乐仕进,非曲避以全道也。彼俊及顾厨之党人,亦未尝憔悴江海之上,两者似不相蒙,而君子泝流穷源,以为东汉之名节,始于子陵。万历之后,吴中归季思、张异度、李长蘅皆早谢公车不赴。此是自甘淡薄,亦复何关天下事?乃目之为清流,然余观宁海陈大有,以宋咸淳乙丑进士入元,七十

---

[1] (明)熊开元:《鱼山剩稿》卷五,上海:上海古籍出版社,1982年,第438页。
[2] (清)归庄:《归庄集》卷三,上海:上海古籍出版社,2010年,第175页。

有四,重就乡试,摧折困踬于场屋,老死而不悔。有不当出而出者,以较可以出而不出者之为何如耶?近时之不赴公车者,于吾友中,吴有徐昭法、西浙有汪魏美、巢端明、徐兰生,东浙有万履安、颜叙伯、董天鉴,此数子者,其亦可以出而不出耶?抑不当出而不出耶?由是而言,隐逸之为名节,岂不信夫?"①可见士人避世乃互相影响,明末也渐渐蔚然成风。钱谦益对于士子同士风、世风的关系有过精辟论述:"呜呼,天下国家之所以治而不乱,危而不倾者,在士气之盛衰而已矣。夫士气之盛也,士大夫镞砺名行,蕴义生风,虽其身或不用,道有未光,其声气之所击动,若栴檀之香,逆风而闻,海内与被熏染而不自知。及其衰也,士大夫嫉名行如砥柱,必欲镌而去之,容头借面,蝇营狗苟,于是海内风气,渐然索然,如腐骨之载朽肉,如凄风之萎残叶,物耻夷,国论熠,而沦胥版荡,驯至于不可为。"②汪沨在国变后坚拒不入城、不入市,飘忽不定于山间湖上,这是一种人生道路的选择,更是一种态度,以自己的实际行为回应世道的变迁,也清楚表明自己与当世的坚决不合,虽然未必选择"死社稷",但是隐于世,保持一种节操。这也就是黄宗羲之所以说"其所甚难者"的真正原因,并且假如都如金堡所论去奔赴"轮回""一类断绝其种子,则干坤或几乎息矣!"更何况在这些明末遗民看来"忠孝至性",本身就可以"与天地无穷",获得人生价值的永恒意义。

第四节　许楚及其他

在清初,徽州人对异族统治者的抵触之情尤为激烈,同时徽州是清初反清复明基地之一。金声、江天一等抗清领袖成为徽州士人的精神楷模。生于斯长于斯的士人大多会以坚守自己的节操作为最高道德追求,在改朝换代之

---

① (清)黄宗羲:《前乡贡进士董天鉴墓志铭(甲辰)》,见《黄梨洲文集》,北京:中华书局,1959年,第267页。
② (清)钱谦益:《有学集》卷三十五《明特赠翰林院待诏私谥孝介先生朱君墓表》,见《钱牧斋全集》,上海:上海古籍出版社,2003年,第1241页。

时义无反顾地选择"遗民"这条道路。

清初徽州遗民的一个特别之处就是他们与佛教关系密切,有的干脆遁入空门,如上文论及的渐江、汪沐日等人。有的亦僧亦儒,岩穴自处,寄情禅悦和诗画,躬耕以谋生。在清初明遗民群体中,许楚是有代表性的。

许楚,字芳城,号旅亭、青岩,明末清初歙人,明诸生。入清后弃去,隐居黄山以终。主要著作有《青岩文集》《士穷录》《遗民集》《金石录》等。许楚少时即加入复社,《复社姓氏传略》卷四有传。自加入复社起就受到当时复社领袖张溥的称赞,称其为许子,能"力振古风"。许楚对遗民身份也很认同。安徽省博物馆所藏渐江《晓江风便图》上有许楚的跋,后押的是"甲申布衣臣楚"白文方印。他为此画题跋已是清康熙二年(1663),距明亡已近二十年,却仍以"甲申布衣臣"自称,其志趣可见一斑。

友人汪洪度为许楚做过一篇《许青岩先生传》,信息量大,可信度也高,是有关许楚最详实的碑传;其他如《乾隆歙县志》《光绪安徽府志》《民国歙县志》《徽州府志》等府县志,对许楚的生平和著述都有所记载,但这些资料很简略且相互承袭;其他传记专著如《复社姓氏传略》《皖志列传稿》《明代千遗民诗咏》等以及今人邓之诚先生《清诗纪事初编》、钱仲联主编的《清诗纪事》、谢正光《明遗民录汇辑》等书都记载了许楚的相关事迹,但多以县志和汪传为蓝本,鲜有新的线索。

许楚自幼勤勉好学,为明季诸生,少时曾加复社,并以诗文见赏于当时的复社领袖张溥,称其"淹通经史,力振古风"。三十五岁以前许楚常与友人漫游于黄山白岳间,留下了颇多的游历唱和之作。① 他在《石雨田舍记》中写到:"精择藏书秘本,泊予束发,手批古历者二万余卷。……与老农樵叟,狎而忘返;道客幽僧,苦吟送日。……是时山妻稚子,亲艺耕圃,坦受粗粝,具有傲然自足之意。"② 可见除了用来躲避兵火,这里俨然成为许楚终身的精神家

---

① 《游灵山记》《黄山初记》等作品都作于这段时期。
② (明)许楚:《青岩集》,《四库未收书辑刊》第 5 辑第 27 册清康熙五十四年许象缙刻本,第 117 页。

园。这样悠闲的生活一直持续到了崇祯十七年（1644）。

许楚生于万历三十三年（1605），清军入关时年四十岁。汪洪度《许青岩先生传》称："鼎革后，坐鄱阳累，执讯皖城，几不测。先生吟咏自如，过大枫岭题诗石壁，有'四海知张俭，千秋忆孔褒'语，见者传诵，或闻之中丞李公。即日庭讯，先生许楚掀髯陈大义，恺切详明，中丞改容，礼之，立纵去。"许楚被执讯皖城（今属安庆），险遭不测，据邓之诚考证，许楚"坐鄱阳累"一事当发生在清顺治三年（1646），是因朱由榔抗清一事而被牵连。经过此事之后，许楚回故里之后闭口不谈时事，潜心著述，写下了很多如《新安江赋》《黄山赋》等颇负盛名的文章。

明亡之后，许楚多次漫游吴越、燕赵之地，分别于顺治三年（1646）离歙至宣城，随后移家嘉兴；顺治六年（1649）九月，客居浙西并游览西湖；顺治十六年（1659）客游宜兴；还曾与饱学之士共结白榆社，与复社遥相呼应，一时吴中名士俱折节与之相交。顺治十七年（1660）又一度离歙北上，途径芜湖时泊饭萝溪，冬入北京。顺治十八年辛丑（1661）二月才离京南返回歙县。康熙十五年（1676）卒于故里，年七十二。

入清后，许楚隐居故里潜心著述，堪称著作等身，汪洪度传中称他所著述"凡数十种"；《（民国）安徽通志艺文考》中共著录了《青岩诗文集》《南村草堂集》《艺文幸存录》《士穷录》《金石录》《砚史》《广舆记补》《绪言》《新安外纪》九种。《青岩集》是许楚的诗文合集，有叶高标、金声、江天一序。

特别值得注意是《遗民集》一书。汪传和县志都曾提及此书，《青岩集》卷十二《征明遗民诗文启》一文详细记叙了许楚辑录《遗民集》一书的缘由始末：许楚因有感于程敏政所辑《宋遗民录》一书能够"彪忠激俗，有裨正史"，足增两宋之光，而反观明王朝，"有明三百年养士，深仁涉泽，显逾两宋"，"乃甲申攀髯长逝者数公外何寂寂也？岂无沉渊贱士耻粟饿夫姓名尚多湮没者乎？"于是感叹"夫上有日星者，下有风雅，是今日遗民之集乌可以不传"，而后就有征刻明遗民诗文的活动。此书今虽不传，但可证明许楚选择作遗民这条路是主动和理性的。

许楚一生交游广泛,朋友甚多,他们年龄不等,身份各异,其中既有仕宦名,如施闰章、王士禛等,也有遗民高士,如林古度、黄周星等,最多的则是一些与他志趣相投、酬唱终身的同乡隐遗的挚友,如渐江、程守等。对他有直接影响的人物一类是以金声和江天一为代表的殉国忠烈,从他们之间的交往资料中可以看出许楚对他们的仰慕与钦佩。以下选几位与之关系密切者略加介绍,其中大多和他一样是诗人或书画家。

汪洪度,字于鼎,号息庐、松明山人。江南歙县人,寓江苏维扬。明诸生。善诗文,工书画。靳治荆修邑志,延洪度专志山水。著有《息庐文集》《余事集》《黄山领要录》《新安女史征》,词意雅饬。所作山水画,平淡简古,颇近渐江。书仿晋人,尤为时所重。弟洋度,字文治,并有才名。王士禛尝曰:"'松山二汪,身价比于仪、廙。'诗亦拔俗有逸致,书仿晋人,尺蹏便面,人争重之。"① 汪洪度是许楚传记的作者,两人关系十分密切,《息庐诗》里有怀许楚诗多篇。《青岩集》中记二人往来情况的诗文尤多。从许楚的文字看,他最为相契的同乡友人一为汪洪度,一为江韬。

江韬(1610—1664)即渐江,是许楚的终身挚友,《青岩集》中有很多关于两人交往的记载,就连渐江的后事也是他和汤燕生、程守、王泰征等人经办的②。此外,他为渐江所作的《黄山渐江师外传》《十供文为渐江和尚作》《送渐师归塔文》《画偈序》等,都是研究渐江生平的重要材料。

程守(1619—1689),字非二,号蚀庵,歙县白榆山人。程守自幼入钱塘籍,为明季诸生,明亡后,寄意诗画。其作诗追求新意,为时人所重,著有《省静堂集》和《汰锦词》,皆佚,今仅能见顺治壬辰年(1652)诗。程守品性淡泊且操守极严,甚至因不够圆通而遭人诟病。荆熊封《思旧录》中记程蚀庵守云:"守,字非二,歙人,诗文皆不甚剪裁,而气颇老干。书法生硬,少姿态,一似其

---

① (清)吴嘉纪著,杨积庆笺校:《吴嘉纪诗笺校》,上海:上海古籍出版社,1980年,第142页。
② 参见《青岩集》卷三《汤岩夫蹑屩千里来礼渐公塔,同诸子刺舟西干,作高会三日而去,用蚀庵韵》一诗,见《四库未收书辑刊》第5辑第27册,第39页。

诗文。涉世早而历年尊,四方名宿皆知之。又留心内典,悉禅宗支派。歙州名蓝初地,率多题咏,亦白莲社中不可少之人也。"①许楚与程守交往频繁,《青岩集》中多有记载,例《寄非二》《寿非二五十》《庚子榖日阶三非二过草堂》《净慧院初霁非二仁叔佲范负琴茗谈展阅海岳研山铭真迹》等。此外,两人有着一批共同的朋友如渐江、毕天台、吴山涛、汤燕生,因此在很多场合都是在一起的,例如和戴务旟等人舟集浣沙埠、同渐江等人舟集石淙等,这让他们的关系更为密切。程守应当也有诗歌赠许楚,但由于其诗文存世较少,仅从《新都风雅》中发现一首《过许芳城看菊》,兹录如下:"素心当素秋,已可作彦会。梦中曾几过,一圃消尘搕。离离黄白花,无乃鹤翎蜕。手植非其伦,视之亦薰艾。人宜靖节前,字讵《离骚》外。伊余冥目时,又复得松籁。明日汲名泉,无语止相酹。一瓢君固存,珍重此根蒂。"可见两人之间的深情厚谊。

郑旼(1633—1683),原名旻,字慕倩,又字遗苏,号慕道人。歙县人。家多藏书,工诗善画。甲申后,易僧服,隐于狂疾。或有言触往事者,辄恸哭不休。或望空三,簪绂中人有愿近旼者,亦哭以拒之。或先避去,或坚请不出也。既卒,其友人汤燕生为之作传。所著有《拜经斋集》《致道堂集》《正己居集》等,多散佚不存。郑旼对前朝忠心不二的人格,使许楚十分敬慕,《青岩集》有《寄郑慕倩》诗多首,他们居同里,交往频繁。

江念,祖字遥止,歙县人。室名二妙堂、玲珑庵。明遗民。书画家,擅长摹古。许楚集中有《春暮同江伯征胡介石江遥止饮公韩水阁看浮桥放灯共赋》等作。

江嘉梅,字晚柯,号老云,歙县人。明诸生,博雅能文,擅书画。许楚有《云居凝香院送江晚柯秋游婺州》《八月廿六日同晚柯登云居大观台值雨归赋用周房仲晚柯幻因原韵》等作。

汤燕生(1616—1692),字玄翼,号岩夫,又号黄山樵者,宁国太平人。入清后弃诸生,寓居芜湖,以吟诗作画自娱,《宁国府志》《昭代尺牍小传》《思旧

---

① (清)张潮:《昭代丛书》丙集卷四十三,道光吴江沈氏世楷堂刻本。

录》《清画家诗史》中都有其传。诗、画皆有成就,于书法精篆隶各体,诗文庄丽沉著,可惜作品集没有流传下来,只能从各家选集中窥其一斑。其人品性高节,不喜与外人交接,只与渐江、许楚和程守等相与契厚。《青岩集》中提及汤燕生的诗歌共有九首,且都是有感而作,如《过仙源怀岩夫》《次答岩夫寄慰原韵》《重阳前二日得汤岩夫石城诗札次韵奉酬》等诗都是情真意切的佳作。

《十百斋书画录》中收录了汤燕生赠许楚的两首诗《寄寿许旅亭时旅亭避地石雨村》和《新安乱后问讯许旅亭》,都是作于清康熙十三年(1674)。是时正值耿精忠部将入徽州,许楚为避兵入山,这些都牵动着汤燕生的心,才会接连写诗相慰问。在《新安乱后问讯许旅亭》一诗末两句,他还提及了渐江墓,始终惦念着故友。《十百斋书画录》中还录有汤燕生的一首《和答友人》,其二云:"老容疏放卧江天,名胜论交自昔年。几向荒台呼逝友,时从空谷迅遗贤。谁图赤县流亡上,君惠苍生几砚前。千里帆飞劳访旧,此中韵事已堪传。"①在"逝友"和"遗贤"后分别自注"谓渐江师、方雪畴诸贤"和"谓许旅亭、程蚀庵诸公"。此时据许楚去世已有十三年之久了,他们之间的感情之深厚可以想见。

吴山涛(1609—1690),字岱观,号塞翁、醉吟先生,歙之富泽人,明崇祯举人。吴山涛诗书画皆工,其画飘逸淡远,山水画水平尤高,至今市场上仍有其画作仿品拍卖,如《烟际水榭图》《疏林渔隐》等。安徽省博物馆藏有他的《仿邹衣白山水图》真迹。吴岱观虽为歙人,但多寓居杭州。所著有《塞翁集》。许楚和他的友谊是建立在志趣相投的基础上的,两人都是"不耐貂缨爱箬冠"②的高洁之士,曾于清顺治十四年(1657)痛饮德清县半月泉上,高山胜景、知己美酒,此中乐趣恐怕只有他俩才能真正体会。许楚在《寄岱观》《吴岱观将游武夷留宿斋夜话别》《寄余不溪怀岱观十一韵,时长益伯玑诸子皆集湖间》《喜遇吴岱观偕行》诸诗中表现的都是这种友谊。

王祎,字不庵,改名艮,字无闷、雄右。号龙梅上人。本籍歙县,寓居为太

---

① 汪世清选注:《明清黄山学人诗选》,上海:上海古籍出版社,2009年,第106页。
② (明)许楚:《青岩集》卷四《寄岱观》,清康熙五十四年许象缙刻本。

仓人。年二十,读《易》山中,豁然会心,有易赘之作。阐发《中庸》《春秋》《周礼》,上自天官地志,以及兵机、战陈、玉函、金匮之书,骑射、击刺之法,靡不毕究。所与游皆当世名儒,如顾炎武等,每不远千里相切磋。著有《葛巾子》内外集及《鸿逸堂稿》。兼通禅理。

郑圻,字牧千,号木瘿,歙县人。与许楚、黄生、汪玄度、程松门、黄确夫诸人皆深相推重①。著有《木瘿诗钞》,兼工书画。

吴拭,字去尘,号补道人,休宁人。能诗善画,《古今画史》有记载,著有《武夷游记》《订正秋鹄谱》等。许楚有《舟梦吴去尘》等诗。

吴圣楫,字仲济、右舟,号雪岩,歙县人。与许楚同入复社,均以诗文名。

方式玉(？—1654),字玉如,号涉江、醉翁。歙县人。明遗民。工诗画。许楚有《过玉如故卢二稚出见潸然有句》等诗。

吴雯清(1614—1676),原名玄石,字方涟,号渔山,休宁人。久居杭州。有诗名,惜不传。

王玄度,字尊素、符素,歙县人。明遗民。侨居江都,善书法,著有《轩辕阁诗集》。许楚集中有《认峰阁短歌同尊素远公赋》《柳市行怀故友王尊素吴圣闻》等诗。

朱观,字自观,号古愚。歙县人。著有《松荫堂草》。与许楚交往较密,《青岩集》中有《春社前五日哭宣城俞去文兼讯其嗣君动定并呈古愚岩夫愚山渊公诸子》等作。

程封,字伯建,号石门,歙县人,寄居江夏。有诗名于顺治、康熙间。许楚曾为其作《程石门滇补序》《雪窗纪闻序》。

汪度,字千顷,号山图,歙县人。画家。许楚为其作《汪山图还影卷子跋》。著有《藏山阁集》。

吴偈,字连叔,号仅庵。歙县人。与郑旼、江滔为友,工书能诗。诗集今不传,《诗观》《诗最》等总集录有其诗。

---

① (民国)许承尧、楼文钊、石国柱纂修:《民国歙县志》,民国二十六年铅印本,第359页。

江注,字允凝。歙县人。浙江从子,诗画俱佳,有《江允凝诗集》。许楚有《长夏送江允凝诸子入黄山》《允凝许饷问政笋屡年不致请易墨竹数竿戏讯》等。

汪知默,字闻增,号月岩。歙县人。明末诸生,晚年讲学于紫阳书院,编有《紫阳通志录》,有集《香雪园草》,已佚。许楚有《和愚山紫阳书院歌应汪月岩教》等作。

许楚本人在碑传写作方面也取得了突出的成绩。

碑传文受体例限制,写法大多大同小异,但细读许楚的碑传文,我们会发现其中一些文章有其突出的特色。首先,许楚选择传主有明确的价值判断标准,邓之诚《清诗纪事初编》谓其"文有法度,多表彰忠义之作,下笔可谓不苟"①,即"非关风节者不载,非资掌故者不存"。《义烈黄公传》等碑传是为了表彰烈士的事迹;《大学韶石吴君传》中就记载了传主在明崇祯十四年(1641)徽郡大饥的时候"君解橐,率众酌古良法,修赈族里,勤恤备尽,不漏不滥"。由于许楚所写的人都是符合他个人道德评价标准的,所以他在写作时倾注了自己对传主或仰慕或崇敬之情,这样写出来的文章才是真实感人的作品。在具体的写作过程中,除了完备地记录他们的生平事迹外,他还注重运用多种艺术手段来塑造人物形象。在表现人物性格时会适当选取几个典型的事迹,如《义烈黄公传》中就通过写他在"孝子庐墓之侧,子居一室,所需日用饮食皆手自庖爨"来表现黄君亮的躬孝,以及"尤嗜汲名泉,煮佳茗,供客谈笑,终日不倦"这一嗜好来丰满人物性格。另一篇《文学罗先生传》中,为了表现罗长度的聪颖德行,许楚首先是直接描述:"先生生而颖慧,丰颐伟干,举止凝重。稍长,力学修行,噪声黉序。"继而从另一个角度来衬托罗先生的才学和能力,即通过其祖父的视角来烘托:"司徒公爱之,常曰:'簪笏吾家故物,是儿器识深闳,提躬谨厚,负荷堂构,吾无忧矣!'"让人觉得真实可信。许楚的传记作品立意深远、语言凝重、感情质朴,塑造出一个又一个有血有肉、可歌可泣的

---

① 邓之诚:《清诗纪事初编》,上海:上海古籍出版社,1965年,第125页。

人物形象。《黄山渐江师外传》是现存有关渐江传记中写得最出色的,上文已有详细介绍,不赘。其他诸如诔、铭、序、跋等杂文中也不乏佳作,如《明殉难保康知县道醇方公诔》《唐黄山志满禅师塔铭并序》《至一堂集序》《烟波草堂诗跋》等,也都写得相当出色,不同凡响。

在清初徽州遗民作家群里,许楚是文学成就最突出的一位。

第五节　隐于学的黄生

黄生(1622—1696),谱名瑁,庠名起溟,字扶孟,一字黄生、房孟、生父。号白山、黄白山樵,别号冷翁。又自号莲花外史。歙县人,明季诸生,入清不仕,长期隐居山林。明亡时黄生十三岁,成年不应举,与屈大均、王炜、许楚、洪舫等故国遗老交游。异族入侵,家国倾覆,这一切强烈震撼着黄生的心灵。潜心学术。工诗文,善书画,淹贯群籍,博学多识,著述宏富。

面对"夷狄入主"的残酷现实,深受儒家传统影响、具有高尚气节的黄生心境沉郁悲怆。他心灰意已冷,自此绝意仕途,再也不求宦进。而且,在时世动荡、战事频繁、生灵涂炭、人人自危的境况下,黄生从前那安逸闲适、踌躇满志的青春岁月已经一去不复返,他不得不开始谋划生计,为生活而奔走忙碌。在年届五十之际,他返回故乡,归隐山林,开始长达三十年的躬耕隐居生活。迫于生计,以授徒为业。乡居数十年,他一边课徒,一边从事著述,最终给后人留下了丰富的精神文化遗产。计有《一木堂诗稿》十二卷、《文稿》十八卷、《内稿》二十五卷、《外稿》三十卷,所辑有《一木堂字书》四部,《杂书》十六种。所评《古文正始》《经世名文》《文筏》三十卷,《诗筏》二十卷等著作大都是在这一时期完成的。乡居著述时期也成为黄生一生中最为辉煌的阶段。康熙十五年(1676)正月,黄生又遭破家之祸,房屋被人侵占,仅有的微薄的财产也遭人掠夺。其《仰屋叹》一诗题下记云:"丙辰忽遭无妄之灾难,免在缧绁,然产已破矣。"遭此变故以后,黄生已经失去了仅有的一点产业,没有了正常的经济来源。

《清史列传·黄生传》卷六十八论其学云：

淹贯群集，于六书训诂，尤有专长。尝著《字诂》一卷，根据奥博，每字皆有新义。如谓大鼏七个之鼏，当从冂，谐声，与从一者不同。似蛇之鳝，既借徒何切之鱓，又借张演切之鳣，而皆转为常演切。《汉书注》误以张连切之鳣为释。又谓《周礼·玉人》注，瓒读为衍食之食，《说文》赞以羹浇饭，《释文》膏食作膏赞，故《玉篇》食即赞字；《内则释文》酏读为衍，之然反，食本又作衍，并之然反。此盖明酏食当并读为衍，非谓食即衍字。若以诸延切食，何以处《玉人》注之衍乎食？又谓于干，《字通》引《后汉书·独行传》云明堂之奠干饭寒水，在晋帖所云淡闷干呕之前。若此之类，尤为精核。又著《义府》二卷，凡经史子集，以至赵明诚《金石录》、洪适《隶释》、郦道元《水经注》所载古碑，陶弘景、周子良《冥通记》训诂及外教之书，其古音古训，皆为考证。如据《说文》《周礼》毛毧正贾公彦、丁度之误。引贾谊《论》、陈琳《檄》证《尚书》"漂杵"为"漂橹"；引《尔雅》证《礼记》郑《注》烹鱼去乙之误；引《吕览》证"朱襮"非"朱领"；引《檀弓》弥牟为木，证"勃鞮"为"披"；引《左传》及《诗序》证《檀弓》请庚之"庚"训"道路"；引《唐书》廉访证《周官》六计之"廉"训"察"；引《吴越春秋》证"鄂不"即"鄂跗"；引《左传》证出于其类之"出"训"产"；引《周礼》载师闾师证夫布、里布为二事；引《诗·王风》证《孟子》施施；引《左传》刘子语证司中；引《系词》证信信当读申；引《礼记》称说命为兑命，解行路兑矣当训说；引《汉书》证"志微噍杀"当为"织微憔悴"；引《周颂》《尔雅》证郑众解应、雅之伪；引《尔雅》证终军、许慎解豹文鼠之所以异；引《后汉书·李膺传》证师古解轩中之伪；引《孝经疏》证《后汉书》辜较估较、辜榷酤榷之义；引《史记·货殖传》证"刁捍"当为"雕悍"；引《潜夫论》证"关龙"即"豢龙"；引《庄子》证《列子》蕉鹿之"蕉"为"樵"；引《世说注》"茗芋"即"酪酊"：皆根柢训典，凿凿可凭。论者谓其书不在方以智《通雅》下。①

黄生所著有《杜诗说》十二卷,仇兆鳌多采以入注。而《三礼会答》《三传会答》《一木堂诗稿》《文稿》《内稿》《外稿》及所辑《一木堂字书》《杂书》,由于反清意识强烈,在清代乾隆年间多遭禁毁。评辑诸书亦多散佚。唯《字诂》《义府》,戴震托人访得。黄宾虹说:"当经学极盛之秋,观公二书,其汲汲致力于文字之声义者,乃实有见于声与义之相因而起,为从来先儒之所未明。前乎公,虽汉之巨儒,未观其深;后乎公,即本朝诸儒尤者之一二,虽复见及,亦尚未能由此探究古人制字之本原。公书虽卷册无多,其于声音之道,为汉晋以来诸家所无。……《义府》二卷,上卷论经,下卷论子史集,附以金石,又有所注《冥通记》,以异教之言缀于末焉。小学训诂,研究独深,论其精核,不在方以智《通雅》之下。"(《黄宾虹文集·杂著编》,上海美术出版社1997年版)。诗文集仅残存《一木堂诗稿》。

与许楚一样,黄生交游十分广泛。由于性格耿介孤傲,不趋炎附势,所以在他的交游圈中,除族中子弟、学生之外,更多的是与其性情相契、志趣投合的故国遗民,通过其交游,我们可了解清初遗民特别是徽州遗民的生存状况。以下择其要者介绍。

屈大均,本名绍隆,字介子,更名大均,一字翁山,广东番禺人。诸生。弃为僧,名今种,字一灵,后复为儒。为屈原后。少丁丧乱,长而远游。其所跋涉者秦、赵、燕、代之区;其所目击者宫阙陵寝、边塞营垒废兴之迹,故其词多悲伤慷慨。著《翁山文外》《书外》《易外》《岭南文献》诸书。顺治十七年(1660),屈大均与黄生相识于扬州。二人一见如故,颇为投契,从此开始了三十余年的交往。黄生特赋《赠一灵上人即屈大均后反初服》诗一首相赠。永历二十三年己酉即康熙八年(1669),屈翁山与黄生别于维扬,黄生作《送屈翁山归粤》二首,屈翁山亦有酬答之作《寄答新安黄生》……康熙十六年(1677),

---

① 王钟翰点校:《清史列传》卷68,北京:中华书局1987年,第5445页。

黄生又写下《读屈翁山九歌草堂集因忆》三首。①康熙二十八年(1689)二人相识三十年之际,六十岁的屈翁山作有《答黄扶孟》二首。屈大均在他的文章中也多次提及黄生,对其文采抱负赞赏有加。如《答汪栗亭书》曰:"况黄山者,巉岩瘦削,半若奇松,上有三海门之奇,下有两汤池之胜,而足下昆仲,若于鼎、文治,及同人蚀庵、扶孟、虹玉诸子……文采风流,怀才抱道,皆可以发我神明,而资问学之不逮者乎"。"千秋大业,病中尽可有为,以苦吟而居二竖,以酬唱而愈膏肓,与蚀庵、不庵、扶孟、宾连、于鼎、绮园、右湘,一觞一咏,五则'五君',六则'六逸',七则'七贤'。潜口之隈,阮溪之隩,何在而非愈头风,消肺气之所乎?"屈大均是黄生一生交往时间最长、交谊最深的友人,对他的思想影响最大。翁山之于黄生,以故国遗民相尚,真可谓心心相印。

洪舫,一名仲,字方舟。歙县洪源人。与黄生、屈大均、韩畕等友善,常一起研讨评解杜诗。著有《苦竹轩诗》《苦竹轩杜诗评律》《唐诗二字解》等。洪舫一生与黄生相交至厚。在黄生的《一木堂诗稿》中有多首诗歌都是为洪仲而作的。如卷一《送洪二》《邗上晤方舟又别》三首,卷八《寄洪方舟》《得洪子书》,卷六《别方舟后却寄》《洪仲归》《洪子至自旧京》《喜洪子作伴还乡》;黄生视洪仲、是名、龚贤等人为自己人生的知己。黄生与洪舫还是贫素之交、患难之交。如《一木堂诗稿》卷五《贫交行赠洪子》一首。当洪仲过世时,黄生万分悲痛。写下《哭洪方舟》四首以示纪念②。

程自玉,字公如,号申持子,歙县临河人。《明遗民诗》卷十五云:"自玉少为明诸生,遭世变,隐于医四十余年,未践郭门。读书乐道,为文古奥,然不以文自鸣。著《慰头书》以见志。又有《手贵说》《蚁语》《腐丈夫传》。邑人黄瑄为序而传之。"③黄生曾为程自玉书作序,并曾与其参互考订杜诗。二人互有诗歌酬赠:《一木堂诗稿》卷六有《答赠程三公如》《过程公如》等诗;程自玉《洁

---

① 《一木堂诗稿》卷七。
② 《一木堂诗稿》卷三。
③ 许承尧撰,李明回等校点:《歙事闲谭》卷30《程自玉诗》,合肥:黄山书社,2001年,第1080页。

明堂存稿》亦有《赠黄生》《广陵别黄生》《黄白山像赞》等诗。①

朱观，字自观，号古愚，江南歙县人。著有《松荫堂草》，辑有《国朝诗正》《岁华纪胜》等集。朱观称黄生为"莫逆之交"。其所辑《国朝诗正》选吴亦高（字天若，号旅斋，歙县人）诗，有《寄挽黄白山先生》一首："春风一面再无由，凶耗惊传丙子秋。已断人缘交最寡，不辞天爵古还修（古修先生堂名）。青衫久脱成饥凤，白石高歌自饭牛。门外板桥烟水阔，梦魂愁渡似西州。"朱观评此诗曰："白山先生与予交称莫逆，于其殁也，曾挽以诗云：'忘年交最契，故里日盘桓。老去名逾盛，贫来兴不阑。关河成远别，聚散感无端。忽尔传长逝，含悲催腑肝。'语虽情切，然未若兹作之飘逸绝尘也。"黄生《一木堂诗稿》卷三《和朱古愚饮水诗》、卷七《送朱古愚下浙江》等诗对二人的交往有所记载。

曹应鹍，字僧白，号烟翁、瓠公，江南歙县人。著有《虎墩稿》。曾自评其诗云："枯木寒雅，别有生趣。"②曹应鹍患病之时，黄生曾投诗慰问。诗题为《寄曹先辈时卧疾弥勒庵名鹍字僧白号瓠公》。僧白去世，黄生有《哭曹先辈》诗一首。曹应鹍亦有诗念及黄生："浪游真已倦，始欲构园扉。鹤瘦分烟去，帆寒背雁归。酒于饮后尽，山在梦边微。赖有同情者，风尘两布衣。"③

吴瞻泰，字东岩，江南歙县人。诸生。为大司马成鳞潭长子，少留心经术，思为世用，入省闱十五，终不遇，乃邀游齐、鲁、燕、冀及江、汉、吴、楚、闽、粤等地。诗品日高，然以诗人名，非其志也。所著有《陶诗汇注》《杜诗提要》等。吴瞻泰多次与黄生共同研讨杜诗。黄生《杜诗说·凡例》云："近词英吴东岩，稍出其秘笥，以五言律诗示余，惜余选成次到，故摘其评于十二卷，是皆为予他山之助也。"

郑圻，《岸园集》中有《郑木瘿传》："木瘿名圻，字牧千，歙贞白里人。幼聪敏，读书过目成诵。稍长，习举子业，无所就辄去，一意为诗。当国初，里中前

---

① 参见汪世清：《黄生年谱》（未刊稿）。
② （清）邓汉仪：《诗观二集》。
③ （清）曹应鹍：《送无言出邗城，兼怀房孟》，见（清）邓汉仪辑：《诗观二集》卷8，《四库全书存目丛书补编》第40册，第115页。

辈,衡字相望,如青岩许君、白山黄君洎郑遗苏诸人。皆以诗文书画名一世。木瘿为遗苏高弟,尝访青岩于石雨山中,流连竟月。白山性孤介,落落难合,亦重木瘿,引为忘年交。后汉杨张公来丞吾郡,招木瘿入幕,日索诗数十章,木瘿勉应之。以是遍游齐鲁燕赵,老归里中。同邑汪息庐、程松门、黄确夫诸人,皆深相推重。年七十余。有《木瘿诗抄》若干卷。"①木瘿善写淡墨山水,工诗。其诗沉酣三唐,旁及宋元,有得于严羽味外之旨。②

程嘉燧,字孟阳,歙长翰山人,侨居嘉定,工书画,诗尤名世。性嗜古书器玩,尤晓畅音律,善画山水,兼工写生。与钱宗伯牧斋交最久。及卒,谥之曰松圆诗老。著有《松圆阁》《耦耕堂》《浪淘》等集并法帖数十卷。黄生《一木堂诗稿》卷八《追和程孟阳先辈丁巳元日今岁再值丁巳》云:"金华人胜春盘菜,不入萧然物外心。节下逢迎投足懒,雪中高卧闭门深。畸人自昔难为俗,前辈于今岂易寻。还向缸头拥诗卷,剩从千载觅知音。"

孙枝蔚,字叔发,号豹人。三原人。世为大贾。李自成起义时,枝蔚散家财,求壮士以与之抵抗,为闯军所败。只身走江都,因家此。居董相祠旁,名其居曰"溉堂",遂以诗名。诗词多激壮之音。康熙中举鸿博,以老疾辞,授中书舍人。著《溉堂集》。《清史稿》卷四百八十九《文苑》有传。黄生《一木堂诗稿》卷六《埘斋诗为孙八豹人作》云:"风雨乱喈喈,琴书共一斋。孳生贫妇计,飞走幼儿偕。颇觉宣蓬户,那嫌污笋鞋。扫除天下志,匡坐未全乖。"

程壮,字幼文,号芝堂,歙县人。倪匡世《诗最》选其诗五十五首。有《宿上方寺送黄房孟游武林》七律一首:"锦缆迢迢别竹西,虎林龙井草凄迷。伤春且醉余杭酒,泛月遥寻越女溪。南渡山河空马鬣,西湖花柳尚莺啼。天涯诗酒登临客,彩笔青琴到处携。"又有《霜降五日过一木堂期次日泛菊兼读蒋次葵诗》:"松菊森堂隅,秋气凄已半。久为尘烟牵,及此竟夕玩。户牖含阴晴,霜露变昏旦。蟋蛄鸣草间,萧索衰林乱。高吟对郢曲,卓荦真奇玩。微惊

---

① (清)许承尧:《歙事闲谭》卷8,合肥:黄山书社,2001年,第263页。
② 蒋元卿:《皖人书录》,合肥:黄山书社,1989年,第906页。

豁然开,郁忧因之散。恍惚杯酒余,白云满空馆。"①

汪士铉,原名征远,字扶晨,一字栗亭,工诗古文。明崇祯五年(1632)生,康熙四十五年(1706)卒。清歙县人。工诗、古文辞,兼工书画,康熙中曾召对行在。平生喜交游,笃风谊,曾归汪沐日丧,为之营葬,与雪庄僧极友善。著有《四顾山房集》《谷玉堂诗续》《黄山志续集》。汪士铉有《晚秋大令靳公招集衙斋分得麐字同宾连程蚀庵黄黄生吴绮园诸子》五言一首:"枫林秋气佳,寥空洁庭宇。霜风破丛菊,篱花韵环堵。公堂旷幽襟,列席纵挥麈。雅座足清论,新声屏名部。相期文字欢,浩浩性情古。美馔罗玉珧,佳瓶泛凝乳。论讨开奥窔,往往惊听睹。夜凉松影深,气暄梅蕊吐。愆旸无足忧,一时沾化雨。"②

汪沅,字右湘,号砚村,别号秋水,潜口人。性至孝。十岁而孤,即知力学,捧书而泣,曰童子养不逮亲,虑不可以为人也。年十五,入太学。喜与耆旧往还,邓孝威、汤岩夫、郑谷口,极称之。二十六岁丧母,哀毁成疾。查士标为作《风木图卷》。刻意为诗,有《研村诗》《水香园诗》《半豹堂咏物诗》。年未三十而卒。③黄生有《喜右湘见过兼送之白门》五律二首:"寂寞扬雄宅,经时只闭关。雨阶苔自厚,春树鸟常还。幸子垂青眼,时来过白山。荒斋无展待,茗饮笑谈间。""敢学墙东老,惟存砚北身。那增离索苦?复送远游人。耆旧嗟无几,交情意转真。因君寄双泪,洒向白门春。伤龚野遗也。"康熙二十九年(1690),汪沅不幸去世,黄生有《小诗十绝奉挽右湘汪子不胜歌以当哭》:"凶信初传恐不真,载观讣帖一伤神。如何抗志云霄客,忽作修文地下人。""绝叹颜回命不长,终童贾传及三王(谓王褒、王弼、王勃也)。岂知千古文人恨,又到潜溪汪右湘。""秋林叶叶染成赪,不抵香闺血泪盈。自愧安仁非赋手,难为寡妇述哀情(《文选·寡妇赋》乃潘岳为友人任子咸妻作)。""多男约略似陶公,黄口婴儿总角童。不待向平婚嫁毕,揭来游岱太匆匆。""洗桐浇竹

---

① 汪世清:《黄生年谱》(未刊稿)。
② (清)汪士铉:《栗亭诗集》,清康熙刻本。
③ (清)许承尧:《歙志》,见《歙事闲谭》,第 330 页。

有闲情,水石烟霞分外清。最是篝灯人未寝,梅花香里读书声。""辖投陈孟连宵静,书拥君山万卷多。从此朱门开白日,荒园无客再经过。""少年爱与老成游,岩夫谷口最绸缪。罗浮仙客神交外,亦有新诗远倡酬。""远寄交情到白门,才挥双泪送君行。何期鬼伯催人急,秋柏春华总不论(君之白门,余送以二律有云:'耆旧嗟无几,交情忆转真。因君寄双泪,洒向白门春。'谓龚野遗殁于去岁,汪子亦余友也)。""场后归来未面君,红笺银鹿与相闻。不堪转眼成遗笔,屈指今朝甫一旬。""流水空山太古音,总知弹入美人心。自从一失钟期后,摔破松窗白玉琴。"又有《哭汪右湘》五古一首,另有《再哭汪右湘四首》:"弱质操家秉,多才亦有妨。虽然迎刃解,未必善刀藏。细务皆亲莅,真精已暗伤。一朝逢疾作,参求岂堪尝。""绿水香中集,梅花窟里居。群贤常四座,万卷尚三余。胜赏时无缺,清吟日不虚。后人偏速化,司命意何如。""世事诚难解,人心每不然。跔跔跦翻上寿,颜冉竟无年。玉树悲埋土,秋琴痛绝弦。天公如可诘,欲寄碧云笺。""背恨无三甲,胸徒富五车。日斜惊鹛鸟,岁晏忽龙蛇。神与形相离,生随知有涯。不胜知己泪,临老更如麻。"①

第六节 隐者的生活窘境

如上所述,清初遗民隐离现实的方式是多种多样的,或隐于禅,或隐于学,或隐于诗画,而在众多明末清初徽州遗民的碑传中,余绍祉(1596—1648)是极具特色的,不仅因为他身染晚明社会士子的"狂士""逃禅"(如自称"新安道人""疑庵道人",甲申明都陷落后自述"乃依释氏"等)之风,而且在明末生活了大半辈子;更有甚者,他以垂暮之年响应抗清,失败后曾自撰墓志铭和别传,希望为己盖棺定论,可谓别具一格。

古来墓志铭往往用"春秋笔法"替长者贤者讳,俗谓"报喜不报忧",很难见出传主的真实面目;墓志铭类的篇章结构也因程式化窠臼束缚,创新不易。

---

① 以上挽诗见《汪右湘先生哀荣录》,转引自汪世清:《黄生的生平和交游》(未刊稿)。

但余绍祉文笔诙谐直率,字句灵动鲜活,畅所欲言,其真实形象、鲜明个性跃然纸上,开篇曰:

> 疑庵道人余绍祉,字子畔。世居婺源之沱川。少好游侠,酒酣耳热,击剑而歌,声入云表。十八始折节读书,干禄文字非所好,好为诗。醉中作狂草,里人得之,越境可以换米。

寥寥数语便将自己的个性特点描画了出来,历历在目。"好游侠",学"击剑",非独余绍祉一人少年时所为,如侨寓嘉定一隅的歙县人程嘉燧(1565—1643)也是少年学击剑后折节读书,制举不成始乃为诗,才得以成名(参见钱谦益《列朝诗集小传·松圆诗老传》)。可见末世士子,亲眼目睹朝纲黑暗,社会衰败,年少气盛皆尝欲以武力救世,或作游侠以期冀助人危难,待到科场蹭蹬击破他们最后一梦时,就折节读书为文,以诗文酒浇心中块垒之气。从当时社会情形来看,读书制举不可能成为大多数士子的人生出路,自然会解释道"干禄文字非所好",从而将诗书作为可寄托的精神家园。余绍祉着墨最为特色的是"醉中作狂草",乡里人得到其狂草法书,"越境可以换米",最妙在于"越境"一词,令人浮想翩翩,因为好诗酒,所以乡里村民定然得到其作品不在少数,故而本地难售,方才拿至他乡换米,也可知余绍祉对自己作品尚有自信,流播再广并不在乎;然而据其自撰《别传》可知其生活拮据,何以不让其家人售其作以换米度日?古人当日之情感难以依今日之思想去衡量。士子文人诗画兼擅者比比皆是,徽州、苏州犹然。但他们绝不以职业画匠自居,偶有为他人寿序、墓志铭、点染画作取得润笔费,也仅仅为获得度日之需。数数几笔便勾勒了一位生性自由、不拘礼节而又甘心沉浸于自我世界里的生动形象。墓志铭云:

> 所著《赋草》一卷,《诗草》四卷,《杂文》二卷,《山居琐谈》《元邱素话》《访道日录》各一卷,藏于山中。道人初好神仙,稍稍有念已而叹曰:"此贪生怖死之心,非道也。"乃走天童,叩密云和尚,得教外别传之旨。故多好,好山水、好书画、好花石鼎彝古玩,至此视天地间

物无足当意者。

余绍祉云将自己所著"藏于山中",也非一时兴起,譬如明末钱澄之(1612—1693)名其作为《藏山阁集》,因多涉时讳,入清遭禁,也为藏于山中留待后世之意。"以诗存史",不仅具有文学价值,也有辑存一代史实的贡献。余绍祉自称初好神仙,后转为学禅,他自嘲为"此贪生怖死之心,非道也",实为明末士子风气影响的结果。"教外别传之旨"就是禅宗,强调以心传心,不过抛弃了达摩所说"不立文字"之旨,将参禅悟道之理形之于书。比如钱谦益、程嘉燧等士子不仅与苍雪、一雨、憨山大师相伴为友,还经常夜诵经书,揣摩经理,交流心得,他们的诗文集中也多为抄经序跋,程氏还手录《楞伽经》等。此为明末普遍士风,不足为怪。"多好,好山水、好书画、好花石鼎彝古玩,至此视天地间物无足当意者",山水书画、鼎彝古玩都为当日士子平时喜闻乐见消遣娱乐的方式,崇尚风雅之志已成为士子排遣苦闷、潆穴不平之气的途径。像程、钱二人皆有收藏古玩、喜欢结伴游览山川等癖好。然而神州陆沉、天崩地解之间,一切物是人非,所以作者说"至此视天地间物无足当意者",世间已无再能吸引士子们的玩意了。余氏精练的笔墨中已然含有大量明末士子的鲜明性格特点,可谓"言有尽而意无穷"。

墓志铭提到"崇祯甲申,京师陷,皇帝死,社稷明年北兵破"。以"死"字直写皇帝殉社稷的壮烈,掷地铿锵,但作者沉痛悲哀、心灰意冷之情也表露无遗,故而"乃依释氏",余绍祉自述经历鼎革后的晚年心境:

> 新安道人乃依释氏,名"大疑",一瓢一衲,往来诸山寺。久之,眼枯几不辨物,手足木僵,时年五十一矣。度不久延,乃甃椁于分水源高寒山之前阜,为之铭曰:生而儒,习世教之书而希图顿悟,则儒不成儒,逃而禅,立万象之先而忠孝劳生,则禅不成禅之人也。不足爱,不足敬。庶几可哀而可怜者耶。(《疑庵道人墓志铭》《晚闻堂集》卷一一)

余绍祉晚年历经国变,其时年不过五十有一,远非耄耋老朽,依古人的年龄表述,只是近乎衰朽之年,可突遭异族入侵,大明帝国一朝坍塌,遽然国不国、家非家,此天地骤变对其内心打击伤害至深。原先信仰神仙之道,不得不皈依释氏,至此则是释家所谓"油尽灯枯",万念俱灰。所以余绍祉在生命最后之际为自己撰写墓志铭,概括一生曰:"儒不成儒""禅不成禅","习世教之书"却不能"忠孝劳生","逃而禅,立万象之先"而不能"顿悟",发出可怜的哀鸣。虽然不如瞿式耜"欲坚道力凭魔力,何事俘因学楚因?了却人间生死业,黄冠莫拟故乡游"之大义凛然、慷慨奋发,但在抗清很快失败的情况下,一介书生又当如何?免不了会有"故交但有丘茔存,白杨摧尽留枯根"(吴嘉纪《一饯行赠林茂之》的流离忧患和亡国之痛的抒发)。余绍祉这篇自撰的墓志铭不仅生动勾勒出作者一生,也真实刻画出晚境颓唐与悲痛之情,在明末清初的士子中也有高度的代表性:平时节义自期,但一旦"天崩地解",则自感百无一用是书生。逃禅也治不了心里的隐痛。

余绍祉另有一篇自传题为《疑庵道人别传》,劈头便说:"疑庵道人窭而债负,收债亟至。禄不可干,贾不能服,无以应债,家郁郁欲死。"其悲凉之情溢于言表,困窘至此而无能为力,债主紧逼而谋生无计,正好像西方古谚语所说"前临绝壁,后有恶狼",人生维艰,去辛而未必就蓼,作者因无以应债悲恸欲绝。其后文章写自己身处此境的极度尴尬:

> 其妻曰:"乡有三老,富而善策,天下之吉人也,盍谋诸?"道人于是致斋三日,蛇行而之三老,顿首无数。三老据床而坐,气宇甚岸。道人故不得志,又未尝见长者,俛首拱墀下,喉间咯咯不能作声。三老见之恻然曰:"嘻,孺子来何迟?观子之色,若重有负于人者,惠然顾我,岂有所假耶?我非悭夫也,而物有属,不可往还,亦若血气精神。然人虽笃爱,未有分其血气精神一相资者,无可资也。吾之室隆隆焉,累累焉,非有封钤绳册,而人不取者,知不可取也。"道人曰:"否。五月披裘,岂拾人遗金者哉?惟不金故裘耳。顾窭而债负,闻长者善策人事,愿闻所以弭穷报债之道。惠然诏之,莫大之幸也!"三老曰:"事必有因,利必有基。内者外之,外者内之,不可斯须外者

外之,内者内之,得于不知。吾与而祖而父游也久矣,而祖宦辙四及,而父朴茂不费。而之宦有簏焉,中尽黄白,而子弗之知也,归而发之,弭穷报债,尚何他需?"

举家穷困无奈,作者妻子出主意,让作者找同村富有的大善人三老解决困难,然而余先生却居然"致斋三天",方才挪步,而且"蛇行"前往,此语非常生动地刻画出作者内心的极不情愿、尴尬万分,将读书人面子薄的心态刻画得栩栩如生。尤其面见三老时,不见还礼,"喉间咯咯不能作声",入木三分地写出了好面子的心态,虽穷至不能举火却仍希保持读书人的尊严。但是偏偏三老给他碰了个大大的钉子,说:"我非悭夫也,而物有属,不可往还,亦若血气精神。然人虽笃爱,未有分其血气精神一相资者,无可资也。吾之室隆隆焉,累累焉,非有封锊绳册,而人不取者,知不可取也。"居然将个人财产钱财视为自己的血气精神,"视财如命"而豪无恻隐之心。这样的不借与人的理由,出自以富甲天下而精于算计的徽商同乡之口,又并非令人意外。其中"然人虽笃爱,未有分其血气精神一相资者,无可资也"一语尤其令人喷饭,徽人行商投资岂有不求回报之理?故而若分其"血气精神"好比发肤受之于父母,当然轻易不度与人。所以三老说:"而人不取者,知不可取也。"余绍祉听到此处,据理力争,解释自己是因为"顾婆而债负",何为婆?《说文》曰:"无财备礼曰婆。"与仅仅困于财者的贫不同,这里余绍祉是在证明自己虽系贫穷需举债,但是绝不失礼数,不忘儒家之礼,贫而不陋。然而三老的一段"内者外之,外者内之,不可斯须外者外之,内者内之,得于不知"的议论玄之又玄。此又为余绍祉曾学仙问道一佐证。三老说尝与余先生祖父、父亲交游,且遗留黄白等物于簏中。此事蹊跷,事出突然。试想,依中国传统习惯置田购屋传于后世,而先人所留岂有完全不知之理?可知这里所说或为虚构,黄粱一梦而已。后文写道:

道人乐甚,如民得主肉,飞眉舞足,高气扬踹。归而发其滕,故纸琐琐,皆其先世遗书,与一时卿相往还之牍,鼠啮鱼餐,漏浥臭败。反覆需索,无有所谓黄白者。道人惘惘复之三老。三老曰:"黄白在中诸秽障之,障去宝现,我不汝欺。"道人取篚诸有,一一焚燎,瞬息之间荡然无物,而篚空空也。之三老言状,三老曰:"子今而后庶几见黄白矣。黄白固在而目未明,目固明而神未专也。子但严守是篚,目之所视,耳之所听,昼之所思,梦之所结。无或越此也,物将自至。乃岁之除,债主在户,物犹不至,吾誓输吾元为子筹债。"道人曰:"诺。"息壤在彼,永失弗谖。陈篚于前,一日之间,摸索万度。群国之人,皆以为狂。道人曰:"仆固狂,以元许人,三老亦狂耶?人莫不有祖父也,莫不有篚也。内者外之,外者内之。"终身惶惶,朝夕坐驰。岁尽腊除,怅怅何之三老狂耶?予狂耶?人狂耶?遂负其篚,入梅阳山馆,三镢其户,不见一人。俟吾篚中之物至然,后启扉大集宾客以愧。夫昔之狂我者。

这两段文字曲折有致,余绍祉"严守是篚","陈篚于前,一日之间,摸索万度","俟吾篚中之物至然",颇像仙道方术之谈,但是最终无果而终,作者也似乎顿悟,"后启扉大集宾客以愧";然而作者不讳言原先的荒诞之举,用细腻志异的笔触描述了早年自己的一段经历,从全章笔法与人物对话来看,这一经历更像是作者内心两种矛盾思想的"对话"历程,与其说以史家之笔为一己立传,毋宁说是传写自己心路历程,恰如撰《自为墓志铭》所说的"视天地间物无足当意者",作者终由儒家入世、黄老求道转而为放下一切,专心释氏,此或为作者所说"得教外别传之旨"?考作者当年行实,据《晚闻堂集》卷首汪绂①《子畴先生传》所传余绍祉早年之事曰:"及稍长,乃负侠好客,泛滥百家,习诸技巧,为豪举事。明当隆万之末,林三教主之邪说风行雷疾,先生亦喜奉而讲研之。年十八始折节读书,筑室天障山泰昌。"这段记载可证余绍祉自立别传所叙荒唐一事的思想根基。汪绂传中提及余绍祉四十五岁时,"厌弃时事,甘枯寂矣","更号疑庵,坐晚闻堂",又曰:"子畴先生天性忠孝,而终老于禅,其龙

---

① 汪绂(1692—1759)初名炬,字灿人,号双池,又号重生。婺源人。博综儒经,以宋五子为归。著述颇富。晚年之闽中,馆枫岭、浦城间。少时家贫,佣于江西景德镇为画碗之役。所绘山水、人物、花鸟,精细适异聚工,惜无款识,人罕知之。卒年六十八。

溪邪说,有以中之者深耶。抑时变愤逼于心,不得已而托之遁世邪？以观其动,念君亲,不忘欲死,可不谓有志当世哉？然而素诺琐谈、天童访道。噫！何溺也。吁！嗟乎！有忠信之质而不知所从,以干济之才而不用于世,至徒以禅宗诗伯称也。意亦运会使然,不可悲乎？"汪绂所说与余绍祉之内心可谓相接近,表面上尊奉禅宗心性之说,骨子里仍不泯儒家济世扶困之志。之所以事与愿违,是因为明末世运使然,不得已而为之。在本传中还记叙了崇祯辛巳(1641)邻寇剽掠乡邑,先生乃"集乡民凭险阻,行以兵法,寇败遁去。岁壬午乡试不第归,瞿然叹曰:'吾自癸酉所发愤者为国事日危,冀出而援之于万一耳。今年力日衰,何能待乎？'"癸酉当是崇祯六年(1633),壬午为崇祯十五年(1642),可见作者在近十多年间矢志不渝,即便厌世隐居坐"晚闻堂"之际,即1641年前后,四十五岁左右,遇到乡邑困厄,遭寇劫掠,其奋力援手集结乡民击退来犯。清兵南下后,金声召集抗清队伍,已是暮年的余绍祉积极响应,"将往共事,不果。兵宪唐公召募未集而新安下,先生乃裂衣冠缁服,入高湖山,更名大疑"。国变后,地方官员屡次召见,拒不见,等等。从上述诸多事件可知,余绍祉本为儒家名教之捍卫者,不仅以天下兴亡为己任,而且坚决不与当权者合作,极具民族气节。其他诸如其族孙余维枢撰《明布衣疑庵先生余公行状》、外甥戴元侃《先考郡庠君行实》《婺源县志·隐逸传》等碑传资料多作于余绍祉先生自撰《墓志铭》与《别传》之后,引用了作者本人自述,或详平生经历,多叙其由杂家方术之学转为道家黄老,再至逃禅顿悟等人生转变；或者介绍其祖辈家世,从而了解到余绍祉生活环境等,内容大同小异。从语言艺术的文学角度看,后人所为远不如余绍祉先生的自撰。

清初明遗民自撰墓志铭者最著名的是绍兴遗民张岱(1597－1680),其《自为墓志铭》写于康熙四年(1665)六十九岁时,坦率地解剖自己的一生,人称"东方的《忏悔录》",称自己为"瞌睡翁""钝秀才",在誓不仕清方面,与余绍祉可攀上同调。

第八章　清代徽州朴学家的碑传

在中国学术史上，清代朴学有着特别重要的地位，朴学主张"无信不征"，以汉儒经说为宗，从语言文字训诂入手，主要从事审订文献、辨别真伪、校勘谬误、注疏和诠释文字、典章制度以及考证地理沿革、天文历算等，并崇尚朴实无华的治学风格，因而被称作"朴学"或"考据学"，成为清代学术的主流。朴学的成熟与鼎盛期在清乾隆、嘉庆年间，因而又被称为"乾嘉学派"，其影响力一直延续至现代，在保存和传递古代文化遗产方面具有积极的意义与重要的价值。

朴学又可分为以惠栋为代表的"吴派"和以戴震为集大成者的"徽派"两大学派。在学术成就上，"徽派"的学术贡献和影响超越了"吴派"。徽派朴学创于江永，成于戴震，主要成员是隶属于徽州籍的学者，但也有一批徽州地区以外的学者。因为这些学者基本遵循共同的治学途径和方法，所以把他们归为一派，但徽州籍学者仍是其中的核心和主力。

徽州地区之所以出现如此多且成就高的朴学家，这有多方面的原因。首先，徽州是朱熹的故乡，素称"东南邹鲁""程朱阙里"，有着深厚的文化底蕴，理学培养了徽州文化中深厚的理性主义传统。其次，徽州人多以经商为业，经济高度发达，且徽商一向有培养子弟业儒的传统，这在客观上促进了文化教育的繁荣，为徽派朴学的发展创造了机遇。早期的重要学者有黄生、宣城梅氏家族等，逐渐形成了浓郁的地方文化氛围，为徽州朴学的兴起打下了基础。本章先用表格列举有关清代徽州朴学家的碑传,然后选择其中几位具有代表性的进行研究(见表8-1)。

表8-1 清代徽州朴学家的碑传举例表

传主	篇名①	作者	出处②
黄生 (1622—?)	黄生传		碑传集补卷三十六
	黄生传		清史列传卷六十八
	白山学案	徐世昌	清儒学案小传卷三
	黄生传	支伟成	清代朴学大师列传
江永(1681—1762)	江慎修先生事略状	戴震	东原文集卷十二
	江先生传	钱大昕	潜研堂文集卷三十九
	江慎修先生墓志铭	王昶	碑传集卷一百三十三
	江永传	阮元	畴人传卷九
	江永	江藩	汉学师承记卷五
	江永	钱林	文献征存录卷五
	婺源江先生	唐鉴	国朝学案小识卷五
	江慎修先生事略	李元度	清朝先正事略卷三十四
	江永传	赵尔巽	清史稿卷四百八十一
	江永传		清史列传卷六十八
	慎修学案	徐世昌	清儒学案小传卷六
	江永传	支伟成	清代朴学大师列传
	江永传	蔡冠洛	清代七百名人传第四编
程延祚 (1691—1767)	绵庄先生墓志铭	程晋芳	勉行堂文集卷六
	上元程先生	唐鉴	国朝学案小识卷十三
	程延祚传	赵尔巽	清史稿卷四百八十
	程先生延祚	徐世昌	清儒学案小传卷二
	程延祚传	支伟成	清代朴学大师列传

① 为排版需要,篇名中不使用书名号。
② 为排版需要,出处中不使用书名书。

续表

传主	篇名	作者	出处
汪绂（1692—1759）	清故婺源县学生汪先生墓表并铭	朱筠	碑传集卷一百二十九
	汪绂	钱林	文献征存录卷四
	汪绂	李元度	清朝先正事略卷三十四
	汪绂传	赵尔巽	清史稿卷四百八十
	双池学案	徐世昌	清儒学案小传卷七
	汪绂传	支伟成	清代朴学大师列传
余元遴（1724—1778）	婺源余生元遴墓志铭	朱筠	碑传集卷一百二十九
	余元遴传	赵尔巽	清史稿卷四百八十
	余先生元遴	徐世昌	清儒学案小传卷七
程晋芳（1718—1784）	清诰授奉政大夫翰林院编修加四级蕺园程君墓志铭	翁方纲	碑传集卷五十
	翰林院编修程君鱼门墓志铭	袁枚	碑传集卷五十
	翰林院编修程君鱼门先生墓表	徐书受	碑传集卷五十
	程晋芳	江藩	汉学师承记卷八
	程晋芳	钱林	文献征存录卷五
	程晋芳	李元度	清朝先正事略卷四十二
	程晋芳传		清史列传卷七十二
	程先生晋芳	徐世昌	清儒学案小传卷九
	程先生晋芳	蔡冠洛	清代七百名人传第五编
郑牧（1714—1792）	郑先生牧	徐世昌	清儒学案小传卷六
汪肇龙（1721—1780）	汪明经肇龙家传	郑虎文	碑传集卷一百三十三
	清儒学案小传卷六	汪先生肇龙	徐世昌

续表

传主	篇名	作者	出处
戴震(1723—1777)	戴先生行状	洪榜	二洪遗稿初堂遗稿
	戴先生震传	钱大昕	潜研堂文集卷三十九
	戴东原先生事略状	凌廷堪	校礼堂文集卷三十五
	戴东原先生事略	余廷灿	存吾文稿卷四
	戴东原先生墓志铭	王昶	春融堂集卷五十五
	戴东原先生墓表	任兆麟	有竹居集卷十
	戴震传	阮元	畴人传卷四十二
	戴震	江藩	汉学师承记卷五
	戴震	钱林	文献征存录卷八
	休宁戴先生	唐鉴	国朝学案小识卷十四
	戴东原先生事略	李元度	清朝先正事略卷三十五
	戴震传		清史列传卷六十八
	戴震传	赵尔巽	清史稿卷四百八十一
	东原学案	徐世昌	清儒学案小传卷八
	戴震传	支伟成	清代朴学大师列传
	戴震传	蔡冠洛	清代七百名人传第四编
程瑶田(1725—1814)	程瑶田别传	夏炘	国朝耆献类征初编卷二百五十八
	程瑶田传	阮元	畴人传卷四十九
	程瑶田	钱林	文献征存录卷九
	歙县程先生	唐鉴	国朝学案小识卷十四
	程瑶田	李元度	清朝先正事略卷三十五
	程瑶田传		清史列传卷六十八
	程瑶田传	赵尔巽	清史稿卷四百八十一
	让堂学案	徐世昌	清儒学案小传卷九
	程瑶田传	支伟成	清代朴学大师列传
	程瑶田传	蔡冠洛	清代七百名人传第四编

续表

传主	篇名	作者	出处
汪梧凤(1725—1773)	汪明经梧凤行状	郑虎文	碑传集卷一百三十三
	汪先生梧凤	徐世昌	清儒学案小传卷六
方矩(1729—1789)	方先生矩	徐世昌	清儒学案小传卷六
鲍廷博(1728—1814)	知不足斋鲍君传	阮元	揅经室集二集卷五
	鲍廷博传		碑传集三编卷三十七
	鲍廷博传		清史列传卷七十二
	鲍先生廷博	徐世昌	清儒学案小传卷十三
	鲍廷博传	支伟成	清代朴学大师列传
胡匡衷(1728—1801)	胡君朴斋家传	王泽	碑传集补卷三十九
	胡匡衷	钱林	文献征存录卷五
	绩溪胡先生	唐鉴	国朝学案小识卷十二
	胡匡衷传		清史列传卷六十八
	胡匡衷传	赵尔巽	清史稿卷四百八十二
	胡先生匡衷	徐世昌	清儒学案小传卷十
	胡匡衷传	支伟成	清代朴学大师列传
金榜(1735—1778)	翰林院修撰金先生榜墓志铭	吴定	碑传集卷五十
	金榜	江藩	汉学师承记卷五
	金榜	钱林	文献征存录卷八
	歙县金先生	唐鉴	国朝学案小识卷十四
	金榜	李元度	清朝先正事略卷三十四
	金榜传		清史列传卷六十八
	金榜传	赵尔巽	清史稿卷四百八十一
	金先生榜	徐世昌	清儒学案小传卷六
	金榜传	支伟成	清代朴学大师列传
	金榜传	蔡冠洛	清代七百名人传第四编

续表

传主	篇名	作者	出处
汪龙(1740—1823)	汪叔辰先生别传	胡培翚	研六室文抄卷十
	汪龙	李元度	清朝先正事略卷三十五
	汪龙传		清史列传卷六十八
	汪龙传	赵尔巽	清史稿卷四百八十一
	汪先生龙	徐世昌	清儒学案小传卷八
	汪龙传	支伟成	清代朴学大师列传
汪中(1745—1794)	汪中传	孙星衍	碑传集卷一百三十四
	汪君传	刘台拱	碑传集卷一百三十四
	汪中传	钱林	文献征存录卷七
	汪容甫先生行状	王引之	王文简公文集
	汪容甫墓志铭	凌廷堪	校礼堂文集卷三十五
	清故拔贡生敕赠内阁撰文中书诰赠户部员外郎汪先生墓志铭	陈寿祺	汪氏学行记
	汪中	江藩	汉学师承记卷七
	江都汪先生	唐鉴	国朝学案小识卷十四
	汪容甫先生事略	李元度	清朝先正事略卷三十六
	汪中传		清史列传卷六十八
	汪中传	赵尔巽	清史稿卷四百八十一
	容甫学案	徐世昌	清儒学案小传卷十一
	汪中传	支伟成	清代朴学大师列传
	汪中传	蔡冠洛	清代七百名人传第五编

续表

传主	篇名	作者	出处
洪榜(1745—1780)	洪榜	江藩	汉学师承记卷六
	洪榜	钱林	文献征存录卷八
	洪初堂先生事略	李元度	清朝先正事略卷三十五
	洪榜传		清史列传卷六十八
	洪榜传	赵尔巽	清史稿卷四百八十一
	洪先生榜	徐世昌	清儒学案小传卷八
	洪榜传	支伟成	清代朴学大师列传
洪梧(1750—1817)	洪梧	李元度	清朝先正事略卷三十五
	洪先生梧	徐世昌	清儒学案小传卷八
	洪梧传	支伟成	清代朴学大师列传
凌廷堪(1755—1809)	次仲凌君传	阮元	揅经室集二集卷四
	次仲凌君别传	阮元	礼经释例卷首
	凌次仲先生事略状	戴大昌	国朝耆献类征初编卷二百五十八
	凌廷堪传	阮元	畴人传卷四十九
	凌廷堪	江藩	汉学师承记卷七
	凌廷堪	钱林	文献征存录卷八
	凌次仲先生事略	李元度	清朝先正事略卷三十六
	凌廷堪传		清史列传卷六十八
	凌廷堪传	赵尔巽	清史稿卷四百八十一
	次仲学案	徐世昌	清儒学案小传卷十二
	凌廷堪传	支伟成	清代朴学大师列传
	凌廷堪传	蔡冠洛	清代七百名人传第四编

续表

传主	篇名	作者	出处
汪莱(1768—1813)	石埭训导汪先生行略	胡培翚	研六室文抄卷九
	石埭儒学教谕汪君莱别传	焦循	碑传集卷一百三十五
	汪莱	李元度	清朝先正事略卷三十五
	汪莱传		清史列传卷六十九
	汪先生莱	徐世昌	清儒学案小传卷十三
	汪莱传	支伟成	清代朴学大师列传
朱珔(1769—1850)	右春坊右赞善前翰林院侍讲朱兰坡先生传	李元度	续碑传集卷十八
	朱珔墓志铭	梅曾亮	国朝耆献类征初编卷一百三十二
	朱珔传		清史列传卷六十九
	朱珔传	赵尔巽	清史稿卷四百八十二
	朱先生珔	徐世昌	清儒学案小传卷十四
胡秉虔(1770—1840)	胡秉虔传	胡韫玉	碑传集补卷四十
	胡秉虔传		清史列传卷六十九
	胡秉虔传	赵尔巽	清史稿卷四百八十二
	胡先生秉虔	徐世昌	清儒学案小传卷十
	胡秉虔传	支伟成	清代朴学大师列传
齐彦槐(1774—1841)	齐彦槐传	诸可宝	畴人传三编卷二
	齐彦槐传		清史列传卷七十三
	齐先生彦槐	徐世昌	清儒学案小传卷十三
江有诰(1773—1851)	江晋三先生传	葛其仁	碑传集补卷四十
	江有诰传	赵尔巽	清史稿卷四百八十一
	江先生有诰	徐世昌	清儒学案小传卷十
	江有诰传	支伟成	清代朴学大师列传

续表

传主	篇名	作者	出处
胡世琦 (1775— 1829)	诰授奉政大夫山东曹县知县胡君墓志铭	胡承珙	求是堂文集卷六
	胡世琦传		清史列传卷六十九
	胡先生世琦	徐世昌	清儒学案小传卷十四
	胡世琦传	支伟成	清代朴学大师列传
胡承珙 (1776— 1832)	福建台湾道胡君别传	胡培翚	研六室文抄卷十
	胡承珙传		清史列传卷六十九
	胡承珙传	赵尔巽	清史稿卷四百八十二
	墨庄学案	徐世昌	清儒学案小传卷十四
	胡承珙传	支伟成	清代朴学大师列传
	胡承珙传	蔡冠洛	清代七百名人传第四编
胡培翚 (1782— 1849)	户部主事胡先生墓志铭	汪士铎	续碑传集卷七十三
	族兄竹村先生事状	胡培系	研六室文抄补遗
	胡培翚传		清史列传卷六十九
	胡培翚传	赵尔巽	清史稿卷四百八十二
	胡先生培翚	徐世昌	清儒学案小传卷十
	胡培翚传	支伟成	清代朴学大师列传
	胡培翚传	蔡冠洛	清代七百名人传第四编
江承之 (1783— 1800)	江安甫葬铭	张惠言	碑传集补卷四十
	江承之传	董士锡	碑传集补卷四十
	江承之传	赵尔巽	清史稿卷四百八十二
	江先生承之	徐世昌	清儒学案小传卷十二

续表

传主	篇名	作者	出处
俞正燮 (1784—1839)	俞正燮传	夏寅官	碑传集补卷四十九
	清敕授文林郎已故举人拣选知县俞公崇祀乡贤事实十八条		癸巳存稿卷首
	黟两先生传	程鸿诏	有恒心斋集文八
	俞正燮传	诸可宝	畴人传三编卷二
	俞正燮传		清史列传卷六十九
	理初学案	徐世昌	清儒学案小传卷十四
	俞正燮传	支伟成	清代朴学大师列传
	俞正燮传	蔡冠洛	清代七百名人传第四编
程恩泽 (1785—1837)	诰授荣禄大夫户部右侍郎兼管钱法堂事务春海程公墓志铭	阮元	续碑传集卷十
	程恩泽传	诸可宝	畴人传三编卷二
	程恩泽	李元度	清朝先正事略卷四十四
	春海学案	徐世昌	清儒学案小传卷十五
	程恩泽传	支伟成	清代朴学大师列传
姚配中 (1792—1844)	姚配中传	包世臣	国朝耆献类征初编卷四百二十二
	姚配中传		清史列传卷六十九
	姚先生配中	徐世昌	清儒学案小传卷十六
	姚配中传	支伟成	清代朴学大师列传
王茂荫 (1798—1865)	光禄大夫吏部右侍郎王公神道碑铭	方宗诚	续碑传集卷十一
鲍康(1810—1881)	鲍康	陶湘	昭代名人尺牍续集小传卷十六
	鲍康传	支伟成	清代朴学大师列传

续表

传主	篇名	作者	出处
胡澍(1825—1872)	户部郎中胡君荄甫事状	胡培系	续碑传集卷七十九
	胡澍	陶湘	昭代名人尺牍续集小传卷二十一
	胡先生澍	徐世昌	清儒学案小传卷十
	胡澍传	支伟成	清代朴学大师列传
汪宗沂(1837—1906)	汪仲伊先生传	刘师培	碑传集补卷四十一

第一节 汪 绂

徽州朴学的开山祖师为黄生和汪绂，本节专论汪绂。关于汪绂的碑传材料甚多，如《清史稿》《清史列传》本传、金天翮《汪绂传附余元遴余宗英》、朱筠《墓表》(《笥河文集》《双池文集》附)、余龙光《双池先生年谱》均详于生平，刘师培所作传(见《左庵外集》)详于经学成就，相对来说，以朱筠《清故婺源县学生汪先生墓表并铭》最为全面。

婺源为我家文公之故里，宋、元、明以来，巨师魁儒，绳绳相续，流风未湮，于今见者，实惟段莘汪先生、江湾江先生尤著。筠在京师，早闻江先生名。比奉命视学来江南，试徽州，征其书尽读之而善。会有求书之诏，即具以闻。旋檄府建主附祀紫阳书院，风示学官弟子，俾之向学。既癸巳八月，再试征士，婺源学廪膳生余元遴，抱持其师汪先生之遗书十余帙来献，且言曰："元遴之师绂，乐贫守道，著述过身，其书可传，其行可享。殁嗣斩焉，善人将惧。元遴敢奔告待命于下执事。"筠发书卒读，其书与江先生埒。且闻诸府人，汪先生之行，视江先生无不及也。于时博议遍举文公之徒得十五氏，暨汪先生悉为之主，位十有六，诹以八月二十日迎主入书院，补祀诸儒之次。是日,筠躬莅将事,诸生毕来,又进诸生分录其遗书,行上书局,显厥隐德,府之士金日宜哉!元遴复言曰:"先生之鬼其不馁,顾敝家无子孙祀者,先生其卒馁。谨具书事实列上,请刻石表诸墓道,尚识来者。"筠曰:"然。"乃文以表之,而召诸生之工隶书者歙闵道隆书文上石。

按:先生讳烜,其为诸生之名曰绂,字灿人,小字重生,号双池。婺源之北乡段莘里人。四世祖应蛟,故明户部尚书,谥清简。曾祖元会,祖斯涵。父士极,母江孺人。自清简公后再世业中落,父以贫窭出游,久之不归。母贤且知书,先生初能言,母江即口授《四书》《五经》,八岁悉成诵,自是读书禀母之教,未尝从师。比弱冠,母病卧累年,先生日夜侍疾,家益贫,十日未尝遇一饱。母殁敛毕,闻父淹滞江宁,先生走为父泣,劝之归。父曰:"昔人曰:'家徒四壁。'吾壁已属人,若持吾安归乎?"叱之去,戒主者毋与若食,乃泣而归。比归,益无以自活,乃之江西。江西浮梁之景德镇,设官置窑所在,百工食焉。先生画碗,佣其间。然称母丧,不御酒肉,群佣以为笑。时时作苦吟,以写其哀,则交侮骂之。

先生去,之乐平,馆石氏,逾年亦去。当是时,先生漂泊上饶、万年、永丰之间,踪跡无所定止。辄自广信缘岭度仙霞关之闽中,持一幞,被鹑衣蓬藋而行,行岭滩中十余里,或二十里,逆旅主人不内,则顿宿野庙中,乞食以往。过枫岭,有陈总兵者闻而异之,延为子师,执礼甚恭。先生课《诗》《书》,间教之《礼》《射》,卒伍争请为弟子,后因艺得官以去者有之。陈总兵去枫岭,先生授学浦城。浦城为福建、江西、浙江之会,三省之士薰德慕化,从者日进。先生闻父卒于江宁,即日奔丧,一恸几殆,迎精而归,与母合葬。

先生自二十以后,著书十万余言,旁览百氏九流之书,三十后尽烧之。资敏强记,过目在心。自是凡有述作,息神庄坐,振笔直书。博极两汉、六代诸儒疏义,元元本本,而一以宋五子之学为归。六经皆有成书,下逮乐律、天文、地舆、阵法、术数,无所不究畅,卓然传于后。所著《尚书诠义》十二卷、《诗经诠义》十五卷、《四书诠义》十五卷、《春秋集传》十六卷、《礼记章句》十卷、《或问》四卷、《参读礼志疑》二卷、《孝经章句》一卷、《乐经律吕通解》五卷、《乐经或问》三卷、《读阴符经》一卷、《读参同契》一卷、《读近思录》一卷、《读读书录》一卷、《先儒晤语》二卷、《琴谱》一卷,皆筠及见者。又有《易经诠义》十五卷、《山海经》九卷、《理学逢源》十二卷、《诗韵析》六卷、《物诠》八卷、《策略》四卷、《读困知记》一卷、《读问学录》一卷、《医林辑略探源》九卷、《戍笈谈兵六壬数论》若干卷、《大风集》六卷、文集六卷、诗集六卷。先生卒,顾书而叹曰:"著书如此,而不传乎?"元遴谨收录而藏之于家,至是乃献。

呜呼!先生非元遴则书亦不传也。先生生平不为应试学,然尝以制义教弟子。年五十余,诸兄弟强之试,受知于故礼部侍郎筠,座师满洲嵩寿公,持其卷叹曰:"是当焚香煎茶读之。"自是文词稍稍称于人,然竟死无知其学者。先生见客,庄坐无俗语,有所质,必更端尽其意。游艺之余,画山水,松竹尤工,熟精篆书,及于摹印,间自刻一印,其文曰:"天下多名山,其人安在。"家贫,岁饥无米,市豆屑炊之作食。未尝告人,曰:"士人辄语人贫,人纵怜我,我可受耶?"构疫作呓语,侍疾者听之,皆说经也。饮酒累数十杯不醉。接人以和,逮臧获惟恐伤之。

初,先生聘于江,客闻,久不相闻,江之兄嫂欲改议,江闻,以死誓,乃不敢言。比归先生,先生年三十三,江二十八矣。先生每自外归,呼江曰:"某娘。"江谨答曰:"先生归矣。"江生女,嫁余而死,有遗女,抚于江,与之卧起。他日先生宿客于书馆,而入居内,幼女骇曰:"岂有男子与妇人同床者乎?"邻人传以为语。江尝语诸弟子曰:"吾归汝师三十年,未尝闻一怒言、一怒色。"然后知先生之居室,果克敬以和也。先生以乾隆二十四年九月卒,距生于康熙三十一年七月,年六十有八。子思谦,县学增生,读书能文章,应省试,归后,先生殁三日,毁卒。一孙,先三月殇。思谦妻,詹割股肉以疗舅,竟不能起,思谦又卒,叹曰:"天道如此耶!"其腊竟自经以殉。元遴乃与同门詹大山、先生从子小文藻婿余熊照谋卜葬先生于里中阳边山麓,而子妇附其旁云。系之以铭曰:先生尝试于乡,作诗言其伤。贫也吾分,吾身无得丧?间升高俯屋,曰屋多人少,孰自亶亶匡?信乎以仁任己,而古之人颔颐。厥子死而示梦,言来卧虎山;归打麦城,厥言其荒唐。毋乃其生其死,如苏氏所详。胡父子孙,忽然而五世斩以殃!天乎鬼之馁兮,善人不长。配食文公兮,春秋祀尝。我躬事兮,先生享。是训是诲兮,经之光。刻石表墓道兮,此邦之士,斐然其不忘。

汪绂(1692—1759),初名烜,字灿人,号双池、重生,婺源人。汪绂自幼天资聪颖,初由母亲江氏口授《四书》《五经》,八岁全部成诵。但汪绂早年遭遇坎坷,历经磨难。他二十三岁时,母亲病逝,汪绂闻听父亲滞留金陵,便前往投奔,然为父亲遣回,只好归乡葬母。然而他在家无以糊口,只好到江西景德镇画碗为生,但不辍读书。不久汪绂离开景德镇,四处漂泊。"当是时,先生漂泊上饶、万年、永丰之间,踪迹无所定止。辄自广信缘岭度仙霞关,之闽中……行岭滩中十余里或二十里,逆旅主人不内,则顿宿野庙,乞食以往。"备尝艰辛和人世炎凉。但在如此艰难的环境中,汪绂仍然手不释卷、刻苦攻读。其后有人见他器宇不凡,给予帮助,才安顿下来,开始以教书授徒为生,教读于枫岭(今福建浦城)。因为浦城是浙江、江西、福建三省交会之地,交通便利,商旅来往频繁,汪绂因其学识渊博而声名远播,追随他学习的人越来越多。后来他听闻父亲在南京去世,遂迎灵回乡安葬。这以后便一直在家乡读书讲学。

回乡后,汪绂与大学者江永相识,并书信往来探讨学问,江永曾高度评价汪绂"志高识远,脱然缰锁之外,殚心不朽之业"。汪绂直至六十八岁病逝前三月依然在安徽休宁县蓝渡学馆中著书论学,一生未登仕途。汪绂去世后,弟子余元遴将他的著作献给安徽学政朱筠。朱筠读后大为激赏,并将其与仰慕已久的江永相提并论,把两人的著作抄送《四库全书》馆,还令有司为两人建木主,迎入紫阳书院中供奉,并亲率书院学生拜谒祭奠。朱筠还受余元遴之托写墓表表彰汪绂事迹。

汪绂在思想上,看似尊奉朱子,信仰理学。但他对理学有自己的全新理解。在《理学逢源·序》中,他指出:"理一而已。自四子、六经以至周、程、张、朱之所演绎,载籍虽繁,要不过欲人反求之于身心而得其天性之本然。则以是见之行事,以实践而力行之;而于以措之民物,莫不皆准。此千圣所同符、古今无二致也。"第一,在人性论上,强调自然人性,这就实际否认了"存理灭欲"的理学人性论主张;第二,在认识论上,强调实践躬行,主张"有志格物,无物无理,随处目睹耳闻,手持足践,皆吾穷理之学,岂独经书?"一反理学家理学游谈无根之弊,重视考据,精研经史而并旁及乐律、天文、舆地、兵法、术数、医药等各门类。其思想中蕴含着朴素的唯物论因素,此见之于《物诠》"天地万物赜不可穷,乃观其源焉,而天地万物于是乎在"。他在学术上之所以取得如此高的成就,与其认识论和学术方法密不可分。

汪绂在经史、乐律等门类中都取得卓越成就。如汪绂懂兵法,有武艺,曾著《戍笈谈兵》九卷、《策略》六卷,"有陈总兵者,闻而异之,延为子师,执礼甚恭。先生课《诗》《书》,间教之《礼》《射》,卒伍争请为弟子,后因艺得官以去者有之"。他还擅医学,尝著《医林辑略探源》。而且汪绂画山水松竹尤工,熟精篆书及于摹印,是一位难得的精通多方面的人才。

汪绂之所以有如此高的学识,究其原因,除了他聪颖好学、刻苦勤奋外,更因其治学讲究寻根究底,舍末求本,溯委知源。他在《医林辑略探源》序中如此说:"不患人不知书,而患在多知书而究不知书;不患人不知医,患在多知医而究不知医,何则? 共末其委则似,而其本其源则已失之。"这可视为汪绂治学的精髓要义。汪绂开创双池学派,这一学派"以居敬、穷理、力行为宗旨"。传人有余元遴及其子余龙光等。由于汪绂在考据学上取得的卓越成就,后人也将其视为徽派朴学的先驱者。

汪绂所写的碑传主要收在《双池文集》卷八中,有十五篇。汪绂写作这些碑传的原因大致有三：一是传主是汪绂的师友，汪绂为纪念他们而为其人作碑传，如《沈卧庵传》《郑朝选传》《余淡庵传》；二是汪绂敬仰其人，觉得这些人的事迹不应湮没无闻，而应传之于后，因而为其作传，如《余子畴传》；三是受人之托，因人之请，而为其作传，如《金千兵墓志铭》《赠中宪大夫朱凤仪墓志铭》；四是借某个人的言行事迹来抒发自己的观点看法，如《佣者赵百万传》《贵阳王三丰传》。

汪绂的碑传内容比较丰富，各色人物都有所呈现。但与其他朴学家相比，汪绂笔下没有达官显贵的传记，而更多的是卑微无名的小人物，这和汪绂长期处于社会底层的生活经历有关。其中一些碑传记录了几位科第失败或者沉沦下僚的普通士人，如《沈卧庵传》《郑朝选传》《余淡庵传》《汪宗典传》《乡进士吏部候选知县泉溪讳德恬余公行状》，汪绂赞扬他们的美好品德，对他们的沉沦坎坷抱有极大的同情。《余子畴传》记述的是一位明代遗民，汪绂在字里行间对他坚贞不拔、不仕异族的精神十分赞赏，这篇传记可以让我们从一个人身上窥见明遗民的精神世界以及明末清初的历史变迁。再如《佣者赵百万传》，反映出汪绂对这些社会底层人物的关注以及汪绂本人对富贵贫贱的达观态度。

汪绂虽未登仕途，但生活经历丰富曲折，接触了三教九流的人物，所以在汪绂的碑传中有一些奇人异人的传记，如《贵阳王三丰传》。王三丰是一个生平奇特的人物，因意外获得异术，多有神怪变幻之事，让人难以捉摸，不过汪绂却借此指出异术并不可信，人们不应该迷惑于一些怪诞奇异的假象。文章一开头介绍了王三丰的家庭出身以及遇到异人张三丰传以奇术的事情，王三丰因此开始潜心修炼，之后便失踪不见了很长时间。二十余年后贵阳瘟疫流行，王三丰再次出现，并且散施药物，救治病人。令人惊讶的是，王三丰的容貌在经过这么长时间以后没什么变化，于是人们都认为他已经成仙得道。然后汪绂又写了王三丰回来之后的一些奇特表现。"然或隐或现，靡有定所。人或店患厉虐病疾，欲延王生，不得，则焚香火密祝祷之，王生适随以至，贵阳人益神之。或数家同祷，而王生一时遍至；或方留此家熟睡，而彼家复有王生医病;然亦往往而不至。"总之是"怪怪幻幻,不可致诘"。汪绂用简略的语言描写了王三丰的奇异事迹,之后汪绂又叙述了一件比较具体的事情来表现王三丰的神奇与不可捉摸。有关王三丰的故事,汪绂得之于传闻。他对此持怀疑态度。在说完王三丰的事迹后,汪绂又讲了他亲眼所见的另外一件事:有一个农家子弟偶食异物,从此行为表现不同以前,众人认为他成仙得道;但不久以后此人就身上长疮,不成人样了,众人只能抛弃他,把他赶走。通过比较这两件事,汪绂认为成仙得道、白日飞升这种事绝不可信。从这篇文章中我们能看到作为一个杰出学者的汪绂思想中所闪烁的理性光辉。

第二节 江永与戴震

徽州朴学之逐渐形成流派始于江永(1681—1762),江永卒后,钱大昕、刘大櫆都曾为之作传(分见《潜研堂文集》卷三九,《海峰文集》卷六),王昶为其作《墓志铭》(见《春融堂集》卷五五),而以其嫡传弟子戴震的《江慎修先生事略状》最能传其学术大略:

> 先生姓江氏,名永,字慎修,婺源之江湾人。少就外傅时,与里中童子治世俗学。一日,见明丘氏《大学衍义补》之书,内征引《周礼》,奇之。求诸积书家,得写《周礼》正文,朝夕讽诵。自是遂精心于前人所合集《十三经注疏》者,而于《三礼》尤功深。先生以朱子晚年治《礼》,为《仪礼经传通释》,书未就,虽黄氏杨氏,相继纂续,犹多阙漏,其书非完。乃为之广摭博讨,一从《周官经》大宗伯吉、凶、宾、军、嘉五礼旧次,使三代礼仪之盛,大纲细目,井然可观。于今题曰《礼经纲目》,凡数易稿而后定。值朝廷开馆定《三礼义疏》,纂修诸臣闻先生是书,檄下郡县,录送以备参订,知者亦稍稍传写。先生读书,好深思,长于比勘、步算、钟律、声韵尤明。处里党,以孝弟仁让躬先。
>
> 其于宣城梅氏所言岁时消长,见歧未定也,则正之曰:日平行于

黄道,是为恒气、恒岁,实因有本轮、均轮、高冲之差而生盈缩,为之视行。视行者,日之实体所至,而平行者,本轮之心也。以视行加减平行,故定气时刻多寡不同。高冲为缩末盈初之端,岁有推移,故定气时刻之多寡且岁岁不同。而恒气、恒岁,实终古无增损也。当以恒者为率,随其时之高冲,以算定气,而岁实消长可弗论。犹之月有平朔、平望之策,以求定朔、定望,而此月与彼月多于朔策几何,少于朔策几何,俱不计也。

于《管子》书五声征、羽、宫、商、角之序,《吕氏春秋》称伶伦作律,先为黄钟之宫,次制十二筒以别十二律,则据以正《淮南·天文训》及《汉书·律历志》之谬。其说曰:黄钟之宫,黄钟半律也,即后世所谓黄钟清声是也。唐时《风雅十二诗谱》以清黄起调毕曲。琴家正宫调,黄钟不在大弦而在第三弦。正黄钟之宫,为律本遗意,亦声律自然,今古不异理也。《国语》伶州鸠因论七律而及武王之四乐,夷则、无射曰上宫,黄钟、太簇曰下宫。盖律长者用其清声,律短者用其浊声。古乐用钧之法既亡,而因端可推。《韩子·外储说篇》曰:"夫瑟以小弦为大声,大弦为小声。虽诡其词以讽,然因是知古者调瑟之法。黄钟、大吕、太簇、夹钟、姑洗、仲吕、蕤宾用半而居小弦,林钟、夷则、南吕、无射、应钟用全而居大弦,此皆合之以管吕论声律相生者始明也。"先生言乐律,实汉已降二千年莫知关究者,如此为书以论。

古韵起于吴才老,而昆山顾氏据证尤精博。先生则谓顾氏考古之功多,审音之功浅。正顾氏分十部之疏,而分平、上、去三声十三部,入声八部。虞属鱼、模,又分之以属侯、幽,顾氏未之知也。先属元、寒,又分以属真、谆,而真已后十有四韵之当分为二,考之《三百篇》,用韵画然,顾氏未之审也。萧至豪四韵之读如今音者,一部也,又分以属侯、幽,在三百篇亦画然,而顾氏未审也。覃至盐属添、严,又分以属侵。自侵以后九韵,以侈敛当分为二,犹之真已后当分十有四韵为二也,顾氏亦一之。侯之正音近幽,顾氏不之审,而转其读以从虞。先生盖欲弥缝其书。

《易象》言往来上下者,后儒谓之卦变,说人人殊。先生曰:"《周易》以反对为序次,卦变当于反卦取之。否反为泰,泰反为否,故曰小往大来,曰大往小来,是其例也。凡曰来、曰下、曰反者,自反卦之外卦来居内卦也。曰往、曰上、曰进、曰升者,自反卦之内卦往居外卦也。"

后儒皆言古者寓兵于农,井田废而兵农始分。先生曰:"考之春秋时,兵农固已分矣。管仲参国伍鄙之法,齐三军出之士乡十有五,公与国子高子分率之,而鄙处之农不与也。为农者治田供税,不以隶于师旅也。乡田但有兵赋,无田税,似后世之军田屯田,此外更无养兵之费。晋之始惟一军,既而作二军,作三军,又作三行,作五军,既舍二军,旋作六军,以新军无帅,而复三军。其既增又损也,盖除其军籍,使之归农。若军尽出于农,则农民固在,安用屡易军制乎。随武子曰:'楚国荆尸而举,商、农、工、贾不败其业。'此农不从军之证也。鲁之作三军也,季氏取其乘之父兄子弟尽征之;孟氏取半焉,以其半归公;叔孙氏臣其子弟而以其父兄归公。所谓子弟者,兵之壮者也,父兄者,兵之老者也,皆其素在军籍,隶之卒乘者,非通国之父兄子弟也。其后舍中军,季氏择二,二子各一,皆尽征之,而贡于公。若民之为农者,出田税,自仍然归之君,故哀公曰:'二吾犹不足。'三家虽专,亦惟食其采邑,岂尝使通国之农尽属己哉?阳虎壬辰戒都车,令癸巳至此,又兵常近国都之证,其野处之农,固不为兵也。"

后儒为《深衣图考》者至数十家,大体相踵裳交解十二幅之讹,而续衽钩边,致滋异说。先生以《玉藻篇》明言衽当旁,则非前后之正幅也。以郑康成注曰"衽谓裳幅所交裂也",则在旁名衽者交裂,而余幅不交裂也。续衽者,裳之左旁,连合其衽。钩边者,裳之右旁,别用布一幅斜裁之,缀于后衽之上,使钩曲而前以揜裳际,汉时谓之曲裾,故康成注曰:"钩边若今曲裾也。"

经传中制度名物,先生必得其通证举视此。盖先生之学,自汉经师康成后,罕其侪匹。生平论著之梗概,如上数事,以足以见矣。卒年八十有二。所著书:《周礼疑义举要》六卷、《礼记训义择言》六卷、《深衣考误》一卷、《礼书纲目》八十八卷、《律吕阐微》十一卷、《春秋地理考实》四卷、《乡党图考》十一卷、《读书随笔》十二卷、《古韵标准》六卷、《四声切韵表》四卷、《音学辨微》一卷、《推步法解》五卷、《七政衍》《金水二星发微》《冬至权度恒气注》《历辨》《岁实消长辨》《历学补论》《中西合法拟草》各一卷,《近思录集注》十四卷。

先生尝一游京师,以同郡程编修恂延之至也。三礼馆总裁桐城方侍郎苞素负其学,及闻先生,愿得见,见则以所疑《士冠礼》《士昏礼》中数事为问,先生从容置答,乃大折服。而荆溪吴编修绂自其少于《礼》《仪》功深,及交于先生,质以《周礼》中疑义,先生是以有《周礼疑义举要》一书。此乾隆庚申、辛酉间也。

后数年,程吴诸君子已殁,先生家居寂然。值上方崇奖实学,命大臣举经术之儒。时婺源县知县陈公有子在朝为贵官,欲为先生进其书,来起先生。先生自顾颓然就老,谓无复可用;又昔至京师,所与游皆无在者,愈益感怆,乃辞谢。而与戴震书曰:驰逐名场非素心。卒不能强起。

其后,戴震尝入都,秦尚书蕙田客之,见书笥中有先生历学数篇,奇其书。戴震因为言先生。尚书撰《五礼通考》,摭先生说入观象授时一类,而《推步法解》则取全书载入,憾不获见先生《礼经纲目》也。

先生家故贫,其居乡,尝援《春秋传》"丰年补败"之义,语乡之人于是相与共输若田,设立义仓,行之且三十年,一乡之民,不知有饥。自古积粟之法,莫善于在民,莫不善于在官。使民自相补救,卒无胥吏之扰,此先生善于为乡之人谋者。

　　乾隆二十七年五月,休宁戴震次先生治经要略,著书卷数。先生生康熙辛酉年七月十七日,卒于乾隆壬午年三月十三日。遗书二十余种,缮写成帙,藏于其家。书未广播,恐就逸坠,不得集太史氏,敢以状私于执事。谨状。

戴震《传状》,最富学术价值,不但对江永的学术著作已有整理的一一注录,对其在《礼》学、数学、吕律、音韵、文物典章等方面的学术贡献一一作了要言不烦的说明,特别强调其"乐律"之学,解决了"汉已降二千年莫知关究"的难题。

江永著作总数达二百八十余卷。在数学、天文方面,所著有《推步法解》《七政衍》《金水二星发微》《冬至权度恒气注》《历辨》《岁实消长辨》《历学补论》《中西合法拟草》(见戴震《传状》),在三礼研究方面,有《周礼疑义举要》《礼书纲目》等,律吕方面有《律吕阐微》,均以考据见长,开徽派经学研究的风气。又精于音理,注重审音。尤其是对三礼的研究,精思博考,发现前人之所未发现。乾隆间,儒臣纂修《三礼疏》,礼部取江永所著《礼经纲目》考订,并请江永赴京答解疑义。他长于比勘,所著《古韵标准》一书定古韵为十三部,又著有《音学辨微》《四声切韵表》,论述等韵学及韵书中分韵的原理,对研究中国古韵有重要创见,对后代有重大影响。名物制度方面,取《论语·乡党》有关内容,分图谱、圣道、朝聘、宫室、衣服、饮食、器用、仪节、杂典九类加以诠释,其中于宫室、衣服、饮食诸门尤详;《四书典林》三十卷,书内共题七百三十余;后又作《四书古人典林》十二卷。还著有《深衣考误》一卷,《礼记训义释言》八卷,《河洛精蕴》九卷,《孔子年谱辑注》一卷,《群经补义》五卷,《仪礼释例》一卷,《仪礼释宫谱增注》一卷,《读书随笔》二卷,《兰棱萧氏二书》三卷,《卜易圆机》九卷及《论语琐言》《纪元部表》《慎斋文钞集》等。

尤为可贵的是,江永每著一书,既能采择前人的长处,又有自己独创的见解,成一家之言。乾隆三十八年(1773),清廷编纂《四库全书》,江永的著作被四库馆采入的达十六种凡一百六十六卷之多。他的著作大多被《四库全书总目》评为"考证精核""持义多允,非深于古义者不能也"。

江永之学,博大精深,涉及自然科学如数学、历法等在内的众多领域。能传承其学而又发扬光大之并形成独立体系者为休宁戴震。

有关戴震的碑传非常丰富,如洪榜《戴先生行状》(《初堂遗稿》)、钱大昕《戴震先生传》(《潜研堂文集》卷三十九)、余廷灿《戴东原先生事略》(《存吾文稿》卷四)、王昶《戴东原先生墓志铭》(《春融堂集卷》五十五)、任兆麟《戴东原先生墓表》(《有竹居集》卷十)、江藩《戴震传》(《国朝汉学师承记》卷五)等以记生平和小学成就为主;阮元《戴震传》(《畴人传》卷四)较注重其数学和历法方面的贡献;段玉裁《戴震先生年谱》按年记载戴氏学行(今人魏建功《戴东原年谱》有进一步补充)。相比较而言,凌廷堪《戴东原先生事略状》把戴震学术归纳为"小学、测算、典章制度"三个大的方面,并逐次论述其成就,较为全面:

> 东原先生卒后之六年,廷堪始游京师,洗马大兴翁覃溪授以《戴氏遗书》,读而好之。又数年,廷堪同县程君易田复为言先生为学之始末。深惜与先生生并世,而不获接先生之席也。
>
> 自宋以来,儒者多剽袭释氏之言之精者,以说吾圣人之遗经。其所谓学,不求之于经,而但求之于理;不求之于故训、典章、制度,而但求之于心。好古之士虽欲矫其非,然仅取汉人传注之一名一物而辗转考证之,则又烦细而不能至于道。于是乎有汉儒之经学、宋儒经学之分。一主于故训,一主于理义也。先生则谓理义不可舍经而空凭胸臆,必求之于古经。求之古经而遗文垂绝,今古悬隔,然后求之故训。故训明则古经明,古经明则贤人圣人之理义明,而我心之所同然者,乃因之而明。理义非他,存乎典章制度者也。彼歧故训、理义而二之,是故训非以明理义,而故训何为?理义不存乎典章制度,势必流入于异学曲说而不自知。故其为学,先求之于古六书九数,继乃求之于典章制度。以古人之义释古人之书,不以己见参之,不以后世之意度之,既通其辞,始求其心,然后古圣贤之心不为异学曲说所汩乱。盖孟荀以还所未有也。学成乃著书以诏后之学

者,不幸哲人遽萎,书多未就。今案其遗编,学之大者犹可考见,特惧读之者不得其旨要之所在,以矜奇炫博遇之不然,或与妄庸巨子讥骂洛、闽者等视而齐观,则先生之学由此而晦矣。廷堪于先生为同郡后生,爰综其论著及生平出处之大略,缀缉成篇,聊自附于私淑之末,并以备他日采择焉。

先生姓戴氏,讳震,字东原,休宁之隆阜人也。生九岁始能言,年十余入乡塾读《诗》,即为小戎图,观者咸讶其详核。时婺源江君永,精《礼经》及推步、钟律、音声、文字之学,先生偕其县人郑牧、歙人汪肇漋、方矩、汪凤梧、金榜师事之,而先生独能得其全。将三十始为诸生。乾隆十九年,以避雠入都,是时先生之学已大成,在都数年,北方学者如献县纪尚书昀、大兴朱学士筠,南方学者如嘉定钱少詹大昕、余姚卢学士文弨、青浦王侍郎昶等,皆在馆职,交爱重之,先生亦不吝为之讲说。无锡秦尚书蕙田纂《五礼通考》,先生实任其事。二十二年,归自京师,客扬州卢运使见曾所,与元和惠征君栋论学有合。二十七年,应江宁乡试,青田韩锡胙为同考官,得先生文异之,亟荐于主司,遂中式。屡试礼部不第。游汾晋间,廷堪座主朱石君先生时为山西布政使,延之撰方志,礼遇有加焉。三十八年,天子稽古右文,开四库馆,征海内淹贯之士,司编校之役,金坛于文襄敏中,以先生名应诏,充《永乐大典》纂修官。四十年,命与会试中式举人一体殿试,赐同进士出身,改翰林院庶吉士。未散馆于四十二年夏五月卒于京邸,年五十有五。以弟霖之子中孚为后。

先生之学无所不通,而其所由以至道者,则有三:曰小学,曰测算,曰典章制度。其小学之书有《声韵考》四卷、《声类表》十卷、《方言疏证》十三卷。自汉以来,不明故训音声之原,以致古籍传写误其涵澊莫辨,先生则谓《诗》"劳心惨兮",惨本懆字之讹,而《释文》以为七感反之类,皆文字先误,因而误其音声者也。又有"鹭雉鸣",鹭《释文》本音以水反,从唯得声,后水讹作小,《广韵》遂收入三十小之类,皆文字不误,因传写而递讹音声者也。音声误,故训或因之而误矣。夫字书主于故训,韵书主于音声,二者恒相因。音声有不随故训变者,则一音或数义;音声有随故训变者,则一字或数音。其例或义由声出,或声同义别,或声义各别,唯洞究其旨,凡异字异音绝不相通者,其误自能别之,庶释经论字不至茫然失据也。

自汉以来,转注之说失传,徐铉、徐锴、郑樵、戴仲达、周伯琦皆穿凿附会,不得其解。而萧楚、张有诸人,以转声为转注之论为尤谬。虽好古如顾炎武,亦不复深省。先生则谓指事、象形、谐声、会意四者为书之体,假借、转注二者为书之用。一字具数用者为假借,依于义以引伸,依于声而旁寄,假此以施于彼也,数字共一用者为转注。如初、哉、首、基之皆为始,卬、吾、台、予之皆为我,其义转相为注也。转注与假借正相反,《说文》于考字训之曰老也,于老字训之曰考也,即转相为注也。以《说文》证《说文》,可不复致异矣。

自汉以来,古音寖微,学者于六书谐声之故,靡所从入。《广韵》东冬、钟江、真谆、臻文、欣元、魂痕、寒桓、删山、先仙、阳唐、庚耕、清青、蒸登侵、覃谈、盐添、咸衔、严凡,共三十五年韵有入声外,此如支脂等二十二韵无入声。顾氏《古音表》反是。先生则谓有入无入之韵,当两两相配,以入声为之枢纽。真以下十四韵,与脂微齐皆灰五韵同。入声东以下四韵及阳以下八韵,与支之佳咍萧宵肴豪尤侯幽十一韵同。入声侵以下九韵之入声,则从《广韵》无与之配。鱼虞模歌戈麻六韵,《广韵》无入声,今同以铎为入声,不与唐相配。而古音递转,及六书谐声之故,胥可由此得之,皆古人所未发也。

其测算之书,有《原象》四篇、《迎日推策记》一篇、《勾股割圜记》三篇、《续天文略》三卷、《策算》一卷。自汉以来,畴人不知有黄极,西士入中国,始云赤道极之外,又有黄道极,是为七政恒星右旋之枢,诧为六经所未有。先生则谓西人所云赤极即《周髀》之正北极也,黄极即《周髀》之北极璇玑也。《虞夏书》:"在璇玑玉衡以齐七政。"盖设璿玑以拟黄道极也。黄极在柱史星东南上弼少弼之间,终古不随岁差而改,赤极居中,黄极环绕其外。《周髀》固已言之,不始于西人也。又月建所指,亦谓黄极。夫北极璿玑,冬至夜半恒指子,春分夜半恒指卯,夏至夜半恒指午,秋分夜半恒指酉。以《周髀》四游所极推之,则月建十有二辰,为黄极夜半所指,显然汉人以为斗杓移辰者非也。

自汉以来,月之九道史虽载之,而在若明若昧之间。郭守敬以月道为白道,九道之说遂废。西人于月行之迟疾加减至有四轮,亦未能言九道之义也。先生则谓月道出入黄道内外。二十七日有奇而交道一终。交终不复于原处,其差一度半弱。每年之差,自东而西十九度强。古法有九道八行,所以考其差也。借青朱白黑以别之,借八节之名以名之。如交入阴律在黄道冬至立冬,半交必在春分立春,为二青道。交退在秋分立秋,半交必在冬至立冬,为二黑道。交退在夏至立夏,半交必在秋分立秋,为二白道。交退在春分立春,半交必在夏至立夏,为二朱道。以四年过半循二道,十八年过半八行一周。其交道出入,当交、半交去赤道远近交差,每月在某次两交与朔望不齐,皆于是考焉。此古法之废而宜举者也。

自汉以来,九数佚于秦火,儒者测天,多不能尽勾股之蕴。明末,西人传弧三角之术,推步始为精密。其三边求角及两边夹一角,求对角之边加减捷法,梅氏用平仪之理为图阐之,可谓剖析渊微,然用余弦折半为中数,则过象限与不过象限,有相加减之殊,犹未为甚捷也。先生则谓,用余弦者或加或减,易生歧惑,乃立新术,用总较两弧之矢,相较折半为中数,则一例用减,更减而捷矣。盖余弦者,矢之余也。八线法弧小则余弦大,弧大则余弦小,弧若大过象限九十度,则余弦反由小而渐大。唯矢不然,弧小则矢小,弧大则矢大,弧若大过象限九十度,则矢更随之而大,是矢与弧大小相应,不似余弦之参差,故以易之。此立法之根,先生所不言者,亦皆古人所未发也。

其典章制度之书未成。有《文集》十二卷,《考工记图》二卷,《毛郑诗考正》四卷,《诗经补注》仅《二南》二卷,《屈原赋戴氏注》七卷,《通释》二卷。考证之精者,多散见其中。至于《原善》三篇、《孟子字义疏证》三卷,皆标举古义,以刊正宋儒,所谓由故训而明理义者,盖先生至道之书也。又因西人龙尾车法作《嬴旋车记》,因西人引重法作《自转车记》,皆见文集。其地理之学仅《水地记》一卷。《礼经》及钟律之学未著书,故不得轮次云。其在馆所校,如《仪礼集释》《仪礼识误》《大戴礼记》《水经注》《周髀算经》《九章算术》《海岛算经》《孙子算经》《五曹算经》《夏侯阳算经》《张丘建算经》《五经算术》《缉古算经》《数术记遗》《孟子赵注》《孟子音义》《方言》诸书,皆详慎不苟。《周髀》《九章》为之补其图,《五曹》为之订其误,而《大戴礼记》《水经注》则又旧所勘定者也。先生卒后,其小学之学则有高邮王给事念孙、金坛段大令玉裁传之;测算之学则有曲阜孔检讨广森传之;典章制度之学则有兴化任御史大椿传之,皆其弟子也。先生于读书知条贯者,就其学之浅深高下,或引而友之,或进而教之,循循如不及。非是族也,虽负理学盛名,及以诗古文自雄者,悉挥斥之,未尝少假辞色焉。

先生所著书,文辞渊奥,兼多微见,其端留以俟学者之自悟。今取其发古人所未发者,稍稍表出之,非敢谓能举其大也,亦非敢有所损益去取也。昔河间献王实事求是,夫实事在前,吾所谓是者,人不能强辞而非之,吾所谓非者,人不能强辞而是之也,如六书九数及典章制度之学是也。虚理在前,吾所谓是者,人既可别持一说以为非,吾所谓非者,人亦可别持一说以为是也,如义理之学是也。故于先生之实学,诠列如左。而理义固先生晚年极精之诣,非造其境者,亦无由知其是非也。其书具在,俟后人之定论云尔。谨状。(《校礼堂文集》卷三十五)

戴震(1723—1777),字慎修,一字东原,号杲溪,安徽休宁人。戴震出身徽州小商贾之家,他的父亲是布商,在外经商,所以戴震曾经在1724年至1742年之间居于江西南丰。他早年入私塾学习即显示了过人的才华。读书不喜欢人云亦云,死守前人传注解释,而是探本溯源,主张"读书必先识字",即将每个字意义彻底弄明白。他曾精研《说文解字》,"又取《尔雅》《方言》及汉儒传、注、笺之存于今者参伍考究,一字之义,必本六书,贯群经以为定诂,由是尽通"。"读书必先识字"也成为戴震及其后学的一个重要治学方法并上升到方法论意义上,这从根本上堵塞了宋儒那种离开本义解释经传、言心言信的独断主义。同时戴震博闻强记,后来曾对其弟子段玉裁说他十七岁时即能背诵《十三经注疏》,自言"余于疏不尽记,经、注则无不能背诵也",可见其学术基础之扎实、根底的深厚。

戴震二十岁时返回家乡,就学于学者汪凤梧家。汪家富于藏书,且延致江永等学者,并为到他那里学习的人提供衣食等物质条件,因此一大批好学之士聚集其中。戴震师从江永,向他学习数学、音韵学、天文历算等,并与程瑶田、金榜、郑牧、汪肇龙、方矩等同学,学问日有长进。戴震的这些同学日后也都取得了一定成就,在徽州的学术史上占有相当重要的地位。二十九岁时戴震被补为县学生员。乾隆十九年(1754)为躲避仇家迫害,戴震脱身入都,然后在京城结识了钱大昕。经钱大昕介绍推荐,戴震认识了当时活跃在京师学术界的一大批知名学者,与王鸣盛、朱筠、纪昀、卢文弨、王昶等人交往频繁,共同研讨学问,戴震也以其渊博学识赢得了这些人的由衷赞赏,因而声名鹊起,海内皆知戴先生。戴震因钱大昕的举荐,受聘于秦蕙田,帮助其编纂《五礼通考》,为其解决了修书过程中遇到的各种数学推算上的难题,秦蕙田多将戴震的说法采入书中。之后戴震又受聘于王安国,教其子王念孙读书,后来王念孙成为传承戴氏学术的考据学大师。

乾隆二十二年(1757)戴震受聘于卢见曾,在扬州住了数年。其间戴震结识了惠栋。与惠栋的往复论学使戴震的学术思想开始发生巨大变化。乾隆二十七年(1762),戴震乡试中举。之后他多次参加会试考试都没有考中,其间他曾到山西修纂《汾州府志》和《汾阳县志》，五十一岁时主讲浙江金华书院，后由纪昀等人推荐，入《四库全书》馆任纂修官，专门负责校订天文、历法、地理、数学等方面的书籍。由于其校勘修纂成就突出，清高宗准许戴震与乙未贡士一体殿试，赐同进士出身，授翰林院庶吉士；但戴震本人对被召进四库馆表示不耐烦（见戴震《与段玉裁书》）。此后他一直致力于《四库全书》的修纂工作，终因积劳成疾，病逝于任上。

戴震是一位重要的反理学的思想家，他也因此受到后人的重视，认为其超越其他朴学家的地方就在于此，他作为思想家的名声甚至超过了作为朴学家的名声。本来，戴震的家乡徽州号称"程朱阙里""东南邹鲁"，是程朱理学特别盛行的区域，宋元明清以来传承信奉者不计其数，有人称其学风是"一以先师朱子为归。凡六经传注，诸子百氏之书，非经朱子论定者，父兄不以为教，子弟不以为学"，人们"一言一动必宗朱子，不可有片言之违""读朱子之书，取朱子之教，秉朱子之礼"。在理学氛围如此浓厚的徽州地区成长生活的戴震居然走上反对理学的道路，戴震的思想其实经历了一番重要转变。江永一生笃信朱子，并著《近思录集注》弘扬程朱理学。戴震师从江永，对待程朱理学的态度不能不受江永的影响。我们从戴震早年的著作看，他对程朱并未表示多少怀疑。

戴震之所以由部分认可转为从理论上猛烈抨击理学，梁启超、胡适认为戴震是受颜李学派的影响，有人认为与惠栋有关。不管戴震具体是受谁的影响，最重要的是随着戴震生活阅历的丰富以及对社会生活认识的提高，程朱理学这种在当时已经失去活力成为压抑人性的统治思想的哲学在他心目中自然逐渐丧失了其神圣地位。"存天理、灭人欲""饿死事小，失节事大"的毫无人性可言的"理学人性论"，在徽州流传最广，也毒害最深。据《光绪休宁县志》记载，清代从开国到光绪年间，仅休宁一县的烈妇就高达 2817 人之多①。而照最宽的估计，清代休宁年平均人口只有 10 万人左右，其烈妇的平均数目

---

① 《道光休宁县志·人物传·列女》，清末刻本。

为年人口数的9.2%左右。戴震身处下层,有关家乡徽州的殉节故事,他听得最多,也最令他触目惊心,难以释怀。对在"理学人性论"毒害、摧残下的弱者、卑者,特别是广大妇女的处境感同身受,心理上受到极大震撼。冯友兰先生认为,"戴震一生受过三重迫害。封建社会中名教的迫害是第一层。他父亲是个小商人,他本人也曾随父经商。在封建社会中,商人是最低的阶层,在政治上、社会上比四民中的士、农都受到更多的歧视和不公平的待遇。这是戴震所受的第二重迫害。在清朝初期的文字狱中,戴震曾受到胡中藻《坚磨生诗钞》案的牵连,十多年不敢出头露面,这是他所受的第三层迫害"(《中国哲学史新编》第六册44页)。戴震指斥理学家"以理杀人"除学理上的原因外,更有社会原因,冯友兰分析比梁启超、胡适等远为深刻。戴震在思想成熟期,写出了《原善》《孟子字义疏证》等著作,与程朱理学彻底决裂;在这些著作中他提出了"气化流行,生生不息,是故谓之道"的见解,认为理就是条理,而宋明理学家的所谓"天理",不同于原始儒家经典中的理。他指出:"就事物言,非事物之外别有理义也。"他认为没有独立于事物之外的所谓"理"。在为学方法上,他批评宋儒"恃胸臆为断,故其袭取者多谬,而不谬者在其所弃"(《与某书》,《戴震全集》第六册495页),抨击程朱"以理为气之主宰"是"诬圣乱经",痛斥理学家的"存天理,灭人欲"之说是"适成忍而残杀之具"。《孟子字义疏证》指出:

> 《记》曰:"饮食男女,人之大欲存焉。"圣人治天下,体民之情,遂民之欲,而王道备……而宋儒"理""欲"之分,人人能言之。尊者以理责卑,长者以理责幼,贵者以理责贱,虽失谓之顺;卑者、幼者、贱者以理争之,虽得谓之逆。于是下之人不能天下之同情、天下所同欲达之于上。上以理责其下,而在下之罪人,人不可胜数。人死于法,犹有怜之者;死于理,其谁怜之!(卷上)
>
> (程朱)于是辩乎"理""欲"之分,谓"不出于理则出于欲,不出于欲则出于理",虽视人之饥寒号呼,男女哀怨,以至垂暮冀生,无非"人欲",空指一绝情之惑者为天理之本然,存之于心。……此"理"

"欲"之辩,适成忍而残杀之具,为祸又如是!(卷下)

　　今既截然分"理""欲"为二,治己以不出于"欲"为"理",治人亦比以不出于"欲"为"理",举凡民之饥寒愁怨、饮食男女、常情隐曲之感,咸视为"人欲"之甚轻之矣。轻其所轻,乃"吾重天理也,公义也",言虽美,而用之治人,则祸其人。……此"理""欲"之辩,适以穷天下之人转移为欺伪之人,为祸何可胜言也哉!(同上)

与理学家针锋相对,他提出了"欲,其物;理,其则也"的观点,认为"凡事为皆有于欲,无欲则无为矣。有欲而后有为,有为而归于至当不可易之谓理。无欲无为,又焉有理?""理也者,情之不爽失也,未有情不得而理得者也。""今以情之不爽失为理,是理者存乎欲者也。"从而建立起闪耀着人道主义光辉的哲学思想。唯其是从理学内部进行入手,有充分的学理根据,他的批判才显得特别震撼人心。

但在考据学盛行的乾嘉时期,戴震的考据学大受追捧,但其哲学却备受冷落,甚至遭到无情奚落和指责,如同在四库馆任职的姚鼐当时就曾猛烈攻击他,说他"言考证岂不佳,而欲言义理以夺洛、闽之席,可谓愚妄不自量之甚矣"(见《姚姬传尺牍》)。即便是思想较开明的凌廷堪,在《戴东原先生事略状》里也只是说:"而理义固先生晚年极精之诣,非造其境者,亦无由知其是非也。其书具在,俟后人之定论云尔。"既无传人,也少有支持者,直到近代人们才从新开始重视他的哲学思想。蔡元培先生《中国伦理学史》有专章论"戴东原的伦理学",对其反理学思想作了高度评价,持论谨严。其后胡适专门写了《戴东原的哲学》(见《胡适文存》)进一步发挥表彰之。今人研究戴震哲学和伦理学者甚众,以冯友兰、周辅成等人的成就最为突出。

戴震之所以提出不同于程朱理学的一套哲学思想,这与他的治学观念以及研究方法也有关系。戴震治学反复强调"以字通词,以词通道"的研究路径,认为:"经之至道者也,所以明道者,其词也。所以成词者,字也。由字以通其词,由词以通其道,必有渐。"也就是由考据的路径而最终走向研究义理。据此首先要细心地对儒家经典进行字句的诠释、名物制度的考据,这样才能发掘出经典之中蕴涵的"义理"。而且戴震还强调了天文学、数学、地理学、考古学、音律学等不同学科研究在解释经典中的重要作用。戴震治学涉及领域广博,于小学、经学、天文、历法、数学、音律、机械、历史、地理都有研究。他认为,考据只是一种手段,不是最终目的,从考据出发又必须不囿于考据,在考据的基础上"闻道"才是最终目的,也就是揭示儒家经典中的义理,阐发自己的哲学观点。因而他主张以字考经,以经考义,既反对理学家空疏不学、游谈无根以及将释老等"异端"学说混入儒家经典的解释,也批评当时的朴学家"故训非以明理,而故训胡为",也就是为考据而考据,对世道人心漠不关心的态度。

戴震在他涉猎的各个学科都取得了卓越成就,从而成为"百科全书式的学者",为后人留下了一笔宝贵的遗产。并且从戴震起,朴学中开始有"徽派"之称。可以说,乾嘉学派中的"徽派"开创于江永,而光大于戴震。"徽派"不只是包括安徽籍的学者,如程瑶田、金榜、洪榜等人,还包括段玉裁、王念孙、孔广森等人,更重要的是徽派学者基本遵循戴震开创的治学范式。他们既重视经籍的注释工作,又较多地阐发个人的思想,也就是在语言文字的考证训诂之外,尤其强调领会经典的本义以把握古代圣贤的心智,并阐释他们在哲学、伦理、政治等方面的看法。"徽派"影响巨大且深远,在清代朴学的发展中取得了最卓越的成就。

戴震主要著述有《声韵考》《六书》《声类表》《方言疏证》《原象》《迎日推策记》《勾股割圜记》《历问》《古历考》《续天文略》《策算》《诗经二南补注》《毛郑诗考正》《尚书义考》《仪经考正》《春秋即位改元考》《大学补注》《尔雅文字考》《经考》《水经注》《九章补图》《屈原赋注》《原善》《孟子字义疏证》《中庸补注》《考工记图》《水地记》《绪言》《直隶河渠书》《气穴记》《藏府算经论》《葬法赘言》《文集》等,共计五十余种。

《东原文集》是戴震单篇文章的合集,卷十二所收的是戴震所作的碑传,总共有十八篇,以记师友的学术性传记最为重要,如上引《江慎修先生事略状》,另有《昆山诸君墓志铭》《戴童子圹铭》,其中一些对于学术研究来说是重要的参考资料。《江慎修先生事略状》是他为自己的老师江永所作的传记,文中简明扼要地记述了江永的生平、学说及著作,尤其突出介绍了江永在学术上的一些重要观点,这篇文章是我们研究江永生平、思想及学说的重要资料,也是我们研究清代学术史的重要参考文献。在这篇传记中,戴震介绍江永的学术大端,自然流露出他对江永敬仰推崇之情,是研究江永最重要的文献。因戴震并未在文中介绍,未提及他跟随江永学习的情况,他与江永的师生关系还需要人们进一步深入地探讨研究。

《光禄大夫工部尚书太子少傅裘文达公墓志铭》的传主是乾隆年间的显宦兼学者裘曰修。裘曰修曾参与并主持编纂了乾隆年间一些重要的书籍如《西清古鉴》《秘殿珠林》《石渠宝笈》《钱录》等,也是《四库全书》的总裁之一。戴震参与《四库全书》的修纂也是出于裘曰修等人推荐。而裘曰修生平最显著的功绩是治水,凡南北河渠水利,莫不了如指掌,频使江南、河南、直隶诸省勘查水利,尽心经画,皆有成效。这篇墓志铭对我们了解这位乾隆时期的重臣及当时的历史有一定的参考价值。与之类似的传记还有《四川布政使司布政使李公墓志铭》。

戴震所做的碑传中有一部分所占比例比较大,就是他为一些名位不显、但有美好品德的人所做的碑传。如《张义士传》《王廉士传》《养浩毛先生传》《例增宣武大夫王公墓表》《鹤岑胡公墓志铭》等,其中几篇出自《汾州府志》《汾阳县志》,是戴震为修志所作。这些传记碑志一个比较明显的特色是,戴震在叙述人物生平前会引经据典地强调:虽然有些人既非高官显宦,又无显赫事迹,但却有嘉言懿行值得称道,需要有人写文章表彰他们,将这些人的名字事迹传之后世。"《周官经》之法,敬敏任恤者则书之,孝弟睦姻者则书之,其取于人也率以是,然则行之可表著其即在是矣。"这可以说是戴震写这些传记的宗旨。这些传记所写的一般是当地乡绅,家资较厚,而这些人品德优良,或者散财赈济灾民,或者出钱周济乡里族众,或者救人于危难之中,都是为人所称道的善人义士。这些碑传反映了戴震对这些普通人优良品格的赞叹欣赏,我们也可从中了解清代民间社会的一些情况。此外,戴震在《辑五王先生墓志铭》这篇文章中抨击了科举制度,认为科举败坏人才,使读书人抛弃实学实行而争名逐利。科举与理学互为表里,用八股科举推销理学,用理学来统一天下士子的头脑,是戴震所处时代统治阶级"博大和恶辣"的文化统治政策的根本特点。戴震本人也曾多次参加科举,以他的大才却屡次名落孙山,他对于其中的弊端应该是看得比较清楚的,因而满腔愤懑在此文中喷薄而出,读来不禁让人感慨。

戴震并不以文学名家,但他的这些碑传有较高文献价值。戴震本人就是研究清代学术史的一大热点,这些传记可以帮助我们更深入、更全面地了解戴震的思想及其变化。他笔下的碑传记录了清初到清中期的许多史实,反映了这一时期的历史变迁,是珍贵的研究参考资料。特别是有关江永的生平及学术大端,既可以帮助我们探究江永的学术,也可以使我们了解戴震学术的渊源。

第三节　程瑶田与凌廷堪

程瑶田(1725—1814)是能继承江永之学的又一代表人物,特别是在中国古代名物典章制度及古乐谱方面多有发复,如《琴音记》传一代绝学。夏炘《程瑶田别传》(《国朝耆献类征初编》卷二百五十八)云:

> 程先生讳瑶田,字易畴,歙县人。与休宁戴震、同邑金榜俱学于婺源慎修江氏。先生质鲁,读书百遍或不能成诵,然好深沉之思,平居鸡鸣而起,然灯达旦,夜分就寝,数十年如一日。其学长于涵泳经文,得其真解,不屑屑依傍传注,所著《通艺录》十九种,附录七种,义理、训诂、制度、名物、声律、象数之学无所不备。其尤精者,《仪礼》丧服缌麻章末"长殇中殇降一等"四句,郑氏以为传文;不杖期章"惟子不报"传文,"公妾以及士妾为其父母"传文,郑氏以为失误;大功章"大夫之妾为君之庶子,女子子嫁者未嫁者为世父母叔父母姑姊妹",旧读以大夫之妾为建首,下二为字贯之,郑氏谓女子别起贯下,

斥传文为不辞;先生皆一一援据经史,疏通证明,以规郑氏之失,成《仪礼丧服足征》。《考工记》诸言磬句磬折,郑君度直矩解之,致与前后经文不合,先生谓:"磬折不明,由于倨句不明;欲明倨句,先辨矩字。矩有直者有曲者,倨句之云,折其直矩而为曲矩,今木石工所用之曲尺是其遗制。"又曰:"车人为耒曰倨句磬折,鞫人为皋陶曰倨句磬折,匠人行奠水曰磬折,以参伍此三磬折,不见倨句之度者,同乎磬氏之倨句,一矩有半为磬折也。所以车人之事为倨句起例于半矩数,至一矩有半谓之磬,折下即接车人为耒一条弦,其折体之六尺六寸以定其弦之中,步为六尺以为凡,命曰磬折者之定衡,二经相连义取互足。"成《磬折古义》。自来言九谷者粱稷不分,郑氏注三礼及为诗笺独不详稷者多冒粟之名,先生则据《说文》"禾,嘉谷也""粟,嘉谷实也""米,粟实也""粱,米名也""稷,齐也,五谷之长"证粱即今之小米连稿者,曰:"禾实曰粟,粟实曰米。米曰粱,此谷古人贵之,故谓之嘉谷。稷即今之高粱,其种最先,故曰五谷之长。"成《九谷考》。皆前人所未言。其他《禹贡三江考》《沟洫疆理小记》《宗法小记》诸篇,皆据经文推阐以明郑注之确,其不苟同亦不苟异如此。九应乡试,乾隆庚寅恩科始登贤书。年六十四,选嘉定教谕,以身率教,廉洁自持。告归之日,钱宫詹大昕赠诗曰:"本是经人师,原无温饱志。"王光禄鸣盛赠诗云:"官惟当湖陆,师则新安程,一百五十载,卓然两先生。"其推敬可知矣。嘉庆元年制科举孝廉方正。平生以著述为事,年老目盲,犹口授孙等成《琴音记》。歌诗书法无一不妙,刘学博大櫆谓近体诗颇似宋人,七绝逼真山谷。著《书势五事》,梁侍讲同书谓发前人所未发。晚年遭长子丧,已逾期年,九十寿诞以心丧未除不受贺,其守礼如此。

程瑶田字易田,相传他出生时手上的纹路像一个"田"字,所以得名"田",后又改字易畴,号让堂,歙县人。他少年时入私塾读书,教书先生让学生们谈谈自己的志向。程瑶田回答说:"无志。穷达由天命。穷为匹夫,不得曰非吾志而却之也;达为卿相,不得曰吾志不及此而逃之也。"同时在座的人听闻这话都惊讶地站起身来,称赞程瑶田有着圣贤的志向。而程瑶田则反问他们:"读书不当师圣贤耶?"他喜欢对书中的内容作深入的思考,这使他时时别有心得。平时鸡一叫就起床读书,晚上挑灯学习一直到很晚,后半夜才上床就寝。经过数十年如一日辛苦地坚持,程瑶田的学问大有长进。后来他补诸生,入紫阳书院学习。当时学者郑虎文执掌书院,对程瑶田特别器重。乾隆十七年(1752),程瑶田到了汪梧凤的不疏园,与戴震、金榜等人一起跟随江永学习。他还是坚持自己勤能补拙的学习方式,每天天一亮就起床读书,因而几年间学问大进,为自己的学术研究打下了坚实的基础。

程瑶田像戴震一样,一生在科举功名上颇不得意,曾经九次参加乡试,直到乾隆三十五年(1770)在他四十六岁时才考中举人。然后过了十几年,直至乾隆五十三年(1788)他才被授予嘉定县教谕一职,当时程瑶田已经六十四岁了。他在任职的几年中以身作则,廉洁自持。辞官回家的时候,钱大昕、王鸣盛都写诗相赠以表达推重之情。告归以后,他继续以教书授徒为生。嘉庆元年(1796)他又被举为孝廉方正。晚年不幸双目失明,但他仍著述不辍,在孙辈的辅助下,以口授的形式写成《琴音记续编》一书。他九十岁时去世,在清代学者中可谓高寿。

程瑶田的重要学术贡献在于:他主张治学不应只埋头在故纸堆里,而是重视实物证明,专心格物,一虫一芥之微,无不穷其变态,在方法上已俨然有"用实物以整理史料"的精神,开创了传世文献与博物考古相结合的新道路。他可能是当时朴学家中最早重视文献与实物互相印证的学者。例如他为了考证《周礼》中所记载的"九谷"到底为何,不仅亲自到田间地头考察,向种地的老农请教,还自己种植各种农作物,广为采集实物标本进行辨析,以验证自己的想法。再如《诗经》有"螟蛉有子,蜾蠃负之"一句,螟蛉是种飞蛾,蜾蠃是细腰蜂,古人认为蜾蠃自己不产子,而是养螟蛉的幼虫为己子。程瑶田则实地考察细腰蜂的形态及生活习性。经过多次观察,程瑶田终于清楚了细腰蜂捕虫喂子的过程,破除了千年的误说。这种极为严谨的治学方法使他能突破经传注疏的藩篱,提出了一些新颖的观点。程瑶田在文字训诂方面造诣也很深,例如他研究"转语"多有发明,纠正了传注的一些错误。在乐律、地理、生物、农业种植、水利、兵器、农器、文字、音韵等领域,都有深入研究,堪称一代通儒。程瑶田治学受其师江永学宗汉宋的影响,虽重考证而不废义理,在研究成果中体现"徽派"义理、考据并重的特点,对义理之学有着自己独到的看法。此外程瑶田还善于作诗,作品清高绝俗,刘大櫆称其诗"五言得力渊明,最为高妙;七言从古乐府求;律诗取迳宋人;绝句逼真江西宗派,尤近涪翁矣"。

程瑶田在七十九岁的时候,将自己的著作进行整理编辑,汇为一套丛书,总名《通艺录》。《通艺录》淹博精深,引据确凿,持论精警,结论明确,纠正了不少传统文献的积误,恢复了有关事物的本来面目,代表着乾嘉朴学在名物训诂以及科学技术方面的研究水平。而且书中对古代名物的考订,绘图列表,便于稽寻。

《修辞余抄》是《通艺录》中一种,收入了他所作的碑传十六篇。其中《亡室行略》是为自己的亡妻所作。程瑶田的妻子徐氏与程瑶田共同生活了五十七年,感情十分深厚。徐氏孝顺公婆,博得程瑶田父母的一致夸赞。程瑶田兄弟众多,徐氏与姒娣们却能和睦相处,并且宽容对待下人。程瑶田不禁称赞徐氏"宜其家人""宜其家室"。程瑶田不知治生,徐氏却持家有道,勤俭为本,使家人免于冻馁之患。而且徐氏不慕荣利,谨守礼法,不迷信仙佛占卜,能揭穿江湖游医的骗术,多有超出一般妇人之处。对于相伴一生的妻子,程瑶田满怀敬爱之情。程瑶田所作的碑传中,最重要的一篇是《皇清太学生焦君墓志铭》,传主焦葱是清代重要学者焦循的父亲。文章中记载了焦葱的家世生平及其助人为乐的一些事情以及焦葱几位夫人的事迹。焦循是清代研究《易》学的大家,而这篇墓志铭中记述了其父焦葱就精通《易》学,而焦葱的易学是从其母王氏那里学来的,王氏则是得之家传,我们由此可知焦循《易》学的渊源所在。而且从文中我们也能看出焦氏有众多地产,而焦循不乐仕进也与他家资丰厚有关系。总之,这篇墓志铭是我们研究焦循家世及生平学术的重要文献。

由于程瑶田生长于理学氛围浓厚、宗法制度得到彻底贯彻的徽州地区，加上他师承江永，因而在他的思想中儒家礼教观念特别根深蒂固。程瑶田虽是相当开明的学者，思想中仍有落后反动的成分，我们要仔细甄别。

在《礼》学和乐律学方面作出重大贡献的是凌廷堪。戴大昌《凌次仲先生事略状》云：

> 凌先生讳廷堪，字次仲，号仲子。歙人，而家于海州之板浦场。家贫，少孤。学贾未成，年二十余始读书向学。天性极敏，过目辄不忘。久客扬州，为华氏赘婿。慕其乡江、戴二君之学，遂游京师，受业于大兴翁覃溪学士，三应京兆试，始中副榜南归。乾隆五十四年举于乡，明年成进士。例授知县，投牒吏部，自改教授，曰必如此乃可养母治经。以故朱文正公题其《校礼图》，有云"君才富江戴"，又云"远利就冷官"，盖嘉其志云。选授宁国府教授，毕力著述，贯通群经，旁及声音、训诂、律吕，以及九章、句股、三角八线、中西历算之学，而尤邃于《礼经》。
>
> 尝作《气盈朔虚辨》，曰："岁实者，日躔黄道一周，历春、夏、秋、冬四时代序而成岁。一岁共三百六十五日有奇。此又一事也。合朔者，月离白道一周，历朔弦望晦，复追及日而成朔。十二合朔共三百五十四日有奇。此又一事也。故十二合朔与岁实一周而分四时者，各不相蒙。以恒气而论，必日躔自立春至立夏历九十一日有奇，方谓之春，自夏至秋，自秋至冬，莫不皆然，非三合朔为一时也。古圣人因节气过宫，民不易晓，姑借合朔一周为一月，合朔十二周为一年，良以生明生魄，举头即见，取其便于差者十一日弱而已。故一年四时不甚参差也，二年则多二十一日有奇，而冬至将第十二月。故三年必置一闰月也，此月非无端增出，盖岁实满三周，则已历三十七合朔有奇，故多一合朔也。夫岁实自为岁实，合朔自为合朔，在天各自运行，本非一轨。今既借合朔以纪岁实，两数不齐，三年之中，非

以此所多之一合朔为闰,则四时必参差难一,故《书》曰'以闰月定四时成岁也'。宋沈存中欲用二十四节气为一年,立春之日,为孟春之一日,惊蛰之日,为仲春之一日,则岁岁齐尽,永无闰余,月之盈亏不预,岁时寒暑,寓之历间可也。其论最为明晰。近西法正如此,唯用中气过宫,小有不同,故亦无闰月也。夫岁实共三百六十五日有奇,较十二合朔多十一日弱,气盈者此十一日弱也。十二合朔共三百五十四日有奇,较岁实少十一日弱,朔虚者亦此十一日弱也。非如蔡九峰《书传》所云三百六十日为一岁之常数,多五日有奇谓之气盈,少五日有奇谓之朔虚也。术家以一月三十日为常数,两节气三十日有余也,其有余者为气盈,一合朔三十日不足也,其不足者为朔虚,此便于步算则尔。儒者说经当直指其所以然,苟仅袭术家之说,贸贸焉书诸简册,则气盈朔虚,几为神奇不可测之事,学者何由而明闰月之所以然乎?"

又作《正蒙七政随天左旋辨》曰:"蔡氏《书集传》,天绕地左旋,常一日一周而过一度,日丽天而少迟。故日行一日,亦绕地一周,而在天为不及一度。月丽天而尤迟一日,常不及天十三度十九分度之七。盖本于张横渠《正蒙》。《正蒙》之言曰:'天左旋,处其中者顺之,少迟则反右矣。'朱子极取此说。《书集传》二典三谟,本朱子所定,故其说如此,其实不然也。往时读之,以为前儒所论必有至理。而寒暑发敛之故,由其说而推之,百思不得其解,遂疑天道果难明也。后独步算家之书,乃知天左旋,日月五星与恒星皆右旋。左旋之天,以赤道为中围,以南北二极为枢纽,一日左旋一周。黄道斜络于赤道,半出赤道南,半出赤道北,以黄极为枢纽,日在其上右旋,一日平行一度弱。冬至日在赤道南二十三度有奇,去北极最远。过此则循黄道右旋,而北历九十度,至黄赤二道交点,而为春分。又右旋而北历九十度而为夏至,日在赤道北二十三度有奇,去北极最近。过此又循黄道右旋而南,历九十度至黄赤二道交点,而为秋分。又右旋而南历九十度,仍至赤道之南而为冬至矣。此一岁寒暑发敛之故,其理不难明。月五星与恒星,其右旋也亦然。月五星之右旋,朔望合伏之故也,恒星之右旋,岁差之故也。然后知左旋之说,横渠之臆说耳。如使天左旋,而日月亦左旋,不识所谓日左旋者,循黄道而行乎?抑循赤道而行乎?使其循赤道而行,则右旋而东者亦可言左旋而西,如是则终古如春秋分,无寒暑退昼夜永短。使其循黄道而行,则日一日左旋一周,必至朝为冬至,左旋至午,退而为秋分。又左旋至暮,退而为夏至。参差晷景,颠倒四序,不可依据矣。夫日行天上,列宿为日所挤,不可得见,而月则其最著者也。月有交道之出入,有两交左旋之退度,有黄道内外之阴阳律。则月之行,不但不循赤道,并不循黄道,而别有一道交于黄道矣。月既不循赤道,而别有一道,使其果左旋,一日一周而不及天三十度,则奇也。则一夜之中,月必循其本道,遍历半周天之列宿。而何以只右旋十三度之宿为月所离也?夫右旋之度,本由黄道。左旋之度,则由赤道,斜直之势不同,经纬之行亦异。中宵静观历历可按。少识县象者无不知之,不谓横渠乃尔卤莽也。"

又作《罗睺计都说》曰:"罗睺、计部,即月道之中交正交也。其名始见于沈存中《笔谈》,谓之'西天法'。案《新唐书·艺文志》有《都聿列斯经》二卷,注云:贞元中都利术士李弥干传自西天竺,有璩公者,译其文。然则彼时西法已入中国,但其书不传,未审与今法何如耳。今之术家不察,动以为罗睺计都,某日在某宫某度,为人决穷通得失,不亦谬乎?"

又议戴氏《句股割圜记》,谓中唯斜弧两边夹一角,及三边求角,用矢较不用余弦,谓补梅氏所未及,余皆成法。其最异者,误据《大戴礼》"凡地东西为纬、南北为经,殊不知地平上高弧,纬线也,此线自北极至南极,而纬度在其上。地平规,经线也,此线自卯东至酉西,而经度在其上。其剖纬线为纬度,则距等圈,圈与地平,平行为东西线。剖经线为经度,则高弧线交于地平圈,为南北线。《大戴礼》之所指者,圈与弧线也,与此想成无相反。至于《记》中所立新名,惧读之者不解,浼吴思孝注之。如'距分'今曰'正切'云云,夫古有是名,而云今曰某某可也。戴氏所立之名,后于西法,而反以西法为今,窃有所未喻也。又谓西法之最难者为弧三角,难中尤难者为斜弧三角。梅氏书论多于法,而法取其备,往往各书互见,不嫌于复。江氏戴氏虽各有变通更并之术,初学究苦望洋。其实不论角之钝锐,边之大小,约而言之,六类可尽。一曰两边夹一角,一曰两角夹一边,一曰边角相对,有对所求之边角,一曰边角相对,无对所求之边角,一曰三边求角,一曰三角求边。若边角相易,两角夹一边,即两边夹一角;三角求边,即三边求角;而两边夹一角,又即三边求角之反其率者。四类可以互通,所谓六类者只三法而已。因拟撮其旨要,撰《弧三角指南》,俾初学易得门径,以其时方有事于《礼经》,故未属稿。

嗣以母丧去官,哀毁致眚一目,妻及兄嫂复相继殂谢,孑然一身,居恒不乐,服阕出游,得未疾归歙,卒年五十有五。所著书已刻者《礼经释例》十三卷、《燕乐考原》六卷、《校礼堂文集》三十六卷,未刻者《诗集》十四卷、《元遗山年谱》二卷、《充渠新书》二卷、《梅边吹笛谱》二卷,其未成者尚有《魏书音义》一种。《校礼堂文集》《汉学师承记》《扬州画舫录》。

论曰:凌先生长于阮相国九岁,初识相国,甫弱冠。凌先生拟李白《大鹏见希有鸟赋》以见意。由是遂以学问相并。迨服阕出游,相国复任浙抚,命子常生从学,并为校刊《礼经释例》。明年归歙卒。无子,应继兄子嘉锦。嘉锦先生卒,嘉锦之兄嘉锡闻先生殁,以次子名德后嘉锦,为先生之承重孙,不克肖,痴骏几不辨菽麦,虽死故乡,实同旅殡,如先生者亦生人之极哀也已。其弟子宣城张其锦,徒步至歙,复北走东胸,访其遗稿,辑录以归。先生积有刻书之资,寄于茶客,茶客负之。其锦又走京师,告之阮相国,相国函致安徽钱中丞楷,拘茶客归其资。于是始刻《校礼堂集》及《燕乐考原》诸书。士琳先亦歙人,与先生同里而兼葭孚戚,少又问字于先生,故知之甚。

凌廷堪(1755—1809),字仲子,一字次仲。安徽歙县人。少赋异禀,读书一目十行,年幼家贫,仰慕其同乡江永、戴震学术,于是究心于经史。乾隆五十四年(1790)进士,例授知县自请改为教职,入选宁国府学教授。之后因其母丧到徽州,曾一度主讲敬亭、紫阳二书院,后因阮元聘请,为其子常生之师。晚年下肢瘫痪,毕力著述十余年。乾隆四十六年(1781),廷堪由歙县、杭州回校浦,客居扬州,开始撰写《元遗山年谱》初稿时与阮元相识。乾隆四十八年(1783)至京师,名公世卿、通儒雅士时在京中者悉爱重,交纳,乾隆四十九年(1784),汪中与凌廷堪相见,扬论古今,深为折力于经,居京数月,名噪一时。经程晋芳推引,受业翁方纲之门,致服。汪中赞扬说"今得君合十有七矣",为人器重如此。乾隆五十一年(1786),孔广森、武亿相与订交,论学论文,志趣最洽。次年作客扬州,与秦恩复、刘台拱、焦循、李钟泗以及章实斋等有交往,是年撰《礼经释例》初稿。乾隆五十五年(1790)出朱珪之门,在此期间得识藏书家鲍廷博。嘉庆元年(1796)《元遗山年谱》成书。后应阮元之聘教授其子阮常生。凌廷堪所结交皆一时名士,朋友中与江藩交往最密,江藩"虽死故乡实同旅殡,亦生人之极哀也已"。"宾长三献、祭毕饮酒之例则同。乃区为八例,以明同中之异,异中之同曰通例,曰饮食例,曰宾客例,曰射例,曰祭例,曰器服例,曰杂例。"朱珪读其后,赠诗大力推重之。凌廷堪除《礼经》而外,潜心于乐经,认为当世俗乐与古雅乐中隔渊问仁,孔子告之者惟礼焉尔,颜子叹道之高坚前后迨博文约礼,然后如有所立′,即立于礼之立也。尤其精通礼学,谓:"古圣使人复性者。礼有节文度数,非空言理者可托。"著有《礼经释例》:"礼仪委曲繁重,必须会通其例。"如乡饮酒、乡射、燕礼、大射不同,而其为献酢酬旅、酬无算爵之例则同;聘礼、觐礼不同,而其为郊劳执玉唐人燕乐一关,蔡季通、郑世子词源、辽史乐志诸书,著有《燕乐考原》。江藩叹以为"思通鬼神"。他著有《元遗山年谱》,多发古人所未发。其中特别富有成就者当推《复礼》三篇。

第四节　胡培翚和胡承珙

绩溪胡氏自明诸生东峰以来,世传经学。胡培翚幼承家学,治经一循家法,于《仪礼》见解独深。与其祖胡匡衷、叔父胡秉虔皆长于"三礼",史称"礼学"程恩泽的《程侍郎遗集初编》卷八收录了他所做的碑传十四篇。按内容可分为学行、宦迹等。列入宦迹的碑传比较多,而且传主多为学者和显宦,这也和程恩泽一生基本上都身处官场、职位显赫有关系。其中《户部福建司郎中鹤皋祁公神道碑铭》相当重要,这篇碑铭记述了嘉道时期研究西北史地的重要学者祁韵士。祁韵士历来被视为研究西北史地的开创性学者,著作等身,成果丰硕,受到后人推崇。他还是书法家、诗人祁寯藻的父亲。祁寯藻与程恩泽同朝为官,关系十分密切,而这篇神道碑中的许多事迹都是祁寯藻亲口告诉程恩泽的,因此内容可靠。文中写了祁韵士前半生的仕宦经历,后来担任宝泉局监督,因为亏铜案的牵连而被捕下狱。由于案情重大,涉案的人都朝不保夕,惶惶不可终日,而祁韵士却能泰然自若。

胡匡衷(1728—1801),字寅臣,号朴斋,绩溪城内人。幼承庭训,以岁贡生候补训导,历官承德郎、户部广东司主事、资政大夫。治学严谨,实事求是,对儒家之说多不苟同。广纳宋元儒家之说,著有《周易传义疑参》十二卷、《周礼井田图考》《畿内授田考》《井田出赋考》《仪礼释官》《郑氏仪礼目录校正》《侯国官制考》《三礼札记》《礼记职官考》《论语补笺》《庄子集评》《离骚集注》等书。作为朴学家的胡匡衷,对《周易》《仪礼》《左传》《论语》《庄子》《离骚》等都有精深的研究,于经义多所发明,且著作等身。胡培翚受其祖父影响,笃志励学,获益匪浅。十三岁的时候,胡培翚又跟随他的叔祖胡匡宪学习,更加勉力勤奋,学业也大为进步。

胡秉虔(1770—1840),字伯敬,一字春乔,胡匡衷之侄,安徽绩溪人。生卒年均不详。嘉庆四年(1779)进士,官刑部主事。改甘肃灵台县知县。升同知,卒于官。秉虔自幼嗜学,博通经史,尝入都肄业成均,夜读必尽二烛。著有《惜分斋诗文集》《消夏录丛录》《对床夜话》《小学卮言》《槐南丽泽编》《说文管见》等书近二十种,均《清史列传》并传于世。很受纪昀、汪由敦等名家的重视。后卒于甘肃任所。

胡培翚(1782—1849)是绩溪"礼学三胡"的最后一代传人,与胡氏前辈相比,他更擅长远绍旁征,折中至当,以绍礼家绝业,成为"三胡"之学中的集大成者。就其为学宗尚而言,胡培翚承其祖父不苟与先儒同异、实事求是、以经证经的宗旨,立学意在贯通,不标门户。当时的人认为,汉学详于训诂名物,宋学详于义理,将汉学、宋学看成两种不同的治学路径。胡培翚则认为,汉代的学者未尝不讲求义理,宋代的学者未尝不讲求训诂名物,而义理就是从训诂名物的考据中得出来的。只不过汉代在秦焚书之后,典籍散亡,汉人多方搜集,治学重点放在博采兼收上,所以对名物训诂特别注意,宋代结束五代的混乱局面,但世风日下,人心不古,所以宋人以言理言性挽救世道人心为急务,这都是历史条件的影响,并非治学路径的差别,因此他强调学者治学要将汉人重博学和宋人重躬行结合起来。胡培翚超出门户之见,兼采汉、宋诸儒所长,其见识是相当卓越的。汪士铎撰《户部主事胡先生墓志铭》云:

> 唯胡氏代有令问,光于图牒。宋大观中有待制曰舜陟者,著《论语义艮》。子曰仔,著《孔子编年》。廿传而至国朝曰廷玑,著《周易肒见》。厥子曰清焘,先生曾祖也。祖曰匡衷,著《仪礼释官》《周官井田》诸书最伙。其子秉钦,先生考也。先生涵濡先泽,渊源耆俊,重之以博闻笃志,阅数十年成《仪礼正义》。凡四十卷,上推周公、孔子、子夏垂教之旨,发明郑君、贾氏得失,旁逮鸿儒经生之所议,张皇幽渺,阐扬圣绪二千余岁绝学也。又有《燕寝考》《研六室文钞》,所以扶翼《正义》者也。惟先生自高祖以来,世传经术,道崇位卑。先生虽从政农部,而奸蠹布濩,未竟厥施。名臣硕辅延主皋比、钟山、惜阴,士饫其教,讲舍百数十人服膺归仁,拳拳弗忘。士铎不才,亦蒙揗拂,盖门无弃材焉。……先生居乡创立东山书院,于今存焉,邑

人感之。所著书已刊行。先生固不朽矣,然世之嗜经术思明德者钦式遗教,不可无以观之也。故因先生从弟子继之请而志之,且铭之曰:礼有端绪,著于威仪。探原扬澜,厥为大师。明明先生,补而疏之。广之附之,或耰锄之。横舍其昌,士礼有光。润以文学,报以馨香。泽留东山,道著竹帛。惜此高原,尚非幽宅。

胡培翚秉承家学,又曾师从夏銮、汪莱、凌廷堪等学者,学问日有长进。尤其是凌廷堪精通礼学,胡培翚跟随他学习的时候,凌廷堪正在修订《礼经释例》一书。胡培翚亲眼目睹其修改订正著作的过程,熟悉了研究礼学的路径方法,这对胡培翚后来研究《仪礼》产生了积极影响。嘉庆八年(1803),汪廷珍视学安徽,对胡培翚的文章大为欣赏,列为第一。胡培翚于是补为县学生,第二年又以一等第一的成绩享受廪饩的待遇。嘉庆十五年(1810)胡培翚中进士。当时知县想把胡培翚罗致在自己门下,给他送去三百两白金。胡培翚没接受这笔钱财,并严词拒绝其要求:"因赠金而师事之,是以金为师也。"可见其为人之廉洁正直。之后胡培翚到京城游学,与其叔父胡秉虔住在一起,夜里刻苦攻读,以至于每晚都要用掉两根蜡烛,即使白天事务再多,晚上的功课也从不间断。嘉庆二十一年(1816),胡培翚校刻胡匡衷的《仪礼释官》,萌发了为《仪礼》重新作疏的志向,从此开始了撰述《仪礼正义》的过程,之后一直没有间断。嘉庆二十四年(1819)胡培翚应恩科试,中了进士,当时的考官是王引之。之后他被授予内阁中书一职,并充任实录馆详校官。实录修成后,他被提拔为户部广东司主事。为官期间,胡培翚恪尽职守,处理公务极为认真谨慎,有人说他"治官如治经,一字不肯放过",居然把做学问的精神用到了做官上,而且廉洁为政,从不接受下属的贿赂。道光八年(1828),他负责管理捐纳房的事务。捐纳房是清廷为卖官鬻爵所设置的机构,向来藏污纳垢,积弊丛生。胡培翚严格执法,稽查胥吏的不法行为,风气为之一新。原先徇私舞弊的胥吏纷纷黔驴技穷,断了财路,于是在背后称胡培翚是"倍晦"。胡培翚这么做自然为权贵所不容,于是在道光十年(1830)因审稿假照案的连累被降二级调用。最后经过调查,发现他并无贪污不法的行为。当时一起被查处的官员有几十名之多,只有胡培翚与另外一人是清白的,可见其不凡。他于道光十三年(1833)官复原职,但他宦海沉浮数年,又受此打击,对官场的蝇营狗苟、朝廷的日趋腐朽早就看得清清楚楚,而且始终遇不到能赏识提拔自己的人,不禁有怀才不遇之感,因而绝意仕途,以亲老为名,辞官回乡。胡培翚归乡后创建东山书院,之后为陶澍所请,主讲于钟山书院。此后他又先后在泾川、娄东、云间、惜阴等书院讲学,一直以引翼后进为己任,勉励学生要以博学笃行为务。胡培翚平生笃信友谊,曾将好友郝懿行、胡承珙的遗作先后付梓刊印。道光二十六年(1849)胡培翚得疾归里,想将自己十几年所得的学费收入捐出来置办义田,兴办义仓、义田,帮助贫困的乡亲。此时的胡培翚中风瘫痪,但仍对《仪礼正义》念念不忘,只希望老天能让自己多活几个月,为的是完成《仪礼正义》。但不幸的是他于这一年七月病逝,《仪礼正义》未成完帙,之后经他的族侄胡肇昕和弟子杨大堉等在原稿的基础上增补校勘,整理成书,终于了却胡培翚的心愿,完成了这部《仪礼》研究史上集大成的著作。

胡培翚将一生心血都凝聚在《仪礼正义》中。《仪礼》由于文字古奥晦涩,千百年来少有传习者,郑玄以前没人注释过,贾公彦的《仪礼疏》经常有曲解经文及违背郑玄注解的地方,后代学者或者以讹传讹,或者穿凿附会,使《仪礼》成了绝学。而他的《仪礼正义》以郑注为宗,辨析贾疏的不足,一是补充郑注中不完备的地方,二是申明郑注的意义,三是将各种近代学者的说法,即使和郑玄不同但能讲得通的,也都兼收并蓄,尽量采入书中,四是订正郑注中有错误的地方。全书萃辑群言,包罗古今,兼列众本之异同,发挥徽派朴学的治学之长,精核博综,不唯总结《仪礼》研究成果,亦为后之研究者开辟了新的门径。

胡培翚其他著述尚有《燕寝考》《禘祫问答》《研六室文抄》等,另辑有宋代胡舜陟之《胡少师年谱》。

《研六室文抄》卷九及卷十收入了胡培翚所写的碑传九篇。值得注意的是,这些碑传基本上都是学术性传记,其中包括了清代著名学者郝懿行、胡承珙、汪莱、汪龙等人的传记,这些碑传有较高的学术史价值,是我们研究清代学术发展史的重要参考资料。引人注目的是,这些碑传的传主并不全是朴学家,大部分人专攻朴学,服膺许、郑,有个别人如《徽州府训导夏先生墓志铭》所记述的夏銮,以程朱理学为宗,并能躬行其学,闾里族众都受到其品德的熏陶而民风归于淳厚。同时,这位理学家与程瑶田、汪龙、凌廷堪等朴学家为友,而胡培翚本人曾师从之。这也说明了徽派朴学大多由宋学入手转而宗汉、"以复古为革新"的特色。

在这几篇传记中,徽州人的传记占绝大部分,从中我们也可窥见清代徽州地区学术发展的状况。尤其是《赠奉直大夫叔祖绳轩公行状》,其传主胡匡宪是胡培翚的叔祖,文中对胡匡宪的生平学术记述较详,对于胡培翚所在的胡氏家族的学术渊源也有部分介绍,对我们研究胡培翚的生平学术及其家族的学术传承有重要的参考价值。再如《章雷川先生行略》所写的章大泽,其人科举连连失利,从此绝意仕进,以孝悌仁义的良好品德为乡里所称,而且他勤奋好学,经史子集罔不通究,但认为学以躬行为要。章大泽是胡培翚的同乡兼前辈,胡培翚一直对其十分景仰,从中我们也能了解一般徽州学者的状况。此外记述胡承珙生平的《福建台湾道胡君别传》,记述郝懿行生平的《郝兰皋先生墓表》,记述汪龙的《汪叔辰先生别传》以及记述汪莱的《石埭训道汪先生行略》也很重要。这几位都是清代朴学家中享有盛名的学者,其著作至今受人推崇。胡培翚或为其弟子,或与之为友,知交甚深,因而对他们的思想情感十分熟悉。且胡培翚在他们身后整理刊行友人的著作,并为他们写墓志铭表彰其品行学术,可见胡培翚是个笃于友情之人。读这两篇碑传,不能不为这几位大学者之间的深厚友谊而动容。

再看一下胡培翚是怎样写郝懿行的。在文章一开始,胡培翚就批评大部分士人拿着读书当做官的敲门砖,一旦进入仕途就将书本扔掉,再也不学习。而有的人却专心治学,至死不渝,郝懿行就是这样的人。郝懿行嘉庆时中进士,之后一直在京城做官,担任户部主事。胡培翚一到京城就听说了他的名字,便前往拜谒,两人从此订交。郝懿行主要研究《尔雅》,每有所得就找胡培翚探讨一番。他为人谦和,不善言辞,与不熟悉的人交接经常一言不发,但谈起学问来却滔滔不绝。他家里十分贫困,但他却淡然处之。而且他在主事的职位上待了二十几年,对于官位高低也不以为意。真可谓是"不以物喜,不以己悲"专心治学的学者。因而郝懿行著作等身,成就斐然。然后胡培翚记述了郝懿行撰述《尔雅义疏》的宗旨要义,也就是以声音贯穿训诂,探求词源,并注重目验考辨名物。此外还介绍了郝懿行在《春秋》《竹书纪年》《山海经》以及魏晋史等方面的研究著作。最后,郝懿行在贫病交加中逝世,而许多和他同年考中进士的人纷纷高升,地位显赫,于是有人为其惋惜,也有人指责郝懿行不应该一味读书,不知变通,胡培翚就此为其辩解。他说,人们应该根据自己的性情才力去选择适合自己的道路,不应该自不量力,冒进妄为,再者郝懿行的学术成就有益后世,他的人生选择是正确的,必能流芳百世。文章最后还介绍了郝懿行的夫人王照圆,她也是位学者,有多种著作传世。

如果说胡培翚在《礼》学方面代表了徽州朴学的最高成就,那么胡承珙则可视为徽州朴学家在《诗》学方面的代表性人物。胡培翚《福建台湾道胡君别传》云:

> 君姓胡氏,讳承珙,字景孟,号墨庄。先世自徽州婺源迁泾之溪头都。二十五传至尚衡,顺治壬辰进士,官至湖南布政使司参议,是为君之高祖。曾祖之栋,河南新安县知县。祖兆殷,邑庠生。父远龄,多隐德懿行,生君稍晚,奇爱之。然君自幼驯谨,不烦约束。五岁就傅,即颖悟诵读倍常儿。十岁能文章,十三岁入庠,十八岁食饩,岁科试联冠其军。嘉庆六年辛酉君二十六,膺选拔,其年即中式江南乡试。乙丑成进士,选翰林院庶吉士,散馆授编修。庚午为广东乡试副考官,寻迁御史,转给事中。自以为身居言路,当周知天下利弊,陈之于上,方不负职。故其数年中陈奏甚多,多见施行。而其最切中时病者,则有条陈亏空弊端各条:一曰冒滥宜禁,各省司库支发钱粮向有扣除二三成之弊,故藩司书吏外而授意州县,内而怂恿本官,将不应借支之款冒支滥借,此在领者便于急需,不敢望其足数,而在放者利于多扣,不复问其合宜,至于动项兴修工程,多有署

印人员辄行支借,离任后归款无期,则虽应放,而仍与浮冒无异;一曰抑勒宜禁,州县交代,例限綦严,一切铺垫、衣服、器皿等项均不准充抵,近日仍多以议单欠票虚开实抵者,在新任之员岂肯甘心承受,自诒伊戚,总由上司多方抑勒,逼令担承;一曰靡费宜省,各省摊捐津贴名目,纵为办公,岂尽必不可省,闻州县所解各上司衙门饭食季规等银逐岁增加,而无益之费如邸报一事,州县多出己赀取阅抄报,而各省又有刻报一分,闻安徽省此项费用每年通派各属竟及万金,窃思刻报即不可少,亦何须捐费如此之多,一省如此,他省可知,一事如此,他事可知;一曰升调宜慎,部选人员多系初任,或尚能谨守管籥,前任有亏,不敢轻易接受,惟佐杂题升及调补繁缺二者,其中固不无结实可靠之员,然每多久历仕途,习成狡猾,于升调之时,或诩担承之力以自见己长,或托弥补之名以巧合上意,上司不加体察,辄易受其欺蒙,在题升者急于得缺,明知此地之多累,不复顾后而瞻前,在调补者迁就一时,转因原任之有亏,希图挪彼以掩此,究之担承弥补皆属空名,不过剜肉补疮,甚且变本加厉。其言深切著明。又如奏漕船积弊,谓舵工水手习教敛钱,纠结党与,江苏、浙江等帮最甚,恐酿成事端。后数年果有浙江漕船滋事重案,足见君于天下利弊访求者熟也。在科道任内巡视仓廒东城,皆弊绝风清。己卯充顺天乡试同考官,是冬授福建分巡延建邵道。莅任编查保甲,设立缉捕章程八条,通行各属,匪徒敛迹。上官廉其能,调署台湾兵备道。至即缉获洋盗张充等多名,置于法。旋奉旨实授。道光甲申以病乞假回籍调理。台地背山面海,幅员辽阔,民多犷悍,素称难治。君在台三载,力行清庄弭盗之法,镇之以静,感之以仁,民番安肃,率属清慎,事无巨细,悉心综理,用是积劳成疾。然自君去后,逾年而彰鏾化、淡水即以械斗起衅,扰及全台,至动大兵剿定,则君绥辑之功不少矣。君自少工举业词章,通籍后究心经术。遇有讲求实学者,必殷勤造访,引为同志。人有投以撰著者,必细加考核,别其是非，不为虚文应酬。解经多心得，不苟同前人。以牵于公事未就，至是归里调愈，遂专力著作。君初精研小学，熟于《尔雅》《说文》，谓惠氏栋《九经古义》未及《尔雅》，遂补撰数十条。《小尔雅》原本不传，今存《孔丛子》中，世多谓为伪书。君初亦疑其伪，后乃断以为真，作《义证》，其言曰："《小尔雅》者，《尔雅》之羽翼，六艺之绪余也。《汉书·艺文志》与《尔雅》并入《孝经》家。杨子云、张稚让、刘彦和之伦皆以《尔雅》为孔门所记以释六艺之文者，然则《小尔雅》犹是矣。汉儒训诂多本《尔雅》。毛公传《诗》，郑仲师、马季长注《礼》，亦往往有与《小尔雅》合者。特以不著书名，后人疑其未经援及。然如《说文》所引《尔雅》之□则固明明在《小尔雅》矣。其中如金舄之解，公孙之偶，请命之礼，属妇之名，合符诗书，深裨经谊。沿及魏晋，缘据益彰。李轨作解，今虽不存，而所注《法言》，曼无邵美，即用雅训，是固足以名其学矣。唐以后，人取为《孔丛子》第十一篇，世遂以《孔丛》之伪而并伪之。而郦氏之注《水经》，李氏之注《文选》，陆氏之音义，孔贾之义疏，小司马之注史，释元应之译经，其所征引，核之今本，粲然具存，可见《孔丛》本多剌取古籍，而所取之《小尔雅》犹系完书，未必多所窜乱也。"又取戴氏震所疑四事，一一辨释，具载本书。嘉庆甲戌，培翚在都，馆于君邸。时方草创《仪礼疏》，昕夕与君谈论。君见郑氏注中引古今文异字，贾疏多略不及，笑谓培翚曰："吾当专为书，以助子全疏之一矣。"其后在闽渡台，以书笥累重难携，独携《仪礼》一经。每日公事毕，辄纂一二条，成《古今文疏义》。其言曰："郑注所谓今文者乃小戴本，出于高堂生所传。所谓古文者则《前汉书·艺文志》云古经出于鲁淹中者也。郑君作注，参用二本。从今文者，则今文在经，古文出注。从古文者，则古文在经，今文出注。然今文古文各有一字两作者，如'臘'为今文，'戬'为古文，而又云今文'臘'或作'植'。'繅'为古文，'璪'为今文，而又云古文'繅'或作'藻'。且有不言今古文，但云某或作某者，殆当时行用更有别本。

典籍流传,字多通借。《周礼》'故书',《礼记》'他本',《论语》'异读',凡皆审定声义,务存折衷。此经之注亦同斯旨,取其略例盖有数端:有必用正字者,取其当文易晓,从甀不从庑、从盥不从浣之类是也;有即用借字者,取其经典相承,从辩不从徧、从脄不从䐊之类是也;有务以存古者,视为正字,示乃俗误行之,而必从视是也;有兼以通今者,升当为登,升则俗误已久,而仍从升是也;有因彼以决此者,则别白而定所从,《乡饮》《乡射》《特牲》《少牢》诸篇是也;有互见而并存者,可参观而得其义,《士昏》从古文作'枋'、《少牢》从今文作'柄'之类是也。"又尝撰《春秋三传文字异同考证》。然其毕生精力所专注者则在《毛诗》。所撰《毛诗后笺》一书采集甚富,后儒说诗之是者录之,似是而非者辨之。而其最精者在能于《毛传》本文前后会出指归,又能于西汉以前古书中反覆寻考,贯通诗义,证明毛旨,此则君所独得者。同时长洲陈奂亦治《毛诗》,君数与书讲论。奂著书惟毛之从,君尚有别择,然亦从毛者多。尝与培翚书曰:"承珙《后笺》专主发明《毛传》。为之既久,然后知《笺》之于《传》,有申毛而不得毛意者,有异毛而不如毛义者。盖毛公秦人,去周甚近,其语言、文字、名物、训诂已有后汉人所不能尽通者,而况于唐人乎?于宋人乎?姑以一事言之。《召南》'厌浥行露,岂不夙夜',谓行多露。《传》:'兴也。厌浥,湿意也。行,道也。岂不,言有是也。'《笺》云:'我岂不知当早夜成昏礼欤,谓道中之露太多,故不行耳。'案此诗首章三语,初读之似与《王风》之'岂不尔思,畏子不奔'、《小雅》之'岂不怀归,畏此简书'文法相类。故《笺》语云云,《正义》即用以述《传》。但此女方被讼不从,而开口乃云岂不欲之,作此婉辞,不合语意。且他处言'岂不'者,下皆言有所畏而不敢此,则是'谓'非'畏'。盖此'谓'字与下章'谁谓'之'谓'一律,皆讼者诬蔑之辞,众不能察,而欲归于召伯之听之者也。故此云'厌浥'者,道中之露,然必早夜而行,始犯多露。岂不早夜者,而亦谓多露之能濡己乎,以兴本无犯礼,不畏强暴之相诬也。毛于他诗'岂不'无传,而独于此言之,明其词旨不同。'岂不言有是'者,谓有是早夜而行者,乃可谓道中多露,经反言之,传正言之耳。故不熟读经文,不知传文之妙;不细绎传文,不知笺说之多失传旨。郑学长于征实,短于会虚,前人谓其按迹而语性情者。以此唐人作疏,每欠分晓:或《笺》本申毛,而以为易《传》;或郑自为说,而妄被之毛;至毛义难明,不能旁通曲鬯,辄以'传文简质'四字了之而已。拙著从毛者十之八九,从郑者十之一二。始则求之本篇,不得。则求之本经,不得。则证之他经,又不得。然后泛稽周秦古书。于语言文字名物训诂往往有前人从未道及者不下数十百条,拟俟通录一本,后乃摘出别钞,以便就正。"又与魏源书曰:"承珙于《诗》墨守《毛传》。惟揆之经文实有难通者,乃舍之而求他证。如'弗躬弗亲庶民弗信',《传》谓庶民之言不可信,而《左传》《国语》《淮南》《说苑》引此诗皆谓民不信上,此《笺》说之所本,而于经文尤顺,故宜舍《传》从《笺》。然似此者此十之一二而已。"此君《后笺》之大旨也。撰稿屡易,手自写定。至《鲁颂·泮水》而疾作,未卒业,陈奂补之。君诗亦积生平精力以为者。同邑朱侍讲珔序其集谓:"音节悉本唐贤,使典尤镕其膏液,弃其渣滓,体安以雅,辞丽以则,寄托遥深,诗之正声也,庶几弗坠。"盖不诬也。所著《仪礼古今文疏义》十七卷、《小尔雅义证》十三卷皆手自付梓,《毛诗后笺》三十卷、《尔雅古义》二卷、《求是堂诗集》二十二卷、《奏折》一卷、《文集》六卷、《骈体文》二卷,卒后子先翰先颡次第,梓以行世。其为之而未成者又有《公羊古义》《礼记别义》二书。君操行淳笃,归田后家居九载,足不出里门,不预外事,惟与二三故旧间为诗酒之会。注经常至夜分,寒暑罔辍。平居自奉极俭,遇修邑城、兴书院及族中平粜等事,多乐捐资助成。生于乾隆丙申岁三月十四日,卒于道光壬辰岁闰九月十四日,年五十七。论曰:世之沉潜经义精于考订者往往拙于文词。即或工文矣,而诗未必工。盖兼之者难也。又如闾巷憔悴专壹之士,文章学问负一时重名,而终其身坎坷不遇者多矣。君经学诗文卓然均可传后,而早登甲科,陟历清要,中岁拥旄海外,宦绩伟然,岂非生有凤慧得天者厚欤?然君练达时务,貌虽弱不胜衣,而虑事周详慎密,心力有过人者。余又以惜其设施之未竟也。

胡承珙(1776—1832),字景孟,号墨庄,泾县人。他生平经历比较简单,走的是当时一般读书人科举做官这样一条普通的人生道路。他自幼颖异,五岁时就跟随老师学习,十岁时就能写文章。早年在家读书,十三岁时入县学,十八岁时取得廪生资格享受廪膳补贴,几次考试都取得第一名,可谓少年有成。嘉庆六年(1800),二十六岁的胡承珙参加江南乡试并中举。嘉庆十年(1805)胡承珙中进士,被选为翰林院庶吉士,散馆后授编修。嘉庆十五年(1810),胡承珙出任广东乡试副考官,之后又担任御史、给事中等职。御史、给事中都是言官,胡承珙认为自己身居言路,应该了解天下各种好的坏的情况,并尽量将其报告给朝廷,这样才能不辜负自己的职务,所以他在任职的几年之内陈奏特别多,许多都被清廷采纳并付诸施行。胡培翚总结了胡承珙的陈奏中最为切中时弊的几个方面,主要是当时地方官奢靡浪费、贪墨公款、压榨下属等等积弊,以及关系到官员选拔、运河航运等问题。在职期间,他曾巡视京师东城的粮仓,能够革除弊端、整顿作风。

嘉庆二十四年(1819),胡承珙出任顺天府乡试同考官,这年冬天他又被任命为福建分巡延建邵道。到任以后,他稽查人口,编查保甲,设立了八条缉捕章程,施行于下属各州县,作奸犯科之徒因此销声匿迹,不敢再为非作歹。上司觉得他有才能,将他调到台湾,让他暂时代理台湾兵备道一职。一到任他就抓获海盗张充等人,并依法予以严惩。不久他就因为能干正式担任这一职务。当时台湾孤悬海外,民夷杂处,百姓尚勇好斗,经常发生事端,因而被视为难以治理的地区。胡承珙在台任职三年,大力推行清庄弥盗之法,镇之以静,感之以仁,整肃有道,普通民众与当地少数民族能够相安无事,社会稳定有序。由于胡承珙事无大小都认真仔细地加以处理,因此积劳成疾,不得不请假回原籍养病。他离任后，彰化、淡水等地就发生械斗，乃至波及全台，酿成大乱，使清廷不得不派大兵镇压才稳定局势，可见胡承珙在任时的治理之功。

胡承珙早年一度致力于词章之学，出仕后才开始专心研究经学。凡遇到讲求经学考据的学者，他一定登门造访，认真向他们请教学问。别人拿自己的著作来拜见他，他也一定认真对其分析研究，探讨其正误得失，从不敷衍了事。回到家乡以后，他就闭户著书，不预外事，专心致志地研究学问。经常写作到深夜，不管酷暑寒冬都是如此，可见其勤奋。平时十分节俭，但遇到府县修建城池、兴办书院以及宗族中兴建义仓等事务，他就出资相助，从不吝啬。由于胡承珙对《诗经》情有独钟，而长州（今苏州）的陈奂也擅长《诗》学，两人经常往复讲论，切磋学问，友情甚笃。后来胡承珙撰写《毛诗后笺》，注释到《鲁颂·泮水》时，不幸旧疾发作，无法完成著述，遗言中嘱托陈奂为其校补。胡承珙于道光十二年去世，年五十七。

胡承珙将其毕生精力倾注于所著《毛诗后笺》之中，主要用自己考证出来的文字训诂、名物制度等方面的成果说明毛公注《诗》的本义所在。胡承珙有一个学术观点：汉末的郑玄虽为《毛诗》作过笺注，但郑玄的时代已经距离毛公很远，对《毛诗》的语言文字、名物训诂有不少不能解释清楚的地方，所以郑笺对于毛传来说，就有"申毛而不得毛意"以及"异毛而不如毛义"的情况，后人以讹传讹，更加偏离《毛诗》的本义。因此，胡承珙的《后笺》从毛者十之八九，从郑者十之二三，又能从西汉以前的文献中反复考察研究，收集的证明材料十分丰富，后代学者的合理观点也采入书中，错误说法则做了辨析。这部书贯通《诗经》旨义，申明毛公传注的本意宗旨，是胡承珙一生心血所在，曾先后三四次易稿，手自写定，书中多发前人未发之覆。

他还将他这种训诂考据的方法运用到对其他传世文献的研究当中。如在探研郑玄所注《仪礼》时，胡承珙将古文与今文二种版本的《仪礼》进行比较，考察其训诂，证明其假借，并从其他文献中寻找证据材料，理清了《仪礼》的本来含义，著成《仪礼古今文疏义》，胡培翚撰写《仪礼正义》也深受其启发。

惠栋曾作《九经古义》一书，但书中没有涉及《尔雅》，于是胡承珙补撰了数十条。《小尔雅》单本失传，但收入了《孔丛子》中而得以传世。因为《孔丛子》一直被世人视为伪书，所以人们也将《小尔雅》看成是伪造的。胡承珙通过研究考证，断定现存于《孔丛子》中的《小尔雅》为真本原书。

胡承珙生平著述有《毛诗后笺》《小尔雅义证》《仪礼古今文疏义》《尔雅古义》《求是堂诗集》等，还有《公羊古义》《礼记别义》二书没有完成。

胡承珙所写的碑传都收在他的文集《求是堂文集》卷六中，只有九篇。其中最为重要的一篇是《诰授奉政大夫山东曹县知县胡君墓志铭》，这篇墓志铭写的是朴学家胡世琦。胡世琦早年科举不利，于是专心于学术，并与当时著名的学者姚鼐、程瑶田、洪亮吉、段玉裁等交往，学问日进。胡世琦治学走的是当时朴学家一般所走的路径，也就是从文字、音韵、训诂的研究入手去理解经典的本质含义，而且他不把考据学与义理学视为二途，体现着徽派朴学的治学特色。后来胡世琦中进士，入翰林院，可谓春风得意。但散馆后只得到知县一职，别人纷纷为其大材小用而惋惜，胡世琦自己却淡然处之。之后胡世琦只在山东做过几任知县，虽然在职期间兢兢业业，颇有治声，但却恃才不愿意奉承上司，最终以莫须有之罪落职回乡。回乡后胡世琦置办田产分给自己的子侄，又捐资兴办义仓周济贫困的族人，从而在乡里树立较高的威信，人们有纠纷就请他出来调解。胡世琦有《小尔雅疏证》受到后人重视，此外还有《三家诗辑》等未完成著作，但这篇文章对他的学术成就没怎么介绍。这一篇可以作为我们研究胡世琦的生平学术及清代学术史的参考资料。

《朱俊三家传》写的是胡承珙自己的弟子朱俊三。其人含蓄沉着，乐于助人，且善于写诗作文，胡承珙曾教授他科举之文。后来朱俊三数次参加科举，却连连失利，只做过绩溪县教谕这样的小官，虽然在任上勤勤恳恳，但最后未登高位就因病去世。《例授中宪大夫候选员外郎加三级吕君墓志铭》写的是胡承珙的朋友吕培。吕培少时就有志向学，曾跟随洪亮吉、朱文翰等名公学习，被洪亮吉视为自己的高足弟子。吕培中了举人，却一直中不了进士，只好花钱捐了个员外郎的官职。后来吕培因父卒伤心过度而去世。吕培专心于学问,有著述,但却遭遇火灾,书稿被焚殆尽。上述两篇文章的传主都是颇有才能学识的士人,但都经历坎坷,而名不显于世,学不传于后,读来不禁让人为之扼腕叹惜。

从这些碑传所写的人物中,我们可以更深入、更全面地了解胡承珙的内心世界。这些碑传记录了乾嘉时期的许多史实,反映了这一时期的历史变迁,是研究徽州的珍贵参考资料。特别是写了胡世琦的生平及学术大端,可以帮助我们探究胡世琦的生平经历及学术思想。

第五节　　汪莱

大数学家汪莱(1768—1813)一生坎坷不遇,只活了四十六岁,未及中寿。幸有胡培翚《石埭训道汪先生行略》略传其事迹,全文如次:

> 培翚年二十余始知厉学,广求师友,见有方正博闻之士,必就谘访。一日遇先生于郡学署。先生之名所素仰也。时方读《周礼疏》,即举所疑以问。先生为言郑注若何,贾疏若何,不惟详其义,并诵其辞。私以为偶熟是条耳,及数问皆然,悚然起敬,遂介郡学夏师受业焉。故先生之行谊颇闻其略。
>
> 先生姓汪氏,讳莱,字孝婴,号衡斋,歙之瞻淇人。父讳昌,乾隆乙酉举人,著有《静山堂诗稿》。先生七岁能诗,十五补博士弟子,力学通经史百家,精推步布算之术,制浑天简平一方各仪器观测,与郡人巴孟嘉氏切磋友善。年三十余,客江淮,闲又与焦君里堂、江君郑堂、李君尚之论算法,诸君皆折服。同邑程征君易畴尝以《磬折古义》属考定焉。嘉庆十年,郡学司训夏师高其学,与教授朱师同举先生优行。督学今尚书周连堂先生试经解、诗赋、时艺,俱冠其军,遂食廪饩。继任督学今侍郎戴紫垣先生与署巡抚鄂公会考丁卯优行,以第一贡成均。先是十一年夏,黄河启,放王营减坝,正溜直注张家河,会六塘河归海。两江总制铁公奉上命查量云梯关外旧海口与六

塘河新海口地势高低，实延先生测算。盖先生精算术，为公卿所知久矣。本朝《天文》《时宪》二志自雍正十三年后久未修辑。嘉庆十二年，御史徐国楠奏请续修。经大学士等议，准移付史馆。史馆舊例以翰林、中书为纂修、协修等官，于是总裁传问诸翰林、中书官，无有通晓天文者。会先生十三年入都朝考，兼考取八旗官学教习。大学士庆公等即首举先生与徐准宜、许沄入馆纂辑，奉旨允准。然二志实皆先生一手纂办。十四年书成，议叙各以本班尽先选用，而先生得石埭县训导。十五年春莅任，悉心教士以穷经力行为先务，邑人自是咸知向学。石埭文庙向未具乐器，先生倡议捐俸制办修造乐舞等器，共一十七宗，一百五十八件，质文度数悉遵《御制律吕正义》成式，无分寸之逾。司乐生二十八人，舞生四十人，先生与之朝夕讲肄，弦歌舞蹈悉遵《钦颁乐章字谱》，无纤悉之讹。池郡守何公为撰文纪其事，树石明伦堂。十八年，应江南乡试，得疾回署，遂以是年十一月二十日卒。生于乾隆三十三年七月初七日，年四十六。子二人：长光恒，时才四岁；次光谦，未周月。先生廉介自持，一毫不苟取，卒之日，囊橐萧然。石埭士民咸感伤，相约醵金赒助，送其家扶辀归歙。

先生读书具深识，过目辄记，然不肯苟于著述，以为必有关绝续之大，能发千古之疑，始立言以传后。所著有《衡斋算学》七册，《考定通艺录磬氏倨句令鼓旁线中县而县居线右解》一册，已刻。又有《参两算经》《十三经注疏正误》《说文声类》《声谱》《今有录》《衡斋文集》《诗集》，续修《歙县志》，入史馆纂修《天文志》《时宪志》，官石埭刻有《开方表》。

先生之学大略有三：曰算学，曰经学，曰小学。算学自弱冠后，馆吴中三年，归，学成著书，刊布艺林。海内通人言天文算术，必推先生。其精妙入微，发前人所未发。焦君里堂作先生别传，详哉其言之矣。至经学小学之书，既未传，世知之者少。然生平用力实深，诸经注疏皆能成诵,贯穿在胸,是非得失无不了彻,汉唐诸儒疑谬相承之说一经勘正,涣然冰释。如《司马法》有二条:一"甲士三人,步卒七十二人";一"士十人,徒二十人"。疏家每生轇轕。先生曰:"'甲士三人,步卒七十二人。'凡家出一人,七十五家出车一乘,此乡遂之军法也。'士十人,徒二十人。'凡十家出一人,三百家出车一乘,三百家即成也(成,三百家据实受田者而言),除旁加之一里治沟洫者即甸也,故又曰甸出长毂一乘,此都鄙之军法也。郑康成于礼注毫不相混,而服虔注《左传》竟合而一之,其误始此矣。"又以其说解《论语》"千乘之国"曰:"出军之法,侯国亦异外内,乡遂七十五家出车一乘,都鄙一成,百井出车一乘,载于《司马法》者昭然。千乘之国,盖合境而出之,乃方二百里之小国,摄乎大国之间而生畏者耳。试取司徒、司马、载师、匠人之文而约计之,方二百里,其地四同,同万井,九万夫,城郭、宫室、涂巷三分去之一,上地、中地、下地通率二而当一,实受田者三万家置一同,于中去二万五千家为一乡一遂凡三百三十三乘,三分乘之一余五千家,尘里场圃之等九者,各去五百家,余五百家从后计,外周四面,合三同造都鄙,卿、三致仕卿三宜煞,于王卿约方四十里,亲公子弟地从卿数又宜减。于王亲约二凡一百二十八乘,大夫五、致仕大夫五,约方二十里。疏:'公子弟地从大夫数",约三凡五十二乘,余一同二终为十万八千夫,三而当一,实受田者三万六千家,通五百家分处。公邑出车从乡遂凡四百八十六乘,三分乘之二合千乘'云。"《周礼》女巫掌"岁时祓除衅浴",郑注:"如今三月上巳如水上之类。"陆德明《释文》音"巳"为"祀",后人多读"祀"音。先生曰:"已当音纪,以太初法推之,第三蔀弟三章弟三年三月三日恰是己日,其支为丑而非巳,足见音祀之讹。且古人以上称日者,皆属干不属支,据贾疏云"一月三己音纪无疑"。其自出新解,纠正旧说,若此类甚多。深于郑氏一家之学,尝曰:"郑氏三礼注,一义必通贯全书,一文必准称千古。"诚笃论也。又曰:"郑氏

《易》注以象为主,先取本卦之象,无则取之卦之象互卦之象之而互之象爻辰上值,列宿之象令。圣人系辞无一字虚设,较王辅嗣之宗尚元虚,诚为得已。然犹有议者,夫子言象者言乎象,爻者言乎变,是解象辞不应取之卦之象,解爻辞惟当取一爻独变之象。康成注按之此例,尚未悉协。因欲综全经作《易疏》未就。经学之书成者惟《十三经注疏正误》,遗本今存及门汪孝廉延麟处。

  熟于字书,有问奇者,随举无毫发爽,尝撰《说文声类》,以篆手写定本,藏于家。自序谓始嘉庆戊午,迄辛酉,三阅寒暑,乃克卒业。夫古人文字起于声音,有声而后有字。《说文》之某声实六书枢纽,特许氏本书以偏旁分别部居,读者罕得其条理。先生取某声及读若之声研贯钩比,类次成帙,而六书之本旨以明。又作《声谱》,明切韵之学,开合俱分土金木火水五宫,用平上去而无入声,著《三声论》,辨入声为上浊,其言曰:"声止于三,一曰平,二曰上,三曰去。三声皆有浊声,而上声之浊最显。定声类者不审其精,读之过急,乃于清声之后继以上声之浊,而别之为入声。相沿至今,习焉不察。韵书葛藤从此起已。故有以去浊为上、入之浊者等韵,"群""定"诸母是也。说者谓上声之浊似去而非去,今观"群""定"诸母则诚然矣。"疑""泥"诸母何以又不似去乎?盖既误别上浊为入声,因求"群""定"之声而不得,遂取方音别上入字之讹为去浊者而填之。以声而论,则"真"去也。何似之有至"疑""泥"诸母既因平声之清,无字不立其母,又遂竟以清声填诸浊位,此误别入声,致生支离之咎也。有上入不分清浊,二位任意通用者,《经世音图》暨《韵法直图》是也。盖欲于上入之外别其清浊,而不能别因重其声,以拟平、去而不可分,此误别入声致生蒙混之咎也。有制咚喽上、去入为五声,而上、去、入皆不分清浊者,方以智之《通雅》是也。盖既误上浊为入声,别求上入之浊而不得,遂疑仄声一例并去浊而昧之。此又误别入声致生挂漏之咎也(汪士铎谨案:古无入声之说,孔巽轩亦详言之,或以此论为可删,未然)。其言穷流溯源,洞见韵书疵颣。先生经学小学之大略犹存于此矣。

天性孝友,少时贫困,竭力养亲,恒负米数十里外。尝典衣,为犬啮,秘不令亲知。值岁歉,不能营二䱉,百计谋甘旨以奉二人,自乃从山氓采石面充腹,喉格格不能下,强咽之,肠为之塞,退而形诸歌咏以自叹。厚族党,雍睦无闲言,与人交,和而介,待问勤恳不倦,往复论晓,必令问者释然乃止。培翚自丙寅冬执弟子礼,未几而先生入都。嗣后南辕北辙,动辄相左,中惟己巳归里得一再奉教,吁可伤已。去冬过邗江,既以其学之大者丐焦君作传,兹与先生甥洪铎料理遗书,益增感怆,恐先生行迹日就湮没,乃谨以所闻知叙次于右。嘉庆二十年乙亥九月胡培翚谨撰。

这是一篇全面叙述汪莱生平和学术的传记,结合焦循所作《别传》并结合科学史专家的研究,我们才得以对汪莱其人其学有一大体认识。

汪莱,字孝婴,号衡斋,歙县人。著有《衡斋算学》七册以及《馨氏佸句解》《校正九章算术及戴氏订讹》《四边形算法》《十三经注疏正误》《禹贡图考》《说文声类》《乐津逢源》《衡斋诗集》等。

汪莱虽以朴学名家,并在训诂学、音韵学取得了突出的成绩,但其主要贡献在数学和乐律方面,尤以数学成就最著,汪莱治学严谨,"人所言,不复言。所言皆人所未言与人所不能言"。根据科学史家的研究,他在数学上的主要成就有三:一是弧三角及其组合计算。汪莱谓"弧三角之算,穷形固难,设形亦难,稍不经意,动乖其方"。他分别论证了已知三边,三角,二角夹边或二边夹角,二角对一边或二边对一角等各种情况下有解的条件,其成就在梅文鼎、戴震、焦循诸家之上。汪莱将组合计算公式建立在中国传统的贾宪三角形规律上,论证了组合运算及其若干性质。所得出的递兼的定义、性质、计算公式以及恒等式均与现代组合运算结果相同;同时发现了其组合规律,更赋予古老的贾宪三角形以组合的意义。二是高次方程。中国古代方程,多侧重解法(开方术)及布列法(天元法),只求解方程的一个正根,对于方程根的个数及性质认识模糊。汪莱指出,二次方程有二根,并论证了三次方程正根与系数的关系和三次方程有正根的条件。汪莱对于方程的认识、根的存在与判别的研究,是我国高次方程理论研究的发端。三是多进位制。当时普遍采用十进位制,汪莱认为不必"尽立数于十",对于具体问题,究竟采用何种进位制为宜,应当"审法与数相宜而已"。较之本世纪 40 年代随着电子计算机的出现才兴起的 P 进位制,汪莱的进位制研究早了一百余年。

汪莱的数学研究,中外数学史家都给予了很高评价。但今天来看,实在令人扼腕太息:其一,这样一位数学奇才,竟被迫长期在科举的道路上耗费生命,直到四十多岁才以优贡资格得到一个县学教谕(约相当于今天的县教育局长)的职务,其学术研究几乎全靠业余时间;其二,清统治者的闭关锁国政策,使明末一度与西方接轨的数学处于封闭状态,如汪莱的进位制研究,竟是以《易经》卦象为符号,以繁难的汉字表述数学公式;其三,研究成果得不到应用和推广,更谈不上与世界交流,如果不是在纠正《十三经注疏》方面成就卓著,汪莱的名字恐怕也早被人遗忘了。汪莱的遭遇,令人联想起清代另一位大学者刘继庄(献廷)。刘氏的学术涉及面比汪莱更广,但未能流传下来,幸有全祖望所作传记,才使其音韵学得以保存下来,露出冰山一角,使后代研究音韵学的学者有所师法。

第六节 俞正燮

徽州朴学家中能自精微至广大的最后一人为俞正燮(1775—1840)。夏寅官所作《俞正燮传》曰:

> 俞先生正燮,字理初,安徽黟县人。父献以拔贡任句容训导。随父之官时方弱冠,侍养外惟以读书为事。父献俸所入尽给以买书,集轴万卷,过目成诵。性孝友,侍养学署,饮食必先尝,不正不敢进。季弟正禧幼稚,日坐诸膝教以古忠孝廉节事,正禧后以举人成名立学。先生秉性方直,言动有法,诱掖后进,亹亹不倦。劝建碧阳

书院考棚,重修文庙族祠。家不中资,名公卿所赠修脯尽以济戚友族邻。值岁除,索逋者纷至。钱唐王荫森任黟县,有惠政,就先生考订经义,窥知其事,命家人率索逋者至县取给,仍就先生讲论不辍,士林两高之。中道光辛巳举人,为汤文端、熊遇泰所得士。壬辰在都,馆新城陈硕士侍郎所,为校顾氏《方舆纪要》,与平定张石洲交尤笃。道光癸巳,阮文达主会试。命下,诸钜公相与贺曰:理初入彀矣。榜发,竟报罢。已而知其卷在通州王菽原礼部藻房,礼部力荐之,而新安曹相国深嫉其学,捆束致高阁,文达初未之见也。礼部既得先生则大喜,延入邸中,索观所著书,为醵金付刊,于是天下始得读其所谓《癸巳类稿》者。先生得书即读,读即有所疏记,每一事为一题,巨册数千,鳞比行箧中。积岁月证据周遍,断以己意,一文遂立。读其书,如入五都之市,百货俱陈,无不满之量。然细字密书,厶增乙跨,草稿襞积,猝不可读。当议刻《类稿》时,发箧摊书几上,嘱日照许印林、平定张石洲捡校分类,以次始获付梓,乃《类稿》成。卖书有余资,又觅钞胥为写未刻文篇,即《癸巳存稿》是也。先生方年二十余,负其所业北谒孙渊如于兖州。渊如时任兖沂曹道,为伏生建立博士,复求左氏后裔。先生因作《左邱明子孙姓氏论》《左山考》《左墓考》《申杂难篇》,渊如多采其文,以折众论。而先生陈古刺今之识由是日坚,故议论学术与渊如相出入。在京助给事中叶继雯修《会典》及《钦定左传读本》《行水金鉴》,多所校正,不肯署名。嘉庆庚午纂修《黟县志》。道光丁未林文忠督两湖,聘修《两湖通志》,详瞻得体。复为文忠督参订先人旧稿。歙县程春海侍郎恩泽称理初负绝人资,自识字积发,素寝窥馈凡四五十年,其始也能入,其终也能出。丛籍城摊,手繙繙不辍,辍辄大半成诵,人地名称、事迹本末见某度某册某篇行语即中,是谓能入。萃昔贤往事,判黑白,摇笔洒洒千万言,某可据,某可勘,某不可凭,某宜校,一篇中计叠简不胜举,使起昔贤议往事亦颔,是谓能出。出入之际,精心卓识,分别部居,于诸儒所梏舌方皇者,引称首肯,如肉贯串、丝在杼。其学之博大精深于其乡足以远承慎修、东原,近迈竹村、墨庄。顾以家贫性介,道途奔走四十年,缟纻余润不足赡妻孥,年逾六十犹不能一日安居,遂其读书著书之乐。寿阳祁文端督学江苏,留先生学署,为校写《三古六朝文目录》。陶文毅督两江,聘先生主江宁惜阴书院。院地据城西高阜,江流一线,浮浮目前,致为幽胜,修脯所入亦较优赡,以为足当晚节菽裘矣。不意次年五月遂卒于书院。所著书《类稿》《存稿》外,尚有《说文部纬》一卷、《校补海国纪闻》二卷,遭兵燹,稿焚。生于乾隆四十年乙未,殁于道光二十年庚子,年六十六。子懋莹、懋颖,早卒,无后。殁后邑人钦仰不沫,于光绪十年奏请入祀乡贤祠。

俞正燮之父俞献"工骈体隶事,尤熟掌故",曾先后主讲河南闻政书院,任江苏句容训导,以及安徽庐江教谕等职。他从小受到了良好的家庭教育,十分聪慧,过目不忘又勤奋好学,人名、地名、事迹本末在书中的哪一篇哪一行他都能脱口而出。十七八岁时他就能与人合作著书,而且独自撰写了多篇文章,显示了其踏实的学问功底和卓越的治学才华。但其父俞献职位卑微,俸禄微薄,生活向来拮据,又不幸在俞正燮二十多岁的时候去世,其家基本上陷入一贫如洗的境地。而俞正燮作为长子,不得不担负起赡养母亲以及抚养自己的妻小和五个弟弟的重担。从此,他为了一家人的生计活路而四处奔波忙碌,过着艰苦、漂泊不定的生活,直到逝世。但俞正燮为人慷慨大方,乐于助人,上引夏寅官的《传》里记载他"家不中资,名公卿所赠修脯费以济戚友族邻。值岁除,索逋者纷至。钱塘王荫森任黟县,有惠政,就先生考订经义,窥知其事,命家人率索逋者至县取给,仍就先生讲论不辍,士林两高之"。

俞正燮二十多岁的时候,带着自己学习研究的成果到山东兖州拜谒在当地任官的著名学者孙星衍。当时孙星衍正在上书清廷请求为伏生建立博士,同时寻找左丘明的后裔。俞正燮就此写了《左丘明子孙性氏论》《左山考》《申杂难篇》来考证左邱明以及伏生的事迹,孙星衍采用了他文中的许多观点来折服众人的议论。俞正燮也因为孙星衍的称赏而扬名天下。道光元年(1821)中举人。第二年参加会试,但名落孙山。后来他五十九岁的时候,也就是道光十三年(1833),又一次参加会试。这次会试阮元是考官之一,而俞正燮久为阮元所赏识,所以当任命考官的诏书下达之后,就有人祝贺俞正燮这次一定能考中。但由于被厌恶朴学的高官所阻挠,俞正燮再次落第。因而俞正燮一生未登仕途。

迫于生活压力,他只得背着行囊,走遍大半个中国,以替人编书校书,以及授徒讲学所得酬劳养家糊口,勉强度日。乾嘉之际,官私修书之风大为盛行,而以俞正燮的学识素养正好为这些人所需要,因而频频参与达官显宦的书籍修纂。由于修书是为别人作嫁衣裳,再加之俞正燮不署名,因此他到底修纂编校过哪些书现在已经不太清楚。据后人研究俞正燮参与编修的书籍有:与刘凤诰为大学士彭元瑞撰辑《五代史补注》;为会典馆总纂兼提调叶继雯修纂《清会典》;为湖南提督、果勇侯杨芳校正《六壬书》;为黟县知县吴甸华编纂《黟县志》;为户部侍郎程恩泽等校订《钦定春秋左传》;为江南河道总督张井编纂《续行水金鉴》;为礼部侍郎陈用光校订顾祖禹《读史方舆纪要》;为两湖总督林则徐编纂的《两湖通志》,并校订林氏先人的书稿;为时任吏部侍郎的祁寯藻校订《影宋本说文系传》《三古六朝文目》;先后为时任山东督粮道的孙星衍编撰《古天文说》二十卷,并辑校纬书。此外,还有《宋会要辑本》五卷,《校补海国记闻》二卷,编纂《说文》《部纬》各一卷,以及批校《书集传》《文选》《礼记集说》,等等,总共有近二十种之多。道光十九年(1939),陶澍任两江总督,聘请六十五岁的俞正燮主讲南京惜阴书院。奔波劳累了一生的俞正燮见此地环境优美,且待遇较好,所以有在这里终老的打算,但不幸于第二年五月病逝于书院。

俞正燮始终困顿窘迫,命运多舛,以至于居无定所,笔耕为生。他的学问是在极其艰难环境下做出来的。据记载,俞正燮"足迹半天下,得书即读,读即有所疏记,每一事为一题,巨册数十,鳞比行箧中,积岁月证据周遍,断以己意,一文遂立",可见其勤学好思。

虽然俞正燮终其一生穷困潦倒,但为人却清高耿直,不随流俗,他的朋友认为他身上有着魏晋名士的狷狂气质。戴熙在《习苦斋笔记》中记载:"理初先生,黟县人,予识于京师,年六十矣,口所谈者皆游戏语,遇于道则行无所适,东南西北无可无不可。至人家,谈数语,辄睡于客座。问古今事,诡言不知,或晚间酒后,则原原本本,无一字遗,予所识博雅者无出其右。"由这段记载中我们可以想见俞正燮特立独行的性格。

俞正燮第二次参加会试失利后,被任职礼部的朋友王藻请回自己家中,索观所著文稿。王藻邀请张穆、许印林整理这些文稿并刊刻出版。因为时在癸巳,所以定名为《癸巳类稿》。后来张穆又整理当初未刻的部分文稿并付梓,定名为《癸巳存稿》。这两部书同为俞氏学术思想之荟萃,学术之精华,历来受到学者的重视。所著书除了《类稿》《存稿》外,尚有《说文部纬》一卷、《校补海国纪闻》二卷以及《四养斋诗》等,因为遇到战乱而被焚。

俞正燮治经以汉儒为主,认为秦汉去古不远,可信者多,这种学术思想有些接近于以惠栋为代表的吴派;但又不拘牵于注疏,不离畔于训诂,这又符合江永、戴震开创的徽派的治学精神。他除了研究经学外,于史学、天文、地理、医学以及释道之书无不探究。如经学考证方面涉及五经及《论语》《孟子》等,对其中一些重要而歧解较多的问题进行考释,论证精密,征引繁富,考订审慎。俞正燮学问极其渊博,留下了一大批影响较为深远的著作。论文汇集《癸巳类稿》十五卷、《癸巳存稿》十五卷,《类稿》《存稿》两部书收入千余篇文章,内容十分丰富,涉及范围十分广泛,包括经学、史学、医学、天文、历算、边防、政治、宗教、地理、经济等方面,另研究海外世界的《校补海国纪闻》二卷,记述北疆边防的《俄罗斯佐领考》一卷,反映治河内容的《续行水金鉴》一百六十卷,谈论生理学及性教育的《积精篇》抄本一卷,诗集《四养斋诗稿》一卷,地方志《黟县志》十六卷及《两湖通志》等。《澳门纪略跋》《俄罗斯佐领考》《俄罗斯长编稿跋》《荷兰》等,研究周边国家、中外交涉等问题,开研究边疆历史地理和国外学术的先河,把研究视野扩展到了传统经史外的更为广泛的领域。

俞正燮是杰出的考据学家,但他不是为考据而考据,往往以考据为手段针对现实"舒愤懑",这一点尤为难能可贵。早在五四时代,蔡元培、周作人等人就对此表示激赏。蔡元培先生晚年回忆说:"余自十余岁时,得读俞先生《癸巳存稿》而深好之,五十年而好之如故。"如《癸巳类稿》卷十三之《节妇说》《贞女说》《妒非女人恶德论》这几篇文章,论事甚有见识,不拘于世俗偏见,为后人尤其是近代以来的学者所称道。《节妇说》谓女子不二适,男子亦不当再娶。《贞女说》谓后世女子不肯再受聘者谓之贞女,乃贤者未思之过。未同衾而同穴,则又何必亲迎?何必庙见?何必为酒食以召乡党僚友?直无男女之分。男儿以忠义自责则可,妇女贞烈,岂是男子荣耀?《妒非女人恶德论》谓夫买妾而妻不妒,是恝(无动于衷)也,恝则家道坏矣。这些说法反对当时扼杀人性的道德伦理观念,敢于替中国妇女受到不人道的待遇讲话,主张男女平等,闪烁着人道主义的光辉。

《癸巳存稿》卷十五收入了俞正燮所写的九篇碑传。俞正燮所写碑传的传主是师友,如《汪先生事辑逸》《骆君小传》《程君友石传》;二是俞正燮敬仰其人,觉得这些人的事迹不应湮没无闻,而应传之于后,因而为其作传,如《何端简父子事述》《胡先生事述》《古筑两孙君小传》。俞正燮为学术名家,他的这些碑传写作也有比较鲜明的特色。这些碑传所写绝大部分是普通人,这与俞正燮终身未仕、四处游历因而接触各类人物有关。《汪先生事辑逸》的传主汪廷榜和《胡先生事述》的传主胡梧都是徽商亦学亦商的典型。汪廷榜年轻时经商,远抵汉江,后来归乡读书,最后中了举人。胡梧曾到扬州经商,贩卖湖绢、茶叶、玉石,后来纳粟作监生,最后补中城兵马司副指挥。由此也了解徽商的一些特色以及当时徽州地区虽然经商业贾之风盛行但仍崇拜科举出仕的社会风气。俞正燮充分发挥他作为考据学家的特长,凡事必详原委,在碑传中记录了乾嘉时期的许多史实,反映了这一时期的历史变迁,留下了珍贵的研究参考资料。

俞正燮可以称为徽州朴学的殿军,并形成了一个以他为主的"理初学派"。除俞正燮本人外,这一学派的主要人物有其弟子程鸿诏、汤球友人孙星衍、程恩泽、张穆、汪文台、王乔年等。理初学派最重要的学术贡献是在历史地理特别是边疆历史地理的研究方面。

汤球(1804—1881),字伯玕,笏卿,黟县人。早年拜俞正燮为师;博通群经,对天文、历法、数学等自然科学都有很深造诣。无意科举,毕生致力于史籍研究,著述甚丰。同治六年(1867),被举为孝廉方正,辞不就。以著作终其一生。尤精晋史,认为《晋书》多有琐碎、异闻之事,遂广搜典籍,补缺正谬,成书二十三种。又鉴于北魏崔鸿所撰《十六国春秋》早在北宋时散失,遂取《汉魏丛书》中收录的原《十六国春秋》为底本,汇集散见于群书中的有关史料,写成《十六国春秋辑补》一百卷,补辑《年表》一卷,《校定纂录》十卷。此外,还辑有《两晋诏钞》等十九种,《太康地记》《邺中记》《林邑记》等地理专著三种。

程恩泽(1785—1837),字云芬,号春海,歙县人。他父亲程昌期曾经中过探花,担任过上书房行走、翰林院侍讲学士等职,官终山东学政。程恩泽从小就十分聪明,七八岁就能背诵经传。他特别喜欢钻研古书,遇到有疑问的地方一定要弄明白才甘心。一些名公先达认为他前途不可限量。在程恩泽十一岁的时候,其父在任上去世。他的母亲出身将门,程恩泽曾跟他的外祖父学习过骑马射箭,能拉得开强弓硬弩,可谓是文武双全。后来,他追随凌廷堪学习,能深入他老师学问的精微奥妙所在。凌廷堪称赞他学究天人,既博且精,将来必定有卓越的成就。

嘉庆九年(1804),程恩泽中举人。之后他居住在京城,更加勤奋地读书学习,对天文历算、地理方志、文字训诂、金石碑刻等都有广泛而深入的研究。嘉庆十六年(1811)程恩泽中进士,被选为翰林院庶吉士,散馆后授编修一职。道光元年(1821)被任命为南书房行走。清宣宗召见他并对他说:"汝父兰翘先生品学朕昔年最敬,汝之声名朕亦皆知,宜更守素行。"同朝为官者听闻此事后,赞扬程恩泽获得了皇帝的赏识,这是莫大的荣誉,纷纷对他表示钦佩。不久他奉旨意校刻《养正书屋集》《御制诗文初集》,历任四川乡试主考官、春坊中允、贵州学政、翰林院侍讲、春坊右庶子、翰林院侍讲学士、湖南学政、国子监祭酒、广东乡试主考官、内阁学士、会试知贡举、工部右侍郎、户部右侍郎、经筵讲官等职。道光十七年(1837)夏,程恩泽因暑湿而患病,治疗一个多月未见痊愈,最后病情加剧去世。

程恩泽担任贵州学政时,与布政司吴荣光一起在民众中推广粟蚕养殖,使百姓大获其利，又重刻南宋岳珂刊刻的《五经》供士子研读。后来他奉诏刊刻《春秋左氏传》，与祁寯藻共同商议推本汉代贾逵、服虔对《左传》的注解阐释，不再专守晋代杜预一家之学。他平日喜欢奖掖后进，在担任广东乡试主考官时，他希望选拔一些讲求实学也就是从事考据学的读书人，听闻学者曾钊之名，想取中他。当时曾钊正在丁忧，不能参加科举，而程恩泽不知这事。等到考试结果出来以后，他发现考取的人中没有曾钊，大失所望。

程恩泽是近代徽州朴学阵营中的著名学者，提出治学应当"凡欲通义理者必自训诂始"的主张，体现着徽派朴学的学术精神。程恩泽生平著述多未及成书，流传下来的仅有《战国策地名考》《程侍郎遗集》等。主要学术著作是《战国策地名考》，这部书在先秦地理的研究方面硕果累累，成就非凡。比如"孟津在河北，非今孟津县，亦非古河阳县"，"蒲反非舜都，乃卫蒲邑，以尝入秦仍归，故谓之蒲反"等考证，都十分正确，不可更改。

程恩泽还有一个重要的学术观点，即认为当时学者对数学的研究可谓精深，把许多困惑人们千余年的问题都解决了，但这些研究只停留于书本纸面上，而古人用于测量计算的科学仪器则很少有人研究复原，因而他希望与其他学者一起修复古代的科学仪器。只是由于他过早去世，没来得及付诸实施。但这个观点是十分重要的，坚持学理研究与实物相结合，理论与实践相结合，在这一点上，他与程瑶田有相似之处。

他与俞正燮是最早提倡西北史地研究的学者，在为祁韵士所写的墓志铭中，专门介绍了祁韵士在西北边疆历史地理方面的研究成果，这篇文章是我们了解清代中叶西北史地研究情况的重要参考资料。

第九章　许承尧与徽州碑传

古代徽州,重视教育,文风昌盛,人才辈出。及至明末清初,面对"异族"的入侵和统治,不少徽州人采取了与新政权不合作的态度,既有为抗清而死的民族英雄金声、江天一等,也有寄情艺文、终身不仕的遗民许楚、渐江等。新的政治形势使得不少的徽州学者潜心教育,以紫阳、还古等书院为阵地,着力于朱子之学在徽州的传承;而更多的人则转入文学和艺术的领域,留下了大量的文艺珍品。清初的徽州学术为乾嘉徽州朴学的兴起和繁盛奠定了基础。而以江永、戴震为代表的徽州朴学家,则把徽州的学术成就推向了前所未有的高度,在中国学术史上产生了重要的影响。

清中期之后,随着徽商的没落,徽州和徽州人也渐趋"平静",使得以更加客观的态度去审视徽州历史,尤其关注明季之后的普通徽州人成为可能。清末民初,学者、诗人许承尧以其《歙事闲谭》开始了对徽州文献和徽州历史人物作初步的整理和研究。

第一节　许承尧与徽州

许承尧(1874—1946),字际唐,又字讷生、芚公,号疑庵、芚叟等,歙县西乡唐模村人。他是我国近代著名的诗人、文献学家、书画家和文物鉴定家、收藏家。许氏于光绪二十年(1894)中举,光绪三十年(1904)二甲四十名进士及第,入庶吉士,因次年科举废止,成为真正的"末代翰林"。

许承尧出生于一个贫穷没落的家庭,其祖父许恭寿历经了战乱、瘟疫等给家庭带来的巨大创伤①,加之其独子(另一子早年"以馁亡")许学诗(字雅初)业贾且并不算成功,就把希望寄托在孙子许承尧身上,"课之严"。许承尧自幼聪颖勤勉,以振兴家庭为己任,并在三十一岁时顺利考中进士,后散馆授翰林院编修,祖父亦"顾之而喜"。

然而,许承尧的传统仕进之路遭遇到了巨大的时代变革,帝制的废除和外来新思想、新方法的传入,尤其是民初的各派纷争都使得许氏常处于矛盾之中。一方面,他认清形势,顺应时变,反对帝制,接受新观念,创办新式教育,参与近代实业(督办铁路),投身民国地方政权的建设;另一方面,许氏又有着传统文人在易代纷争时代体现出的淡泊情怀,他于五十一岁时即返回故乡歙县,"日惟键户读书,致力于诗,尤锐意搜集、考证州邑史志,收藏文物、文献至为宏富"。②许氏晚年乡居二十余年不复出,有政治抉择的原因,又是其心性使然,最重要的还是其对故乡徽州的热爱。终许氏一生,他对徽州故乡的影响和贡献主要体现在如下几个方面:

一是兴办新式学校。许承尧在选为庶吉士之初便辞职回乡,创办新安中学堂,又协助其祖在唐模村创设敬宗小学和端则女学,后又创立专门培育师资的紫阳师范学堂。这些学校聘用接受新式教育的教员,使用新式教材,开设新的课程,为歙县乃至整个徽州培养了大量人才,开创了徽州教育的新道路。

二是组织进步社团。1906年,许承尧与黄宾虹、陈去病、陈钝、汪鞠卣等创立了"黄社",自任理事。这一组织受复社和同盟会的影响较大,成员常利

---

① (清)马其昶:《歙许君家传》中有"全家转徙饥寒中","数年尝手殓十二丧,哭至于无泪,惟眶陷耳"等语,见《抱润轩文集》卷八,《续修四库全书》集部1575册,第726页。

② 吴立奇:《许疑庵先生墓表》,见钱仲联主编:《广清碑传集》卷二十,苏州:苏州大学出版社,1999年,第1377页。

用新安中学堂和紫阳师范学堂为阵地,宣传革命。

三是吟咏徽州山水。许承尧是近代著名的诗人,被誉为"近代皖省诗人之奇杰"①,其自云"初爱长吉、义山,继乃由韩入杜,冀窥陶、阮,于宋亦取王半山、梅圣俞、陈简斋。明清二代,时复旁撷。无偏嗜,故无偏肖,因时变迁,惟意所适,取足宣吾情自娱悦耳"。②许氏有诗集《疑庵诗》14卷,收录诗歌1700余首。在许氏诗中,吟咏徽州山水的不少,其中最突出的是写黄山风光。许氏一生多次游黄山,共有黄山诗70余首。钱仲联先生说其"《黄海集》写其乡黄山奇景,亦超出牧斋、仲则诸家所诣之外。……所为黄山诗,乃融东野、宋人于一炉,与少作迥殊,足与姚燮、高新夔、刘光第诸家刻画山水之作争长黄池矣"。③

四是保护和收藏乡邦文物。许承尧精于文物鉴定,富于收藏。其收集敦煌唐人写经二百余卷,现藏于国内外各大图书馆。许氏返乡后,致力于乡邦文物的保护和收藏,其自建"檀干书藏",集中保管收集的书画古玩,现多藏于安徽省博物馆。

五是辑录地方文献。许承尧对于徽州最大的贡献是其对徽州地方文献的搜集和整理、编纂。许承尧曾参与《安徽丛书》的编刊,其总纂之《歙县志》为历代歙县志之集大成,又辑有《新安佚诗辑》及《明季三遗民诗》等书。而其费力十余年乃成的《歙事闲谭》广征博引,是徽州历史文化的重要参考资料。

与程敏政、汪道昆相比,许承尧没有显赫的家世背景和崇高的政坛地位,清末民初的徽州在很多方面也远不能跟明代的徽州相比——此时徽州距离中国政治、经济中心更加遥远,但此时的许承尧却能够以更加平和的心态去关心徽州的现实和总结徽州的历史,尤能摆脱家族的门户之见,客观地品评徽州人物。在对于徽州的情感以及对于徽州地域的熟悉程度上,许氏绝不输于前二者,他立足于衰退中的徽州,关注徽州的普通人物,用自己的博学广识

---

① 钱仲联:《论近代诗四十首》,载《社会科学战线》,1983年第2期。
② (清)许承尧:《疑庵诗·序》,合肥:黄山书社,1990年。
③ 钱仲联:《论近代诗四十首》,载《社会科学战线》,1983年第2期。

思考着徽州的过去和将来。

第二节 《歙事闲谭》及其所录徽州碑传

在徽州的历史中，《歙事闲谭》是最重要的地域文献之一。它以读书札记的形式辑录了大量的徽州文献、徽州人物和历史掌故，虽篇幅短小而言之有物，虽以引述为主而又不乏真知灼见。《歙事闲谭》以歙县历史上的人、事为主，又兼及整个徽州，由资料的搜集开始，继而进行整理和研究，被视为现代徽学研究的开山之作。

对于徽州人物碑传，《歙事闲谭》虽不是刻意整理编纂，但作者无疑将其纳入了自己的视野并予以关注和思考。该书既有对徽州重要历史人物碑传的全文引录，也有大量的人物佚事的补充，更有自己对于碑传材料的考辨和对人物的评价。在这一点上，它比《新安文献志》和《太函集》的价值更为突出。

一、《歙事闲谭》概观

(一)写作过程

关于《歙事闲谭》的写作过程，我们可以从许承尧的自序中略知一二：

> 垂老观书，苦难记忆，因消闲披吾县载籍，偶事副墨，以备遗忘。积而成帙，遂赓续为之。有得即书，前后无次，且多重出，姑为长编，以俟整理。多取诗篇，以昔人精神所寄，不忍捐舍；佚书故事亦多甄录。他日纂志乘者，或薄有取尔。民国二十年一月许承尧。[①]

是书随手掇录，经始于民国十九年，至民国二十一年春，已得二十一卷。前后无次，且间有重出。本为长编，俟成书时整理归并。

[①] 《歙事闲谭·自序一》。所据《歙事闲谭》为李明回、彭超、张爱琴校点本，合肥：黄山书社，2001年。

中多遗民诗,零星搜访,得之非易,不忍过删。中粘纸乃吾亡友汪旧翁笔,二十年秋初在沪所书,冬间即长逝矣。思之怃然。二十一年二月许苊记。①

可知,《歙事闲谭》出于"随手掇录""本为长编",这也是其书显得凌乱、重复材料不少的重要原因。其书共三十一卷,写作始于民国十九年(1930),民国二十一年(1932)已完成了二十一卷,但具体完稿时间并无一致说法,但加之全书的资料搜集、修改,前后费力逾十年当无疑问。

许氏"俟成书时整理归并"的愿望在生前并未实现。其稿本存于安徽省博物馆,至2001年方由李明回等先生校点,黄山书社出版,为目前《歙事闲谭》的最好版本,于徽学研究贡献颇大。

(二) 主要内容

《歙事闲谭》为读书札记,篇幅短小是其最大的特点。全书共842则,主要内容可概括为几个方面:

1. 徽人著述

古代徽州历来以文献丰硕而著称。徽州历史上的人、事也正是通过这些徽州人的著述记载和流传下来。许承尧为熟悉徽州掌故的文献学者,他对徽州文献的记录和研究主要体现在《歙事闲谭》中。

据统计,该书引书凡一千余种,其中徽州文献即有七百余种,不少书到今天已难以找到。《歙事闲谭》收书之富和文献价值之大,可见一斑。

该书著录了许多重要的地方文献,为徽学研究提供了很好的指引作用。如汪德渊《今事庐笔乘》,其作者名虽不显,但"记史极有识,亦富异闻"②,于徽州人物,则记录了方端士、程智、方于鲁、江东之、郑烛等人的逸事,并考辨了唐史所记汪华事之失实。《歙事闲谭》引徽州著述,既有对著述本身的总体介绍,又有对著述内容进行有选择性的分条引用和考证,其由面及点,可谓谨

---

① 《歙事闲谭·自序二》。
② 《歙事闲谭》卷一《汪宗允〈孟子缉义〉及〈今事庐笔乘〉》。

严。如《斗山文会录》一书，许氏先花大量笔墨介绍该书，如刊刻时间、序言及各卷主要内容，然后在后文择引了"歙县筑城之始""许文穆佚事""许志才 许志宁""许立德""潘氏以书生杀贼"等条，保存了徽州的重要历史人物史料。

在《歙事闲谭》一书中，仅在每则标题中出现的各种著述就有196种，这些是《歙事闲谭》资料来源，也是研究的对象。其中既有成书的徽州诗、文集，也有地方笔记史料、方志、法帖，也有单篇的诗、文、画等，形式多样，数量众多。这些徽州著述大多为许氏经眼，是我们了解徽州文献（主要是明清时期）的重要参考，其中对部分珍稀文献的记录则是更为可贵。

2.徽人传记

在《歙事闲谭》中出现了众多徽人的传记资料。既有简单的字号介绍，也有文字不长的小传，还有颇具奇异色彩的人物佚事和通篇的碑传收录；既有为介绍著述而顺便提及人物生平，亦有专门的人物事迹的考证。其中人物包括徽州历史上的各类人物，既有传说中的神仙人物，也有历史上的高官巨贾、徽州乡间的烈女孝子。

但从数量上来说，《歙事闲谭》关注最多的当为各种文苑人物，如诗人、画家、学者、篆刻家等。关于《歙事闲谭》所录徽州碑传，下文将重点论述。

3.徽地风俗

风俗是一地长期形成的约定俗成的风尚和习俗，最具地域特色。徽州地方特色明显，通过《歙事闲谭》，我们既可以了解一些徽州的自然、地理的风俗，如"橡栗粉""新安四宝"等，亦可知徽州的一些社会、政治的风俗，如《知新录》《春帆纪程》《歙风俗礼教考》中所记风俗，另外如"明季县中政俗""宋时有以弟继兄风俗""明季举人陋习"等。

长期形成的徽州风俗中，落后甚至反动的自然不少。许承尧对此则有清醒的认识，并加以批判，显得尤为可贵。如"潭渡孝子祠"一则，引《梦陔堂诗集·孝子祠》诗注，记唐孝子黄芮"刲股"而历代受表彰之事。在文后许氏按曰："刲股事，歙最盛行，见于志者，累累不绝。迷信伤生，非所以教孝，此当与童女守贞、烈妇殉夫同例。世风既异,当从改革矣。"①许氏用"迷信伤生"来概括这一千百年来传为美谈的孝子懿行,并主张"改革"之,反映了时代的变化和许氏的进步思想。

4. 徽州名胜

新安的大好山水,是徽州人最引以为豪的。《歙事闲谭》或摘引诗文,或考察掌故,对徽州的山水、名胜、景观作了大量的记录。如记黄山,既有慈光寺、天都、莲花诸峰等具体景点,也有其雪景、异花甚至鸟兽的记载,再如篁墩、渔梁坝等则刻上徽州人成长和发展的深深烙印,另外还有大量的庵、寺、亭、塔、园、桥、堂、殿、宅、寨等,共同构成了五彩斑斓、魅力无穷的皖南山城的奇异景象。

对于徽州人的母亲河——新安江,许氏多处收录,其中在"新安江"一则中,不仅摘录了许楚新安江赋、诗的序,更是用按语对历代与新安江有关的人物和文献加以详述,有很强的资料性。

5. 徽州史事

徽州的历史,除见诸正史之外,其他各种私人著述亦可补阙增益之。《歙事闲谭》中,对于徽州的史事,小至修路筑桥、称谓由来、村名之争,大至历代兵事、行政区划,皆有引述。

如洪杨兵事,该书即有"郑晓涵《暗香楼乐府》三种""宋梦兰""鲍梦苏《新安吟》""黄次荪《凤山笔记》"等多处记录,尤以后者为最详。我们通过此四则,足以了解这场农民起义对于徽州的影响。另外,"程笃原撮录《安徽通志》徽州兵事"一则录徽州历代兵事,甚为完备,是研究徽州历史的重要史料集。

对于历代名人与徽州人的交往或对徽州的记载,《歙事闲谭》亦多涉及,这些材料既可借名人为徽州增色,也可以纠正某些偏差。该书收录了范成大、胡应麟、钱谦益、查继佐、张惠言等30余人与徽州的各种联系,有的曾游黄山,写下名篇;有的与徽人交游,亲赴徽州;有的则官于徽州,为徽人所称

---

① 《歙事闲谭》卷十《潭渡孝子祠》,第326页。

颂。其中，汤显祖的"欲识金银气，多从黄白游。一生痴绝处，无梦到徽州"常被人称道，而徽州也给人一种"金银"的铜臭气。对此，清乾隆时人程埙辩道："(汤义仍先生)不知吾乡山水甲天下，理学第一，文章次之；人知节俭，有唐魏之风；俗尚骨鲠，耻脂韦之习；且硗确少田，治生艰难，实最窭地，所谓素封，皆乡人之业蓰于淮南北者。本州如洗，实不足当此虚名也。"①

一般认为，汤氏诗句中的"黄白"为双关语，暗指黄山、白岳（齐云山）沾上了徽商浓重的金银之气。从程氏之语，我们可知，黄山之名常被商贾之气所累，不少外籍人士因此产生对徽州的误解。而实际情况正如程氏所说，徽州奢靡之风更多地体现在徽商的发迹之地，在徽州故乡，还是以勤俭为多。难怪江天一有因"货殖"而"毒吾乡"之慨②。另外，黄生也在《黄山白岳歌》的注中对汤诗有辨析，兹不赘述③。

二、《歙事闲谭》与徽州碑传

《歙事闲谭》中搜录了大量的徽州人物传记资料。据笔者统计，在该书842则材料中，共有2000余人的徽人资料，全文抄录碑传的达35人，部分节录的有24人，记各种逸事的有88则，对人物碑传有明确考辨的有20则。其书对于徽州碑传既搜集整理，也有初步的总结和研究。

(一)对徽州碑传的搜集和整理

1.资料的来源。

作为徽州的文献集，其碑传资料的来源主要有几个方面：

首先是诗文集。这其中尤以徽人别集为多，诗集往往只是通过序、跋或者附录对作者的生平作介绍，而文集则收录大量的人物碑传。如引汪道昆《太函集》可知"颍上社六君子"事，引许楚《青岩集》可知渐江逸事，引江天一《江止庵集》可知郑为虹不屈而死的佚事，引吴士奇《征信编》补唐泽、张芝、程

---

① 《歙事闲谭》卷六《为黄山寄远方游客书》。
② 《歙事闲谭》卷六《为黄山寄远方游客书》。
③ 《歙事闲谭》卷二《黄白山〈一木堂诗〉》。

金三人之传。再如清代曹学诗《香雪文钞》，许氏指出其"皆骈文"，认为集中《黄山赋》《新安江赋》较之许楚之作"格卑语薄，不逮远甚"，又略引集中《胡孝女墓志铭》，最后指出《吴三惜居士传》《闵素庵先生传》《吴师杜传》三传"可为补修歙县氏族志"的材料。显然，对于曹氏文集，许承尧既有文论批评和比较，也高度重视其所作碑传的作用。另外，吴定《紫石泉山房集》、胡赓善《新城伯子文集》都是收录徽人碑传较多的集子，《歙事闲谭》也有介绍和引述。

诗文集中尚有非徽籍文人所作的，因其中涉及与徽州有关的人、事而加以介绍。其中，如黄宗羲《南雷文定》、阮元《研经室集》等也收录了不少徽人碑传。如阮元为鲍廷博、凌廷堪所作传记，均具有重要的史料价值，许氏清楚地认识到这一点，对二传都是全文照录。

其次是徽州地方文献。徽州地方文献的种类很多。一是郡县志，自罗愿《新安志》以降，徽州的府志、县志数量众多，这些地方志记载了历代人物的传记且又延伸发展至镇、村志，如《橙阳散志》《西干志》《岩镇志草》均仿郡县志例，记镇、村之人物尤其详备；二是地方文献的专集，《新安文献志》则是此类文献的代表，后世仿其体例的有《新安文献志续编》等。另外，还有其他类型的各种徽州地方文献。如山志、书院志、会馆录、先德录等，在《歙事闲谭》中均见称引。

许承尧高度重视地方文献，既有对它们的介绍，更是择取其中显要者加以引述。如《新安文献志》卷首之《先贤事略》，许氏认识到其"虽甚简，而可与志乘互勘，亦有为志所不见者"，并对其中歙人事略不厌其烦地全录之，共111人。显示了许氏对于文献甄别的独到见解。另如紫阳书院，历代都是徽州教育和思想学术的中心和发源地。《紫阳书院志》即是许承尧介绍的重点，不仅包括其书的版本、序言，甚至详录了志目，尤其从卷五至卷十三的人物传记，更是统列传主姓名，并注明其字号。作如此详备的载录，一方面是其书的重要性，另一方面大概是因为许氏认为该书为"孤本书"，有备录以防失传之意。

许承尧《歙事闲谭》多取材于徽州文献,而其本身也是对徽州文献的丰富和发展,为当代的徽学研究提供了便利。

再次为传记集。各种传记的集合是收录人物碑传最直接、最集中的文献,引用更加方便,而对于人物的分类则更为直观。《歙事闲谭》中使用了如《汉学师承记》《清代朴学大师列传》《印人传》《续印人传》《两江忠义录》《明遗民录》《画史汇传》等专类的人物传记,将徽州人物以类相从,并且用统计的方法,得出具体的数据。如在卷四"柯铖"条中,除录《两江忠义录》中的柯铖原传之外,还列举"其时死难最烈者"约60人;《画史汇传》中所录歙画家105人等。

另外,还有一些史料虽不能视为传记集,但所记人物、逸事相对集中,许氏对这些书中的徽人也作了统计和引述。如《骨董琐记》13则,记徽州画、墨、漆、碑、刻诸工佚事;《遗民诗》17则收徽州遗民的小传及其诗作。

最后还有一些其他史料,它们成于外籍人士之手,但也收录了不少徽州人物的传记,多为笔记体。如俞樾《荟蕞编》,以收录珍闻奇事著称,被收入《笔记小说大观》①。其书转引了吴肃公作的《吴镡庵传》(吴璪)、黄宗羲作的《汪魏美传》(汪沨),郑虎文作《汪雨苍传》(汪霖),曹学诗作的《项孝子传》(项为楷)、《唐凤鸾传》,朱筠《吴宪传》,马荣祖《汪孝子传》(汪龙),王鸣雷《张三爱传》,王炜《程孝子传》(程士章),宋和《洪烈妇传》(叶姓,洪志达妻),陈道《许福弟传》,程瑶田作《吴漫公传》(吴兆杰)等,一共是12则传记。《歙事闲谭》对这些传记全文照录,且标明俞氏书和原著者,足见许氏对该书的重视。另外许氏书还收录了吴德旋《初月楼闻见录》中的12则17位徽州人物的传记(逸事)。

总之,许氏博览著述,取材广泛,潜心发掘徽州历史上的人、事、物,虽限于篇幅,不能展现这些文献的全部,但以其广博和精要,为后世研究者提供了按图索骥的可能。

---

① (清)俞樾:《荟蕞编》,见《笔记小说大观》第26册,扬州:江苏广陵古籍刻印社,1983年,第74~218页。

2.辑录的方式。

如上所述,限于篇幅,《歙事闲谭》对于人物传记的辑录有所侧重和取舍,在方式以及详略上也有所不同。根据许氏自己所述,在碑传材料的引(使)用上,最基本的当分"备录"和"节录"两大类,在此基础上还有"补录"一类。

(1)备录,即是全文照录。这一类碑传文一般比较重要,或出自名家之手,或为名家之传,体现了许氏对该类碑传的重视。

细检《歙事闲谭》,将这一类碑传表列如下(见表9-1):

表9-1 《歙事闲谭》所记备录类碑传一览表

传主名	传名	作者名	原出处	卷数
唐泽	唐泽传	吴士奇	征信编	三
张芝	张芝传	吴士奇	征信编	三
程金	程金传	吴士奇	征信编	三
宋梦兰	宋梦兰传	方宗诚	两江忠义录	四
柯钺	柯钺传	方宗诚	两江忠义录	四
聂师道	聂真人传	汪道昆	太函集	五
凌廷堪	次仲先生传	阮元	研经室集	六
杨光先	钦天监监正歙县杨公神道表	萧穆	敬孚类稿	六
程廷祚	程廷祚传	支伟成	清代朴学列传	九
江德量	江德量传	汪中	述学	九
巴慰祖	巴予籍别传	汪中	述学	九
凌廷堪	凌仲子传	江藩	汉学师承记	十
金榜	祭金先生文	张惠言	茗柯文集	十一
许明贤	许仲容先生诔	吴绮	林蕙堂集	十一
江承之	江安甫葬铭	张惠言	茗柯文集	十一
渐江	渐江和尚传	王泰征	画偈卷首	十二
渐江	故大师渐公碑	程守	画偈卷首	十二

续表

传主名	传名	作者名	原出处	卷数
汪应庚	汪上章事略	阮元	淮海英灵集传	十三
汪沐日	汪扶光事略	闵麟嗣	黄山志	十三
汪宗沂	汪仲伊先生传	刘师培	左盦集	十四
曹以植	曹太学传	王源	居业堂文集	十四
汪沐日	吴山益然大师塔铭	黄宗羲	南雷文定	十五
鲍廷博	知不足斋鲍君传	阮元	研经室二集	二十五
郑鉴元	郑君墓志	阮元	研经室二集	二十五
方晞原	方晞原权厝志	胡赓善	胡心泉集	二十七
吴兆杰	吴漫公传	程瑶田	荟蕞编转引自程瑶田集	二十九
程士章	程孝子传	王炜	荟蕞编转引自鸿逸堂集	二十九
吴璪	吴镈庵传	吴肃公	荟蕞编转引自街南文集	二十九
汪龙	汪孝子传	马荣祖	荟蕞编转引自马荣祖集	二十九
汪渢	汪魏美传	黄宗羲	荟蕞编转引自南雷文定	二十九
许福弟	许福弟传	陈道	荟蕞编转引自凝斋先生遗集	二十九
吴宪	吴宪传	朱筠	荟蕞编转引自笥河集	二十九
汪霖	汪雨苍传	郑虎文	荟蕞编转引自吞松阁集	二十九
唐凤鸾	唐凤鸾传	曹学诗	荟蕞编转引自香雪文钞	二十九
项为楷	项孝子传	曹学诗	荟蕞编转引自香雪文集	二十九
洪烈妇	洪烈妇传	宋和	荟蕞编转引自雪晴轩集	二十九
张三爱	张三爱传	王鸣雷	荟蕞编转引自中密文集	二十九

(2)节录

节录的碑传在《歙事闲谭》中比较多,如引许楚《李韩公外传》考察李善长的籍里问题,引程世淳作《古雪府君墓表》见"程古雪奇行",又引汪道昆《许长公传》揭示"许铁夫妇义行",略引《世医吴洋吴桥传》,称之为"有用之文"。另外,如吴定作《吴绍泽墓志铭》、焦循作《汪莱传》等均为节录。

在众多的传记资料中,文集的序、跋往往被人所忽略。这些材料除交代著作的写作情况之外,多有作者的生平事迹,这也为许氏所看重。如录段玉裁作《音学十书》的序补江有诰的传记,录吴之骙作《绿滋馆集序》、吴甲周作《考信编跋》来补吴士奇的传记,录《止庵集》的跋、征刻小引、记事等补江天一的传记等。

这些节录传记采摘精要,揭示传主的主要生平事迹和著述,往往起到事半功倍的作用。

(3)补录

所谓补录,有两层含义。一层意思是,同一人物的传记分列不同处,后者是对前者的补充。由于《歙事闲谭》"有得即书,前后无次"①的特点,材料的补充甚至重复较为常见。但不同材料的增益无疑有助于全面体现人物,这也体现了作者的审慎态度和求实精神。如汪道昆的材料,仅标题中出现的就有"旧志传汪伯玉之失词""汪伯玉上许文穆书""汪伯玉让名论""汪伯玉佚事""李本宁称汪伯玉""汪伯玉健啖""何雪渔篆刻赖汪伯玉得盛名""汪伯玉所藏画"等八则,且每则材料都有所依据,打破了传统碑传文单一的人物事迹体式。另外,如许楚、渐江、江天一、程邃等人,都是多次提及,也从一定程度上反映了作者对于这些前贤的态度。

另一层意思是,《歙事闲谭》所引的一些材料,或只述著述而不言生平,或对人物的生平语焉不详,许氏往往在已有材料的基础上根据自己的识见或者其他材料用按语的形式加以补充。这种补录的方法在该书中运用也较多。如"郑烛逸事"中,先引《今事庐笔乘》中郑氏逸事,后又补汪道昆《郑景明传》中的一则材料。又如"黄学古《读书一得》"中,先介绍黄氏八卷本《读书一得》,最后用按语补充交代黄氏字号、仕履、著作。使得前后材料互为补充,相得益彰。

值得注意的是,《歙事闲谭》中引录了不少的"佚(逸)事",仅标题中就出现了35处。这些材料似乎可信度不高,远不能跟一手的碑传材料相比。对此,我们首先应该认识到许氏材料均是有所据的,而不是主观杜撰。这些材

---

① 《歙事闲谭》自序一。

料能对碑传材料起到补充作用。其次,许氏对待这些材料的态度也并不是完全相信,有着自己的判断。如对于《夷坚志》中所记传说中的仙人曼都以及许宣平、罗文祐等,其先评其逸事"荒诞不经,读之失笑",接着论道:"吾意,罗、许、郑当有其人,余皆凭虚构造。郑以苏颖滨记观之,殆一常女,唯好道,了无他异。罗则术士耳。宣平诗才清逸,翛然高举,殆沮溺丈人之伦,传之为仙固非,即李白之见访亦何足轻重,过为增饰,失之诬矣。"①显然,许氏既认识到了这些仙人们逸事的荒诞性,又没有全盘否定他们,而是层层推测,有理有据。

3. 碑传的整理

《歙事闲谭》全书31卷虽未系统整理而显杂乱,但是在其编排的过程中,多少包含了作者的思考,在散乱中得见其序。如相同相类文献的介绍和引述基本放置在一起,有些尚能前后连贯,自然过渡;不同卷的内容虽各有侧重,但每一卷的内容则基本一致。

《歙事闲谭》以徽州文献为主线,其中又直接或间接地关注徽人碑传。与其他文献辑录的散而有序一样,在徽州人物的碑传上,《歙事闲谭》也有了初步的整理,其最大的特点即是对徽州人物作了分类编排。该书所涉徽州人物涵盖所有阶层,数量众多,而其费笔最多者,无非为三大类,即徽州文学家、徽州艺术家和徽州妇女。

一是徽州文学家。

包括诗人、词人、古文家、小说家等,其中尤以诗人居多。许承尧本人即是较有成就的诗人,其在《歙事闲谭》中也更多地关注了徽州历代诗人。在介绍这些文学家的作品集的同时,也对他们的字号、生平事迹作了介绍。徽州历史上的文学名家如吴少微、方回、唐桂芳、程敏政、汪道昆、潘纬、许楚、渐江、李流芳、程嘉燧、吴士奇、黄生、张习孔、张潮、吴苑、王炜、闵麟嗣、汪洪度、汪洋度、程庭、程晋芳、程瑶田、江昉、吴定、方成培、金式玉等人,他们的作品、

---

① 《歙事闲谭》卷一《曼都 罗文祐》。

生平或逸事在该书中都有收录。

值得注意的是,对于一些流寓或寄籍他乡的文人,许氏往往收录,如吴山涛、吴绮、江恂、程正揆、戴务旃等。还有一些影响较大者,则有专篇来证其与徽州的渊源关系,如"汪中洪亮吉之父皆有表见""姚立方为歙人"两条即是。对于寄籍问题,许氏专门引述黄崇惺《徽州府志辩证》并作注:"如洪惟清、吕济叔以贡数少,朱子从宦而寄籍,而朱子犹自称新安。此皆与本籍无异。若居他籍代久,而未尝自称,虽卓然知为徽人,要当按其时代,附本籍后,既不没其祖居之贯,而观者亦可无讶也。"①可以看出,许氏判断这些人与徽州的关系,"自称"这种精神上的归属感是重要依据,是很有见地的。

除了大家熟知的名家外,尚有许多不知名的徽州本地文人,其中不少人的作品已留存不多,但许氏仍然录其姓名字号以及诗(文)集名称。这些人物常常是通过姓氏分类的。如收"程氏诸人诗"63人,"续录程氏诸人诗"20人,"吴氏诸人诗"14人,"江氏诸人诗"11人,"黄氏诸人诗"6人,"柯氏诸人诗"6人,"胡氏诸人诗"3人,另外如"歙人小本诗卷"收歙县有小本诗卷的诗人15人,"徽郡诗选中所录歙诗人"25人,都是以类编排,且都录有字号、作品名称,不仅为徽州文学的研究提供了便利,也可作为徽州家族史研究的资料。

许承尧参加过反清革命,故在徽州的文学家中,他对于遗民诗人给予了更多的关注,反复收录了许楚、渐江、郑旼、黄生、程守、程邃等遗民诗人的其人其诗,如专录程邃(字穆倩)的就达到15则之多。在卷三十收录了卓尔堪《遗民诗》所选的徽州遗民诗人17人:汪蛟、王芗(号药房)、汪弘淦、王玄度、方兆曾、汪中柱、程岫、项起汉、胡春生、洪瀛、闵鼎、姚潜、潘彦登、程自玉、江国茂、汪沐日、界系禅师。这些遗民诗人大多心怀黍离之悲,寄情山水,以手中诗笔抒写愤懑,有孤高不屈之气。许氏之书,录其诗、叙其行,赞赏了这些前代遗民的志向。

在徽州文人的行迹活动中,《歙事闲谭》还重点关注了一些文人社团,如

---

① 《歙事闲谭》卷十七《寄籍》。

肇林社、颖上社、古在社、同言社、天都社、丰干社等,这些诗社主要出现了明中后期,彰显了当时徽州的文风昌盛,是徽州文学思潮研究的重要资料。

二是徽州艺术家。

徽州艺术璀璨夺目,新安画派、徽派篆刻、徽州刻书以及歙砚、徽墨,都产生了较大范围的影响。《歙事闲谭》对徽州的这些艺苑名家也作了记录。如对于新安画派的开创者渐江,不仅有其传记碑文①,还收录了其诗作《画偈》、画作《古柯寒筱图》《松石图》等。对于徽州造墨名家,既收程君房、方于鲁的竞争,又指出曹素功与他们的相继关系,尤其指出方于鲁善诗,"非可以墨工论也"②。

《歙事闲谭》也对徽州艺术人物进行分类,如收"歙之画家"61人、"歙之书家"26人、"江村书画家"22人、"歙之金石学家"13人、"《画史汇传》中所录歙画家"105人,据《印人传》《续印人传》收歙人28人等。

许承尧本人有较高的艺术修养,擅鉴别、富收藏。从其与黄宾虹的书信交往来看,言及徽州艺术品的为数众多③。言许承尧开现代新安画派及徽州艺术史研究之先河,实不为过。

三是徽州妇女。

《歙事闲谭》所收徽州妇女碑传,虽也有传统的孝女烈妇,但仅有卷二十九中转录俞樾《萃蕞录》中"洪烈妇""许福弟""唐凤鸾"的三篇,且如前所述,许氏对于传统所称道的"刲股"事表达了不满。许氏书记录更多的则是徽州的知识女性——有才识的女性诗词作家。

如卷二收录了"程氏诸闺秀诗"5人,卷三"《黄山画苑论略》所记闺秀"10

---

① 许承尧纂:《西干志》卷七《专记渐江》,包括渐江碑传:王泰征《渐江和尚传》、殷曙《渐江·师传》、许楚《渐江师外传》、程守《故大师渐公碑》《送渐江和尚归塔文》以及许楚《画偈序》、部分渐江作品及他人与之唱和之作,足见许氏对渐江其人其作的推崇和重视。见《中国地方志集成·乡镇志专辑》27,南京:江苏古籍出版社,1992年。

② 《歙事闲谭》卷一《方于鲁逸事》。

③ 《黄宾虹文集·书信编》之《与许承尧》,上海:上海书画出版社,1999年,第142~181页。

人,卷七"《群雅集》载吾歙闺秀诗"10人,对其中的突出者如罗聘之妻方婉仪等有多处提及,而对吴震之妻程琼则有专篇介绍,对汪垿长女汪嫈的《雅安书屋诗集》也多有介绍,并录其诗七首。

封建社会的女子地位低下,在徽州更是如此。如本论文前章所述,徽州女性更多成为封建礼教的牺牲品,历代方志也只为烈女贞妇列传,即便有擅文词者也往往不传姓名。而《歙事闲谭》专门列篇,表彰徽州女性的非凡才华,这里既有时代变革的因素,更是体现了许承尧进步的妇女观和包容的文学思想。许氏在徽州首倡女学,主张男女同校,又能在自己的私人著述中为徽州知识女性列传①,对于现代徽州妇女解放和地位的提高有着积极的作用。

《歙事闲谭》以文献为依托,除上述三大类人物外,还收录了徽州其他一些人物如隐士、遗老、医生、孝子等,共同构筑了丰富的徽州历史人物群像。总之,《歙事闲谭》对于徽州人物的碑传作了初步的整理,以类相从,有章可循,是研究徽州历史人物的重要资料来源。

(二)对徽州碑传的初步总结和研究

许承尧在对徽州人物的碑传作引述、整理的基础上,还通过按语的形式对这些材料进行了初步的研究工作。主要表现在三个方面:

一是碑传的考辨。

碑传的形式多样,材料来源不一,这在《歙事闲谭》中表现得更为突出,其中不乏许多篇幅短小的传记甚至逸事、传说,这为后人的辨别带来困惑。

许承尧在人物碑传照录的基础上,往往有自己的见解和依据。如对于汪中、洪亮吉两位名家的籍贯问题。在"汪中洪亮吉之父皆有表见"一则中,许氏首先明确其"原皆歙人",并用汪中"古唐倦翁"手书和洪源洪氏祠中的洪亮吉一甲二名及第匾的实物来证明,后又从汪、洪之父、祖的生平行迹来考订两位与徽州的关系并未久远;再如"姚立方为歙人"中,先介绍其生平著作,后用

---

① 在许承尧主纂的《民国歙县志》中,《列女传》收妇女人数众多,所表彰者皆为烈女贞妇之类,可见官私著述之异。

按:"际恒著作收于府志。明书歙人,必无讹误。吾徽流寓于外者,奇士甚多,如浙江画家之奚冈,字铁生,亦徽人也。"①先是从府志著录证明姚际恒之徽籍,又用奚冈为旁证,十分有力。

在"旧志传汪伯玉之失词"中,许氏先引歙旧志《文苑传》的汪道昆传,然后得出"芜杂无法,读之失笑"的结论,实为公允之论。

许氏对于不能解决的问题,则敢于存疑,表现了实事求是的精神。如关于李善长的籍贯,虽所引许楚《李韩公外传》谓李实为歙之狮塘人,且灵金山有刻"李韩公读书堂"的巨石,但许承尧仍说"至李究为歙人与否,迄今犹聚讼也"。②对于所录"吴司成远""吴其贞""从老"等人,均用"不知何人""疑歙人而旅居于外者"之类评语。

二是对人物的评价。

许承尧对于历史人物往往有自己的评价,既体现了客观性,同时又不乏感情色彩。

如在阮元的《次仲先生传》之后,许氏评道:"次仲先生学足与金檠斋、程让堂垺,而与江、戴不相接,崛然独立。食贫晚学,卒能不负其志,可谓杰矣。稽其踪迹,盖与翁覃溪、阮文达最接近。"③许氏高度评价了凌廷堪的学术成就和影响,充满了对前辈学者的崇敬。后又据支伟成《朴学大师列传》补充了凌氏著作,使得"阮文达为凌仲子作传"这则材料十分完整。

再如"程古雪奇行"一则,在录程世淳《古雪府君墓表》之后按曰:"此事甚难,在康、乾间,以一乡里书生能犯众怒,破神权,毫无恇慑,较汤斌毁五通神庙尤奇。今日歙俗犹如此,更可叹矣。"④这里可见许承尧对程襄龙能以一书生力阻淫祀的赞赏和钦佩,也有对恶俗延续至今的无奈和感慨。

三是资料的补充。

---

① 《歙事闲谭》卷五《姚立方为歙人》。
② 《歙事闲谭》卷一《唐白云李韩公佚事》。
③ 《歙事闲谭》卷六《阮文达为凌仲子作传》。
④ 《歙事闲谭》卷三《程古雪奇行》。

除了传统的碑传之外,许氏还重视其他类型的传记资料,如序跋、逸事、交游等,都是对人物生平均数资料的很好补充。

如"汪容甫作《巴予籍别传》"一则全录了汪中所作别传之后,又补充了巴氏的字、号、著作及其子著作。在据《续印人传》备录程瑶田、方成培佚事之后,又补充《通艺录》中程瑶田自撰《刻章小传》,并且将两者作比较。

在《歙事闲谭》中,多提到外籍人士与徽州人的交往,计有范成大、宗泽、洪适、姜夔、申时行、王世贞、胡应麟、戚继光、查继佐、徐渭、祝枝山、钱谦益、阮大铖、董其昌、董小宛、龚自珍、方粹然、高凤翰、黄道周、蒋虎臣、施闰章、谭献、王士祯、魏禧、夏銮、夏炘、张惠言、段玉裁等人,这些人物多赞美徽州山水,与徽州人物相唱和,这些交游史料也是人物碑传的一种补充。如有关戚继光与汪道昆、段玉裁与戴震等关系的材料,都是人物研究的重要史料。

《歙事闲谭》中所录人物碑传的局限性和不足也很明显:

首先是人物主要局限于歙县一邑(徽州其他县域的极少)。虽说歙县为徽州府治所在,人物成就冠于全徽,但如能突破一县之囿,则更能代表徽州,其史料价值从而大增。

其次是作者虽藏书丰富,但毕竟有限。资料上的缺失,致使书中存疑甚至臆断处不少。如汪梧凤等人之书,云"今书既不传,亦无复有人称道之矣。表而出之,用待访其遗书也"①。实际上,汪氏《诗学汝为》和《松溪文集》均有刻本存世②,当时许氏限于资料未能看到。关于吴其贞《书画记》,许氏云其书"近已不传",并疑吴其贞为"歙人而旅居于外者"③。其实该书今有《续修四库全书》本和《四库禁毁书丛刊补编》本,为乾隆间《四库全书》撤出本。据卷首四库馆臣所著《提要》,其贞字公一,徽州人,常游于苏、扬一带,与收藏家相往来。该书为其观书画真迹的随手札录,时间上始于崇祯八年(1635),终

---

① 《歙事闲谭》卷七《吴惠川 方晞原 汪在湘》。
② 《诗学汝为》二十六卷,有复旦大学图书馆藏清乾隆间不疏园刻本,收入《续修四库全书》63册。《松溪文集》有《四库未收书辑刊》10辑28册所收清刻本。
③ 《歙事闲谭》卷五《吴其贞〈书画记〉》。

于康熙十六年(1677)。其书卷五"赵松雪古木竹石图绢画一幅"条有"时丙午六月二日,为余六十初度"语①,康熙丙午为1666年,吴其贞60岁,可知其生于1607年,而卒年当在1677年之后。另卷二"黄山谷行草残缺诗一卷"条自云:

> 忆昔我徽之盛莫如休、歙二县,而雅俗之分在于古玩之有无,故不惜重值争而收入。时四方货玩者闻风奔至,行商于外者搜寻而归,因此所得甚多。其风开于汪司马兄弟,行于溪南吴氏、丛睦坊汪氏,继之余乡商山吴氏、休邑朱氏、居安黄氏、榆村程氏,所得皆为海外名器。②

据此可知,吴其贞为休宁人,而非歙县人。至此,尽管吴其贞的碑传材料有限,但其生平籍里大致能够辨明,而许承尧由于材料的缺乏,颇有疑误。

最后是材料稍显芜杂。由于许氏书为"随手掇录",并未亲自整理,故在材料的取舍上常有所失。在人物的传记上尤其是小传重复者较多。

然而瑕不掩瑜,《歙事闲谭》一书,所录人物之多,文献之丰富,都是一般的徽州文献所难企及的。尤其是许氏自觉对于徽州人物碑传和徽州文化展开初步的总结和研究,则开现代徽学研究之先,贡献巨大。

---

① (清)吴其贞:《书画记》卷二,《续修四库全书》子部1066册,第138页。
② (清)吴其贞:《书画记》卷二,《续修四库全书》子部1066册,第41~42页。

结 语

基于对碑传文重要性的认识，本书写作选取了徽州历史人物碑传作为研究对象。全书从碑传的发展及其文体特点入手，将碑传分为碑志文、传状文和哀祭文三类，并对碑传文的意义作了初步探究。在徽州碑传的研究上，采取了点面结合的方法，从宏观上对徽州碑传的概况及人物分类作分析，然后具体选取程敏政、汪道昆、吴子玉、许承尧四位在徽州碑传文历史上最具代表性的人物作具体分析。分析从有关他们的碑传入手，剖析他们与徽州地域的关系。然后重点分析他们代表作中的徽州碑传，如程敏政的徽州碑传的编纂及写作、汪道昆的各色人物碑传写作、许承尧对徽州碑传的初步总结和研究等。还选取徽州清初抗清烈士和遗民、清代徽州朴学家，对关于他们的碑传进行探讨，并分析出现这几类特定人物的原因。

本书在徽学领域首次将碑传纳入系统的研究范畴，具有一定的开创性，附编提供的《明清徽州历史人物碑传索引》有工具书价值，但还有许多问题值得进一步研究。其一是研究视野还不够开阔，研究中多用文集，还有不少有参考价值的谱牒文献限于资料条件尚未充分利用；其二是碑传最直接的载体是碑石，徽州也有不少存世碑刻，而囿于文物保护等客观条件的限制，未能具体涉及，这部分的研究，将待来日。

历史的研究归根到底还是对人的研究，徽学的研究主要是对古代徽州人的研究。关注人物本身,往往被研究者所忽视。本书选取人物碑传只是一种努力和尝试,如果能以此为基石,则对徽州文献的研究和整理以及徽学的深入发展大有帮助,而这正是我们的努力方向和目标。

附录　明清徽州历史人物碑传索引

说　明

一、本索引为作者根据传记索引资料、碑传集、文集等搜集制作而成。每条分列碑传传主的姓名、字号、县籍、朝代(附生卒年份)和碑传文作者及出处。

二、所采碑传以碑志文和传状文为主，少数附以史传。

三、以传主姓名的笔画数排序。生卒年份只有其一者加标问号，二者皆不知者不标。

四、后附引用书目。

姓名	字号	朝代	县名	作者	传名	出处[①]
于聪	公达	明 1403—1484	新安	程敏政	武略将军新安卫千户于公宜人叶氏合葬墓志铭	篁墩文集四五
				夏时正	武略于公聪传	新安文献志九三
马惠	秋水　南仁	清 1752—1813	祁门	梅曾亮	训导马先生墓志	柏枧山房骈体文上

[①] 为排版需要，出处中不使用书名号。

续表

姓名	字号	朝代	县名	作者	传名	出处
马谦	幼抛	清 1660—1717	祁门	厉鹗	朝议大夫候选主事马公暨元配洪恭人墓志铭	樊榭山房文集七
马豫	埔朋	清 ？—1823	祁门	梅曾亮	马埔朋哀辞	柏枧山房文集一六
马曰琯	秋玉 嶰谷	清 1688—1755	祁门	杭世骏	朝议大夫候补主事加二级马君墓志铭	道古堂文集四三（另见国朝耆献类征初编四三五）
				金天翮	马曰琯传	广清碑传集九
马曰楚	开熊	清 1685—1726	祁门	厉鹗	候选儒学教谕马君墓志铭	樊榭山房文集七
马曰璐	佩兮 南斋 半槎	清 1701—1761	祁门	金天翮	汪梧凤马曰琯马曰璐鲍廷博传	广清碑传集九
王氏	姁庄	清	婺源	戴名世	汪节妇传	戴名世集八
王全	守一	明	休宁	汪道昆	明承事郎王君墓志铭	太函集四五
王炜	广仁 栎塘	清	歙县	吴德旋	栎塘王君传	初月楼文续钞六
王寅	仲房 亮卿 淮儒 十岳	明	歙县	汪道昆	王仲房传	太函集二八
王震	敏功 穆堂	清	歙县	吴德旋	例授承德郎候选布政司理问王君墓表	初月楼文钞九
王大善	元长	清 1750—1829	歙县	程恩泽	王君元长墓志铭	程侍郎遗集初编八

续表

姓名	字号	朝代	县名	作者	传名	出处
王友亮	景南 荠亭	清 1742—1797	婺源	姚鼐	中议大夫通政司副使婺源王君墓志铭	惜抱轩文后集七（另见国朝耆献类征初编一○四）
王友森	文林	明 1423—1481	歙县	程敏政	泽富王处士墓志铭	篁墩文集四四
王曰旦	殿章 学愚	清 1756—1809	歙县	包世臣	王学愚家传	小倦游阁集八
				钱泰吉	书歙县王君学愚传后	甘泉乡人稿三
王曰旦	殿章 学愚	清 1756—1809	歙县	赵怀玉	国子监生王君墓表	亦有生斋文集一六
				吴德旋	学愚王君传	初月楼文钞七
				姚莹	王卜二隐君传（合传）	东溟文后集一二
				张成孙	王君学愚家传	端虚勉一居文集二
				李兆洛	国子监生王君碑	养一斋文集一三
				方东树	王君学儒墓表	考槃集文录一○（另见仪卫轩文集一一）
				吴士模	附葬碣	泽古斋文钞下
王凤生	竹屿	清 1777—1835	婺源	魏源	两淮都转盐运使婺源王君墓表	古微堂外集四（另见续碑传集三四）
				梅曾亮	中宪大夫两淮盐运使王君墓志铭	柏枧山房文集一二
王为珨	组三 补山	清	歙县	曹学诗	王补山先生传	香雪文钞七

续表

姓名	字号	朝代	县名	作者	传名	出处
王廷言	顾亭 庸斋	清 1725—1807	婺源	姚鼐	中宪大夫顺德府知府王君墓志铭	惜抱轩文后集八
王廷享	于庭 约斋	清 1732—1787	婺源	王友亮	墓志铭	双佩斋文集三
王行恕		清 1761—1779	婺源	王友亮	墓铭	双佩斋文集二
王时沐	惟新 见初	明 1575—1641	歙县	王艮	世父见初公墓志铭	鸿逸堂稿
				顾炎武	歙王君墓志铭	亭林文集五
王应矩	敬庵	清	歙县	吴大廷	封资政大夫敬庵王公家传	小酉腴山馆文钞三
王茂荫	椿年 子怀	清 1798—1865	歙县	方濬颐	家传	二知轩文续存三
				易佩绅	事略	函楼文钞三
				方宗诚	光禄大夫吏部右侍郎王公神道碑铭	柏堂集后编一三（另见续碑传集一一）
王宗华	瑶峰	清 1666—1717	歙县	方苞	王瑶峰哀辞	望溪文集六
王树本	立峰	清	黟县	程鸿诏	王立峰传	有恒心斋文八
王祜光		清 ？—1659	婺源	夏炘	婺源义勇王祜光传	景紫堂文集一三
王泰征	嘉生 嘉盛	清	歙县	汪琬	前礼部主事王先生小传	钝翁续稿一九（另见尧峰文钞三五、国朝耆献类征初编四七一）
王朝佐	辅臣	清	黟县	程鸿诏	王朝佐传	有恒心斋文八

续表

姓名	字号	朝代	县名	作者	传名	出处
王槐康	以和	清 1755—1785	歙县	何绍基	赠奉直大夫王君墓志铭(代)	东洲草堂文钞一七
					赠资政大夫王公墓表	东洲草堂文钞一六
方扬	思善 古宇 初庵	明 1540—1583	歙县	李维桢	杭州守方公墓志铭	大泌山房集八二
				汪道昆	杭守方思善扬传	太函集三四(另见国朝献征录八五)
				王世贞	中顺大夫杭州守初庵方先生墓志铭	弇州山人续稿一一九
方材	笃其 潜秀	清	歙县	曹学诗	方潜秀先生传	香雪文钞七
方体	道坤 茶山	清 1754—?	绩溪	胡嗣运	别传	鹏南文钞一三
方旻	仲高	明	歙县	程敏政	义官方君墓志铭	篁墩文集四八
方京	卜中 修永 岂寐	清	歙县	曹学诗	方岂寐传	香雪文钞七
方勉	懋德	明 1393—1470	歙县	家乘	亚中大夫湖广布政司右参议方公勉行实	新安文献志九五下(另见国朝献征录八三)
方职	荩思	清 1670—1725	歙县	厉鹗	岁贡生候选儒学训导荩思方公暨元配沈孺人墓志铭	樊榭山房文集七
方琢	非石 漱愚	清	歙县	吴定	方漱愚传	紫石泉山房文集九
方鼎	乐莘 再伊	清 1675—1746	休宁	方楘如	州司马乐莘方君墓志铭	集虚斋学古文一一

续表

姓名	字号	朝代	县名	作者	传名	出处
方锁	以钥	明	歙县	方扬	族大父以钥公偕孺人程氏墓志铭	方初庵先生集一〇
方廉	子仲	明	歙县	方扬	仲兄子仲圹志铭	方初庵先生集一〇
方廉	介旖	清 1734—1758	歙县	胡庚善	传	新城伯子文集六
方铉	允声	明	歙县	汪道昆	方征君传	太函集三七
方凝	仲坚	清	歙县	汪士铎	方仲坚墓志铭	汪梅村先生集一一
方于鲁	大澂 建元	明 1541—1608	歙县	屠隆	方建元传	方建元集卷首
				李维桢	方外史墓志铭	大泌山房集八七
方士极	超宗 郚山	明	歙县	鲍应鳌	超宗方公传	瑞芝山房集一二
方士选	廷卿	清	歙县	曹学诗	方廷卿先生暨德配王孺人传	香雪文钞七
方士庶	洵远 循远 环山 小狮道人	清 1692—1751	歙县	闵峰	洵远方君传	碑传集补五六
方大治	际明 在宥 九池	明 1517—1578	歙县	汪道昆	方在宥传	太函集三二
				方扬	九池方先生行状	方初庵先生集一〇
方万山	仰之 钟岳	明 ？—1612	歙县	鲍应鳌	嘉议大夫云南按察司按察使方公行状	瑞芝山房集一〇
方中立	伯能	明	歙县	鲍应鳌	方隐君传	瑞芝山房集一二
方月容	素玉	清 ？—1654	歙县	戴名世	谢烈妇传	戴名世集八

续表

姓名	字号	朝代	县名	作者	传名	出处
方以夔	子中	明	歙县	李维桢	任子方文恭墓志铭	大泌山房集八六
方弘静	定之 采山	明 1517—1611	歙县	叶向高	通议大夫南京户部右侍郎方公墓志铭	苍霞续草一一
				顾起元	方公行状	懒真草堂文集二八下
方有度	方叔	明 ?—1627	歙县	程嘉燧	征仕郎吏科左给事中方君行状	耦耕堂集文卷下
方良曙	子宾 旸谷	明 1515—1585	歙县	汪道昆	明故应天府府尹方公墓志铭	太函集五四
				王世贞	应天尹方公传	弇州山人续稿六八
方君在		明		汪道昆	方君在传	太函集三五
方尚本	子立	明	歙县	方弘静	族弟处士子立甫行状	素园存稿一二
方国儒	道醇	明 ?—1634	歙县	许楚	明殉难保康知县道醇方公诔	青岩文集一〇
方祈宣	亦桓	清	歙县	刘大櫆	封大夫方君传	海峰文集七
方承晟	大生	清 1660—1732	歙县	刘大櫆	乡钦大宾方君墓志铭	海峰文集七
方根矩	晞原 以斋	清 1729—1789	歙县	姚鼐	方晞原传	惜抱轩文集一〇
				胡虔善	方君晞原权厝志	新城伯子文集七(另见国朝耆献类征初编四三九)
方启大	裕昆 广居	清 1612—1677	歙县	洪嘉植	墓志铭	大荫堂集
方启贤	惟学 敏公	清 1615—1688	歙县	郑梁	文学敏公方翁墓志铭	寒村杂录一

续表

姓名	字号	朝代	县名	作者	传名	出处
方婉仪	仪子 白莲居士	清 1732—1779	歙县	翁方纲	女士方氏墓志铭	碑传集补五九
方敦德	纯远 朴林	清	歙县	曹学诗	方涤庵先生传	香雪文钞七
方善祈	永求 匏舫	清	歙县	方棨如	家匏舫传	集虚斋学古文一二
方善祖	圣述 楷林	清 1694—1755	歙县	刘大櫆	方楷林墓表	海峰文集七
方嗣文	肇西	清	歙县	刘大櫆	赠大夫方君传	海峰文集六
方锦仙		明	祁门	程敏政	方孺人墓志铭	篁墩文集四三
方源聚	函光 柯亭	清	歙县	袁枚	方君柯亭传	小仓山房文集三三
方攀龙	偕翼	清	歙县	曹学诗	方偕翼先生传	香雪文钞七
巴廷梅	圣羹	清 1719—1781	歙县	胡赓善	大理丞巴君墓志铭	新城伯子文集七
巴维珙	方中	清 1683—1763	歙县	刘大櫆	渔溪巴君墓志铭	海峰文集七
巴慰祖	予借 子安 晋堂 莲舫 隽堂俊僑堂	清 1744—1793	歙县	汪中	巴予籍别传	述学别录（另见碑传集补五六）
				金天翮	汪启淑巴慰祖传	广清碑传集九
卢臣忠	信仲		黟县	罗愿	卢谏议传	新安文献志六四（另见新安志七）
叶氏		清	歙县	毛际可	罗门双烈妇传	碑传集一五九
叶铨	希衡	明 1498—1589	歙县	鲍应鳌	处士南山叶公行状	瑞芝山房集一一
叶敩	元习	清 1753—1798	歙县	吴定	叶元习墓志铭	紫石泉山房文集一〇（另见国朝耆献类征初编四一二）

续表

姓名	字号	朝代	县名	作者	传名	出处
叶宗茂	保翁	明 1324—1367	新安	朱升	序故叶太守宗茂事	新安文献志八三（另见国朝献征录八七）
叶思和	尚节	明 1433—1490	休宁	张旭	故沙县丞叶公行状	梅岩小稿二七
叶强宗	志道	明 1419—1504	休宁	汪循	叶处士行状	汪仁峰先生文集一九
弘仁	渐江 无智 大奇 鸥盟	明 1610—1664	歙县	许楚	黄山渐江师外传	青岩文集一〇
毕汶	子明 左泉		歙县	鲍应鳌	诰赠奉政大夫南京吏部验封司郎中左泉毕公偕配封太宜人项氏行状	瑞芝山房集一〇
毕仰高	让雄	清 1725—1752	歙县	胡庚善	传	新城伯子文集六
朱允升				黄枢	祭学士朱允升先生文	新安文献志四六
朱氏		清	歙县	吴定	吴烈妇传	碑传集一五四
朱节	介夫	明	休宁	汪道昆	朱介夫传	太函集二八
朱同	大同	明 1336—1385	休宁		朱升传附子同	国朝献征录二〇
朱顺		清	休宁	戴熙	朱孝子传	习苦斋古文二
朱陵	紫冈 纪堂	清 1688—1768	歙县	储掌文	观察纪堂朱公传	云溪文集二
				刘大櫆	湖南按察司副使朱君墓志铭	海峰文集七（另见广清碑传集七）
朱镐	文素 望京	清	歙县	储大文	望京朱君传	存研楼文集一三

续表

姓名	字号	朝代	县名	作者	传名	出处
朱云沽	天泽	明 1491—1568	休宁	汪道昆	海阳新溪朱处士墓志铭	太函集四七
朱长宗	克绍 友桐	明 1416—1507	休宁	汪循	友桐朱处士行状	汪仁峰先生文集一九
朱世瑞	凤仪	清 1663—1732	休宁	汪绂	赠中宪大夫朱凤仪墓志铭	双池文集八
朱有筠	誉莪	清 1662—1700	歙县	储欣	朱孝子传	在陆草堂文集三
朱成家	宣三 莘园	清	休宁	李果	朱刑部传	在亭丛稿六
朱光宅	阜民 黄亭	清	黟县	朱骏声	家黄亭先生传	传经室文集七
朱廷飏	叔安 止庵	清 1636—1713	休宁	李果	朱止庵传	在亭丛稿六
朱安仁	敦夫 厚村	清 1739—1815	休宁	朱为弼	传	蕉声馆文集六
朱观庆	泰符	清	歙县	陆楣	传	铁庄文集五
朱芄星	式山 榆圃	清 1732—1784	歙县	郭兆麟	朱观察碑	梅崖文钞
				胡虔善	墓志铭	新城伯子文集七
朱其传	思贻 寿芝 愙斋	清 1726—1778	歙县	胡虔善	行状	新城伯子文集七
朱国镇	定侯	清 1684—1711	休宁	汪绂	赠中宪大夫朱定侯墓志铭	双池文集八
朱承玮	毓珍 竹农	清 1813—1849	黟县	程鸿诏	儒林郎赠奉直大夫朱府君暨配卢太宜人合祔墓志铭	有恒心斋文九
朱承宠	异之 廉石	清 1758—1813	歙县	朱文翰	行状	蟫余集附
朱承澧	蓝湖	清 ？—1821	歙县	梅曾亮	栾城令朱君墓志铭	柏枧山房文集一二（另见国朝耆献类征初编二四八、续碑传集四〇）

续表

姓名	字号	朝代	县名	作者	传名	出处
朱复得	希生	明 1374—1411	歙县	杨宁	朱处士复得墓碣铭	新安文献志九〇（另见新安文粹九）
朱望来	公望 之辂 天驭 天成子	明	歙县	陈鼎	天成子传	留溪外传八
朱嗣隆	际熙	清	歙县	陈鼎	朱嗣隆传	留溪外传八
朱镜蓉	和甫 晋康	清 1810—1858	黟县	程鸿诏	朱和甫传	有恒心斋文八
自融	巨灵 幻津	清 1615—1691	新安	潘耒	广润巨灵禅师塔铭	遂初堂别集二
庄观	居正	明 1386—1454	歙县	张楷	中宪大夫陕西按察司副使庄公观行状	新安文献志九五下（另见国朝献征录九四）
刘芳高	元升	清	新安	陈鼎	刘芳高传	留溪外传七
齐彦槐	梦树 梅麓	清 1774—1841	婺源	方濬颐	金匮县知县齐梅麓先生墓表	二知轩文存三四
江才	大用	明 ？—1549	歙县	汪道昆	明赠承德郎南京兵部车驾司署员外郎事主事江公暨安人郑氏合葬墓碑	太函集六七（另见太函副墨一六）
江立	炎圣言玉屏云溪	清 1732—1780	歙县	王昶	江圣言墓表	春融堂集六〇
				应沣	传	暗然室文稿二

续表

姓名	字号	朝代	县名	作者	传名	出处
江永	慎修	清 1681—1762	婺源	江锦波 汪世重	江慎修先生年谱	北京图书馆藏珍本年谱丛刊92册（另见清代徽人年谱合刊上）
				余廷灿	江慎修永传	存吾文稿三
				王昶	江慎修先生墓志铭	春融堂集五五（另见碑传集一三三）
				刘大櫆	江先生传	海峰文集六（另见广清碑传集七）
				金天翮	江永传	广清碑传集七
				江藩	江永传	汉学师承记五
				钱大昕	江先生永传	潜研堂文集三九（碑传集一三三）
				戴震	江慎修先生事略状	戴东原集一二（另见湖海文传六〇、碑传集一三三）
				唐鉴	婺源江先生传	国朝学案小识五
江昉	旭东 砚农 橙里	清 1727—1793	歙县	阮元	歙县江鹤亭橙里二公传	研经室再续二集二
			歙县	应沨	传	暗然室文稿二

续表

姓名	字号	朝代	县名	作者	传名	出处
江 春	颖长 鹤亭	清 1721—1789	歙县	袁枚	诰封光禄大夫奉宸苑卿布政使江公墓志铭	小仓山房文集三二（另见国朝耆献类征初编四五七）
				阮元	歙县江鹤亭橙里二公传	研经室再续二集二
				应沣	传	暗然室文稿二
江 珍	民璞 民瑾 渐江	明 1508—1578	歙县	方弘静	通奉大夫贵州布政使司左布政使渐江先生江公行状	素园存稿一二
				汪道昆	贵州左布政使渐江先生珍传	太函集三〇（另见太函副墨一二、国朝献征录一〇三）
				王世贞	通奉大夫贵州布政使司左布政使致仕渐江江公墓志铭	弇州山人续稿九〇
江 濂	一川	明	歙县	汪道昆	明故例授明威将军山东安东卫指挥江五公墓志铭	太函集四五
江 骧	龙超	清	歙县	胡赓善	家传	新城伯子文集六
江 瑾	民莹 篁南	明 1503—1565	歙县	汪道昆	江山人传	太函集二七（另见太函副墨一三）
				汪道昆	明处士江民莹墓志铭	太函集四五（另见太函副墨一八）

续表

姓名	字号	朝代	县名	作者	传名	出处
江天一	文石 遵古 止庵 节愍	明 1602—1645	歙县	汪琬	江天一传	尧峰文钞三四
				魏禧	江天一传	魏叔子文集一七
				陈鼎	江参军传	留溪外传一
江五声	太乙	清	休宁	汪琬	江太乙墓志铭	钝翁续稿二四（另见尧峰文钞一五）
江日淬	汝砺	清 1619—1688	歙县	张孝时	行状	笃心堂存稿四
江允炜	东椁	清 1708—1759	歙县	沈大成（代齐召南）	江君允炜家传	学福斋集一七
江世琳	琅友 恕堂	清	歙县	程瑶田	行略	修辞余钞（另见国朝耆献类征初编三八九）
江本琮	象昆 鞠圃 梅斋	清 1782—1842	歙县	黄爵滋	江太学传	仙屏书屋初集一二
				梅曾亮	候选布政司理问江府君墓表	柏枧山房文集一五
江可登	叔先	明	歙县	汪道昆	江叔先槁葬墓志铭	太函集五〇
江东之	长信 念所 子信	明 ？—1599	歙县	沈思孝	明故中议大夫都察院右佥都御史念所江公墓志铭	瑞阳阿集卷首
				郭子章	明中议大夫都察院右佥都御史念所江公墓碑	瑞阳阿集卷首
				邹元标	都察院右佥都御史念所江公东之传	国朝献征录六三
				魏禧	明右佥都御史江公传	魏叔子文集外篇一七

续表

姓名	字号	朝代	县名	作者	传名	出处
江邦铨	济川	清	婺源	夏炘	江济川家传	景紫堂文集一三
江有诰	晋三 古愚	清 1773—1851	歙县	葛其仁	江晋三先生传	碑传集补四〇
江兆炯	秀成 晓村	清	歙县	郑虎文	江兆炯家传	吞松阁集三二
江作楫	汝舟 警堂	清 1671—1734	歙县	杭世骏	天台县教谕江君墓志铭	道古堂文集四二
江宜抡	青选 杞原	清	歙县	胡赓善	家传	新城伯子文集六
江宜揆	禹兼 缜斋	清	歙县	胡赓善	家传	新城伯子文集六
江诞龙	灵区 潜斋	清 1706—1776	歙县	胡赓善	家传	新城伯子文集六
江承之	安甫	清 1783—1800	歙县	张惠言	江安甫葬铭	茗柯文三编（另见碑传集补四〇）
				董士锡	江承之传	碑传集补四〇
江终慕		明	歙县	方弘静	明封承德郎南京兵部车驾司主事终慕江公墓表	素园存稿一三
江嗣珏	兼如 丽田	清 1707—1797	歙县	徐璈	江处士传	续碑传集八四
汤球	伯玗	清 1804—1881	黟县	朱珔	墓碣铭	小万卷斋文稿二二
				吴翊寅	传	曼陀罗花室文二
				朱师辙	黟三先生传	碑传集补五〇

续表

姓名	字号	朝代	县名	作者	传名	出处
许国	维桢 颖阳	明 1527—1596	歙县	李廷机	颖阳许老师行状	李文节集一九
				王家屏	许公墓志铭	复宿山房集二三（另见国朝献征录七）
许铁	德威 心谖	明 1496—1561	歙县	汪道昆	许长公传	太函集二九
				冯琦	心谖许公墓志铭	北海集一五
				申时行	许公合葬神道碑铭	赐闲堂集一九
				申时行	许公暨配汪孺人合葬墓铭	赐闲堂集二六
				归有光	敕赠翰林院检讨许府君墓表	震川先生文集二三
				方弘静	处士心谖许翁行状	素园存稿一二
许楚	芳城 青岩 方城	清 1606—1676	歙县	汪洪度	许青岩先生传	碑传集补三六
许可进	顺斋	明 ？—1606	歙县	鲍应鳌	处士顺斋许季公行状	瑞芝山房集一一
许廷佐	廉伊	清 1654—1710	歙县	刘大櫆	许游击廷佐墓志铭	海峰文集七（另见碑传集一一四）
许全治	希舜 历耕	清 1695—1741	歙县	周和	传	穆古堂诗集附
许良极	辰枢	清 1686—1747	歙县	刘大櫆	州通判许君墓志铭	海峰文集七
许承尧	际唐 讷生	清 1874—1946	歙县	吴立奇	许疑庵先生墓表	广清碑传集二〇
许恭寿	品三	清 1834—1908	歙县	马其昶	家传	抱润轩文集八
				姚永朴	墓表	慎宜轩文六
许淑玄			新安	唐文凤	许孝女刲股传	新安文粹七

续表

姓名	字号	朝代	县名	作者	传名	出处
许溥化	次诚	明 1337—1398	婺源	汪叡	处士诚斋许公溥化墓志铭	新安文献志九七
许福弟		清	歙县	陈道	许孝女墓表	碑传集一五〇
阮弼	良臣	明	歙县	汪道昆	明赐级阮长公传	太函集三五
孙默	无言 桴荪	清 1613—1678	休宁	汪懋麟	孙处士墓志铭	百尺梧桐阁文集五
孙元泰	道亨	清	黟县	程鸿诏	像赞	有恒心斋文一〇
孙日萱	春叔	清 ？—1855	休宁	吴昆田	小传	漱六山房全集一一
孙存德	彦正	明 1412—1461	休宁	程敏政	溪东孙处士及其配吴孺人墓志铭	篁墩文集四六
孙存仁	以宽	明 1431—1472	休宁	程敏政	孙君以宽墓志铭	篁墩文集四六
孙光先	定之	明	休宁	汪道昆	明故益府教授孙长公配汪氏合葬墓志铭	太函集五三
孙廷贵	文灿	清	黟县	程鸿诏	传	有恒心斋文八
孙廷冕	冠贤 函江	清	黟县	程鸿诏	合传	有恒心斋文八
孙迪方	元吉	明	祁门	程敏政	崇府审理正孙君墓志铭	篁墩文集四二
孙学道	立人	清	黟县	金天翮	孙学道俞正燮俞正僖汪文台传	广清碑传集一〇
孙春殷	士和	明 1407—1484	休宁	程敏政	岐隐孙处士春殷传	篁墩文集四九（另见新安文献志九〇）

续表

姓名	字号	朝代	县名	作者	传名	出处
苏丑	叔武	明 1361—1444	休宁	苏大	处士苏公丑行状	新安文献志九〇
李灿	景瞻	明	祁门	程敏政	李处士景瞻及其配方孺人墓志铭	篁墩文集四五
李厚	执中	明	祁门	杨宁	李主事厚传	新安文献志八三
李敏	功甫 浮邱山人	明	休宁			列朝诗集小传丁集中；明诗纪事己签二〇
李锡		明 ？—1578	歙县	方扬	李将军行状	方初庵先生集九
李筠	焕文	清 1769—1828	婺源	沈维□	婺源李君传	补读书斋遗稿九
李襄	春帆	清 ？—1847	黟县	俞樾	李春帆诔	宾萌外集四
李□□	一元	明 1465—1516	歙县	吕柟	明福建泉州通判禾塘李君墓志铭	泾野先生文集二七
李大祈	惟成 松峰	明 1522—1587	休宁	金瑶	环溪李征君行状	金栗斋先生文集八
李文邦		明	歙县	归有光	例授昭勇将军成山指挥使李君墓志铭	震川先生文集一八
李有政	士忠	明 1395—1471	祁门	钱溥	处士李君有政墓表	新安文献志九〇
李希乔	迁于 石鹿山人	清	歙县	施闰章	石鹿山人传	学余堂文集一七

续表

姓名	字号	朝代	县名	作者	传名	出处
李宗煝	辉亭 爱得	清 1828—1891	黟县	黎庶昌	诰封通奉大夫江苏补用道李君墓表	拙尊园丛稿四
				王先谦	诰授通奉大夫江苏补用道李君墓表	虚受堂文集一一
				王先谦	李爱得生圹志铭	虚受堂文集一〇
杨宁	彦谥	明 1400—1458	歙县	彭时	资德大夫南京刑部尚书杨公宁墓碑铭	新安文献志七六（另见皇明名臣琬琰录四、国朝献征录四八）
杨允正	子展	清	休宁	戴名世	杨允正传	戴名世集七
杨光先	长公	清 1597—1669	歙县	孙星衍	杨光先传	五松园文稿一（另见碑传集一三二）
				萧穆	钦天监监正杨公光先别传	敬孚类稿一〇
				萧穆	钦天监监正歙县杨公神道表	敬孚类稿一一
杨似祖	期召 石舫	清 1667—1702	休宁	储欣	杨石舫传	在陆草堂文集三
杨名正	实先 梧峰	清 1643—1684	休宁	陈鹏年	休宁杨文学传	道荣堂文集五
杨起秀	于海 介石	清	休宁	陈鹏年	前文学杨介石传	道荣堂文集五
吴开	来儒	清 1693—1746	歙县	吴定	山西临晋县知县吴公墓志铭	紫石泉山房文集一〇
吴氏		清		魏禧	项节母家传	魏叔子文集一七
吴申	惠姬	清 1747—1774	歙县	赵希璜	闺秀吴惠姬小传	研椴斋文集一

续表

姓名	字号	朝代	县名	作者	传名	出处
吴宁	永清	明 1399—1482	歙县	毛奇龄	吴宁传	西河合集传八
				陈继儒	永清吴公传	陈眉公先生全集三八
				商辂	嘉议大夫兵部右侍郎吴公宁墓志铭	新安文献志八三（另见皇明名臣琬琰录后五）
吴发	仕仁	明 1365—1417	歙县	方勉	赠承德郎行在兵部主事吴公发行状	新安文献志九二下
吴旷	阒旅 前僧	清	歙县	黄宗羲	吴前僧先生传	南雷文定四集二
吴序		清	歙县	凌廷堪	吴宜人传	校礼堂文集三三
吴纲	廷振	明	歙县	程敏政	赠文林郎监察御史吴君孺人汪氏合葬墓志铭	篁墩文集四七
吴苑	楞香 麟潭 鳞潭	清 1638—1700	歙县	潘耒	中大夫国子监祭酒吴君墓志铭	遂初堂文集一九（另见国朝耆献类征初编一二〇）
				金德嘉	吴祭酒苑传	碑传集四六
吴杰	吉人	清	歙县	虞辉祖	传	寒庄文编二
吴贤	思焉 鲁斋	清	休宁	袁枚	元和县知县吴君墓志铭	小仓山房文集四
吴昌		清	歙县	张廷玉	歙县两吴君墓表	澄怀园文存一三
吴炜	觐扬 南溪	清 1685—？	歙县	储掌文	吴光禄公传	云溪文集二

续表

姓名	字号	朝代	县名	作者	传名	出处
吴定	殿麟 淡泉	清 1744—1809	歙县	王灼	保举孝廉方正吴君墓志铭	紫石泉山房文集卷首（另见国朝耆献类征初编四一二）
				姚鼐	吴殿麟传	惜抱轩文后集五
				夏炘	吴征君传	景紫堂文集一三（另见国朝耆献类征初编四一二）
				鲍桂星	淡泉先生事实	紫石泉山房文集卷首
吴珏	以珍 龙山	明	休宁	金瑶	蓝堨吴处士龙山公行状	金栗斋先生文集八
吴珍	以兴 养恬	明	休宁	程敏政	养恬处士吴君墓志铭	篁墩文集四四
吴晒	暗卿	明	歙县	陈鼎	吴义士传	留溪外传二
吴洋		明	歙县	汪道昆	世医吴洋吴桥传	太函集三一
吴宣	子都	明 1474—1549	歙县	江瓘	外舅东岩吴翁行状	江山人集七
吴逊	以恭 可筠	明 1378—1460	新安	鲍宁	可筠吴先生以恭墓志铭	新安文献志九五下
吴秦	廷邦	明 1504—1576	歙县	吴文奎	吴南垣传	荪堂集七
吴桥	伯高	明	歙县	汪道昆	世医吴洋吴桥传	太函集三一
吴翁		清	徽州	刘青莲	孝友传	碑传集一四二

续表

姓名	字号	朝代	县名	作者	传名	出处
吴阆	仑上	清 1710—1773	歙县	刘大櫆	吴君墓志铭	海峰文集七（另见国朝耆献类征初编四三七）
				吴定	先考行略	紫石泉山房文集一一
吴宽	褀芍 二匏	清 ？—1772	歙县	朱筠	汀州府同知吴君墓志铭	笥河文集一四
				金兆燕	汀州司马吴君二匏传	棕亭古文钞一（另见国朝耆献类征初编二五五）
吴绮	茵次 听翁	清 1619—1694	歙县	王方岐	吴园次后传	碑传集补二一
				朱琦	传	国朝耆献类征初编二一七
吴琛	良用	明 1499—1574	歙县	许国	赠承德郎南京中兵马指挥方田吴公暨安人杨氏墓表	许文穆公集五
吴然	珪旋 松谷	明 1422—1491	休宁	张勋	松谷老人传	梅岩小稿二七
吴遂		明 ？—1573	休宁	程可中	吴太学君遂诔	程仲权先生文集四
吴椿	大椿 退旃	清 1770—1845	歙县		传	国朝耆献类征初编一一二
吴镕	篁洲	清	歙县	程恩泽	吴篁洲迁葬志	程侍郎遗集八
吴璠	珍鲁 韶石	清 ？—1659	歙县	许楚	大学韶石吴君传	青岩集九
吴璪	涤玄	明	歙县	吴肃公	吴镦庵传	街南续集六
吴麐	粟原 尧圃	清 1691—1772	歙县	蒋士铨	吴尧圃传	忠雅堂文集四（另见碑传集补五六）

续表

姓名	字号	朝代	县名	作者	传名	出处
吴铲	天朗	清 1627—1668	歙县	熊伯龙	天朗吴府君墓志铭	熊学士文集下
吴□□	仁先	清	歙县	吴绮	吴隐君仁先公墓志铭	林蕙堂全集一二
吴一莲	伯清 南冈	明 ？—1612	歙县	鲍应鳌	诰封中宪大夫江西吉安府知府南冈吴公行状	瑞芝山房集一〇
吴三五		明	婺源	汪道昆	庖人传	太函集二七
吴三得	雪屋卧人	明	休宁	金瑶	雪屋卧人传	金粟斋先生文集七
吴万熙	仲明 洽斋	清	歙县	曹学诗	吴洽斋先生传	香雪文钞七
吴山南	石湖	清	婺源	姚鼐	吴石湖家传	惜抱轩文后集五
吴之宠	惟翼	清 1730—1796	歙县	吴定	再从兄惟翼墓志铭	紫石泉山房文集一〇
吴之洪	禹平 寻源	清	歙县	程襄龙	传	澂潭山房存稿一
吴之骏	瑶骖 损斋	清 1672—1749	歙县	张惠言	封中宪大夫大理寺寺副吴君墓志铭	茗柯文外编下
				程襄龙	传	澂潭山房存稿一
吴之采	协廷	清	歙县	吴定	再从兄协廷墓志铭	紫石泉山房文集一〇
吴之骎	耳公 达庵	清 1639—1710	歙县	彭定求	镇江府教授吴达庵墓志铭	南畇文稿八
				张伯行	吴教授之骎传	正谊堂文集二二（另见碑传集一一〇）

续表

姓名	字号	朝代	县名	作者	传名	出处
吴子钦		明		汪道昆	吴子钦传	太函集二八
吴曰慎	徽仲 敬庵	清	歙县	彭绍升	吴先生慎传	二林居集一九（另见国朝耆献类征四〇二、碑传集一二八）
				施则曾	吴徽仲先生传	东林书院志一二
吴中明	知常 左海	明？—1617	歙县	储欣	明吴尚书传	在陆草堂文集三
吴从周	君监	清 1591—1677	歙县	魏禧	歙县吴翁墓表	魏叔子文集一八
吴凤翔	遥吟 雪门 天瓢子	明 1621—1680	歙县	程川	天瓢子小传	天瓢文钞卷首
				王艮	吴雪门墓志铭	鸿逸堂稿
吴文玉	光岳	清	歙县	储欣	吴文玉传（附明吴尚书传）	在陆草堂文集三（另见国朝耆献类征初编四五一）
吴文采	锦怀	清	歙县	刘大櫆	吴锦怀墓志铭	海峰文集七
吴文渊	德静	明	歙县	方弘静	吴处士传	素园存稿一三
吴方智		清	歙县	汪梧凤	形家列传代汪锡玉廷作	松溪文集
吴孔嘉	元会 天石	明 1589—1667	歙县	许楚	清故前翰林院编修天石吴公行状（代）	青岩集十
				施闰章	前翰林院编修吴公墓志铭	学余堂文集二〇（另见国朝耆献类征初编四四五）

续表

姓名	字号	朝代	县名	作者	传名	出处
吴正贞	坚之	清 1793—1855	黟县	程鸿诏	胡吴汪俞附诸死事传	有恒心斋文八
吴世科	子登	明 1532—1608	歙县	李维桢	吴子登墓碑	大泌山房集一一二
吴尔襄	赞公	清	歙县	刘大櫆	吴义士传	海峰文集六
吴必冕	周之	清	歙县	陈鼎	吴必冕传	留溪外传六
吴邦佩	纫兰	清 1682—1763	歙县	刘大櫆	赠资政大夫吴府君墓表	海峰文集七（另见国朝耆献类征初编四五五）
				胡赓善	权厝志	新城伯子文集七
吴有德	君怀	清 1611—1681	休宁	徐元文	诰授通议大夫佐领加二级君怀吴公墓志铭	含经堂集二七
吴有磐	鸿于 培庵	清	休宁	汪由敦	吴隐君传	松泉文集一九
吴存义	和甫	清 1802—1868	休宁	谭廷献	诰授资政大夫封光禄大夫吏部左侍郎吴公行状	续碑传集一二
吴成巳	仁仲	明 1519—1596	歙县	方弘静	吴鸿胪传	素园存稿一三
吴成器		明	休宁	徐渭	会稽典史吴侯成器生祠碑	国朝献征录八五
吴廷佐	渭起 莘庐	清 1699—1754	歙县	程襄龙	传	潊潭山房存稿一
吴廷杰	仰清	清 1794—1839	黟县	程鸿诏	赠修职郎吴君家传	有恒心斋文八
吴传鼎	禹存 雨岑 瓶庵	清	休宁	魏禧	瓶庵小传	魏叔子文集一七

续表

姓名	字号	朝代	县名	作者	传名	出处
吴延支	尔世	清	歙县	施闰章	吴处士传	学余堂文集一六
吴任欢		唐	新安	张式	唐故长史吴公任欢庙碑	新安文献志九六上
吴自玉	禹石	清	休宁	姜宸英	吴公合葬墓志铭	湛园藏稿四
吴自充	幼符	清	歙县	魏禧	吴君幼符家传	魏叔子文集一七（另见国朝耆献类征初编四四四）
吴自亮	孟明	清 1611—1676	歙县	魏禧	歙县吴君墓志铭	魏叔子文集一八
吴自宽	克仁	明	歙县	汪道昆	明故处士吴克仁配鲍氏合葬墓志铭	太函集四七
吴兆纲	若李 兰圃	清	歙县	曹学诗	吴太学兰圃传	香雪文钞七
吴兆杰	隽千 漫公	清	歙县	程瑶田	事略	修辞余钞（另见国朝耆献类征初编四八三）
吴如霖	济生 静远	清 1611—1696	歙县	尤侗	墓志铭	艮斋倦稿一四
吴志鸿	沁可	清 1718—1757	休宁	钱大昕	中书舍人吴君墓志铭	潜研堂文集四三
吴时英	伯举	明	歙县	汪道昆	吴伯举传	太函集三七
吴佛童	景芳	明 1486—1555	休宁	金瑶	新塘吴公行状	金栗斋先生文集八
				吴子玉	处士吴公传	大鄣山人集三四

续表

姓名	字号	朝代	县名	作者	传名	出处
吴希元	汝明 新宇	明 1551—1606	歙县	李维桢	中书舍人吴君墓志铭	大泌山房集八二
吴怀宝	晋斋	清 1798—1863	休宁	何绍基	封朝议大夫吴君晋斋墓志铭	东洲草堂文钞一七
吴若凤	廷仪 仲荣	明 ？—1507	休宁	汪循	故处士吴君墓志铭	汪仁峰先生文集一九
吴尚选	公择	清	歙县	储大文	太学吴公家传	存研楼文集一三
吴鸣捷	友声 蔗乡	清 1765—1837	歙县	路德	吴蔗乡先生墓志铭	柽华馆文集五
吴学洙	杏川 隐村	清 1711—1779	徽州	胡赓善	家传	新城伯子文集六
吴宗尧	仁叔 谦庵	明 1551—1603	歙县	鲍应鳌	文林郎益都令谦庵吴公行状	瑞芝山房集一〇
				李维桢	吴益都家传	大泌山房集六四
				赵秉忠	益都令传	（山其）山集五
吴定州	铭芝 栋臣	清 ？—1858	绩溪	方濬颐	吴定州鲍宗轼书事	二知轩文存二四
				胡嗣运	传	鹏南文钞一三
吴承励	懋叔	清 1662—1691	歙县	彭定求	吴懋叔墓志铭	南畇文稿九
吴孟高		明 1407—1469	休宁	程敏政	处士吴君孺人谢氏合葬墓志铭	篁墩文集四五
吴绍灿	澄野 苏泉 素泉	清 1744—1798	歙县	吴锡麒	家苏泉编修传	有正味斋骈文二四

姓名	字号	朝代	县名	作者	传名	出处
吴绍泽	惠川	清 1735—1787	歙县	吴定	吴惠川墓志铭	紫石泉山房文集一〇（另见国朝耆献类征初编四三九）
				胡虔善	吴君惠川权厝志	新城伯子文集七
吴思沐	新之 乐庵	明	歙县	鲍应鳌	光禄寺署丞乐庵吴公传	瑞芝山房集一二
吴重兴	仕澄	明 1419—1497	休宁	汪循	临溪吴处士墓表	汪仁峰先生文集一九
吴继佐	用良	明	休宁	汪道昆	明故太学生吴用良墓志铭	太函集五二
吴继鸣	鸣谦	明	新安	李维桢	典客吴公墓志铭	大泌山房集九一
吴淑姬		清	歙县	徐釚	吴烈女传	碑传集一五四
吴道配	浩然	清	休宁	彭定求	吴浩然先生墓表	南畇文稿一〇（另见国朝耆献类征初编四六四）
吴瑞鹏	云翀	清 1602—1676	歙县	施闰章	处士吴云翀墓表	学余堂文集二一
				吴德旋	传	初月楼闻见录七（另见国朝耆献类征初编三七九）
吴锡光	苇南	清	黟县	程鸿诏	孙吴传	有恒心斋文八
吴锡芳	尊千	清 1681—1735	歙县	刘大櫆	吴尊千墓志铭	海峰文集七
吴福恺	应和	明 1502—1568	休宁	汪道昆	阳湖吴处士行状	太函集四一

续表

姓名	字号	朝代	县名	作者	传名	出处
吴蔚光	悆甫 竹桥 哲甫 执虚	清 1743—1803	休宁	法式善	例授奉直大夫礼部主事吴君墓表	存素堂文集四（另见碑传集补一一）
吴儒庆		清	歙县	张廷玉	歙县两吴君墓表	澄怀园文存一三
吴瞻泰	艮斋 东岩	清 1657—1735	歙县	李果	二吴先生传	在亭丛稿七
吴瞻淇	卫漪 漪堂	清 1668—1735	歙县	李果	二吴先生传	在亭丛稿七
何庞	溪威	清	婺源	戴名世	何翁家传	潜虚先生文集七
何积	良庆	明	休宁	汪道昆	敕封监察御史何公孺人金氏合葬墓志铭	太函集四五
何元巩	殿超	清 1771—1857	黟县	程鸿诏	何君传	有恒心斋文八
何秉棣	鄂华	清 1775—1795	歙县	吴定	何生权厝志	紫石泉山房文集一一
余兆鼎	季重	清 1633—1705	歙县	方苞	余君墓志铭	望溪文集一一
余光	晦之 古峰	明	祁门	陈鼎	余御史传	留溪外传七
余华	协于 积中	清	婺源	汪绂	余淡庵传	双池文集八
余相	尚宾 保竹	明 1440—1510	婺源	汪循	处士保竹余君孺人朱氏合葬墓志铭	汪仁峰先生文集一九
余镛	子韶	明	休宁	吴斌	余县丞镛传	新安文献志九五下
余一龙	汝化	明	婺源	李维桢	余太仆家传	大泌山房集六六
余元遴	秀书 药斋 笥溪	清 1724—1778	婺源	朱筠	婺源余生元遴墓志铭	笥河文集一二（另见国朝耆献类征初编四〇九、碑传集一二九）
				金天翮	汪绂传附余元遴余宗英	广清碑传集七

续表

姓名	字号	朝代	县名	作者	传名	出处
余世儒	汝为 念山	明 1518—1579	婺源	陶望龄	合州知州念山余公墓志铭	歇庵集一七
				周汝登	念山先生传	东越证学录一二
				喻君	余公墓碣	山居文稿七
余发杰	亦梁	清	黟县	程鸿诏	赠奉直大夫余府君像赞	有恒心斋文一〇
余庆元	振昌	清 1802—1847	黟县	朱骏声	余君振昌小传	传经室文集七
余观德	君怀	清 1731—1808	歙县	包世臣	余九传	艺舟双楫八（另见国朝耆献类征初编四五九）
余宗英	伯雄	清	婺源	金天翮	汪绂传附余元遴余宗英	广清碑传集七
余绍祉	子畴 元丘 大疑 疑庵	明 1596—1648	婺源	余绍祉	疑庵道人墓志铭	晚闻堂集一一
				余绍祉	疑庵道人别传	晚闻堂集一一
				余维枢	明布衣疑庵先生余公行状	晚闻堂集卷首
				余藩卿	先考郡庠府君行实（年谱）	晚闻堂集卷首
				汪绂	子畴先生传	双池文集八（另见晚闻堂集卷首）
余毓祥	梦岩	清 1773—1858	黟县	程鸿诏	余君传	有恒心斋文八
余德恬	怀静 泉溪	清 1701—1759	婺源	汪绂	乡进士吏部候选知县泉溪讳德恬余公行状	双池文集八

续表

姓名	字号	朝代	县名	作者	传名	出处
余懋学	行之 恭穆	明	婺源	焦竑	大司空余公传	焦氏澹园集二四
闵世璋	象南 淮海	清	歙县	陈鼎	闵善人传	留溪外传八
闵兆胜	彦益 万亿	明	休宁	程敏政	孝义处士闵君墓志铭	篁墩文集四四
闵敏回	子骏	清 1792—1819	歙县	夏宝晋	墓表	冬生草堂文录四
闵道隆	宛中	清 1733—1785	歙县	吴定	亡友闵宛中权厝志	紫石泉山房文集一一
闵遵古	无作 甘荼	明	歙县	魏禧	江天一传附	魏叔子文集一七
				陈鼎	闵义士传	留溪外传八（另见碑传补三六）
闵麟嗣	宾连 檀林	清	歙县	张符骧	闵宾连墓表	碑传集补四五
汪女		清	歙县	沈大成	汪贺二烈女传	学福斋集一八（另见碑传集一六〇）
汪氏		明	歙县	程敏政	洪宜人汪氏墓志铭	篁墩文集四三
汪氏		清	歙县	施闰章	吴母汪孺人墓志铭	学余堂文集二〇
汪氏		清	歙县	吴锡麒	程母汪太淑人诔	有正味斋骈文续集八
汪本	心揆	清 1734—1761	休宁	王昶	翰林院庶吉士汪心揆墓志铭	春融堂集五六
汪龙	蛰泉 叔晨 叔辰	清 1742—1823	歙县	胡培翚	汪叔辰先生别传	研六室文钞一〇（另见续碑传集七二）
汪龙		清	歙县	马荣祖	汪孝子龙传	碑传集一四三
汪宁	以清 清隐	明 1399—1450	新安	魏骥	清隐汪处士宁墓志铭	新安文献志九〇

续表

姓名	字号	朝代	县名	作者	传名	出处
汪机	省之 石山居士	明	祁门	李汎	石山居士汪机传	国朝献征录七八
汪当	景达 一舟	明 1490—1546	休宁	金瑶	处士一舟汪公行状	金栗斋先生文集八
汪仲		明	新安	汪道昆	汪处士传	太函集二八
汪谷	琴田 心农 渐门	清 1754—1821	休宁	李兆洛	心农汪君传	养一斋文集续编五
汪灿	文明	明	休宁	金瑶	明故孝丰县贰尹道仙汪公传	金栗斋先生文集七
				吴子玉	汪孝丰公传	大鄣山人集三三
汪沂	鲁滨 少斋	清	休宁	袁枚	九江府同知汪君传	小仓山房文集三四
汪纯	扶摇	清 1683—1727	休宁	杭世骏	赠儒林郎汪君墓志铭	道古堂文集四三（另见湖海文集五三）
汪昊	东川	明	新安	周怡	汪东川处士墓表	讷溪文录六
汪昌	寿胥	清 1717—1788	歙县	汪莱	行述	衡斋文集三
汪昂		清	休宁	赵士麟	汪氏四孝友传	读书堂彩衣全集一七（另见碑传集一四三、国朝耆献类征初编三七九）
汪京	紫庭 啸翁	清	歙县	陈鼎	啸翁传	留溪外传九
汪育	伯春	明	祁门	汪禔	春谷先生传	樊庵集下
汪学	思学	明	休宁	汪循	族人思学公墓表	汪仁峰先生文集一九

续表

姓名	字号	朝代	县名	作者	传名	出处
汪录	上闻 潏园	清 1688—1736	休宁	吴锡麒	封奉政大夫汪公墓志铭	有正味斋骈文续集七
汪绂	烜 灿人 重生 双池	清 1692—1759	婺源	刘师培	汪绂传	左盦外集一八（另见广清碑传集七）
				朱筠	婺源县学生汪先生绂墓表	笥河文集一一（另见双池文集卷首、碑传集一二九）
				余龙光	双池先生年谱四卷	北京图书馆藏珍本年谱丛刊册九四
				金天翮	汪绂传附余元遴余宗英	广清碑传集七
汪垍	仲弘 云岳山人	明 1511—1587	休宁	王世贞	朝列大夫贵州承宣布政使司左参议云岳汪公墓志铭	弇州山人续稿一一八
汪昇		清	休宁	赵士麟	汪氏四孝友传	读书堂彩衣全集一七（另见碑传集一四三、国朝耆献类征初编三七九）
汪勋	硕功 漱石	清 1738—1772	歙县	吴锡麒	资政大夫候选道汪君墓志铭	有正味斋骈文二三
汪炯	士光 慎斋	清	歙县	程恩泽	汪君别传	程侍郎遗集八
汪祚	承之	明	歙县	程敏政	汪承之墓志铭	篁墩文集四六
汪昶	仲旸 中山	明 1483—1548	休宁	金瑶	明故衡州府儒学训导中山汪公行状	金栗斋先生文集八

续表

姓名	字号	朝代	县名	作者	传名	出处
汪泰	旷然	清	新安	汪梧凤	旷然汪公家传	松溪文集
汪埍	节之 可斋	明 1538—1616	歙县	鲍应鳌	处士可斋汪公行状	瑞芝山房集一一
汪莱	孝婴 衡斋	清 1768—1813	歙县	胡培翚	石埭训导汪先生行略	研六室文钞九
汪莱	孝婴 衡斋	清 1768—1813	歙县	焦循	石埭儒学教谕汪君莱别传	雕菰楼集二一（另见研六室文钞九附、衡斋文集附、国朝耆献类征初编二六〇、碑传集一三五）
汪桂	芗林	清 1756—1821	婺源	黄桂敷	江西道监察御史汪公墓志铭	续碑传集一九
汪浩	大渊	明	休宁	汪循	永州府通判汪公行状	汪仁峰先生文集一九
汪焘	字周 式溪	清 1734—1769	歙县	钱陈群	式溪汪君传	香树斋文集续钞二
汪基	尔彰	清	歙县	程襄龙	家传	澂潭山房存稿一
汪晨		清	休宁	赵士麟	汪氏四孝友传	读书堂彩衣全集一七（另见碑传集一四三、国朝耆献类征初编三七九）
汪稑	棣堂 秋田	清 1741—1807	休宁	赵怀玉	中宪大夫议叙盐运司知事汪君家传	亦有生斋文集一三

续表

姓名	字号	朝代	县名	作者	传名	出处
汪舸	可舟 客吟居士	清 1703—1771	婺源	袁枚	客吟先生墓志铭	小仓山房外集六
汪淮	禹乂 松萝山人	明 1519—1586	休宁	李维桢	汪征君墓碑	大泌山房集一一二
				刘凤	汪禹乂墓志铭	太霞草一二
				吴子玉	汪征君禹乂墓志铭	大鄣山人集四六
				王世贞	汪山人传	弇州山人续稿七九
汪森	晋贤 碧巢	清 1653—1726	休宁	储大文	户部郎中貤封监察御史汪君森墓志铭	碑传集五九（另见国朝耆献类征初编一四二）
汪循	进之	明 1452—1519	休宁	程曈	仁峰先生传	汪仁峰先生外集二
				王瓒	顺天府通判仁峰汪君墓碣铭	汪仁峰先生外集二
汪道	世行	明 1422—1491	休宁	张旭	致仕令君汪公传	梅岩小稿二七
汪瑄	文璧	清 1667—1689	歙县	屈大均	二汪子哀辞	翁山文外一四
				唐绍祖	通奉大夫内升福建布政使加二级汪公墓志铭	改堂先生文钞下
				朱彝尊	通奉大夫福建布政司使内升汪公墓表	曝书亭集七三（另见广清碑传集四）
汪婴	雅安	清	歙县	刘毓崧	程母汪太宜人家传	碑传集补五九
汪溢	德谦	明 1466—1525	祁门	汪禔	汪约斋先生墓志铭	檗庵集下
汪禔	介天 檗庵 古心子	明 1490—1530	祁门	王讽	檗庵汪先生禔行状	国朝献征录一一四

续表

姓名	字号	朝代	县名	作者	传名	出处
汪榕	荫千	清 1709—1785	歙县	唐仲冕	敕赠修职郎上元县教谕汪君墓表	陶山文录八
汪睿	仲鲁 蓉峰 贞一道人	明 1323—1401	婺源	程昆	明故承务郎左春坊左司直郎贞一汪先生行状	新安文献志七二（另见新安学系录一五）
汪滮	苓洲	清 ？—1742	休宁			国朝耆献类征初编六五
汪鋐	宣之 荣和 诚斋 蓉东 石耳山人	明 1466—1536	婺源		太子太保吏部尚书兼兵部尚书汪鋐传	国朝献征录二五
				孙校	明少保吏部尚书谥荣和汪公圹志	江西出土墓志选编
汪澜	浣花钓者	清 1654—1724	休宁	金天翮	汪澜传	广清碑传集一
				盛大谟	汪处士墓志铭	字云巢文稿一六（另见国朝耆献类征四八〇）
汪璲	文仪 默庵	清	休宁	陈鹏年	前文学汪默庵先生传	道荣堂文集五（另见国朝耆献类征初编四〇二、碑传集一三八）
				彭绍升	吴先生慎传附	碑传集一二八
汪薇	思白 溪翁 辱斋 棣园	清 1645—1717	歙县	唐绍祖	户部新安汪公墓志铭	改堂先生文钞下
				方苞	按察司佥事提督福建学政汪君墓志铭	望溪文集再续补遗三（另见广清碑传集五）
汪霖	雨苍 榆园	清	歙县	郑虎文	汪霖传	吞松阁集三一

续表

姓名	字号	朝代	县名	作者	传名	出处
汪镜	友蓉	清	黟县	程鸿诏	汪友蓉传	有恒心斋文八
汪濬	深源	明	歙县	汪道昆	汪深源传	太函集三二
汪瓒	班士	清 1665—1689	歙县	屈大均	二汪子哀辞	翁山文外一四
汪灏	紫沧 沅亭	清 1658—？	休宁	赵士麟	汪紫沧明经四孝友传	读书堂彩衣全集一七（另见碑传集一四三、国朝耆献类征初编三七九）
汪□□	明叔	明 1518—1600	歙县	鲍应鳌	上林丞雪野汪公墓志铭	瑞芝山房集一二
汪一中	正叔 忠愍	明 ？—1561	歙县	方弘静	明故中宪大夫江西按察司副使赠光禄寺卿谥忠愍汪公合葬墓志铭	素园存稿一二
汪一清	有孚 敬斋	清 1598—1664	休宁	洪嘉植	墓志铭	大荫堂集
汪士明		明	歙县	李维桢	汪内史家传	大泌山房集六九
汪士度	公量	清 1605—1685	歙县	尤侗	墓志铭	艮斋倦稿一一
汪士嘉	国英 啸园	清 1674—1748	歙县	厉鹗	汪君啸园传	樊榭山房文集七
汪与图	河符 羲斋	清 1633—1713	歙县	彭定求	诰封奉直大夫羲斋汪太翁墓志铭	南畇文稿七
汪卫南	存朴	清	休宁	袁枚	汪存朴先生传	小仓山房文集三四
汪天凤	紫庭	清 1682—1745	歙县	程襄龙	行述	澄潭山房存稿四
汪元圭	功甫 月山老人	明 1233—1290	婺源	方回	饶州路治中汪公元圭墓志铭	桐江集补遗（另见新安文献志八五）

续表

姓名	字号	朝代	县名	作者	传名	出处
汪无竞	少函	明 1571—1609	歙县	李维桢	任子汪象武墓志铭	大泌山房集八六
汪日宣	淦 丽泉 莅坪	清 1789—1839	黟县	程鸿诏	汪朝议行状	有恒心斋文九
汪中和	贵民	明	休宁	程敏政	汪义士传	篁墩文集五〇
汪凤英	大祥 竹山	明 1429—1502	休宁	谢迁	赠承德郎顺天府通判竹山汪公墓表	汪仁峰先生外集二
汪凤龄	仪卿 思颖	清 1593—1667	歙县	吴伟业	汪处士传	梅村文集一八（另见梅村家藏稿五二、广清碑传集一）
汪文台	南士	清 1796—1845	黟县	程鸿诏	黟两先生传	有恒心斋文八
				朱师辙	黟三先生传	碑传集补五〇
				金天翮	孙学道俞正燮俞正僖汪文台传	广清碑传集一〇
汪文言	士克	明	歙县	黄尊素	汪文言传	余姚黄忠端公集三
汪文亮	用晦 士晦	明 1344—1411	婺源	胡谧	简直汪先生文亮墓表	新安文献志九〇
汪文辉	德充 都山	明 1534—1584	婺源	潘士藻	尚宝司卿汪公文辉行状	国朝献征录七七
汪文璧	叔图	明	休宁	李维桢	汪代州家传	大泌山房集六五
汪以功	惟敏 长公	清 1598—1665	歙县	施闰章	处士汪长公墓志铭	学余堂文集二〇
汪允信	文如 松溪	清 1687—1760	歙县	曹文埴	墓志铭	石鼓砚斋文钞一九

续表

姓名	字号	朝代	县名	作者	传名	出处
汪可觉	天民	明	歙县	汪道昆	孝廉汪征士传	太函集三八
汪可镇	景仁	清	休宁	魏禧	汪翁家传	魏叔子文集一七
汪丙照	莲府	清 1812—1878	休宁	俞樾	兵部候补主事汪君行述	春在堂杂文三编一
汪东旭	初明	明 1587—1638	歙县	吴肃公	汪初明公墓志铭	街南文集一六
汪由敦	师茗 谨堂 松泉 师敏 良金 文端	清 1692—1758	休宁	钱维城	加赠太子太师吏部尚书谥文端汪由敦传	茶山文钞一一（另见碑传集二七）
				钱陈群	光禄大夫太子太傅吏部尚书赠太子太师谥文端汪公墓志铭	香树斋文集二五（碑传集二七）
				朱筠	祭汪文端公文	笥河文集一六
				金天翮	汪由敦传	广清碑传集七
汪守义	玄仪	明 ？—1548	歙县	王世贞	明故赠通议大夫兵部右侍郎汪公神道碑	弇州山人四部稿九六
汪必珙	馥堂	清 1780—1855	黟县	程鸿诏	传	有恒心斋文八
汪永仑	体崇	清	歙县	葛其仁	汪晓峰墓志铭	味经斋文集六
汪圣林	孔传	清	歙县	胡虔善	小传	新城伯子文集六
汪邦激	元扬 赤山	明 1529—1604	歙县	鲍应鳌	处士赤山汪长公行状	瑞芝山房集一一
汪有祥	永华	明 1401—1445	休宁	张益	顺天府照磨汪君有祥墓志铭	新安文献志九〇
汪光翰	文卿	清	婺源	王士禛	汪光翰传	带经堂集七九
汪廷龙	集池 云岫	清 1689—1756	歙县	程瑶田	雪岫先生墓志铭	修辞余钞

续表

姓名	字号	朝代	县名	作者	传名	出处
汪廷讷	昌朝 无如	明 1573—1619	休宁	顾起元	坐隐先生传	坐隐先生全集卷首
汪廷栻	振行	清	休宁	赵怀玉	汪振行墓志铭	亦有生斋文集一七
汪廷瑜	汝待	清 1608—1675	休宁	毛奇龄	汪赠君墓碑铭	西河集八五
汪廷璋	令闻 敬亭	清	歙县	钱陈群	奉宸苑卿汪君廷璋传	香树斋文集二一
汪廷樟	器之 都嵩山人 勤朴	明 1480—1561	休宁	金瑶	勤朴汪公行状	金栗斋先生文集八
汪汝谦	然明 松溪	清 1577—1655	歙县	钱谦益	新安汪然明墓志铭	牧斋有学集三二
汪时中	圣交 雨亭	清 1697—1774	歙县	胡赓善	国字生雨亭汪君家传	新城伯子文集六
汪时雨	润之	明	歙县	方弘静	汪长公行状	素园存稿一二
汪时育	畹腴 小斋	清 1783—1846	歙县	夏炘	英山县教谕汪君畹腴墓志铭	景紫堂文集一三（另见国朝耆献类征二六〇）
汪作楫	为舟 文川 愚溪	清	婺源	汪绂	汪文川传略	双池文集八
汪作霖	雨若 借庵	清	歙县	施闰章	征仕郎知九江德化县借庵汪先生家传	学余堂文集一六
汪希旦	硕公	清 ？—1689	新安	黄宗羲	汪硕公墓表	南雷文定五集三

续表

姓名	字号	朝代	县名	作者	传名	出处
汪应蛟	潜夫	明？—1628	婺源			东林列传一六；东林党籍考列传一三三；明名臣言行录七九；徐本明史列传九一；明史稿列传一二一；明史列传一二九；启祯野乘一集二
汪沅顺	繁次	清	歙县	程襄龙	家传	澂潭山房存稿一
汪沐日	弘济 益然 扶九	清	歙县	陈鼎	益然和尚传	留溪外传一八（另见碑传集补五八）
				黄宗羲	吴山益然大师塔铭	南雷文定四集三（另见南雷文约二）
汪良心	闾中 泰宇	明 1569—1644	歙县	吴肃公	汪泰宇合葬墓志铭	街南文集一六
汪良彬	双塘	明 1504—1580	歙县	王世贞	封通议大夫兵部右侍郎汪公神道碑	弇州山人续稿一三〇
汪际谦	天益	清 1661—1711	休宁	蒋汾功	墓志铭	读孟居文集五
汪尚宁	廷德 周潭	明 1509—1578	新安	方扬	都察院右副都御史周潭先生汪公行状	方初庵先生集九
汪尚序	献中 石川	明	歙县	方弘静	太学生石川汪君行状	素园存稿一二
汪尚康	和中	明	歙县	汪道昆	明故太学生九洲汪公行状	太函集

续表

姓名	字号	朝代	县名	作者	传名	出处
汪尚斌	尔全 纯白	清 1680—1749	歙县	汪梧凤	乡饮介宾尔全汪公墓志铭	松溪文集
汪尚嗣	思卿 云阳	明 ？—1581	休宁	金瑶	嘉定县学司训汪生传	金栗斋先生文集七
汪秉祥	秋江渔隐	明	歙县	程敏政	歙处士汪君墓碣铭	篁墩文集四二
汪学易	时甫	清 1607—1671	歙县	杜濬	时甫汪公家传	变雅堂文集六
汪学忠	汝孝 松崖	明	歙县	鲍应鳌	赠征仕郎松崖汪公传	瑞芝山房集一二
汪学鉴	宝霞	清 1799—1860	黟县	方宗诚	汪学鉴传	柏堂集续编一一
汪宗沂	仲伊 弢庐	清 1837—1906	歙县	章梫	汪宗沂传	一山文存五
				刘师培	汪仲伊先生传	左盦集六（另见碑传集补四一、碑传集三编三三）
				金天翮	汪宗沂传	广清碑传集一五
汪宗典		清	婺源	汪绂	汪宗典传	双池文集八
汪宗煜	叔泰	明 1407—1478	婺源	周洪谟	赠文林郎浙江道监察御史汪公墓表	新安文献志卷九二下
汪承霈	受时 春农 时斋	清 ？—1805	休宁			国朝耆献类征初编九五
汪绍埔	槿成	清	歙县	方宗诚	汪俭庵家传	柏堂集续编一二
汪思义	得宜	明	休宁	程敏政	孝义汪处士传	篁墩文集四九
汪思文	孔辉	明 1407—1494	休宁	汪循	先祖寿官府君行状	汪仁峰先生文集一九
汪思遵	建士	清 1671—1715	休宁	王原	传	西亭文钞六

续表

姓名	字号	朝代	县名	作者	传名	出处
汪品佳	清臣 青城	清 1660—1728	休宁	汪由敦	先府君行述	松泉文集一九
汪顺童	永德	明	歙县	程敏政	一乐汪君墓志铭	篁墩文集四七
汪胜璋		明	黟县	程敏政	孙母汪氏孺人墓志铭	篁墩文集四四
汪觉先	古友	明 1604—1634	歙县	江天一	潜水两人传	江止庵集三
				汪沐日	墓志铭	江止庵集三附
汪泰贞	国干 荫庵	清	歙县	曹学诗	汪荫庵先生暨元配曹安人继配程安人合传	香雪文钞七
汪泰护	本亨	明	歙县	程敏政	汪君本亨墓志铭	篁墩文集四五
汪起谥	书农	清	歙县	方苞	录	望溪集外文补遗二
汪晋征	符尹 涵斋	清 1639—1709	休宁	严虞惇	光禄大夫户部左侍郎加四级涵斋汪公晋征墓志铭	严太仆先生集九（另见碑传集二一）
汪致道	成德 高闲 野叟	明 1319—1375	黟县	汪叡	萧县令汪公致道墓志铭	新安文献志九七（另见国朝献征录八三）
汪益谦	受之	明	歙县	吴德旋	元义烈汪君传	初月楼文续钞六
				葛其仁	书元处士汪益谦事	味经斋文集五
汪家珪	华璋 问松	清 ？—1749	休宁	杭世骏	汪问松传	道古堂文集三五
汪通保	处全	明	歙县	汪道昆	汪处士传	太函集二八
汪继昌	征五 悔岸	清 1617—1683	歙县	叶燮	司副使汪公墓志铭	巳畦文集一五（另见国朝耆献类征初编二〇七）
				顾景星	汪公继昌家传	碑传集七八

续表

姓名	字号	朝代	县名	作者	传名	出处
汪梧凤	在湘 松溪	清 1726—1772	歙县	汪中	大清故贡生汪君墓志铭	述学别录
				郑虎文	汪明经松溪行状	吞松阁集三五（另见国朝耆献类征初编四二〇、碑传集一三三）
				金天翮	汪梧凤马曰琯马曰璐鲍廷博传	广清碑传集九
汪象纶	世掌	清	歙县	程襄龙	家传	澂潭山房存稿一
汪象颐	正孟	清	歙县	程襄龙	家传	澂潭山房存稿一
汪清志		清	歙县	程襄龙	唐烈妇传	碑传集一五五
汪渐磐	三余	清 1589—1661	休宁	赵士麟	钱塘少参三余汪公墓志铭	读书堂彩衣全集二一
汪淑端		明	休宁	程敏政	程贞妇传	篁墩文集四九
汪寅衷	同君 莘园	清	休宁	唐绍祖	莘园小传	改堂先生文钞下
汪启淑	慎仪 讱庵	清 1728—1799	歙县		汪启淑传	徽州府志（另见碑传集补四五）
				金天翮	汪启淑巴慰祖传	广清碑传集九
汪鼎金	凝之 巽谿	清 1700—1751	休宁	汪由敦	巽谿弟行略	松泉文集一九
汪景晃	明若	清 1666—1761	歙县	刘大櫆	汪府君墓志铭	海峰文集七
汪舜民	从仁	明 ?—1507	婺源		南京右副都御史汪舜民传	国朝献征录六四
汪敦庆	文厚	明	歙县	程敏政	处安汪翁墓志铭	篁墩文集四六
汪翔麟	东垣 樵邻	清 1795—1854	休宁	俞樾	汪君樵邻传	宾萌集五

续表

姓名	字号	朝代	县名	作者	传名	出处
汪道会	仲嘉	明 1544—1613	歙县	李维桢	汪次公行状	大泌山房集———四
汪道昆	伯玉 函翁	明 1525—1593	歙县	喻均	汪南明先生墓志铭	山居文稿七
				龙膺	汪伯玉先生传	沧□文集三
				冯梦祯	祭汪司马伯玉先生文	快雪堂集二一
汪道贯	仲淹	明 1543—	歙县	李维桢	汪仲淹家传	大泌山房集七一
				汪道昆	仲弟仲淹状	太函集四四
汪锡恩	惠山	清 1817—1853	休宁	朱壬林	记略	小云庐晚学文稿六
汪肇龙	肇漋 稚川 松麓	清 1722—1780	歙县	郑虎文	汪明经稚川家传	吞松阁集三二（另见碑传集一三三、国朝耆献类征初编四二○）
				程瑶田	五友记	修辞余钞
汪镐京	快士 西谷	清 1634—1702	歙县	江藩	汪先生墓表	炳烛室杂文一
				李兆洛	汪快士先生墓表	养一斋文集一三
张 芝	廷毓 石岭	明 1472—1512	歙县	吴士奇	传	征信编四
				汪循	湖广张按察墓志铭	汪仁峰先生文集一九
张 炳	豹林	清 1709—1761	歙县	刘大櫆	张豹林墓志铭	海峰文集七
张 潮	山来 心斋	清 1650—？	歙县	陈鼎	心斋居士传	留溪外传六
张三爱		清	歙县	王鸣雷	僮者张三爱传	国朝耆献类征初编三七七（另见碑传集一四二）

续表

姓名	字号	朝代	县名	作者	传名	出处
张大侃	正叙 淡园	清 1697—1761	歙县	胡赓善	家传	新城伯子文集六
张应扬	以言	明 1550—1600	休宁	冯梦祯	张御史传	快雪堂集九
陈济	伯舟	明 ?—1443	休宁	家乘	沾益守陈公济传	新安文献志九七
陈鼎		明	祁门	程敏政	汪节妇传	篁墩文集五〇
陈有守	达甫	明	休宁	汪道昆	处士陈贞靖先生及孝廉仲子传	太函集三〇
陈兆骐	仰韩 兰轩	清 1760—1828	休宁	管同	陈仰韩生圹铭	因寄轩文二集六
陈志铉	纯侯	清	休宁	姚鼐	陈谨斋家传	惜抱轩文集一〇
陈宜孙	行可 弗斋	明	休宁	曹泾	从仕郎扬州路通州判官弗斋先生陈公宜孙行状	新安文献志八五
邵棠	汝思	明 1515—1592	休宁	许国	明故封刑科右给事中述斋邵公墓志铭	许文穆公集五
邵士桢	振周	清	休宁	戴名世	邵生家传	戴名世集七
邵天祥	子奇	明 1494—1533	歙县	许国	赠君近溪邵公暨配汪孺人合葬墓志铭	许文穆公集五
邵莹葆	朗敷	清 ?—1855	黟县	程鸿诏	邵朗敷传	有恒心斋文八
邵肇基	继周	清 1780—1858	黟县	程鸿诏	邵君继周像赞	有恒心斋文一〇
范涞	原易 希旸	明	休宁		原易先生传	铭相集四
范□□	汝珍	明 ?—1553	休宁	汪道昆	范长君传	太函集二九
林淑清		明 1418—1495	歙县	徐溥	程襄毅公夫人林氏墓志铭	徐文靖公谦斋集五（另见新安文献志九九）
				程敏政	先妣行状	篁墩程先生文集四一

续表

姓名	字号	朝代	县名	作者	传名	出处
罗聘	遁夫 雨峰	清 1733—1799	歙县	吴锡麒	罗两峰墓志铭	有正味斋骈文二三（另见碑传集补五六）
罗长度	坦之 查塸	清	歙县	许楚	文学罗先生传	青岩集九
罗世霞	修远	清	歙县	曹学诗	罗函斋传	香雪文钞七
金氏		明	休宁	程敏政	谢节妇传	篁墩文集四九
金声	子骏 正希 赤壁	清 1598—1645	休宁	程锡类	金正希先生年谱一卷附录一卷	民国十七年贻思堂刻本
				储欣	明金翰林传	在陆草堂文集三
				吴肃公	金文毅公传	街南续集五
				李宗煝	金正希先生年谱一卷	北京图书馆藏珍本年谱丛刊第62册
				刘洪烈	金正希先生年谱一卷	北京图书馆藏珍本年谱丛刊第62册
金芬	诵清	清 1765—1798	休宁	王昶	金诵清墓志铭	春融堂集五八
金松	良寿 南山	明 1489—1565	休宁	金瑶	南山金处士行状	金栗斋先生文集八
金烈	世光 东泉	明	休宁	金瑶	东泉金处士传	金栗斋先生文集七
金辉	士辉 希贤	明	休宁	金瑶	明故文林郎广东道监察御史希贤公事略	金栗斋先生文集九
金鼎	调元 梅轩	明 1460—1539	休宁	金瑶	梅轩公行状	金栗斋先生文集八
金楼	翔龙	明	休宁	程可中	金山人传	程仲权先生文集三
金瑭	伯献	明	休宁	汪道昆	明故太学生金长公墓志铭	太函集四六

续表

姓名	字号	朝代	县名	作者	传名	出处
金榜	辅之 蕊中 檠斋	清 1735—1801	歙县	吴定	翰林院修撰金先生墓志铭	紫石泉山房文集一〇（另见碑传集五〇）
				江藩	金修撰记	汉学师承记五（另见碑传集五〇）
				金天翮	金榜程瑶田传	广清碑传集九
金簏	主和 竹坡 直叟	明	休宁	金瑶	竹坡直叟金公合葬墓志铭	金栗斋先生文集九
金□□	公著	清	歙县	刘大櫆	金府君墓表	海峰文集七
金子兆	吉甫 南阳	明	休宁	金瑶	族侄孙陕西苑马寺监正金君传	金栗斋先生文集七
金天珙	韫之 瀛峰	明 1475—1527	休宁	金瑶	瀛峰先生行状	金栗斋先生文集八
金云门	吉予 菊轩	清 1794—1853	休宁	方宗诚	金太守传	柏堂集次编六（另见续碑传集六一）
				邓瑶	别传	双梧山馆文钞二二
金长洪	师林	清	歙县	刘大櫆	乡饮大宾金君传	海峰文集六
金式玉	朗甫	清 1774—1801	歙县	恽敬	翰林院庶吉士金君华表铭	大云山房文稿二集四（另见碑传集补八）
金观祖	时用	明	休宁	黄枢	故徽州路婺源州同知金公行状	后圃黄先生存集四
金应琦	筠庄	清 1742—1810	歙县		传	国朝耆献类征初编一〇五
金应鹄	运苍 枕山	清 1737—1794	休宁	张云璈	太学金君家传	简松草堂文集二

续表

姓名	字号	朝代	县名	作者	传名	出处
金珒赐	宗敬	明	休宁	程敏政	义官金君墓志铭	篁墩文集四三
金祖寿	孟起	明 1364—1428	休宁	江秉心	金处士祖寿墓表	新安文献志九〇
金德玹	仁本	明	休宁	苏大	金仁本德玹传	新安文献志九五下
金德瑛	汝白 慕斋 桧门	清 1701—1762	休宁	陈兆仑	光禄大夫都察院左都御史仁和金公德瑛墓志铭	碑传集三一（另见国朝耆献类征初编八一）
金德瑛	汝白 慕斋 桧门	清 1701—1762	休宁	鲁仕骥	故都察院左都御史前提督江西学政金公教思碑	碑传集三一
金德瑛	汝白 慕斋 桧门	清 1701—1762	休宁	蒋士铨	左都御史桧门金公行状	广清碑传集八（另见国朝耆献类征初编八一）
金德铉	韵文 大椁	清 1691—1735	休宁	蒋士铨	赠鄱阳知县大椁金公墓志铭	忠雅堂文集五
周成	志甫	清 1805—1862	绩溪	吴大廷	周志甫哀辞	小西腴山馆文钞三
周成	志甫	清 1805—1862	绩溪	方宗诚	周志甫先生哀词	柏堂集续编二〇
周廷宪	景阳 谨堂	清 1738—1792	绩溪	胡赓善	家传	新城伯子文集六
周廷寀	赞平 子同	清	绩溪	法式善	周赞平传	存素堂文集四（另见碑传集补二三）
周思绍	圣诚 诚斋	清 1714—1789	歙县	胡赓善	家传	新城伯子文集六

续表

姓名	字号	朝代	县名	作者	传名	出处
周翼圣		清	歙县	汤纪尚	书事	樊迂文甲集中樊迂纪事初稿二
郑来	朋集 松莲莱公	清 1695—1763	歙县	曹文埴	墓志铭	石鼓砚斋文钞一九
郑作	宜述 方山子	明	歙县	李梦阳	方山子祭文	空同子集六四
郑牧	用牧	清 1714—1792	休宁	吴定	郑用牧先生墓志铭	紫石泉山房文集一〇
郑侨	允惠 恂荪	清 1642—1707	休宁	戴名世	郑允惠墓志铭	戴名世集九
郑恒	存良	明	歙县	程敏政	郑君传	篁墩文集四九
郑晋	孟端	明	歙县	程敏政	冰檗老人传	篁墩文集四九
郑烛	景明	明	歙县	汪道昆	郑景明先生传	太函集二七
郑肇	太初	明 1374—1418	歙县	赵曾	故沂水知县郑君肇墓志铭	新安文献志八六
郑潜	彦昭	明 ?—1379	歙县	程文	序郑彦昭潜集	新安文献志九五下
郑□□	伟然	清	歙县	吴绮	郑隐君诔	林蕙堂全集一二
郑士俊	灼三	清 ?—1785	歙县	姚鼐	赠承德郎刑部主事郑君墓志铭	惜抱轩文集一三
郑之文	贞卿 衷素	清 ?—1657	休宁	郑虎文	台州守备郑公之文传	吞松阁集三〇（另见碑传集一一七）
				刘大櫆	郑之文传	海峰文集六（另见国朝耆献类征初编三三六）
				戴震	郑之文传	戴东原集一二
						国朝忠义私淑录初编五

续表

姓名	字号	朝代	县名	作者	传名	出处
郑天镇	定之	明	歙县	汪道昆	明故处士郑次公墓志铭	太函集四六
郑元玘	廷佩 南峰	明	歙县	方弘静	明处士南峰郑君孺人汪氏合葬墓志铭	素园存稿一二
郑为虹	天玉	明 1622—1646	歙县	吴肃公	御史天玉郑公墓志铭	街南续集六
				陈鼎	郑御史传	留溪外传一
郑孔曼	子长	明	歙县	方扬	来松郑处士传	方初庵先生集一〇
郑允中	立之	明 1527—1607	歙县	鲍应鳌	处士郑奉山翁行状	瑞芝山房集一一
郑行简	汝敬	明 1385—1459	歙县	郑鲸	故进士知上虞县事郑公行简行状	新安文献志八六（另见国朝献征录八五）
郑明允	志上	清	歙县	储欣	新安郑君墓志铭	在陆草堂文集六
郑宗汝	翼之 雨芗	清 1756—1801	歙县	江藩	清故刑部山东司员外郎郑君墓志	炳烛室杂文
郑居贞		明	徽州		忠贞录传	献征录 92/27 明史 141
郑绍卿		明		汪克宽	郑长者传	环谷集八
郑宾浦	东嵋	清 1690—1765	歙县	吴定	郑府君墓志铭	紫石泉山房文集一〇
郑景濂	洁潭	清	歙县	陈继儒	洁潭郑翁传	媚幽阁文娱
郑道治	惟修 仁庵	明 ？—1616	歙县	鲍应鳌	礼部儒士仁庵郑公行状	瑞芝山房集一一
项绮		明	休宁	程敏政	项孺人墓碣铭	篁墩文集四八
项为楷	端培	清	歙县	曹学诗	传	香雪文钞七（另见国朝耆献类征初编三八八）

续表

姓名	字号	朝代	县名	作者	传名	出处
项承醇	泗舸	清 1767—?	歙县	宗稷辰	生传	躬耻斋文钞九
项维桢	征周	明	休宁	汪道昆	明故文林郎知南漳县事项君墓表	太函集六一
赵元值	惟重 敬堂		歙县	鲍应鳌	迪功郎敬堂赵公行状	瑞芝山房集一〇
赵吉士	恒夫 天羽	清 1628—1706	休宁	朱彝尊	朝议大夫户科给事中降补国子监学正赵君吉士墓志铭	曝书亭集七七（另见碑传集九五、国朝耆献类征初编一三三）
				彭绍升	述	国朝耆献类征初编一三三
赵时胐	介庵	清 1608—1677	休宁	赵吉士	先考介庵府君行述	万青阁自订文集
				赵士麟	先叔考介庵公传	读书堂彩衣全集一七
胡 仁		明	休宁	汪道昆	胡少卿墓志铭	太函集五六
胡 虎	士仪	明	歙县	程敏政	翠环处士胡君墓志铭	篁墩文集四六
胡 浚	深如	清?—1855	黟县	程鸿诏	传	有恒心斋文八
				方宗诚	县学生胡君传	柏堂集续编一一
胡 富	永年	明?—1622	绩溪	焦竑	传	国朝献征录三一
胡 镕	传孙	清 1864—1880	绩溪	俞樾	孙宜人传附	春在堂杂文三编二
胡 澍	荄甫 石生	清 1825—1872	绩溪	胡培系	户部郎中胡君荄甫事状	续碑传集七九
胡 瞳		唐	婺源	县志	胡仆射瞳传	新安文献志九六上

续表

姓名	字号	朝代	县名	作者	传名	出处
胡士荣	翼南 仁斋	清 1711—1783	歙县	胡赓善	家传	新城伯子文集六
胡川楫	汝济	明	歙县	方弘静	奉训大夫南京户部山西司郎中胡君墓志铭	素园存稿一二
胡开熙	士端 葆亭	清	婺源	袁枚	封公胡葆亭先生墓志铭	小仓山房文集三二
胡元熙	叔咸 笛农	清 1787—1857	黟县	程鸿诏	胡通议传	有恒心斋文八
胡文栋	宇斋	清 1678—1748	婺源	万承风	墓志铭	思不辱斋文集四
胡文柏	心原 松侣 獬君	清 1793—1856	绩溪	胡嗣运	别传	鹏南文钞一三
胡正岳	鲁瞻	清 1721—1787	歙县	胡赓善	家传	新城伯子文集六
胡世英	汝迪	清 1618—1680	歙县	钱维城	光禄大夫赐一品彝陵镇总兵官胡公世英传	茶山文钞一一（另见碑传集一四）
胡匡宪	懋中 绳轩	清 1744—1802	绩溪	胡培翚	赠奉直大夫叔祖绳轩公行状	研六室文钞九
				胡韫玉	胡秉虔传附	碑传集补四〇
胡匡衷	朴斋 寅臣	清 1728—1801	绩溪	王泽	胡君朴斋家传	碑传集补三九
胡贞玉		清	歙县	许楚	胡烈人传	青岩集九
胡师彬	南一 斗斋	清	歙县	曹学诗	胡斗斋先生传	香雪文钞七
胡师谟	肇周 执庵	清	歙县	曹学诗	胡执庵先生传	香雪文钞七
胡廷沅	芳芷 真夫	清 1695—1754	歙县	程襄龙	传	澂潭山房存稿一
胡廷注	禹东 待堂	清 1740—1796	歙县	胡赓善	家传	新城伯子文集六
胡寿安	克仁	明	新安	赵㧞	繁胡大尹寿安传	新安文献志八六

续表

姓名	字号	朝代	县名	作者	传名	出处
胡时濊	介周	清	黟县	程鸿诏	胡君介周父子画赞	有恒心斋文一〇
胡尚仁	子明 乐山	明	绩溪	袁炜	胡公合葬墓志铭	袁文荣公文集八
胡尚庆	绍余	清 ？—1860	黟县	程鸿诏	胡君绍余像赞	有恒心斋文一〇
胡秉虔	伯敬 春乔	清 1770—1840	绩溪	胡韫玉	胡秉虔传	碑传集补四〇
胡宝瑔	泰舒 怡斋	清	歙县	袁枚	太子少傅河南巡抚胡公墓志铭	小仓山房文集四（另见国朝耆献类征初编八三、碑传集七一、广清碑传集七）
胡宝瑔	泰舒 怡斋	清	歙县	王永祺	泰舒胡先生年谱一卷	北京图书馆藏珍本年谱丛刊第95册
胡宝瑔	泰舒 怡斋	清	歙县	王昶	胡宝瑔传	春融堂集六四（另见国朝耆献类征初编八三、碑传集七一、广清碑传集七）
胡宝瑔	泰舒 怡斋	清	歙县	陈浩	河南巡抚兼提督赠太子太保兵部尚书胡公宝瑔墓志铭	国朝耆献类征初编八三（另见碑传集七一）
胡宝瑔	泰舒 怡斋	清	歙县	陈康祺	纪闻	国朝耆献类征初编八三
胡宗明	汝诚 瓶山	明	绩溪	张时彻	都察院右副都御史瓶山胡公宗明墓志铭	国朝献征录六一

续表

姓名	字号	朝代	县名	作者	传名	出处
胡宗宪	汝贞 梅林	明 1512—1565	绩溪	许国	祭兵部尚书胡梅林	许文穆公集五
				茅坤	胡公宗宪剿徐海本末	国朝献征录五七
				沈明臣	少保胡公诔	国朝献征录五七
胡宗腾	起鹏	清	黟县	程鸿诏	胡君起鹏画像赞	有恒心斋文一〇
胡绍勋	文甫 让泉	清 1789—1862	绩溪	胡昌丰	从伯父文甫先生事略	碑传集补四一
胡绍煐	枕泉 药汀	清 1792—1860	绩溪	汪士铎	胡君枕泉传	碑传集补三二
胡培系	子继	清 1822—？	绩溪	杨岘	胡培系传	迟鸿轩文续一（另见续碑传集七五）
胡培翚	载屏 竹邨	清 1782—1849	绩溪	汪士铎	户部主事胡先生墓志铭	汪梅村先生集一一（另见研六室文钞附、续碑传集七三）
				胡培系	行状	研六室文钞附
				夏炘	记益友胡竹邨先生事	景紫堂文集九
				金天翮	胡培翚传	广清碑传集一〇
胡崇朴	蕴采	清	黟县	程鸿诏	画赞	有恒心斋文一〇
胡象斗	敬辰 云峰	清	绩溪	黄宗羲	胡云峰墓表	南雷文定五集三
胡维崧	松山	清 1838—1860	绩溪	胡嗣运	传	鹏南文钞一三
胡鼎凝		清 1703—1741	歙县	胡赓善	殡志	新城伯子文集六

续表

姓名	字号	朝代	县名	作者	传名	出处
胡赓善	受谷 授毂 心泉	清 1725—1798	歙县	姚鼐	歙胡孝廉墓志铭	惜抱轩文集一三（另见新城伯子文集附）
				胡赓香	行状	新城伯子文集附
胡嗣蕃	露青	清 1694—1772	歙县	胡赓善	家传	新城伯子文集六
胡肇智	季临 霁林 芰舲	清 1807—1871	绩溪	方濬颐	吏部侍郎胡公家传	二知轩文存二八（另见续碑传集一二）
胡德铨	履东 汝忠 敬亭	清 1720—1776	歙县	王杰	传	葆淳阁集六（另见国朝耆献类征初编四五六）
查鼐	廷和	明	休宁	汪道昆	查八十传	太函集二八
查应光	宾王	明	休宁	俞彦	查宾王传	丽崎轩诗卷首
俞大望		清 ？—1855	黟县	程鸿诏	传	有恒心斋文八
俞正禧	鼎初 芎林	清 1789—1860	黟县	程鸿诏	俞芎林先生传	有恒心斋文八（续碑传集七〇）
				金天翮	孙学道俞正燮俞正僖汪文台传	广清碑传集一〇
俞正燮	理初	清 1775—1840	黟县	程鸿诏	黟两先生传	有恒心斋文八
				夏寅官	俞正燮传	碑传集补四九
				金天翮	孙学道俞正燮俞正僖汪文台传	广清碑传集一〇
俞正馥	见初 五丈	清	黟县	程鸿诏	俞五丈像赞	有恒心斋文一〇

续表

姓名	字号	朝代	县名	作者	传名	出处
饶大有	廷瑞	明	祁门	汪循	石舒翁传	汪仁峰先生文集一九
施璜	虹玉 诚斋	清	休宁	江藩		宋学渊源记卷下
				彭绍升	吴先生慎传附	碑传集一二八
施泰亨	守正	明 1394—1457	休宁	戚澜	奉直大夫泰安知州施公守正墓志铭	新安文献志八六
洪什	承章	明	休	汪道昆	明故处士洪君配吴氏合葬墓志铭	太函集四六
洪氏		明	歙县	顾起元	方宜人传	懒真草堂文集二七
洪远	克毅 弘斋 恭靖	明 1450—1519	歙县	刘春	明故资政大夫南京工部尚书洪公墓志铭	东川刘文简公集一八
				杨廷和	传	献征录五二
洪钧	文卿 守拙 陶士	清 1839—1893	歙县	费念慈	清故光禄大夫兵部左侍郎洪公墓志铭	碑传集补五
洪度	淑平	清 1747—1773	歙县	胡虞善	墓志铭	新城伯子文集七
洪洹	时义 南谷	明	歙县	方弘静	洪太学传	素园存稿一三
洪钺	承德	明	歙县	汪道昆	歙诸生洪承德配汪氏合葬墓志铭	太函集四五
洪宽	有约	明 1426—1487	歙县	程敏政	前奉训大夫郑州洪公墓志铭	篁墩程先生文集四五
			歙县	程敏政	前郑州守洪公传	篁墩程先生文集五〇

续表

姓名	字号	朝代	县名	作者	传名	出处
洪通	克明	明 1452—1529	歙县	龚用卿	洪公墓志铭	云冈公文集金台稿一
洪琮	琅友 谷一 瑞玉	清 1620—1685	歙县	陈廷敬	提督陕西学政按察司佥事洪君琮墓志铭	午亭文编四六（另见碑传集八〇）
洪翘	楚珩 午峰	清 1714—1751	休宁	蒋士铨	国子监生洪君传	忠雅堂文集四
				卢文弨	国子监生洪君家传	抱经堂文集三〇
				邵晋涵	国子监生洪先生行状	南江文钞一〇
				孙星衍	国子监生洪先生暨妻蒋氏合葬圹志	孙渊如外集六
				朱筠	国子监生洪君权厝碣铭	笥河文集一四
洪榜	汝登 初堂	清 1745—1779	歙县	金天翮	戴震传附	广清碑传集九
				江藩	传	汉学师承记六
洪澜	远生	清	歙县	魏禧	江天一传附	魏叔子文集一七
洪大德	仲昭 斗垣	明 1547—1611	歙县	李维桢	京山令洪公墓志铭	大泌山房集八四
洪上庠	序也 芹野	清 ?—1850	歙县	梅曾亮	洪序也家传	柏枧山房文集九
洪公寀	封旅	清 ?—1763	歙县	赵怀玉	国子监生洪翁墓碣铭	亦有生斋文集一六
洪文衡	平仲	明 1560—1621	歙县	叶向高	明通议大夫太常寺桂渚洪公墓志铭	苍霞余草一一
洪正治	廷佐 陔华	清	歙县	李锴	洪陔华传	李铁君文钞下（另见碑传补五四）

续表

姓名	字号	朝代	县名	作者	传名	出处
洪运锦	素文	清	歙县	胡赓善	司马洪君家传	新城伯子文集六
洪性鉌	杭原	清 1726—？	歙县	程瑶田	五友记	修辞余钞
洪思忠	孝先 心寰 义虬	明 1559—1641	歙县	江天一	明将仕郎邹平县少尹义虬洪公传	江止庵集三
洪亮吉	稚存 北江	清 1746—1809	休宁	吴锡麒	翰林院编修洪君墓表	有正味斋骈体文续集六
				赵怀玉	奉直大夫翰林院编修洪君亮吉墓志铭	碑传集五一
				谢阶树	洪稚存先生传	碑传集五一
洪嗣宪	子繇	清	歙县	储大文	太学洪公传	存研楼文集一三
洪腾蛟	鳞雨 寿山	清 1726—1791	婺源	王友亮	洪君腾蛟传	双佩斋文集三（另见国朝耆献类征初编四一二、碑传集一四一）
洪肇柱	殿书 蕙圃	清	歙县	吴锡麒	中宪大夫候选道洪君墓志铭	有正味斋骈文二三
洪德常	常伯	清	歙县	施闰章	诰赠朝议大夫礼部郎中加一级崇祀乡贤洪公传	学余堂文集一七
姚 叶	胤华	清 1624—1667	新安	吴伟业	墓志铭	梅村文集一三 梅村家藏稿补遗
姚应祖	孟亨	明 1401—1458	休宁	汪循	明处士姚公墓表	汪仁峰先生文集一九
姚际恒	立方 首源	清	歙县	金天翮	姚际恒传	广清碑传集五

续表

姓名	字号	朝代	县名	作者	传名	出处
贺女		清	歙县	沈大成	汪贺二烈女传	碑传集一六〇
徐志导	孟卿	清	歙县	吴昆田	小传	漱六山房全一一
徐宝善	廉峰	清 1790—1838	歙县	彭邦畴	翰林院编修前山西道监察御史廉峰徐君墓志铭	续碑传集一八
徐慕兰	漱芬	清 1878—1927	歙县	陈三立	诰封夫人袁母徐夫人墓志铭	散原精舍散文集一四
徐璟庆	赞侯 学圃	清	歙县	曹学诗	徐学圃先生传	香雪文钞七
殷宗器	君陈 泰寰	明	歙县	吴士奇	选部殷公传	绿滋馆藁四
凌晼	又蕙	清	歙县	吴绮	又道人传	林蕙堂全集一一
凌尧伦	至夫 虚楼	明 1541—1598	歙县	鲍应鳌	奉政大夫金华府同知虚楼凌公行状	瑞芝山房集一〇
凌廷堪	次仲 仲子	清 1755—1809	歙县	张其锦	凌次仲先生年谱	北京图书馆藏珍本年谱丛刊册一二〇（另见清代徽人年谱合刊）
凌廷堪	次仲 仲子	清 1755—1809	歙县	阮元	次仲凌君传	揅经室二集四（另见国朝耆献类征初编二五八、碑传集一三五）
凌廷堪	次仲 仲子	清 1755—1809	歙县	金天翮	凌廷堪传	广清碑传集一〇
凌廷堪	次仲 仲子	清 1755—1809	歙县	江藩	凌廷堪传	汉学师承记七（另见国朝耆献类征初编二五八）
凌廷堪	次仲 仲子	清 1755—1809	歙县	戴大昌	事略状	校礼堂文集附（另见国朝耆献类征初编二五八）

续表

姓名	字号	朝代	县名	作者	传名	出处
唐泽	沛之 南冈	明	歙县	吴士奇	唐泽传	征信编四
				方承训	唐侍郎公传	方鄈邴复初集三一
					传	国朝献征录六一
唐晖	中楫	明	歙县	金声	唐中丞传	金正希文集辑略八
唐皋	守之 心庵	明 1469—1524	歙县			列朝诗集小传丙集；明诗纪事戊签一二；皇明三元考九；明状元图考二；明鼎甲征信录二；徐本明史列传五四；明史稿列传六三；明分省人物考三七
唐濂	景之 松坡	明	歙县	邵宝	监察御史唐君濂墓志铭	国朝献征录六五
唐汝栋	子上 见石		歙县	李维桢	唐太公家传	大泌山房集六九
				鲍应鳌	唐赠公行状	瑞芝山房集一〇
唐祁生		清 1618—1689	歙县	韩菼	乡饮宾唐翁墓志铭	有怀堂文稿一五
唐茂本		明	歙县	程敏政	唐处士茂本墓铭	篁墩文集四二
唐明达	邦达	明	歙县	程敏政	唐君传	篁墩文集四九

续表

姓名	字号	朝代	县名	作者	传名	出处
黄氏				李维桢	黄夫人墓志铭	大泌山房集九九
黄生	扶孟 白山 虎耳山人	清 1622—1696	歙县	徽州府志	黄生传	碑传集补三六
				金天翮	黄生传	广清碑传集三
黄奖	誉侯	清 1687—1782	婺源	姚鼐	赠文林郎镇安县知县婺源黄君墓志铭	惜抱轩文后集七
黄校	叔夏	明	歙县	李维桢	黄叔子家传	大泌山房集七二
黄楷	端士 蓉江	清	休宁	袁枚	黄君蓉江传	小仓山房文集三一
黄煇	燿腾	清	婺源	包世臣	皇诰授奉直大夫陕西山阳县知县加三级黄君墓志铭	安吴四种三六
黄镗	德鸣	明	歙县	汪道昆	父子御史黄太公黄次公传	太函集三八
黄之隽	石牧 （唐）堂	清 1668—1748	休宁			国朝耆献类征初编一二五
				王永祺		唐堂集跋
黄光荣	武臣	清	休宁	戴震	黄君武臣圹志铭	戴东原集一二
黄廷杰	士豪 伟斋	清 1757—1841	祁门	方东树	祁门五品赠职黄君伟斋墓志铭	考槃集文录一〇
黄全初	性甫	明	歙县	鲍应鳌	南京户部郎中镜予黄公传	瑞芝山房集一二
黄兴仁	元长 霭堂	清	休宁	朱珪	黄衡州家传	知足斋文集二

续表

姓名	字号	朝代	县名	作者	传名	出处
黄应坤	惟简	明 1532—1584	歙县	汪道昆	父子御史黄太公（铿）黄次公（应坤）传	太函集三八
				许国	明故奉议大夫大理寺右寺丞健所黄公行状	许文穆公集五
黄明邦	君亮 义烈	清	歙县	许楚	义烈黄公传	青岩集九
黄治安	思民 淡园	清	休宁	廖鸿章	传	南云书屋文钞
黄承吉	谦牧 春谷	清	歙县	阮元	江都春谷黄君墓志铭	碑传集补四八
黄祯祥	仲述	明 1409—1484	歙县	程敏政	歙黄处士徐孺人合葬墓志铭	篁墩文集四七
黄祯祺	仲禧	明 1404—1473	歙县	程敏政	潭渡处士黄君行状	篁墩文集四〇
黄维天	景高	明 1394—1463	休宁	程敏政	处士黄君景高墓志铭	篁墩文集四二
黄朝美	荩臣	清	歙县	杜濬	孝逸先生传	变雅堂文集六（另见碑传集一四三）
黄鼎瑞	辑五	清 ？—1824	歙县	朱文翰	传	退思粗订文稿二
黄赐章	廷锡	明	休宁	方扬	黄赠君传	方初庵先生集一〇
黄德华	印川 仲和	清 1800—1872	黟县	方宗诚	甯国府儒学训导黄君墓表	柏堂集后编一四
曹孚	非闻 偶寄	清 1717—1785	歙县	胡赓善	家传	新城伯子文集六
曹泮	鲁芹 慎庵	清	歙县	曹学诗	传	香雪文钞七
曹城	仲宣 顾崖	清 ？—1803	歙县		传	国朝耆献类征初编一〇〇

续表

姓名	字号	朝代	县名	作者	传名	出处
曹准	二莱 退圃	清	歙县	曹学诗	退圃老人传	香雪文钞七
曹祥	应麟 南峰	明 1450—1543	婺源	吕柟	明都察院右副都御史史南峰曹公行状	泾野先生文集三六
曹深	文渊	明 1481—1509	歙县	吕柟	南京兵部主事曹公墓志铭	泾野先生文集二六（另见国朝献征录四三）
曹鎏	渭璜 鉴渟	清	歙县	曹学诗	鉴渟居士传	香雪文钞七
曹锐	又裴	清 1732—1793	歙县	王芑孙	东城指挥曹君墓志铭	惕甫未定稿一二（另见碑传集补五六）
曹演	文修	明	歙县	汪道昆	赠奉政大夫户部贵州清吏司郎中曹公传	太函集三三
曹增	颖书 阆云	清	歙县	曹学诗	颖书弟传	香雪文钞七
曹□□	翼公	清	歙县	程庭	曹处士传	若庵集一
曹文埴	近薇 竹虚 荠原 文敏	清 1735—1798	歙县	金天翮	曹文埴曹振镛传	广清碑传集九
				曹鋹	行状	石鼓砚斋文钞附
						国朝耆献类征初编九五
曹以植	建甫	清	歙县	王源	曹太学传	居业堂文集四
曹世昌	志周	清	歙县	曹学诗	董饴居士传	香雪文钞七
曹有莱	乐亭 北山	清	歙县	曹学诗	北山兄传	香雪文钞七
曹志宏	浚原 怀圃 耐斋	清	歙县	程襄龙	传	澂潭山房存稿一
曹鸣远	文季 寄庵 篁峤	清 1617—？	婺源	安徽通志	曹鸣远传	碑传集补三五
曹鸣武	仲臣	清	婺源	安徽通志	曹鸣远传附	碑传集补三五

续表

姓名	字号	朝代	县名	作者	传名	出处
曹学诗	以南 震亭	清 1697—1773	歙县	郑虎文	曹震亭传	吞松阁集三一（另见碑传集一〇五、国朝耆献类征初编二三六）
曹南金	侣东	清 1763—1795	歙县	吴定	外弟曹侣东权厝志	紫石泉山房文集一一
曹振镛	怿嘉 俪笙 文正	清 1755—1835	歙县	李莹	墓志铭	缙云山人集
				张星鉴	书曹文正公轶事	续碑传集二
				金天翮	曹文埴曹振镛传	广清碑传集九
曹恩濚	鼎泉	清 1799—1844	歙县	彭蕴章	通政曹公哀词并序	归朴龛丛稿八
曹景宸	映青 枫亭	清	新安	曹文埴	行状	石鼓砚斋文钞一九
章洇	宁叔 酌亭	清 1757—1786	绩溪	凌廷堪	章酌亭墓志铭	校礼堂文集三五
章大泽	道和 雷川	清 1764—1834	绩溪	胡培翚	章雷川先生行略	研六室文钞九
章洪钧	琴生 梦所	清 1842—1887	绩溪	张佩纶	中宪大夫宣化府知府章君墓志铭	涧于集文集上
						词林辑略八；清史列传七七
葛邦宗	惟翰 丰泉	明 1530—1605	绩溪	葛应秋	先祖行略	石丈斋集三
葛应秋	万说 石照	明 1568—1624	绩溪	钱龙锡	明绩溪乡进士署浙江处州府遂昌县学教谕石照葛公墓志铭	石丈斋集四
				罗万钟	祭石翁葛先生文	石丈斋集四
				程沆	祭外翰石翁葛老夫子	石丈斋集四
董成	秩西 瀛峰	清	婺源	胡韫玉	董桂新传附	碑传集补四〇

续表

姓名	字号	朝代	县名	作者	传名	出处
董大鲲	北溟	清 1693—1770	婺源	恽敬	朝议大夫董君华表铭	大云山房文稿二集四（另见国朝耆献类征初编三九〇）
					董桂新传附	碑传集补四〇
董正台	列三 惺斋	清	婺源	胡韫玉	董桂新传附	碑传集补四〇
董世源	逢其	清 1604—1681	婺源	彭启丰	婺源董君世源墓表	芝庭先生集一七（另见碑传集一四六）
董汝成	秋园 谦受	清	婺源	胡韫玉	董桂新传附	碑传集补四〇
董昌珂		清	婺源	胡韫玉	董桂新传附	碑传集补四〇
董昌祠	念祖	清	婺源	胡韫玉	董桂新传附	碑传集补四〇
董彦辉	叔允	清	婺源	胡韫玉	董桂新传附	碑传集补四〇
董起予	卜公 峙虹	清	婺源	胡韫玉	董桂新传附	碑传集补四〇
董桂山	小丛 香雪	清	婺源	胡韫玉	董桂新传附	碑传集补四〇
董桂科	蔚云 恒轩	清	婺源	胡韫玉	董桂新传附	碑传集补四〇
						清代畴人传三编三
董桂森	香轮	清	婺源	胡韫玉	董桂新传附	碑传集补四〇
董桂新	茂文 柳江	清 1773—1804	婺源	胡韫玉	董桂新传	碑传集补四〇
董桂敷	宗邵 小槎	清 1772—1829	婺源	沈维铸	墓志铭	补读书斋集外稿
				胡韫玉	董桂新传附	碑传集补四〇
蒋氏		明	歙县	王世贞	汪共蒋墓志铭	弇州山人续稿一〇八
蒋晓	天承 素庵	清	歙县	曹学诗	蒋素庵传	香雪文钞七
韩士纯	学醇 淡斋	清	黟县	张惠言	家传	茗柯文补编下

续表

姓名	字号	朝代	县名	作者	传名	出处
喻佣	书其	清	歙县	汪梧凤	喻书其传	松溪文集
喻佳	集美	清 1725—1771	歙县	汪梧凤	候补吏目喻君殡表	松溪文集
喻起钟	孟黄 诚斋	清 1701—1759	歙县	汪梧凤	代喻集美作先人行略	松溪文集
程万	亿孙	明	歙县	程敏政	槐塘程府君墓表	篁墩文集四三
程平	德正	明	绩溪	汪睿	程先生平传	新安文献志八九（另见国朝献征录一一三）
程充	用光	明	休宁	程敏政	程用光墓志铭	篁墩文集四五
程圻		明	休宁	程敏政	圻子圹志铭	篁墩文集四三
程材	良用	明 1466—1506	休宁	王鏊	河南道监察御史程君材墓志铭	王文恪公集三〇（另见国朝献征录六五）
程杞	献可 森崖	清 1725—1803	休宁	程瑶田	家献可孝廉家传	修辞余钞
程沆	亢宗 啸庵	清	休宁	李果	程亢宗传	在亭丛稿六
程玩	叔润 韫斋	明 1398—1456	休宁	张九逵	韫斋处士程公玩墓铭	新安文献志九五下
程杰	俊民 缵洲	明	歙县	鲍应鳌	处士缵洲程次公传	瑞芝山房集一二
程昊	时昭 兰峰	明	祁门	吕柟	明江西布政司参政兰峰先生程公暨配王氏墓志铭	泾野先生文集二九
程昌	润蕃 让溪	清	婺源	吴德旋	让溪程君家传	初月楼文钞七
程佶	自闲	清 1664—1735	歙县	刘大櫆	中书舍人程君墓志铭	海峰文集七

续表

姓名	字号	朝代	县名	作者	传名	出处
程佁	彦彰	明 1429—1488	休宁	程敏政	明威将军沈阳中屯卫指挥佥事程公墓志铭	篁墩文集四四（另见新安文献志九七）
程金	德良	明 1518—1597	歙县	吴士奇	传	征信编四
				方弘静	程汉阳传	素园存稿一三
				汪道昆	程汉阳传	太函集三〇（另见国朝献征录八九）
程实	以道	明 1395—1495	休宁	程敏政	百岁程君墓表	篁墩文集四七（另见新安文献志九〇）
程孟	文实 槐濒	明 1399—1465	歙县	程敏政	槐濒先生程公孟碑铭	篁墩文集四二（另见新安文献志九五下）
程参	得鲁	明	歙县	汪道昆	明故处士程得鲁墓志铭	太函集四八
程绂	泽云	清 1802—1859	婺源	俞樾	清故征士郎中书科中书程君墓志铭	宾萌集五
程珂	载韩	清	徽州	陈梓	程载韩传	删后文集九
程树	玉生	清 1712—1733	休宁	彭启丰	程玉生传	芝庭先生集一二
				沈德潜	权厝志	归愚文钞一〇（另见道学录九四、国朝耆献类征初编四〇八）
程厚	敦慎 勤斋	清 1759—1830	歙县	潘谘	传	少白先生集七

续表

姓名	字号	朝代	县名	作者	传名	出处
程 奎	掌文 花隐	清 1666—1730	歙县	程御龙	行状	澂潭山房存稿附刻
程 奎	国光 聚所	明 1548—1601	歙县	鲍应鳌	通议大夫南京太常寺卿聚所程公行状	瑞芝山房集一〇
程 信	彦实 晴州 钓者 襄毅	明 1417—1479	歙县	刘翊	大明故资德大夫正治上卿南京致仕兵部尚书兼大理寺卿赠太子少保谥襄毅程公信墓志铭	新安文献志七六（另见国朝献征录四二）
				程敏政	程公事状	篁墩程先生文集四一
程 诰	自邑	明	歙县	侯一麟	霞城山人传	霞城集卷首
程 泰	用元	明 1421—1480	祁门	程敏政	通奉大夫河南左布政使程公泰墓碑铭	篁墩文集四三（另见国朝献征录九二、新安文献志八六）
程 振	玉夫 朴翁	明	歙县	李汎	程振事纪	国朝献征录一一二
程 晟	士明	明 1390—1446	休宁	李贤	赠亚中大夫太仆寺卿程公晟墓碑铭	新安文献志九二下
				谢一夔	程公传	谢文庄公集五
程 浚	葛人 肃庵	清 1638—1704	歙县	朱彝尊	岁贡生程君墓志铭	曝书亭集七七
程 通	彦亨 贞白 端直	明 1364—1402	绩溪	程敏政	长史程公传	篁墩文集四九（另见国朝献征录一〇五、新安文献志六七）

续表

姓名	字号	朝代	县名	作者	传名	出处
程密	用详 退于	清 1697—1752	歙县	朱筠	书歙程密事	笥河文集一五（另见国朝耆献类征初编二二九）
程隆	君熙	明	休宁	干文传	进义副尉徽州路休宁县尉程君隆墓表	新安文献志八五
程琯	德和 霖轩	明 1459—1512	歙县	汪循	程都运德和墓志铭	汪仁峰先生文集一九
程喈	修驭 梧冈	清	歙县	曹学诗	程梧冈先生传	香雪文钞七
程锁	时启	明 1499—1563	休宁	汪道昆	明处士休宁程长公墓表	太函集六一
					程长公墓志铭	太函集五三
程智	极士 子尚 云庄	清	休宁	金天翮	程智传	广清碑传集二
程滋	德化 海澜	明	歙县	方扬	程次公行状	方初庵先生集九
程富	好礼 水月道人	明 1389—1458	歙县	苏大	通议大夫都察院右副都御史程公富行状	新安文献志八三（另见国朝献征录五五、皇明名臣琬琰录五）
程猷	嘉二 亚园	清	休宁	李绂	程亚园传	穆堂初稿三七
程嵡		清	歙县	戴名世	程孝子传	戴名世集八
程熙	克和	明 1424—1477	歙县	程敏政	奉议大夫同知汀州府事程君墓表	篁墩文集四二
程鼐	用坚	明	休宁	程敏政	程君用坚墓志铭	篁墩文集四五

续表

姓名	字号	朝代	县名	作者	传名	出处
程增	维高	清?—1710	歙县	方苞	程赠君墓志铭	望溪文集一一（另见国朝耆献类征初编四五一）
程鳝	守约 野亭	明	歙县	汪道昆	明故封南京兵部车驾司员外郎程公行状	太函集四一
程默	子木	明 1496—1554	新安	潘潢	广州府同知程公默墓志铭	国朝献征录一〇〇
程爵	国光		休宁	李维桢	光禄署丞程公墓志铭	大泌山房集九一
程邃	穆倩 垢区	明 1607—1692	歙县	陈鼎	垢区道人传	留溪外传五
程曜	公昭	明	休宁	程敏政	休宁儒学生程公昭墓志铭	篁墩文集四六
程一林	望京	明	休宁	陈鼎	程一林传	留溪外传五
程大位	汝思 宾渠	明 1533—1606	休宁	阮元	程大位传	畴人传五三
程之鸿	汉翔	清	新安	刘大櫆	赠通奉大夫程君传	海峰文集六
程之蓁	奕亭	清	新安	叶燮	处士程奕亭墓表	巳畦文集一四
程之藩	镇野	清	歙县	戴名世	程之藩传	戴名世集七
程之鹓	羽宸	清 1682—？	歙县	曹学诗	程采山先生传	练江诗钞附
程子诰	文甫	明 1541—1606	歙县	鲍应鳌	周府典膳正槐庭程长公行状	瑞芝山房集一一
程子谦	益仲 牧庵	清?—1698	休宁	田雯	宋特进少保观文殿大学士致仕新安郡开国公食邑新安程公牧庵传	古欢堂集传一

续表

姓名	字号	朝代	县名	作者	传名	出处
程元善	汝兼	明	休宁	吴子玉	程次公传	大鄣山人集三四
程元衡	平仲	明 1574—1613	歙县	李维桢	太学程平仲墓志铭	大泌山房集八八
程云翔	轩宇 平圃	清 1769—1854	黟县	程鸿诏	传	有恒心斋文八
程云犟	振羽 洛南	清	黟县	程鸿诏	像赞	有恒心斋文八
程曰玙	侣磻	清	休宁	曹学诗	程笠磻先生传	香雪文钞七
程文恭	汝安 复斋 桐湾	明	休宁	李维桢	程桐湾先生墓志铭	大泌山房集八五
程文傅	仲熙	清	歙县	魏禧	歙县程君墓表	魏叔子文集一八
				吴德旋	闻见录	国朝耆献类征初编三八二
程文邃	乘素	清	婺源	姚鼐	程养斋暨子心之家传	惜抱轩文集一〇
程正时	汝一 五渠	明	歙县	方弘静	庠生五渠程君墓志铭	素园存稿一二
程令仪	硕甫 芍圃	清 1828—1863	歙县	俞樾	程硕甫墓表	春在堂杂文六编六
程用楫	济臣 介庵	明 1628—1680	休宁	王艮	文学介斋程君暨配毕洪二孺人合葬墓志铭	鸿逸堂稿
程吉辅	昌祐	明 1330—1408	休宁	薛远	征士程君吉辅墓碣铭	新安文献志八九
程成标	显明 诒谷	清	婺源	吴德旋	诒谷程君家传	初月楼文钞七
程光烈	觐文	清 1732—1787	歙县	程瑶田	先季弟觐文事略	修辞余钞

续表

姓名	字号	朝代	县名	作者	传名	出处
程廷祚	绵庄 启生 青溪	清	歙县	程晋芳	程先生廷祚墓志铭	碑传集一三三（另见国朝耆献类征初编四二〇）
程廷祚	绵庄 启生 青溪	清	歙县	金天翮	程廷祚程晋芳传	广清碑传集七
				袁枚	征士程绵庄先生墓志铭	广清碑传集七
程廷策	汝扬	明	休宁	汪道昆	程辰州传	太函集三七（另见国朝献征录八九）
						西园闻见录一一、一五、一三；明分省人物考三七
程廷镜	蓉屏	清？－1860	绩溪	胡嗣运	别传	鹏南文钞一三
程仲龙	子云 志仁	清 1634－1710	休宁	彭定求	由溪居士志仁程翁墓志铭	南畇文稿七
程兆彪	蔚书	清 1570－1732	休宁	黄之隽	敕授承德郎刑部云南司主事监理河务程君墓志铭	(唐)堂集二五
程兆熊	孟飞 香南 寿泉	清 1717－1764	歙县	沈大成	程寿泉家传	学福斋集一八
程庆治	尹耕	清？－1862	黟县	程鸿诏	合传	有恒心斋文八
程庆宗	宗裕	明	休宁	程敏政	沙溪处士汪君墓志铭	篁墩文集四六
程志洛	书原	清 1685－1753	歙县	刘大櫆	程府君墓志铭	海峰文集七
				刘大櫆	程书原传	海峰文集六
程杜寿	子龄	明 1372－1446	休宁	王直	征士程公杜寿墓志铭	新安文献志九〇

续表

姓名	字号	朝代	县名	作者	传名	出处
程含光		清	休宁	蒋衡	记	拙存堂文集（另见国朝耆献类征初编三七九）
						清史稿列传二八六
程应科	冠亭 竹墅	清 1741—1809	婺源	吴德旋	半笠程君家传	初月楼文钞七
程序金	子坚 友石 寅伯	清 1782—1827	黟县	程鸿诏	家传	有恒心斋文一一
				冯志沂	程友石墓志铭	适适斋文集一
				高延第	逸事	涌翠山房文集四
程尚友	砚北 朴亭 文达	清	婺源	姚鼐	程朴亭家传	惜抱轩文后集五（另见国朝耆献类征初编四一二）
						道学录九六；初月楼闻见录五
程尚培	树其	清	黟县	程鸿诏	像赞	有恒心斋文一〇
程国明	潜若	清	歙县	张伯行	考授州佐潜若程君墓志铭	正谊堂续集七
程昌期	阶平 兰翘	清 1753—1795	歙县	曹文埴	传	石鼓砚斋文钞一九（另见国朝耆献类征初编一三二）
程学本	立培	清 1739—1803	黟县	程鸿诏	墓志铭	有恒心斋文九
程学权	巽行	清	歙县	吴定	程巽行传	紫石泉山房文集九

续表

姓名	字号	朝代	县名	作者	传名	出处
程学祖	绳武 念斋	清	黟县	程鸿诏	像赞	有恒心斋文一〇
程建龙	树屏	清 1703—1720	歙县	程襄龙	述	澂潭山房存稿四
程建极	道庸	清	黟县	程鸿诏	家传	有恒心斋文一一
程复心	本良	清	黟县	程鸿诏	族祖本良君传	有恒心斋文八
程顺道	德	明 1331—1399	休宁	杨溥	赠嘉议大夫都察院右副都御史程公顺道神道碑	新安文献志九二下
程宪文	字谟	明	休宁	鲍应鳌	处士仰峰程公行状	瑞芝山房集一一
程祖洛	梓庭 简敬	清 1776—1848	歙县		传	国朝耆献类征初编九八
程陟洲	凤泉 不村	清	黟县	程鸿诏	家传	有恒心斋文一一
程振甲	也园	清 1759—1826	歙县	程鸿诏	传	有恒心斋文八
程载兴	孔隆	明	祁门	程敏政	善和程处士墓表	篁墩文集四五
程晋芳	鱼门 蕺园	清 1718—1784	歙县	袁枚	翰林院编修程君鲁门墓志铭	小仓山房文集二六（另见广清碑传集八、国朝耆献类征初编一三〇）
				翁方纲	翰林院编修程君晋芳墓志铭	复初斋文集一四（另见碑传集五〇、国朝耆献类征初编一三〇）
				徐书受	翰林院编修程鱼门先生墓表	碑传集五〇（另见国朝耆献类征初编一三〇）
				金天翮	程廷祚程晋芳传	广清碑传集七 460

续表

姓名	字号	朝代	县名	作者	传名	出处
程桂锜	芎滋	清	黟县	俞樾	程芎滋像赞	春在堂杂文六编补遗六
程桂馥	月岩 笈云	清	黟县	程鸿诏	家传	有恒心斋文一一
程原泰	子亨	明	休宁	程敏政	曾叔祖尤溪府君墓表	篁墩文集四五
程致煌	星堂 颍川	清	黟县	程鸿诏	传	有恒心斋文一一
程恩泽	云芬 春海	清 1785—1837	歙县	阮元	诰授荣禄大夫户部右侍郎兼管钱法堂事物春海程公墓志铭	研经室续二集二（另见程侍郎遗集卷首、续碑传集一〇、国朝耆献类征初编一一四）
				张穆	程侍郎遗集序	碑传集三编四
				何绍基	龙泉寺检书图记	国朝耆献类征初编一一四
				陈康祺	纪闻	国朝耆献类征初编一一四
				金天翮	程恩泽朱琦传	广清碑传集一一
程恩煦	朗仁	清 ?—1862	黟县	程鸿诏	合传	有恒心斋文八
程积富	月山	明 1515—1579	休宁	金瑶	西川月山程公行状	金栗斋先生文集八
程家檖	汝华 岳西	清 1736—1795	绩溪	胡赓善	家传	新城伯子文集六
程宾赐	孟思	明 1347—1404	休宁	俞韶美	孝廉程公孟思墓志铭	新安文献志九〇
程梦星		清 1815—1820	婺源	程德贲	亡男梦星圹志	程子香文钞二

续表

姓名	字号	朝代	县名	作者	传名	出处
程崧辰	震舒 韵琴	清？—1860	休宁	孙雄	合表	旧京文存六
程崧祝	华封	清？—1861	休宁	孙雄	合表	旧京文存六
程敏行	克宽	明	休宁	程敏政	亡弟克宽圹志铭	篁墩文集四二
程敏政	克勤	明 1445—1499	休宁	汜东之	程学士传	国朝献征录三五
程敏德	克俭	明	休宁	程敏政	亡弟从仕郎故詹事主簿判蕲州事程君墓志铭	篁墩文集四五
程鸿诏	伯敷	清 1820—1874	黟县	朱师辙	黟三先生传	碑传集补五〇
程鸿绪	芑堂 石琴	清 1756—1814	休宁	朱为弼	墓表	蕉声馆文集八
程惟清		明	休宁	王世贞	程处士惟清墓志铭	弇州山人续稿一二二
				汪道昆	海阳长者程惟清传	太函集三七
程启学	楚臣 紫溪	清？—1697	歙县	叶燮	诰封光禄大夫紫溪程公墓志铭	巳畦文集一五
程维宰	元之 南丘	明	歙县	鲍应鳌	鸿胪寺署丞南丘程公行状	瑞芝山房集一一
程斯觉	既莘 易斋	清 1665—1728	歙县	吴定	赠礼部郎中程君墓表	紫石泉山房文集一〇
				程御龙	述略	潎潭山房存稿附刻
程朝京	元直	明 1540—1619	休宁	叶向高	明中大夫福建布政司右参政萝阳程公墓志铭	苍霞余草一二
程鼎新	晞说 草庭	明	婺源	曾策	草庭程先生墓志铭	新安文献志八九
程景华	新春 窦姓山翁	明 1379—1452	祁门	丘浚	窦山处士程公景华墓志铭	新安文献志九二下

续表

姓名	字号	朝代	县名	作者	传名	出处
程御龙	翼山 枫溪	清 1685—1731	歙县	吴定	赠大夫程翼山先生传	紫石泉山房文集九
				程襄龙	行状	澂潭山房存稿四
程道东	震伯	明	歙县	方弘静	程云南传	素园存稿一三
程道隆	景修	明	休宁	汪循	故承德郎思恩府通判程公墓表	汪仁峰先生文集一九
程缘德	永和	明	休宁	程敏政	敬恕处士程君墓志铭	篁墩文集四八
程瑞祊	姬田 槐江	清 1666—1719	休宁	汪由敦	覃恩诰赠中宪大夫槐江程先生墓志铭	槐江诗钞附
程楚芳	湘左	清 1745—1776	歙县	秦瀛	三友传（合传）	小岘山人文集一
程嗣功	汝懋	明 1525—1588	歙县	汪道昆	明故通议大夫南京户部右侍郎程公行状	太函集四三（另见国朝献征录三二）
程嗣立	风衣 水南	清 1688—1744	歙县	程晋芳	水南先生墓志铭	勉行堂文集六
程瑶田	易田 伯易 葺荷 葺翁 葺翁	清 1725—1814	歙县	葛其仁	孝廉方正嘉定教谕程易畴先生传	味经斋文集五
				程瑶田	刻章小传稿草	修辞余钞
				夏炘	别传	景紫堂文集一三（另见国朝耆献类征二五八）
				金天翮	金榜程瑶田传	广清碑传集九
程嘉燧	孟阳	明 1565—1644	休宁	钱谦益	松圆诗老小传	列朝诗集小传丁集下
程嘉㭎		清	绩溪	胡赓善	署漳州府同安县知县程君家传	新城伯子文集六

续表

姓名	字号	朝代	县名	作者	传名	出处
程慕夌		清	歙县	蒋衡	程慕夌死孝传后序	碑传集一四三
程德赟	子香	清 1793-1827	婺源	吴德旋	程子香墓志铭	初月楼文续钞七
程襄龙	夔侣 骙履 古云 雪崖	清 1701-1755	歙县	吴定	赠大夫程骙履先生传	紫石泉山房文集九
				程世淳	墓表	澂潭山房存稿附刻
游元汴	梁叔 中州	明	婺源	顾起元	游君叙传	懒真草堂文集二五
游应乾	顺之 一川	明 1531-1608	婺源	叶向高	户部右侍郎赠户部尚书一川游公墓志铭	苍霞续草九
谢 用	希中	明	祁门	李汛	谢孝子传	献征录一一二；明史二九七
谢 昌	子羽 乐寿	明	歙县	屠勋	谢子期传	屠康僖公文集六
谢 侃	彦直	明	祁门	吴子玉	确斋先生谢公传	大鄣山人集三四
谢 复	一阳	明 1441-1505	祁门	王薰	传	国朝献征录一一四；明史二八二；明儒学案二
谢 陛	少连	明	歙县	李维桢	谢少连家传	大泌山房集七〇
谢 恭	文安	明 1436-1484	休宁	吴子玉	黄州太守谢公传	大鄣山人集三五
谢士松	心如 用舟 苍崖	清 1762-1819	歙县	朱骏声	赠奉政大夫盐课司提举候选训导廪贡生谢君墓志铭	传经室文集七

续表

姓名	字号	朝代	县名	作者	传名	出处
詹同	同文 书 文宪 文安	明	婺源	王景	詹承旨同传	新安文献志七六（另见国朝献征录二四）
詹杰	存邦	明	休宁	汪道昆	詹处士传	太函集二八
詹高	仰之	清	休宁	归有光	詹仰之墓志铭	震川先生文集一九
詹淳	古愚	清	婺源	王芑孙	詹府君葬记	惕甫未定稿一一
詹徽	资善	明	婺源	王景	詹同传附	新安文献志七六（另见国朝献征录二四）
詹希原	孟举 逸庵	明	婺源	家乘	詹中书希原传	新安文献志九五下
						续书史会要；四友斋丛说一六
詹景凤	东图	明 1528—1602	休宁	李维桢	通判平乐府事詹公墓志铭	大泌山房集八三
鲍宁	廷谧 谧斋	明 1391—1462	歙县	家乘	谧斋先生鲍公宁行状	新安文献志九五下
鲍朴	子初	明 1537—1614	歙县	鲍应鳌	处士鲍季翁行状	瑞芝山房集一一
鲍松	懋承 钝庵	明 1467—1517	歙县	董玘	鲍君墓志铭	中峰文选四
鲍珊	沧碧 铁帆	清 1779—1834	歙县	路德	兴安府知府鲍君墓志铭	柽华馆文集六
鲍康	子年 法考	清 1810—1878	歙县			清代朴学大师列传一八；昭代名人尺牍小传一六
鲍颎	尚褧	明 1332—1371	歙县	唐文凤	前翰林修撰承直郎同知制诰兼国史院编修官同知耀州事鲍公行状	新安文献志九五下

续表

姓名	字号	朝代	县名	作者	传名	出处
鲍文淳	粹然 馨山	清 1783—1841	歙县	黄爵滋	鲍给事传	仙屏书屋初集一二
鲍立然	亭表	清 1710—1788	歙县	胡赓善	家传	新城伯子文集六
鲍廷博	以文 渌饮	清 1728—1814	歙县	阮元	知不足斋鲍君传	研经室二集五（另见国朝耆献类征初编四四一）
				翁广平	传	国朝耆献类征初编四四一
				金天翮	汪梧凤曰琯马曰璐鲍廷博传	广清碑传集九
					鲍廷博传	碑传集三编三七
鲍孝友	子为	明	歙县	汪道昆	明故任子鲍子为先生状	太函集四一
鲍志道	诚一 肯园	清 1743—1801	歙县	吴鼒	鲍公肯园诔	吴学士文集四
				汪喜孙	书鲍封翁佚事	孤儿编三
				朱珪	诰封中宪大夫鲍翁墓志铭	知足斋文集五
				纪昀	鲍肯园先生小传	纪文达遗集一五（另见国朝耆献类征初编四五八）
				纪昀	中宪大夫赐三品服肯园鲍公暨汪淑人墓表	纪文达遗集一四
				王芑孙	诰授朝议大夫累封中宪大夫掌山西道监察御史加三级鲍府君行状	惕甫未定稿一五（另见国朝耆献类征初编四五八）

续表

姓名	字号	朝代	县名	作者	传名	出处
鲍宗轼		清	歙县	方濬颐	书事	二知轩文存二四
鲍宜瑗	景玉 竹溪	清 1711—1775	歙县	袁枚	鲍竹溪传	小仓山房文集三四
鲍勋茂	根实 树堂	清?—1833	歙县	王引之	鲍树堂通政传	王伯申文集补编上
鲍桂星	双五 觉生	清 1764—1826	歙县	陈用光	詹事鲍觉生先生墓志铭	太乙舟文集八（续碑传集一八、国朝耆献类征初编一一一）
				夏宝晋	行状	冬生草堂文录三
				昭梿	传	国朝耆献类征初编一一一
				金天翮	赵青藜鲍桂星传	广清碑传集一〇
鲍倚云	薇省 苏亭	清 1708—1778	歙县	姚鼐	鲍君墓志铭	惜抱轩文集一三
鲍象贤	复之 思庵	明 1496—1568	歙县	焦竑	兵部左侍郎鲍象贤传	国朝献征录四一
鲍启运	方陶 甓斋	清	歙县	吴锡麒	鲍甓斋诔	有正味斋骈文续集八
鲍道明	行之	明 1503—1568	歙县	汪道昆	明故资善大夫南京户部尚书鲍公墓志铭	太函集四六
鲍瑶枝		清	歙县	吴定	程节母传	碑传集一五二

续表

姓名	字号	朝代	县名	作者	传名	出处
鲍嘉命	鸢书 镜湖	清 1742—1795	歙县	吴定	鲍君墓志铭	紫石泉山房文集一〇
鲍漱芳	席芬	清 1763—1807	歙县	王芑孙	盐运使衔鲍君墓志铭	惕甫未定稿一三
蔡廷治	瞻岷 润汝 德文	清 1648—1707	休宁	费锡璜	蔡德文先生墓志铭	碑传集补四五
				刘师培	蔡廷治传	碑传集补四五
潘　旦	希周 石泉	明 1476—1549	婺源	罗洪先	赠工部尚书寒泉潘公赞	念庵文集一〇
潘　旦	希周 石泉	明 1476—1549	婺源	周怡	潘尚书传	讷溪文集七
				严嵩	右副都御史赠工部尚书潘公神道碑	钤山堂集三八（另见国朝献征录四三、五八）
潘　仕	惟信	明	歙县	汪道昆	明故太学生潘次君暨配王氏合葬墓志铭	太函集五一
潘　丝	朝言	明 1523—1578	婺源	汪道昆	明故奉训大夫知北胜州事潘叔子墓志铭	太函集（另见国朝献征录一〇二）
				焦竑	潘朝言传	焦氏澹园集二四（另见国朝献征录一〇二）
潘　纬		明	歙县	孙慎行	潘少逸先生传	潘象安诗集卷首
				鲍应鳌	中翰潘象安先生传	瑞芝山房集一二
潘　侃		明	歙县	汪道昆	潘汀州传	太函集三四

续表

姓名	字号	朝代	县名	作者	传名	出处
潘珏	玉汝 淡翁	明 1446—1523	婺源	潘希曾	福建按察司佥事进阶中顺大夫潘公墓志铭	竹涧文集七（另见国朝献征录九〇）
潘珍	玉卿 朴庵	明 1477—1548	婺源	韩邦奇	通议大夫兵部左侍郎赠都察院右都御史潘公墓志铭	苑洛集五（另见皇明名臣墓铭坤集、国朝献征录四〇）
				严嵩	明故通议大夫兵部左侍郎赠都察院右都御史潘公墓志铭	钤山堂集三九
潘荣	伯诚 节斋	明	婺源	家乘	潘节斋荣传	新安文献志九五下
潘瑛	玉英 义翁	明 1440—1486	婺源	潘希曾	处士义翁潘先生墓碣铭	竹涧文集七
潘琦	良玉 南峰	明 1462—1525	婺源	吕柟	明赠工部右侍郎兼都察院右佥都御史南峰先生潘公暨配淑人施氏墓志铭	泾野先生文集二九
潘溪	朝公 菊崖	清	歙县	曹学诗	潘菊崖先生传	香雪文钞七
潘鉴	希古	明 1482—1544	婺源	严嵩	明故兵部尚书兼都察院右都御史赠太子太保谥襄毅潘公神道碑	钤山堂集三七（另见国朝献征录五七、皇明名臣墓铭坤集）
潘潢	荐叔 朴溪	明 ?—1555	婺源	周怡	祭大司马朴溪先生文	讷溪文录八
					南京兵部尚书潘潢传	献征录四二
潘廷槐	竹铭	清 1866—1888	婺源	贺涛	婺源潘竹铭墓表	贺先生文集二

续表

姓名	字号	朝代	县名	作者	传名	出处
潘汝嘉		清 1808—1846	婺源	陈世镕	传	求志居集三四
潘君南	南仲	明	歙县	汤显祖	有明处士潘仲公暨配吴孺人合葬志铭	玉铭堂全集一三
潘图南	鹏举	明	歙县	汪道昆	太学生潘图南传	太函集三〇
				方扬	潘太学图南墓志铭	方初庵先生集一〇
潘周南	南伯	明	歙县	李维桢	潘长公家传	大泌山房集七二
潘琼姬	玉红	清	婺源	余绍祉	潘君墓志铭	晚闻堂集一一
潘勤才	思文 均四	明 1409—1490	婺源	蒋冕	处士潘公暨其配张孺人合葬墓表	湘皋集三〇
戴震	慎修 东原	清 1723—1777	休宁	刘师培	戴震传	左盦外集一八
				余廷灿	戴东原事略	存吾文稿四（另见国朝耆献类征初编一三一）
				段玉裁	戴东原先生年谱	北京图书馆藏珍本年谱丛刊一〇四册
				洪榜	戴先生行状	初堂遗稿（另见碑传集五〇、国朝耆献类征初编一三一）
				程瑶田	记	修辞余钞
				王昶	戴东原先生墓志铭	春融堂集五五（另见碑传集五〇、国朝耆献类征初编一三一）

续表

姓名	字号	朝代	县名	作者	传名	出处
戴震	慎修 东原	清 1723—1777	休宁	凌廷堪	戴东原先生事略状	校礼堂文集三五（另见国朝耆献类征初编一三一）
				金天翮	戴震传[附洪榜]	广清碑传集九
				江藩	传	汉学师承记五（另见国朝耆献类征初编一三一）
				阮元	传	国朝耆献类征初编一三一
				李元度	事略	国朝耆献类征初编一三一
				钱大昕	戴先生震传	潜研堂文集三九（另见碑传集五〇、国朝耆献类征初编一三一）
戴可赞	育卿	清	新安	陈维崧	新安戴处士暨配吴孺人合葬墓表	迦陵文集五
戴纶恩	奇绩	清	休宁	戴震	戴童子圹铭	戴东原集一二
戴祖启	未堂	清	休宁	严长明		求归草堂集

《明清徽州历史人物碑传索引》引用书目

(明)李维桢撰. 大泌山房集. 明万历三十九年(1611)刻本.

(明)吴子玉撰. 大鄣山人集. 明万历十六年(1588)黄正蒙刻本.

(明)王鏊. 王文恪公集. 明抄本.

(明)龚用卿撰. 云岗选稿. 明万历三十五年(1607)龚爟刻本.

(明)汪道昆撰. 太函副墨. 明万历二年(1574)金陵毛少池刻本.

(明)汪道昆撰. 太函集. 明万历刻本.

(明)刘凤. 太霞草. 丛书集成本.

(明)董玘. 中峰文选. 明刻本.

(明)方扬撰. 方初庵先生集. 明万历四十年(1612)方时化刻本.

(明)汤显祖撰. 玉茗堂全集. 明天启刻本.

(明)罗洪先撰. 石莲洞罗先生文集. 明万历四十五年(1617)陈于廷刻本.

(明)刘春撰. 东川刘文简公集. 明嘉靖三十三年(1554)刘起宗刻本.

(明)周汝登撰. 东越证学录. 明万历刻本.

(明)唐桂芳撰. 白云集. 文渊阁四库全书本.

(明)朱升撰. 朱枫林集. 明万历歙邑朱氏刻本.

(明)潘希曾撰. 竹涧集. 文渊阁四库全书本.

(明)危素. 危太朴集. 清乾隆五十年(1785)许庭坚家抄本.

(明)周怡. 讷溪文集. 明万历二年(1574)周恪刻本.

(明)许国撰. 许文穆公集. 明万历许立言等刻本.

(明)叶向高撰. 苍霞余草. 明万历刻本.

(明)叶向高撰. 苍霞草. 明万历刻本.

(明)叶向高撰. 苍霞续草. 明万历刻本.

(明)李廷机撰. 李文节先生燕居录. 明末刻本.

(明)冯梦祯撰.快雪堂集.明万历四十四年(1616)黄汝亨朱之蕃等刻本.

(明)归有光撰.补刊震川先生集.清康熙四十三年(1704)王櫂刻本.

(明)陈继儒撰.陈眉公集.明万历四十三年(1615)史兆斗刻本.

(明)韩邦奇撰.苑洛集.文渊阁四库全书本.

(明)金声撰.金正希先生文集卷.明末邵鹏程刻本.

(明)吕柟撰.泾野先生文集.明嘉靖三十四年(1555)于德昌刻本.

(明)李梦阳撰.空同集.文渊阁四库全书本.

(明)严嵩撰.钤山堂集.明嘉靖二十四年(1545)刻增修本.

(明)王家屏撰.复宿山房集.明万历魏养蒙刻本.

(明)王世贞撰.弇州四部稿.文渊阁四库全书本.

(明)黄尊素撰.黄忠端公文略.清康熙十五年(1676)许三礼刻本.

(明)申时行撰.赐闲堂集.明万历刻本.

(明)焦竑辑.焦太史编辑国朝献征录.明万历四十四年(1616)徐象橒曼山馆刻本

(明)焦竑撰.焦氏澹园集.明万历三十四年(1606)刻本

(明)蒋冕撰.湘皋集.明嘉靖三十三年(1554)王宗沐等刻本

(明)程敏政编.新安文献志.文渊阁四库全书本

(明)程敏政编.新安文献志.明万历刻本

(明)程曈辑.新安学系录.明正德程啓刻清康熙三十五年(1696)绿荫园重修本

(明)归有光撰.震川集.文渊阁四库全书本

(明)程敏政.篁墩文集.四库全书本

(明)程敏政.篁墩程先生文集.明正德二年(1507)何歆刻本

(清)章楑著.一山文存.近代中国史料丛刊本.

(清)彭绍升撰.二林居集.清嘉庆四年(1799)味初堂刻本.

(清)方濬颐撰.二知轩文存.清光绪四年(1878)刻本.

(清)恽敬撰.大云山房文稿.四部丛刊本.

(清)赵吉士撰.万青阁全集.清康熙赵继抃等刻本.

(清)袁枚撰.小仓山房文集.清乾隆刻增修本.

(清)袁枚撰.小仓山房外集.清乾隆刻增修本.

(清)秦瀛撰.小岘山人诗文集.清嘉庆刻增修本.

(清)包世臣撰.小倦游阁集.清包氏小倦游阁抄本.

(清)叶燮撰.已畦集.清康熙间叶氏二弃草堂刻本.

(清)戴熙撰.习苦斋诗集.清同治五年(1866)张曜刻本.

(清)王引之.王伯申文集补编.丛书集成三编.

(清)包世臣撰.艺舟双楫.清道光二十六年(1846)白门倦游阁木活字印安吴四种本.

(清)孙星衍.五松园文稿.据岱南阁丛书本排印本.

(清)陈用光撰.太乙舟文集.清道光二十三(1843)年孝友堂刻本.

(清)章炳麟撰.太炎文录.民国浙江图书馆刻章氏丛书本.

(清)尤侗撰.尤太史西堂全集.清康熙刻本.

(清)陈廷敬撰.午亭文编.文渊阁四库全书本.

(清)汪绂撰.双池文集.清道光十四年(1834)一经堂刻本.

(清)张伯行撰.正谊堂文集.清乾隆刻本.

(清)张伯行撰.正谊堂续集.清乾隆刻本.

(清)钱泰吉撰.甘泉乡人稿.清同治十一年(1873)刻光绪十一年(1885)增修本.

(清)田雯撰.古欢堂集.文渊阁四库全书本.

(清)魏源撰.古微堂集.清宣统元年(1909)国学扶轮社铅印本.

(清)何绍基撰.东洲草堂文钞.清光绪刻本.

(清)姚莹撰.东溟文集.清同治六年(1867)姚濬昌安福县署刻中复堂全集本.

(清)黄爵滋撰.仙屏书屋初集.清道光二十六年(1846)翟金生泥活字印本.

(清)彭启丰撰.芝庭文稿.清乾隆刻增修本.

(清)毛奇龄撰.西河集.文渊阁四库全书本.

(清)储欣撰.在陆草堂文集.清雍正元年储掌文刻本.

(清)李果撰.在亭丛稿.清乾隆刻本.

(清)吴锡麒撰.有正味斋骈体文.清嘉庆十三年(1808)刻有正味斋全集增修本.

(清)韩菼撰.有怀堂文稿.清康熙四十二年(1703)刻本.

(清)程鸿诏著.有恒心斋全集.近代史料丛刊本.

(清)余廷灿撰.存吾文稿.清咸丰五年(1855)云香书屋刻本.

(清)储大文撰.存研楼文集.文渊阁四库全书本.

(清)法式善撰.存素堂文集.清嘉庆十二年(1807)程邦瑞扬州刻增修本.

(清)方东树撰.攷槃集文录.清光绪二十年(1894)刻本.

(清)管同撰.因寄轩文.清道光十三年(1837)管氏刻本.

(清)朱骏声撰.传经室文集.民国刘氏刻求恕斋丛书本.

(清)赵怀玉撰.亦有生斋集.清道光元年(1821)刻本.

(清)毛际可撰.安序堂文钞.清康熙刻增修本.

(清)孙星衍撰.孙渊如先生全集.民国八年(1919)商务印书馆四部丛刊清嘉庆刻本.

(清)纪昀撰.纪文达公遗集.清嘉庆十七年(1812)纪树馨刻本.

(清)严虞惇撰.严太仆先生集.清乾隆严有禧刻本.

(清)黄宗羲撰.吾悔集.四部丛刊本.

(清)吴蔚撰.吴学士诗集.清光绪八年(1882)江宁藩署刻本.

(清)陈梓撰.删后文集.清嘉庆二十年(1815)胡氏敬义堂刻本.

(清)汪士铎撰.汪梅村先生集.清光绪七年(1881)刻本.

(清)吴德旋.初月楼文钞.丛书集成续编本.

(清)唐绍祖撰.改堂先生文钞.清乾隆十八年(1753)刻本.

(清)许楚撰.青岩集.清康熙五十四年(1715)许象缙刻本.

(清)卢文弨撰.抱经堂文集.清乾隆六十年(1795)刻本.

(清)马其昶撰.抱润轩文集.清宣统元年(1909)安徽官纸印刷局石印本.

(清)黎庶昌撰.拙尊园丛稿.清光绪二十一年(1895)金陵状元阁刻本.

(清)程庭撰.若庵集.清康熙刻本.

(清)吴绮撰.林蕙堂全集.文渊阁四库全书本.

(清)彭蕴章撰.松风阁诗钞.清同治刻彭文敬公全集本.

(清)汪由敦撰.松泉集.文渊阁四库全书本.

(清)汪梧凤撰.松溪文集.清刻本.

(清)汪中撰.述学六卷附春秋述义.清刻本.

(清)江藩撰.国朝汉学师承记.清嘉庆十七年(1812)刻本.

(清)蒋士铨撰.忠雅堂文集.清嘉庆二十一年(1816)藏园刻本.

(清)钱维城撰.鸣春小草.清乾隆四十一年(1776)眉寿堂刻本.

(清)朱珪撰.知足斋文集.清嘉庆九年(1804)阮元刻增修本.

(清)钱谦益撰.牧斋有学集.清康熙二十四年(1685)金匮山房刻本.

(清)杜濬撰.变雅堂文集.清康熙刻本.

(清)施闰章撰.学余堂文集.文渊阁四库全书本.

(清)沈大成撰.学福斋集.清乾隆三十九年(1774)刻本.

(清)王源撰.居业堂文集.清道光十一年(1831)读雪山房刻本.

(清)王昶撰.春融堂集.清嘉庆十二年(1807)塾南书舍刻本.

(清)王士禛撰.带经堂集.清康熙五十年(1711)程哲七略书堂刻本.

(清)张惠言撰.茗柯文补编.清道光陈善刻本.

(清)张惠言撰.茗柯文编.清同治八年(1869)刻本.

(清)邵晋涵撰.南江文钞.清道光十二年(1833)胡敬刻本.

(清)彭定求撰.南畇文稿.清雍正四年(1726)刻本.

(清)黄宗羲撰.南雷文定.清康熙二十七年(1688)靳治荆刻本.

(清)梅曾亮撰.柏枧山房全集.清咸丰六年(1856)杨以增、杨绍谷等刻民国七年(1919)蒋国榜补修本.

(清)路德撰.柽华馆全集.清光绪七年(1881)解梁刻本.

(清)胡培翚撰.研六室文钞.清道光十七年(1837)泾川书院刻本.

(清)汪琬撰.钝翁前后类稿.清康熙刻本.

(清)钱陈群撰.香树斋文集.清乾隆刻本.

(清)曹学诗撰.香雪文钞.清乾隆刻本.

(清)翁方纲撰.复初斋文集.清李彦章校刻本.

(清)程瑶田.修辞余钞.安徽丛书本.

(清)顾炎武撰.亭林文集.清刻本.

(清)李兆洛撰.养一斋文集.清道光二十三年(1843)活字印、二十四年(1844)增修本.

(清)朱文翰撰.退思粗订文稿.清刻本.

(清)贺涛撰.贺先生文集.民国三年(1913)徐世昌刻本.

(清)凌廷堪撰.校礼堂文集.清嘉庆十八年(1813)张其锦刻本.

(清)屈大均撰.翁山文外.民国吴兴刘氏刻嘉业堂丛书本.

(清)刘大櫆撰.海峰文集.清刻本.

(清)张佩纶撰.涧于集.民国十五年(1926)张氏涧于草堂刻本.

(清)俞樾撰.宾萌集.清光绪二十五年(1899)刻春在堂全书本.

(清)赵士麟撰.读书堂彩衣全集.清康熙三十五年(1696)刻本.

(清)唐仲冕撰.陶山文录.清道光二年(1822)刻本.

(清)吴伟业撰.梅村家藏稿.清宣统三年(1911)董氏诵芬室刻本.

(清)王先谦撰.虚受堂文集.清光绪二十六年(1900)刻本.

(清)朱筠撰.笥河文集.清嘉庆二十年(1815)椒华吟舫刻本.

(清)方苞撰.望溪先生文集.清咸丰元年(1851)戴钧衡刻本.

(清)王芑孙撰.渊雅堂全集.清嘉庆刻本.

(清)姚鼐撰.惜抱轩文集.清嘉庆三年(1798)刻增修本.

(清)萧穆撰.敬孚类稿.清光绪三十三年(1897)刻本.

(清)吴定.紫石泉山房文集.清刻本.

(清)诸可宝撰.畴人传三编.清光绪十四年(1898)江阴南菁书院刻南菁书院丛书本.

(清)阮元撰,(清)罗士琳续补.畴人传.清嘉庆至道光阮氏琅环仙馆刻本.

(清)黄钟骏撰.畴人传四编.清光绪二十四年(1898)黄氏刻本.

(清)程德赟.程子香文钞.丛书集成续编

(清)程恩泽撰.程侍郎遗集.清咸丰五年(1855)伍氏刻粤雅堂丛书二编本

(清)方楘如撰.集虚斋学古文.清乾隆十九年(1754)刻本

(清)黄之隽撰.瘖堂集.清乾隆刻本

(清)杭世骏撰.道古堂文集.清乾隆四十一年(1776)刻、光绪十四年(1888)汪曾唯增修本

(清)陈鹏年撰.道荣堂文集.清乾隆二十七年(1762)刻本

(清)潘耒撰.遂初堂文集.清康熙刻本

(清)郑梁撰.寒村诗文选.清康熙刻本

(清)阮元撰.研经室集.清道光阮氏文选楼刻本

(元)唐元撰.筠轩集.文渊阁四库全书本

(清)张云璈撰.简松草堂文集.清道光刻三影阁丛书本

(清)冯志沂撰.适适斋文集.清同治九年(1870)董文涣刻本

(清)张成孙.端虚勉一居文集.常州先哲遗书本

(清)熊伯龙撰.熊学士诗文集.清康熙九年(1670)刻、乾隆五十一年(1786)熊光补修本

(清)厉鹗撰.樊榭山房集.文渊阁四库全书本

(清)钱大昕撰.潜研堂文集.清嘉庆十一年(1806)刻本

(清)戴名世.潜虚先生文集.清康熙四十年(1701)刻本

(清)张廷玉撰.澄怀园文存.清乾隆刻澄怀园全集本

(清)李绂撰.穆堂初稿.清道光十一年(1831)奉国堂刻本

(清)焦循撰.雕菰集.清道光四年(1824)阮福岭南节署刻本

(清)戴震撰.戴东原集.清刻本

(清)段玉裁撰.覆校札记.清乾隆五十七年(1792)段玉裁刻本

(清)魏禧撰.魏叔子文集.清易堂刻宁都三魏全集本

(清)朱彝尊撰.曝书亭集.文渊阁四库全书本

参考文献

一、正史与政书

[1](西汉)司马迁撰.史记.北京:中华书局,1982.

[2](东汉)班固撰.汉书.北京:中华书局,1962.

[3](后晋)刘昫撰.旧唐书.北京:中华书局,1975.

[4](宋)欧阳修撰.新唐书.北京:中华书局,1975.

[5](元)脱脱等撰.宋史.北京:中华书局,1977.

[6](明)宋濂等撰.元史.北京:中华书局,1976.

[7](清)张廷玉等撰.明史.北京:中华书局,1974.

[8](清)赵尔巽等撰.清史稿.北京:中华书局,1977.

[9](清)国史馆纂.清史列传.北京:中华书局,1987.

二、文集与丛书

[1](南朝梁)刘勰著,范文澜注.文心雕龙注.北京:人民文学出版社,1958.

[2](宋)朱熹.朱子全书.上海:上海古籍出版社,2002.

[3](宋)朱熹.朱文公文集.《四部丛刊》影印明刊本.

[4](宋)汪藻.浮溪集.四库全书(1128册).

[5](宋)吴儆.竹洲集.四库全书(1142册).

[6](宋)程珌.洺水集.四库全书(1171册).

[7](宋)方岳.秋崖集.四库全书(1182册).

[8](宋)胡次焱.梅岩文集.四库全书(1188册).

[9](元)方回.桐江续集.四库全书(1193册).

[10](元)方回.桐江集.续修四库全书(1322册).

[11](元)戴表元.剡源先生文集.《四部丛刊》影印明万历刊本.见(明)程敏政:《篁墩文集》,四库全书(1252~1253册).

[12](明)许国.许文穆公集.四库禁毁书丛刊(集部40册).

[13](明)程敏政编.皇明文衡.四库全书(1373~1374册).

[14](明)吴子玉.大鄣山人集.四库全书存目丛书(集部141册).

[15](明)李维桢.大泌山房集.四库全书存目丛书(集部150~151册).

[16](明)吴讷.文章辨体序说.北京:人民文学出版社,1982.

[17](明)徐师曾.文体明辨序说.北京:人民文学出版社,1982.

[18](明)程瞳撰.王国良点校.新安学系录.合肥:黄山书社,2005.

[19](明)傅岩撰.陈春秀校点.歙纪.合肥:黄山书社,2007.

[20](明)朱升.朱枫林集.合肥:黄山书社,1992.

[21](明)汪道昆撰,胡益民、余国庆点校.太函集.合肥:黄山书社,2004.

[22](清)许楚.青岩集.四库未收书辑刊(第05辑27册).

[23](清)曹学诗.香雪文钞.四库未收书辑刊(第10辑16册).

[24](清)汪梧凤.松溪文集.四库未收书辑刊(第10辑28册).

[25](清)彭定求.南畇文稿.四库全书存目丛书(集部246册).

[26](清)施闰章.学余堂文集.四库全书(1313册).

[27](清)朱彝尊.曝书亭集.四库全书(1317~1318册).

[28](清)汪由敦.松泉文集.四库全书(1328册).

[29](清)方苞.望溪文集.续修四库全书(1420—1421册).

[30](清)汪绂.双池文集.续修四库全书(1425册).

[31](清)杭世骏.道古堂文集.续修四库全书(1426～1427册).

[32](清)姚鼐.惜抱轩文集.续修四库全书(1453册).

[33](清)姚鼐.惜抱轩文后集.续修四库全书(1453册).

[34](清)法式善.存素堂文集.续修四库全书(1476册).

[35](清)凌廷堪.校礼堂文集.续修四库全书(1480册).

[36](清)胡培翚.研六室文钞.续修四库全书(1507册).

[37](清)朱骏声.传经室文集.续修四库全书(1514册).

[38](清)汪士铎.汪梅村先生集.续修四库全书(1531册).

[39](清)吴德旋.初月楼文钞.续修四库全书(1714册).

[40](清)章学诚著,叶瑛校注.文史通义校注.北京:中华书局,1985.

[41](清)顾炎武著,黄汝成集释.日知录集释.上海:上海古籍出版社,2001.

[42](清)赵翼.陔余丛考.北京:中华书局,1963.

[43](清)江藩.汉学师承记.北京:中华书局,1983.

[44](清)戴震.戴震全书.合肥:黄山书社,1996.

[45](清)程廷祚.青溪集.合肥:黄山书社,2004.

[46](清)袁枚.小仓山房诗文集.上海:上海古籍出版社,1988.

[47](清)刘大櫆.刘大櫆集.上海:上海古籍出版社,2008.

[48](清)魏禧.魏叔子文集.北京:中华书局,2003.

[49](清)钱谦益.列朝诗集小传.上海:上海古籍出版社,1959.

[50](清)钱仪吉等.清碑传合集.上海:上海书店,1988.

[51](清)钱仪吉.碑传集.北京:中华书局,1993.

[52](清)赵吉士.寄园寄所寄.合肥:合肥:黄山书社,2008.

[53](梁)萧统、(唐)李善注.文选.上海:上海古籍出版社,1986.

[54](清)马曰琯.沙河逸老小稿.粤雅堂丛书本.

[55](清)汪琬.尧峰文钞.四库全书(1315册).

[56]卞孝萱、唐文权.民国人物碑传集.北京:团结出版社,1995.

[57]卞孝萱、唐文权.辛亥人物碑传集.北京:团结出版社,1991.

[58]昌彼得等.宋人传记资料索引.台北:台湾鼎文书局,1986.

[59]陈柏泉编著.江西出土墓志选编.南昌:江西教育出版社,1991.

[60]陈乃乾编纂.清代碑传文通检.北京:北京图书馆出版社,2003.

[61]陈寅恪.陈寅恪集.北京:三联书店,2001.

[62]方树梅.滇南碑传集.昆明:云南民族出版社,2003.

[63]房兆楹等.三十三种清代传记综合引得.北京:中华书局,1987.

[64]傅璇琮等.唐五代人物传记资料综合索引.北京:中华书局,1982.

[65]蒋复璁.明人传记资料索引.台湾国立中央图书馆,1978.

[66]柯愈春.清人诗文集总目提要.北京:北京古籍出版社,2001.

[67]李国玲.宋人传记资料索引补编.成都:四川大学出版社,1994.

[68]李灵年、杨忠主编.清人别集总目.合肥:安徽教育出版社,2000.

[69]梁启超.梁启超全集.北京:北京出版社,1999.

[70]鲁迅.鲁迅全集.北京:人民文学出版社,2005.

[71]陆峻岭编.元人文集篇目分类索引.北京:中华书局,1979.

[72]钱仲联.广清碑传集.苏州:苏州大学出版社,1999.

[73]沈治宏等.中国地方志宋代人物资料索引.成都:四川辞书出版社,1997.

[74]王德毅.元人传记资料索引.北京:中华书局,1987.

[75]王重民、杨殿珣等.清代文集篇目分类索引.北京:中华书局,1965.

[76]谢巍编撰.中国历代人物年谱考录.北京:中华书局,1992.

[77]许承尧著,李明回等校点.歙事闲谭.合肥:黄山书社,2001.

[78]燕京大学引得编纂处.八十九种明代传记综合引得.北京:中华书局,1987.

[79]燕京大学引得编纂处.辽金元传记三十种综合引得.哈佛燕京学社,1940.

[80]燕京大学引得编纂处.四十七种宋代传记综合引得.北京:中华书局,1959.

[81]杨殿珣编.中国历代年谱总录增订本.北京:北京图书馆出版社,1996.

[82]于平编辑.中国历代墓志选编.天津:天津古籍出版社,2000.

[83]臧励和纂.中国人名大辞典.上海:上海书店,1980.

[84]周骏富.明代传记丛刊索引.台北:台湾明文书局,1991.

[85]周骏富.清代传记丛刊索引.台北:台湾明文书局,1986.

[86]朱士嘉.宋元方志传记索引.上海:上海古籍出版社,1986.

三、地方志

[1](宋)罗愿撰,萧建新等校著.新安志.合肥:黄山书社,2008.

[2](明)彭泽修,汪舜民纂:(弘治).徽州府志.天一阁明代方志选刊影印明弘治刻本.

[3](弘治)休宁志.明弘治四年刻本.

[4](明)程敏政撰,何庆善等点校.新安文献志.合肥:黄山书社,2004.

[5](明)戴廷明、程尚宽等撰,朱万曙等点校.新安名族志.合肥:黄山书社,2004.

[6](明)曹嗣轩撰,胡中生等点校:(休宁)名族志.合肥:黄山书社,2007.

[7](清)马步蟾纂修.(道光)徽州府志.清道光刻本.

[8](清)王让修、桂超万纂.(道光)祁门县志.清道光七年(1827)本.

[9](清)周溶修、汪韵珊纂.(同治)祁门县志.清同治十二年(1862)刻本.

[10](清)马吉笙主修,胡晋编纂.(民国)绩溪县志.民国二十年(1931)刻本.

[11](清)江峰青纂.(民国)婺源县志.民国十四年(1925)刻本.

[12](清)许承尧、石国柱、楼文钊修.(民国)歙县志.民国二十六年(1937)铅印本.

[13](清)闵麟嗣.黄山志定本.海口:海南出版社2001年版.

[14](民国)石国柱修,(民国)休宁县志.清刻本.

[15](民国)程寿保纂.(民国)黟县四志.民国十八年(1928)刻本.

[16]安徽通志馆编纂.(民国)安徽通志稿.民国二十三年(1934)本.

四、论著

[1]卞利.明清徽州社会研究.合肥:安徽大学出版社,2004.

[2]陈兰村、张新科.中国古典传记论稿.西安:陕西人民教育出版社,1991.

[3]陈高华等.中国古代史史料学.天津:天津古籍出版社,2006.

[4]冯友兰.中国哲学史新编.北京:人民出版社,2001.

[5]冯尔康.清史史料学.沈阳:沈阳出版社,2004.

[6]冯尔康.清代人物传记史料研究.天津:天津教育出版社,2005.

[7]王锦贵.中国纪传体文献研究.北京:北京大学出版社,1996.

[8]王振忠.徽州社会文化史探微.上海:上海社会科学院出版社,2002.

[9][美]倪豪士.传记与小说.北京:中华书局,2007.

[10]乔象钟等.中国古典传记.上海:上海文艺出版社,1982.

[11]薛贞芳主编.清代徽人年谱合刊.合肥:黄山书社,2006.

[12]叶显恩.明清徽州农村社会与佃仆制.合肥:安徽人民出版社,1983.

[13]朱万曙.论徽学.合肥:安徽大学出版社,2004.

[14]赵华富.徽州宗族研究.合肥:安徽大学出版社,2004.

[15]周晓光.徽州传统学术文化地理研究.合肥:安徽人民出版社,2006.

[16]张健.新安文献研究.合肥:安徽人民出版社,2005.

[17]张海鹏、王廷元.徽商研究.合肥:安徽人民出版社,1995.

[18]张海鹏等.明清徽商资料选编.合肥:黄山书社,1985.

[19]张立文主编.中国学术通史.北京:人民出版社,2004.

五、论文

[1]陈超.明代女性碑传文与品官命妇研究:〔学位论文〕.长春:东北师范大学,2007.

[2]耿传友.汪道昆商人传记研究:〔学位论文〕.合肥:安徽大学,2002.

[3]刘彭冰.程敏政年谱:〔学位论文〕.合肥:安徽大学,2003.

[4]刘彭冰.汪道昆文学研究:〔学位论文〕.上海:复旦大学,2008.

[5]史素昭.唐代传记文学研究:〔学位论文〕.广州:暨南大学,2009.

[6]台静农.论碑传文及传奇文.见:传记文学.1964,4(3).

[7]张剑.略谈汪道昆墓志铭的价值.河南教育学院学报,2008(1).